Health Monitoring Analysis and Evaluation for Bridge Structures

桥梁结构健康监测分析与评价

孙宗光　陈一飞　著

中国建筑工业出版社

图书在版编目（CIP）数据

桥梁结构健康监测分析与评价/孙宗光，陈一飞著．—北京：中国建筑工业出版社，2017.7

ISBN 978-7-112-20863-0

Ⅰ.①桥…　Ⅱ.①孙…②陈…　Ⅲ.①桥梁结构-监测-研究　Ⅳ.①U446

中国版本图书馆 CIP 数据核字（2017）第 138046 号

本书面向桥梁健康监测数据的分析应用，结合实际工程，对以下内容进行了阐述和介绍：

1. 结构长期监测的基本概念、系统构成和发展概况，相关信号处理分析方法；

2. 车辆荷载、温度荷载、风荷载和腐蚀作用的监测技术和分析方法；

3. 运营条件下桥梁结构动态特性与响应（应变/应力、索力等）的变异特性、变化规律；基于监测系统的桥梁运营状态响应的分析方法和基于统计分析的评价模型与检验方法；

4. 基于实际监测的车辆和温度荷载统计模型，面向大型桥梁健康监测与评价的车桥耦合动力分析和温度随机响应分析的数值模拟方法；

5. 通过数值模拟和整桥模型试验等手段，进行大型桥梁结构的损伤识别与诊断的方法。

供从事结构健康监测与评价的科研人员、工程技术人员和相关专业的高校师生参考。

责任编辑：赵梦梅　刘婷婷

责任设计：李志立

责任校对：李美娜　王雪竹

桥梁结构健康监测分析与评价

孙宗光　陈一飞　著

*

中国建筑工业出版社出版、发行（北京海淀三里河路9号）

各地新华书店、建筑书店经销

霸州市顺浩图文科技发展有限公司制版

北京市书林印刷有限公司印刷

*

开本：787×1092 毫米　1/16　印张：18½　字数：460 千字

2017 年 11 月第一版　2017 年 11 月第一次印刷

定价：**45.00** 元

ISBN 978-7-112-20863-0

（30469）

前　　言

桥梁结构的使用期限通常长达几十年乃至上百年。在其使用过程中，由于超常荷载、材料老化、构件缺陷等因素的作用，结构将逐渐产生损伤累积，从而使结构的承载能力降低，抵抗自然灾害的能力下降。如遇地震、台风等灾难性荷载作用时，就可能遭受极为严重的破坏，给国家和人民的生命、财产带来巨大损失。因此，通过技术手段及时了解和掌握结构的运营环境和健康状态，从而对结构的安全性和耐久性做出评价是一项重要工作，并日益受到重视。结构健康监测系统（SHM）是一种持久性安装在结构上的传感和数据采集、传输、管理、分析等软硬件系统。它综合利用了传感、通讯、信息、信号处理、数据管理和系统识别等领域的技术。它以结构的荷载、环境、响应等为监测对象，以及时地掌握和评价结构的健康状态为目标。为认识结构的运营环境和工作机理，识别结构的健康状态，评估结构的性能，指导结构的维护与管理提供了丰富的资料和技术手段。

结构健康监测问题简单地说可划分为两大部分：数据获取和数据的分析应用。(1) 数据获取的核心是监测技术，包括传感器研发、监测系统设计与实施、数据的管理与呈现，目标是拿到高质量数据；(2) 数据的分析应用是结构健康监测的目的和意义所在。通过对运营响应的分析了解和掌握结构的运行状态和规律，检验结构设计的合理性，评价结构工作状态和健康状况。

本书的侧重点在于对监测数据的分析应用，将广泛采用实际监测数据、整桥模型试验和数值模拟手段，对桥梁结构健康监测的数据分析与评价方法做初步探讨和介绍。

全书共分 12 章，第 1 章简要介绍了结构健康监测系统的基本概念、系统构成、发展概况和工程实例；第 2 章介绍了与结构监测相关的信号处理方法，特别介绍了非平稳信号的分析理论与方法，包括小波变换和 Hilbert-Huang 变换的基本内容。第 3-5 章主要介绍了桥梁结构的常见荷载的监测及其数据分析方法，结合实际监测数据分别对车辆荷载、温度荷载和风荷载的有关数据分析内容与方法做了介绍；第 6 章针对混凝土结构耐久性监测的有关技术和工程应用作了介绍，此外还介绍了有关阳极梯系统的试验研究；第 7 章分析了大型桥梁结构运营条件下的动态特性及其变异性；第 8-9 章对桥梁结构的监测响应进行了分析，分别对运行条件下索力和应变的变化特征、受温度的影响规律进行了较为详细的分析；探讨了基于关联度方法的整体索力评价和基于统计模型的单索索力分析与评价方法；第 10 章面向监测与评价进行了桥梁结构的动态响应数值模拟方法的研究。基于车桥耦合理论，探讨了拱桥吊杆系统在车辆荷载下动态响应特性和耐久性问题；探讨了斜拉桥结构与车流荷载的动力学耦合分析方法和在年温度影响下的随机索力模拟分析方法；第 11 章简要介绍了结构损伤识别方法，包括模型修正法、动力指纹法、神经网络法等；第 12 章为悬索桥损伤识别模型试验研究，介绍了面向健康监测与损伤识别的悬索桥试验模型的模型设计与制作，损伤状态下结构动态响应特性分析和基于神经网络的损伤识别试验研究成果。

本人的研究生广泛参与了书中的大部分数据处理工作和试验工作。其中，第 10 章有关拱桥的分析部分为在本人指导下由邵元完成；第 6 章的试验部分是在范颖芳教授与本人共同指导下由郭亚唯完成；第 12 章的试验部分是在本人指导下由石健和栗燕娜完成；在本人指导下，杜江、崔展铭、李丹分别参与了第 3、4、5 章的数据处理工作。书中大部分实桥监测数据来自胶州湾大桥监测系统，得到相关部门的大力支持。在此，表示最诚挚的谢意。

桥梁结构的健康监测内容宽泛，涉及很多基础理论和应用技术问题，由于我们理论知识有限，实践经验不多，一定存在不少问题与错漏，真诚地欢迎各位专家、学者、工程师们提出宝贵意见。

孙宗光

2017 年 3 月

目　　录

第1章　结构健康监测概述

1.1　结构健康监测系统及其发展

桥梁结构的使用期限通常长达几十年乃至上百年。在其使用过程中，由于超常荷载、材料老化、构件缺陷等因素的作用，结构将逐渐产生损伤累积，从而使结构的承载能力降低，抵抗自然灾害的能力下降。如遇地震、台风等灾难性荷载作用时，就可能遭受极为严重的破坏，给国家和人民的生命、财产带来巨大损失。因此，通过技术手段及时了解和掌握结构的运营环境和健康状态，从而对结构的安全性和耐久性做出评价是一项重要工作，并日益受到重视。早期的技术手段主要是基于传统的无损检测技术和人工巡检，然后根据经验对结构的状态和发展趋势做出判断和决策。然而，对于大型复杂结构，为了能够不失时机地获得结构的健康状况的信息，靠偶尔进行的试验检测是无法满足要求的。如能对结构的运行状况进行在线实时监测，并基于此对结构的工作状态和健康状况做出诊断、识别和预测，将对及时发现结构损伤，预测可能出现的灾害，进而对结构的安全性、可靠性、耐久性和适用性做出评估，具有重要的意义。因此，自20世纪后期开始，国际上出现了针对重要的工程结构的长期健康监测系统。

结构健康监测系统（SHM）是一种持久性安装在结构上的传感和数据采集、传输、管理、分析等软硬件系统。它综合利用了传感、通讯、信息、信号处理、数据管理和系统识别等领域的技术。它以结构的荷载、环境、响应等为监测对象，以及时地掌握和评价结构的健康状态为目标。为认识结构的运营环境和工作机理，识别结构的健康状态，评估结构的性能，指导结构的维护与管理提供了丰富的资料和技术手段。长期健康监测系统的出现，大大推动了结构识别与诊断技术的发展。

国际上结构健康监测的研究，大约开始于20世纪50年代的航空航天和机械领域。70年代末，开始土木工程领域的相关研究。早期的结构在线监测技术是基于一台计算机而完成数据采集、信号处理和分析的系统。随着监测对象的大型化和对监测系统功能要求的提高，发展成采用多台计算机通过通讯协作，而形成一个基于计算机网络的监测系统。目前，相关领域的新技术在健康监测系统中都得到广泛应用。这些技术主要包括：全球定位系统（GPS），光纤光栅传感技术，互联网技术，无线传输技术等。这些技术的应用，使结构健康监测技术得到空前发展。进一步提升了系统的性能，拓宽了系统的应用领域，实现了系统的远程访问和数据共享，为不同用户的需求提供更便捷的服务。

自20世纪90年代以来，结构健康监测已经广泛地应用于大型桥梁。开创性的大规模应用案例包括：丹麦大贝尔特桥（Great Belt Bridge），该桥为主跨1624m的悬索桥，安装了多种传感器组成的监测系统，监测内容包括（1）主缆、吊杆和索夹的应变；（2）箱梁的应变和加速度；（3）下部结构的腐蚀情况、桥墩的倾角、桥塔混凝土应变；（4）风、温度等气候要素。加拿大的 Confederation Bridge（联盟大桥，1997 年建成）有跨径为 250m 的主跨 45 跨，大桥安装了较为完善的监测系统。监测内容和传感器包括（1）桥墩冰荷载监测：采用倾角仪、加速度计、应变计的监测结果换算评价冰荷载，并用激光、声呐和摄像仪进行冰块尺度的监测；（2）基础沉降、桥面变形监测：高精度水准仪和反射棱镜；（3）温度监测：热电偶元件、振弦式温度计、日照仪（Pyranometer）；（4）车辆荷载和响应监测：摄像仪、称重系统和应变计；（5）动力特性：加速度计和动位移计；（6）风荷载监测：风速仪；（7）浪溅区混凝土腐蚀监测：腐蚀计。数据采集系统拥有 1000 多个通道，以不同的采样速率工作。在突发情况下（如超载、冰块撞击、地震等），如果结构响应超过一定门槛值，数据采集系统将以更高的频率采样。美国的 New Benicia Martinez 桥在三个 200m 主跨安装了长期健康监测系统[1]，监测内容包括：桥面位移、混凝土应变、桥墩倾角、温度湿度、预应力、腐蚀、地震、模态特性等。

日本的本州-四国连接线上共有 17 座大跨度桥梁，包括桁架桥、拱桥、斜拉桥和悬索桥。其中很多桥上都安装了一定规模的健康监测系统[2]。以明石海峡大桥（Akashi Kaikyo Bridge，主跨 1991m，如图 1.1）为例[3]，监测内容包括：地震动、风特性、结构振动响应、结构线型等。其中结构线型监测应用了 GPS 系统[4]。20 世纪 90 年代以来，韩国对桥梁健康监测投入了大量研究。1973 年完工的 Namhae 桥是韩国建设的第一座悬索桥，经过 20 多年超负荷运行出现了一些结构损伤和腐蚀现象。为监测大桥结构性能，安装了健康监测系统[5]。其中传感器系统包括：机械式风速仪、倾角仪、加速度计、应变计等。2000 年完工的韩国 Seohae 斜拉桥，跨径布置为 200m＋470m＋200m，监测系统传感器部分包括：风速仪、倾角仪、加速度计、应变计、激光位移计、地震仪等。

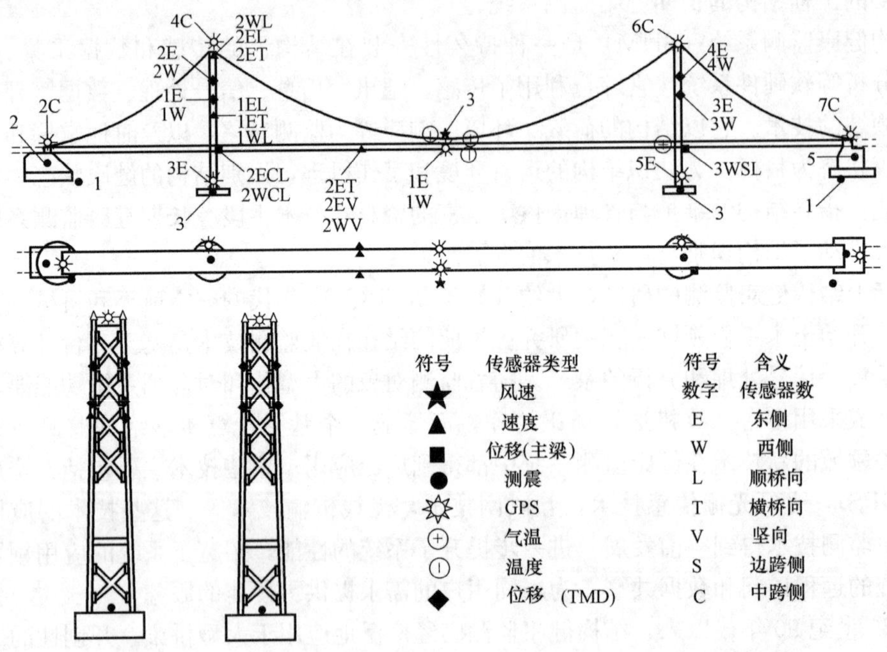

图 1.1　日本明石海峡大桥监测系统传感器布置

我国香港的青马、汲水门和汀九大桥于 1997 年建成，为监测大桥的运行状况和结构的健康状态，在三座大桥上永久性地安装了“风与结构健康监测系统”（Wind and structural health monitoring system，WASHMS）[6]。该系统主要由四部分构成：（1）传感器系统；（2）信息采集系统；（3）信息处理和分析系统；（4）系统运行与控制系统。其中传感器子系统由800多个传感器组成，包括加速度计、应变计、温度计、位移计、水准仪、GPS系统、风速仪、车速车重仪等，其中青马大桥的部分传感器（不含GPS）布置如图1.2所示。

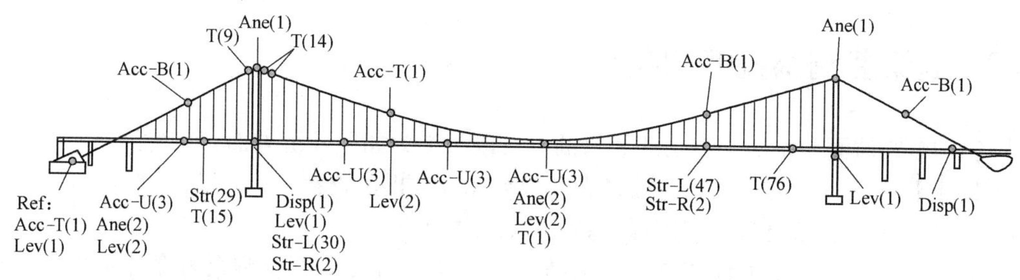

Acc－U单向加速度(12)； Acc－B 双向加速度(3)； Acc－T 三向加速度(2)；
Ane风速(6)；Disp位移(2)；Lev水平(9)；Str－L线应变lc106)；
Str－R应变花(4)；T温度(115)。

图1.2 青马大桥监测系统传感器布置示意图

监测与评估内容包括：

（1）桥梁工作环境的监测：桥址处风速和风向、桥址处环境温度和结构上温度分布状况、交通荷载及其分布状况、地震荷载、铁路荷载；

（2）桥梁整体性能的监测：大桥结构的动力特性、大桥主梁各控制部位的应力和位移状况、大桥钢索的索力；

（3）结构评估：评估大桥即时的结构可靠度。

我国内地自20世纪90年代末以来，新建成了一大批大规模桥梁。与此同时，桥梁健康监测系统也随之迅速应用和不断发展[7]。如东海大桥[8]，苏通大桥[9]，上海长江大桥[10]，胶州湾大桥[11]，西堠门大桥[12]，黄埔大桥[13]，瀛洲大桥[14]，港珠澳大桥等，其健康监测系统无论在系统规模，还是在技术水平上都有了空前的发展。

与此同时，结构健康监测的应用也于20世纪80年代前后开始了在大跨度空间结构、高层建筑结构领域的尝试[15,16]。T. Kijewski等[17]于1998～2006年间对高层建筑的监测做了大量的工作。期间主持了Chicago Full-Scale Monitoring Project计划，先后在芝加哥、波士顿、首尔进行了大量的高层建筑监测，得到一系列有价值的研究结论。在监测技术方面，将GPS、网络技术等应用于高层建筑的监测和数据监控、存储、下载与处理。建筑结构的健康监测在国内起步较晚，监测系统和数据分析处理的理念都较大程度地源于桥梁结构的监测。初期主要集中在结构的动力监测和风致响应的短期监测。进入21世纪以来，我国在高层建筑结构监测领域得到快速发展和应用，陆续在众多高层和超高层建筑结构上实施应用了短期或长期健康监测技术。结合这些实践应用，我国学者对高层建筑和超高层建筑结构的监测理论和技术都进行了较为全面而深入的研究，取得一系列成果。而于 2009 年由香港理工大学研发实施的广州电视塔长期健康监测系统，是超高层建筑长期结构健康监测技术大规模应用的开创性案例[18]。广州新电视塔具有结构超高、形体奇特、结构复杂的特点，在超高层建筑发展史上具有里程碑的意义。这个包括 700 多个各种类型传感器的长期健康监测系统，将施工监控与运营期间健康监测进行了无缝连接。该系统技术先进、特色鲜明，取得多项创新成果，技术水平高居国际领先地位。以此为依托的“大型结构诊断与预测系统：全寿命结构健康监测”获得第三十七届日内瓦国际发明展金奖及特别大奖（2009 年）。

1.2　健康监测系统的功能与目的

结构健康监测系统的基本功能和目的，可以归纳为如下几个方面：

1. 验证设计理论与方法，为改进设计规范和方法提供资料；

2. 为新技术、新材料的应用提供验证和评价资料；

3. 为掌握结构性能的演化规律，为结构可靠性、耐久性以及剩余寿命评估提供长期跟踪资料；

4. 及时获取荷载和结构响应的异常信息，尽早对结构的损伤或性能退化做出识别和预警，保证结构的安全运营；

5. 捕捉地震、台风、爆炸、火灾等偶发事件的发生过程，为结构的灾后评估提供技术支持；

6. 为结构的维修、加固、改建提供参考资料和技术支持。

在验证设计、积累资料、捕捉偶发事件等方面，监测系统可以得到相对直接的应用。通过实际运营状态的监测，可对比分析评价结构设计中采用的假设和设计参数是否准确，并对结构设计提出建议。一些将施工期监测与运营期监测相结合的监测系统，通过对结构“诞生”过程的跟踪监测，可以更好地掌握结构的基本特性和运行规律，建立结构的健康档案和评价基准。

健康监测的重要作用之一在于对一些偶然性灾害过程的捕捉，这是非在线的试验检测所不能实现的，为结构的灾后评价提供了不可复制的珍贵资料。广州新电视塔施工期间发生了汶川地震，正在实施的监测系统中部分传感器已开始工作，三个不同高度上的应变传感器明确记录了结构的地震响应。汶川地震发生于 14：28，应变记录显示地震波从汶川到达广州塔传递时间大约 7 分钟，由此计算的从汶川到广州地震波传播的平均速度约 3155m/s。图 1.3 为某斜拉桥健康监测系统的应变和倾斜传感器对大约 165km 外的 4.6 级地震的响应。发震时间 0：5：24，地震到达时间约为 0：6：15，地震波平均传播速度约 3235m/s。假如地震发生在距离被监测结构较近处，或者震级较大，那么，这些监测资料对结构的震后评价和维修决策就将发挥不可替代的作用。

在损伤识别、性能评价方面，属于健康监测的深层应用。结构和人类不同，通常它们没有统一的健康评价指标。对每个结构运营状态的全程监测有助于建立各自的健康指标和评价基准。基于此，通过实际运营环境下结构响应的监测结果的分析，结合结构损伤识别技术的应用，实现对结构在长期运营后或灾后可能处于的各种非健康状态的识别诊断。

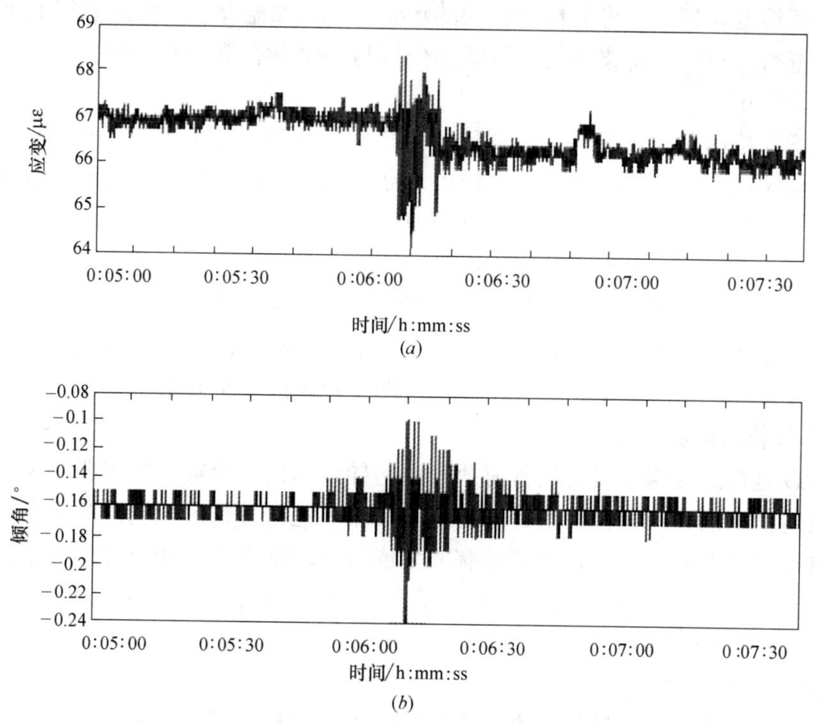

图 1.3 斜拉桥结构的地震响应

(a) 箱梁跨中应变；(b) 箱梁端部倾斜

1.3 结构健康监测的内容

大跨度桥梁结构体系一般采用拱结构、斜拉体系、悬索结构等，因此在竖向和侧向荷载作用下，其内力与变形都很复杂。受力和变形也易于受温度与日照等环境因素的影响，特别在风与地震这样的随机动荷载作用下，结构响应常常会超出设计的预期。而且大跨度桥梁结构的服役年限长，对安全性和耐久性都有更高的要求。因此，为了保证结构在使用期间的安全，对其进行健康监测是十分必要的。

1. 环境荷载监测

(1) 风荷载

大跨度桥梁结构对风荷载较为敏感，风速矢量是重要的监测参数。对于桥塔部分一般监测水平风速，可采用二维风速仪。对于主梁部分一般应该采用三维风速仪监测三向风速，以便分析竖向风荷载对桥面结构的作用。基于对风速的长期监测，可获得桥址的平均风特性、强风的脉动特性和强风下桥梁结构的动态响应等。

(2) 温度荷载

大跨度桥梁结构对温度荷载的反应十分显著，温度在结构中还会形成明显的温度梯度，因此，在桥梁监测系统中温度监测测点数量常常是大量的。对主要结构部分都应该布置温度测点，通常包括桥塔不同高度截面、拉索、吊杆、主缆、主梁截面等，尤其是钢箱梁截面，在日照作用下顶底板温差十分显著，应该进行重点监测。通过温度监测，可获得桥址的常年气温变化规律，可对桥梁结构的年温差、日照温差、骤然降温等温度作用特性和结构响应进行分析，对桥梁结构运营状态分析与评价具有重要的作用。

(3) 腐蚀作用

大型桥梁结构的服役年限，一般要几十年甚至上百年，耐久性是十分重要的。混凝土劣化、钢结构锈蚀等直接影响着结构的使用寿命。钢筋腐蚀检测方法很多，电化学检测方法是目前最为常用的方法。电化学检测方法通过测量混凝土保护层不同深度的线性极化电阻、断路电压、电阻率、氯离子浓度和混凝土的温度等来推算腐蚀深度和腐蚀速率。通过耐久性监测技术，可以及时掌握材料的老化退化的程度和发展趋势，从而对结构的安全性和使用寿命做出评估。混凝土耐久性的演变是一个较为缓慢的过程，因此，对耐久性的监测一般并不要求动态实时监测，而采用人工定期读数就能满足要求。

2. 车辆荷载的监测

车辆荷载是桥梁结构主要的运营荷载，也是导致结构疲劳损伤的重要因素。车辆荷载的监测参数包括车速、车重、轴重、车间距等数据。这些参数的长期监测为车辆荷载的统计分析提供了丰富的数据样本，可获得有关车辆荷载的基本特征和属性，对于公路和桥梁的设计分析与运营管理将发挥着重要作用。车辆荷载的监测系统主要是动态称重系统WIM（Weight In Motion）。

3. 动态特性的监测

结构的动态特性是反映结构本身健康状态的重要指标。结构的损伤或老化，会不同程度地引起结构参数如结构质量、刚度和阻尼的变化，进而引起结构自振频率、振型等动力特性的改变。通过对结构动力特性的监测，应用结构参数和损伤识别技术，有助于对结构的健康状态做出定性和定量的评价。所以结构的动力特性监测是结构健康监测一项主要内容。结构加速度响应是常被用来分析和识别结构模态参数的基本数据。

4. 结构响应监测

(1) 变形监测

许多桥梁结构在出现危险之前都常常发生较大的变形。变形监测目的是为了实时了解结构的变形情况与变形的性质，以掌握结构性态的变化，分析结构变形规律、变形速率与变化趋势，可以预警结构的隐患，以确保结构的变形在设计容许范围内。

沉降与倾斜监测一般属于静态变形监测，监测方法包括常规地面测量方法、近景摄影测量以及特定条件下采取一些特殊的测量方法。

对于沉降观测，从分析变形过程出发，变形速度值比变形绝对值具有更重要的意义。地基允许变形值包括沉降量、沉降差、倾斜和局部倾斜等。

倾斜观测主要是为了保证桥墩、桥塔轴线的位置所进行的竖向监测，即垂直度监测，它反映了施工质量、地基沉降和结构状态的综合因素。

对于大跨度桥梁结构，在温度、风、车辆等荷载作用下，主梁会发生较大的竖向和侧向位移，桥塔也会产生较大的水平位移。过大的位移容易引起结构损坏或失稳，从而影响结构的可靠性和安全性，因此对结构的位移监测与控制是桥梁结构健康监测的重要内容。

(2) 应力/应变监测

大型桥梁结构常包含有桥塔、桥墩、主梁等重要的关键构件和一些结构重要节点和关键部位。这些构件、节点和部位的强度降低或损伤，容易引起结构局部或者整体的不稳定甚至倒塌，引发安全事故。需要监测的重点部位包括桥塔根部、塔梁结合部、拉索锚固区、主梁典型截面、应力集中部位等。因此，对这些构件的受力状态进行监测，及时发现异常表现和局部损伤部位是结构健康监测的重要内容。

（3）索力的监测

对于索桥，斜拉索、主缆、吊杆都是关键承重构件，对车辆、强风和温度荷载通常都较为敏感。这些构件的内力直接反映着结构的状态。结构发生损伤或状态的改变，都可能引起索力的改变和重分配。

5. 其他监测

地震、船撞（对于航道桥）荷载也是健康监测系统的荷载监测内容之一，主要特点是具有显著的偶然性。与传统监测技术相比，在线健康监测系统的重要特点之一在于能够实现对偶然性灾害发生过程的记录，为结构的灾后评估和振动响应分析提供依据。

1.4 监测系统的组成与结构

1.4.1 系统结构

一个完整的结构健康监测系统主要包括以下几个部分：①传感器系统；②数据采集与传输系统；③数据处理与控制系统。④结构健康诊断与安全评估系统。典型的结构健康监测系统结构如图 1.4 所示。

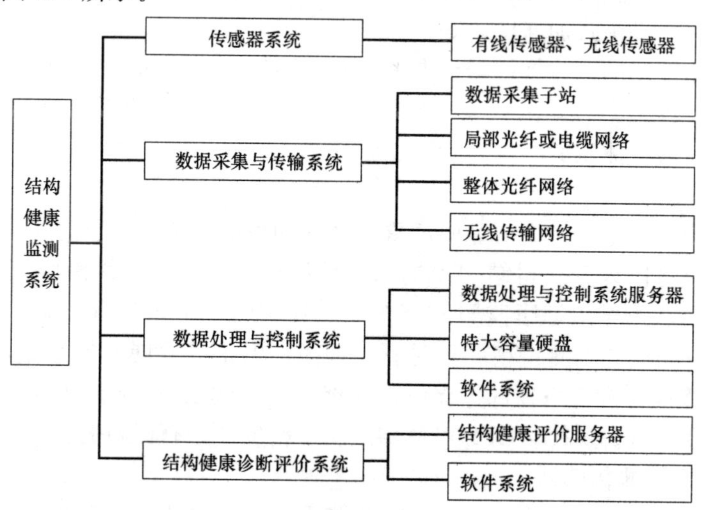

图 1.4 结构健康监测系统结构示意图

1.4.2 传感器系统

传感器系统是整个结构监测系统的硬件基础，用于结构安全预警、诊断、评定分析数据的正确性取决于传感器信号来源的可靠性。在结构健康监测系统中，根据监测项目的特点和需求选择传感器。

1. 传感器选型需要考虑的主要因素

（1）先进性：根据监测要求，尽量选用技术成熟、性能先进的传感器。技术指标应符合监测目的与方法的技术要求；

（2）可靠性：保证系统在施工和使用环境下安全可靠运行；

（3）实用性：方便安装和使用，较高的设备性价比；

（4）耐久性：对于大型桥梁，系统运行周期较长，传感器应具备高耐久性；

（5）可维护、可扩展：传感器易于维护和更换；

（6）技术性能：主要包括量程、精度、灵敏度、分辨率、频响，以及正常工作的温、湿度范围。在满足监测要求的前提下，性能适中，性价比高；

（7）冗余性：在满足监测要求的前提下，适度增加传感器的数量，保证传感器数量具有一定的冗余度。

2. 常用的传感器类型

（1）环境荷载监测

由于不同桥梁形式、环境荷载的作用特征会有所不同，所以，荷载传感器的性能指标和安装方法、位置需要依据结构的实际情况确定。风速仪主要有超声波和机械式（螺旋桨式）风速仪两大类。一般来说机械式（螺旋桨式）风速仪耐久性更好一些。温度监测传感器主要有电阻式温度计、光纤温度计等。目前，腐蚀监测应用较多的是梯形阳极混凝土结构腐蚀监测传感系统，有预埋式和后装式。

（2）结构动力特性监测

加速度传感器较速度传感器在构造上更容易实现，因此加速度传感器在结构动力特性监测上的应用更为普遍。常用加速度传感器主要包括压电式加速度计、压阻式加速度计、电容式加速度计、力平衡式加速度计等。

用于结构健康监测的加速度仪需重点考虑有效频带和分辨率两个指标。有效频带指传感器能有效测试各种频率振动的频率范围。该频率范围的下限应低于被测结构的基本频率，而上限应高于希望测试的结构高阶模态频率。

（3）结构变形监测

倾斜仪通常用于测量结构主要竖向承重构件（如桥塔、桥墩）竖向的倾角变化。它的主要优点在于不仅可以计算获得结构顶端水平位移，还能获得结构沿竖直方向的倾角变化。目前，GPS 在大型结构健康监测系统逐步得到应用。GPS 具有实时、动态、操作方便等突出的特点，虽然它的测量精度有时不甚理想，但是其发展前景是非常好的。通常，GPS 宜布置在主梁跨中和桥塔顶部等部位，要求空间开阔没有遮挡，信号相对更加稳定，另外距离基站不要太远。这样，GPS 对位移的测量精度还是有保障的。

（4）应力/应变监测传感器

光纤光栅传感器被广泛应用于结构健康监测系统。光纤光栅传感器具有抗电磁干扰、耐腐蚀、耐久性好、灵敏度高、响应快、重量轻、体积小、传输带宽大以及可实现分布式测量等突出优点，特别适合于桥梁等大型建筑物应变、温度等多参量的实时监测，更符合结构长期健康监系统对耐久性、长期性和可靠性的要求。

（5）索力监测

索力的监测有基于频率测试的索力计和基于应变测试的锚索计等。

1.4.3　数据采集与传输系统

数据采集与传输系统完成传感器数据的采集、信号调理与数据传输。各种不同类型的传感器采用不同的信号调理模块，数据采集模块完成对调理后的传感器信号的处理与转换，最终形成统一的数字信号；数据传输模块将经过采集模块获得的传感器监测参数的数字信号调制成为可供远程传输的信号，并完成信号的远程传输及解调的任务。数据采集与传输系统同时也应作为向传感器发送采集指令的载体与通道。

数据采集与传输系统设计的主要依据是：传感器输出信号类型，信号电缆的类型和长度，采样频率以及测试精度。

从大型桥梁结构健康监测的需求看，一般会涉及多种类型的传感器，从而输出信号类型也多。因此，必须根据不同的传感器种类、精度、采样频率的要求，采用不同的传输方案，并尽可能做好采集系统的集成化和可扩充性的有机结合。系统集成化程度高，便于统一管理控制；系统扩充性强，容易进行传感器升级。

数据采集与传输系统包括硬件部分和软件部分。硬件部分主要包括传输电缆/光缆、数模转换（A/D）卡，数据采集仪、工控机等。软件部分功能是集成并管理数据，并通过局域网或互联网传输数据。

远程数据采集系统是基于互联网（Internet）和内部网（Intranet）的数据采集系统。通过远程数据采集技术可以将所有传感器数据的管理和使用工作、部分现场的非实时的数据分析工作和健康诊断工作在远程的计算机终端进行。管理人员和科研人员可通过网络随时掌握现场的系统运行情况和监测结果，以及控制系统运行状况，从而达到远程应用与控制的目的。

1.4.4 数据处理与控制系统

数据处理与控制系统的功能是将各种监测数据进行分析、处理，生成对结构监测有指导意义并直观的信息，如报表、图文等。同时保证数据质量，提高设备利用率、减小数据损失风险。

数据处理与控制模块由服务器、存储设备及相关软件组成，负责实现数据的前处理、存储管理、数据处理与控制的功能。该系统必须依托一个高效、可靠、安全、运行稳定、易于维护的服务器环境，以支持整个项目的可靠运行，确保数据的安全性。整个系统会产生大量的并发不间断的数据流，因此，可将整个服务器系统分为数据接收、数据库、数据后处理、应用平台几个部分。考虑到有大量数据需要存储及备份，需要建立独立的存储系统，以存储重要的数据。存储方式可分为集中式数据库和分布式数据库。集中式数据库把数据集中在一起进行集中管理，减少了数据冗余和不一致性。其不足是系统庞大，操作复杂，灵活性差。分布式数据库的数据分布在网络的各个结点上，大多数数据处理不通过主机而由网络结点上的局部处理机进行，响应速度快，负荷均衡，偶然性故障对全局的影响小。

1.4.5 结构健康诊断评价系统

在验证设计、积累资料、捕捉偶发事件等方面，监测系统可以得到相对直接的应用。在结构健康诊断评价方面，属于健康监测的深层应用，既是重点也是难点。结构健康诊断评价系统，是基于监测数据的结构识别、评价分析方法及其软件实现。结构健康诊断评价的基本功能应该包括结构健康状态评估与结构安全预警。根据实时监测获得的信息，评价结构的安全性、耐久性和正常使用性能，为结构的维护与管理提供决策支持，同时，对异常情况和可能的安全隐患发出预警，以保证安全。

结构的健康诊断评价，主要是基于结构损伤识别技术、可靠度理论等。桥梁结构的损伤诊断是一个复杂的系统识别问题。由于结构规模大，构造复杂，在结构损伤与结构响应之间很难建立明确的因果关系。另一方面，相对结构本身的自由度而言，监测系统的传感器数量总是微不足道的，而且监测数据总是要受到各种噪声的侵蚀。基于健康监测的损伤识别理论与方法，在国内外都进行了不少研究，同时也在实践中不断试用。目前，探讨较多的损伤识别方法主要有：模型修正法，动力指纹法，神经网络法等。

1. 模型修正法

所谓模型修正是指根据结构实测数据对结构仿真模型的建模参数进行修改，使结构仿真模型的计算结果与试验结果趋于一致。在健康监测的损伤识别中，主要使用动力监测信息，如频率、振型等模态参数和频率响应函数等。一般来说，结构损伤的主要表现就是刚度的下降，通过修正模型的刚度分布，使模型的计算结果与试验结果充分接近，从而由修正后的模型刚度相对原健康模型的变化来判别实际结构的刚度退化及分布。通常这一过程可以采用优化算法。

2. 动力指纹法

每座构筑物都有其固有的动力特性（动力指纹）。当结构发生损伤时，通常会导致结构的刚度、质量、阻尼等结构参数发生改变，进而表现为结构动力特性的改变。因此，理论上通过损伤前后结构动力特性（包括由动力特性进一步导出或构造的模态指标）的变化能够识别或部分识别结构的损伤。该方法的核心要基于一个高精度仿真模型。通常仿真模型要通过实际监测或试验检测结果的校正。利用仿真模型对可能的损伤工况进行模拟分析，结合监测系统建立结构损伤工况的动力指纹数据库。日后通过将实际监测到的结构动力指纹与结构损伤动力指纹的比较分析而进行损伤识别。常用的动力指纹有频率、振型、阻尼、模态曲率、模态柔度等。

3. 神经网络法

属于一种黑箱方法（也称“黑箱系统辨识法”）。所谓黑箱方法，就是通过考察系统的输入、输出及其动态过程，而不通过直接考察其内部结构，来定量或定性地认识系统的功能特性、行为方式，以及探索其内部结构和机理的一种控制论认识方法。神经网络在损伤识别领域的基本应用，需要足够的训练样本，通常为损伤工况与所对应的结构响应已知数据资料。通过训练样本对网络的训练而使网络具备损伤工况的辨识能力。通常，训练样本的获取渠道包括数值模拟、模型试验。如果损伤识别的目标仅仅是报告损伤的发生，训练样本也可以仅仅是健康结构的实测响应，而不需要结构模型的支持。

结构安全性评估方法常用的理论是可靠度理论。安全评定分为正常使用状态安全评定和极限承载力状态安全评定。可靠度理论主要是根据系统或构件的失效模式以确定结构的极限状态，然后根据所定义的极限状态确定极限荷载、临界荷载和临界强度，得出相应的失效概率、可靠度及可靠性指标，从而进行安全性评定。目前，安全评定方法还有层次分析法、模糊理论以及专家系统等。

1.5　监测系统设计原则与方法

1.5.1　系统设计原则

结构的健康监测是实时、长期、连续的在线监测。实施一个结构健康监测系统，必须先回答下列问题[19]：

（1）这一监测能够提供怎样的寿命安全和经济效益？

（2）如何定义被监测结构的损伤？

（3）系统的运行条件和环境是怎样的？

（4）运行条件对数据的采集传输具有哪些限制？

这些问题直接关系到对具体结构实施监测系统的必要性、可行性和实施方法。设计一个监测系统，首先是对结构监测功能和目标的实现；此外还有监测系统本身的可靠性、耐久性、易维护性的保证。因此，宜遵循以下设计原则：

（1）坚持“简洁、实用、性能可靠、经济合理”的设计原则；

（2）根据实际需要，可考虑采用实时监测和定期检测相结合的方法；

（3）传感器系统尽可能采用独立模块设计，利于传感器或数据采集单元的维护、更换，尽量减小对系统运行的影响；系统软件设计利于系统升级；

（4）在监测内容、测点布置和参数设置方面，充分尊重和采纳结构工程师的意见和建议；

（5）尽可能将施工监控与运营监测一体化实施，实现健康监测贯穿结构的全寿命周期；

（6）尽可能将健康监测与振动控制相结合。

1.5.2 系统设计方法

在进行系统设计时，首先必须对结构特性和结构易损性进行分析，由此确定结构受力特点、易损部位及危险点。在此基础上，结合结构的实际情况和传感器本身的特点确定监测内容、监测点和监测方法；其次根据测点布置，进行数据采集系统的设计，包括传感器选型和采样制度、数据采集、传输和处理；最后，进行结构健康诊断评价系统的设计，实现预警、状态评估、损伤识别等功能。几个主要方面简述如下。

1. 结构特性和易损性分析

建立结构的仿真模型，通常为有限元模型，根据需要还可能要建立试验模型。对结构在运营期常见的荷载组合下的静动态特性和响应进行分析。根据计算（或试验）结果，在对结构的静动态性能和特点进行深入分析和了解的基础上，确定结构的危险截面、易损点，结合既有同类型结构监测经验以及结构工程师的意见，确定各典型部位的监测内容、监测点和监测方法。监测内容及监测方法受传感器当前技术水平的制约，对于有些要监测的内容，可能要考虑通过人工巡检方式给予补充。

2. 数据采集传输与存储

监测内容和监测方法确定后，就是传感器的选型。传感器模块是整个健康监测系统的硬件基础，用于系统安全预警评定分析，数据的正确性取决于本模块传感器信号来源的可靠性，根据监测项目的特点和需求，传感器选型必须满足先进性、实用性、耐久性、可靠性、可维护性和可扩展性原则，且在满足精度要求的前提下，适度增加传感器数量，保证传感器数量有一定的冗余度。

各种不同类型的传感器采集的信号类型是不同的，需要采用不同的信号调理技术。调理后的传感器信号被进一步处理与转换，形成统一的数字信号进行远程传输及解调。解调后的数据需要经过校验，进行结构化存储、管理和可视化显示。因此，根据选用的传感器类型和数量，以及数据采集和传输过程，设计和配置数据采集和传输系统、数据的管理、控制和存储系统。

长期健康监测系统每天都将产生大量的数据，从健康状态评估看，占数据量80%以上的大量微小荷载下的常态监测数据是不需要的，真正需要的是有异常变化的数据和典型的各时段的监测数据，而且监测数据一般并不是直接用来分析的物理量。因此，应该对监测数据及时处理，否则将形成大量的垃圾数据。不仅占用系统资源，也影响后续工作效率。为真正保存有意义的数据，在数据采集和前处理模块，可通过采样制度、数据过滤器和数据融合机制来减少需要存储的数据量。采样制度用于控制存储数据的时间段、触发存储的阀值等。数据过滤器按照设定的阀值或过滤规则过滤数据。数据融合机制用于将同一个通道或不同通道的原始数据融合成有实际物理意义的数据量。通过以上三种机制，可大大缩减实际存储的数据。

3. 结构安全预警

预警功能的设计作为结构监测系统的组成部分，对结构的安全性监测起着重要的作用。预警不仅仅要对结构的异常状况发出及时警报，还需对结构的异常状态进行定性、定量判别。有的监测系统采用事件预警模式，分两个等级：初级预警和综合预警。

初级预警从传感器出发，根据传感器异常及时发出警报，触发预案。综合预警则根据触发，提取相关传感器响应数据，进行时间、空间融合分析，并通过各类异常事件预案判别，判断异常产生的原因，并根据结构响应确定异常大小及对结构性能的影响。其中预案判别算法可采用神经网络法，适合在系统运行过程中不断学习和完善。

4. 结构状态评估

结构状态评估可以分别设计为在线评估和离线评估两部分。在线评估主要对实时采集的监测数据进行基本的统计分析、趋势分析，并与其阀值比对，给出结构的初步安全状态评价结果。离线评估是由结构专家根据多渠道信息（实时监测数据、人工检测数据、在线评估信息、结构设计资料、施工档案资料等）进行综合的分析判断。

1.6 监测系统实例：胶州湾大桥[20]

1.6.1 传感器布置

胶州湾大桥由沧口航道桥、红岛航道桥、大沽河航道桥、海上非通航孔桥和陆上引桥组成（图1.5），主线全长28.047km，其中跨海大桥25.171km，主线桥宽35m，双向六车道，设计行车速度80km/h。沧口航道桥为双塔双索面钢箱梁稀索斜拉桥，红岛航道桥为独塔双索面稀索钢箱梁斜拉桥，大沽河航道桥为四跨连续独塔自锚式钢箱梁悬索桥。

监测系统采用在线实时监测与人工巡检相结合的方式，监测内容满足结构安全及综合评价（耐久性、安全性、适用性）、结构状态识别的功能要求。因此，首先对桥梁结构在各个工况下的内力分布和变形特征做出全面的力学分析，明确结构的受力特点、易损部位及危险点。再结合桥梁结构的工程实际和现有传感和数据采集传输技术水平确定监测内容、监测点和监测方法。

图 1.5 胶州湾大桥

健康监测系统的实时监测部分为三座航道桥，监测参数主要包括应变、位移、索力、加速度、温度等，共布置自动采集类传感器 422 个。此外，为监测海洋环境下混凝土结构耐久性，选择 10 处桥墩，布设了 29 组腐蚀监测仪。如图 1.6～图 1.8 及表 1.1 所示。

三座航道桥在线监测各类传感器数量 **表 1.1**

监测部位、内容		所用设备仪器名称	沧口	红岛	大沽河
梁	环境	风速风向仪	1		1
		大气温度计	2	2	2
	结构温度	钢结构温度计	26	20	32
	变形	GPS	1		1
	静力	钢结构纵向应变计	16	18	32
		钢结构横向应变计	4		6
	动力	竖向加速度计	10	8	16
		横向加速度计	2	2	8
		竖横向加速度计			2
	梁端位移	倾斜计	2	2	4
		位移计	2	2	4
斜拉索，主缆，吊杆	索力	锚索计	12	6	22 （主缆索股 14，吊杆 8）
塔	环境	风速风向仪			1
	静力	混凝土结构纵向应变计	18	12	12
		混凝土结构温度计	18	12	12
	变形	GPS	2	2	1
	动力	横向加速度计		1	
		双向加速度计	1	1	1
		三向加速度计	1	1	1
传感器数量合计			118	89	158

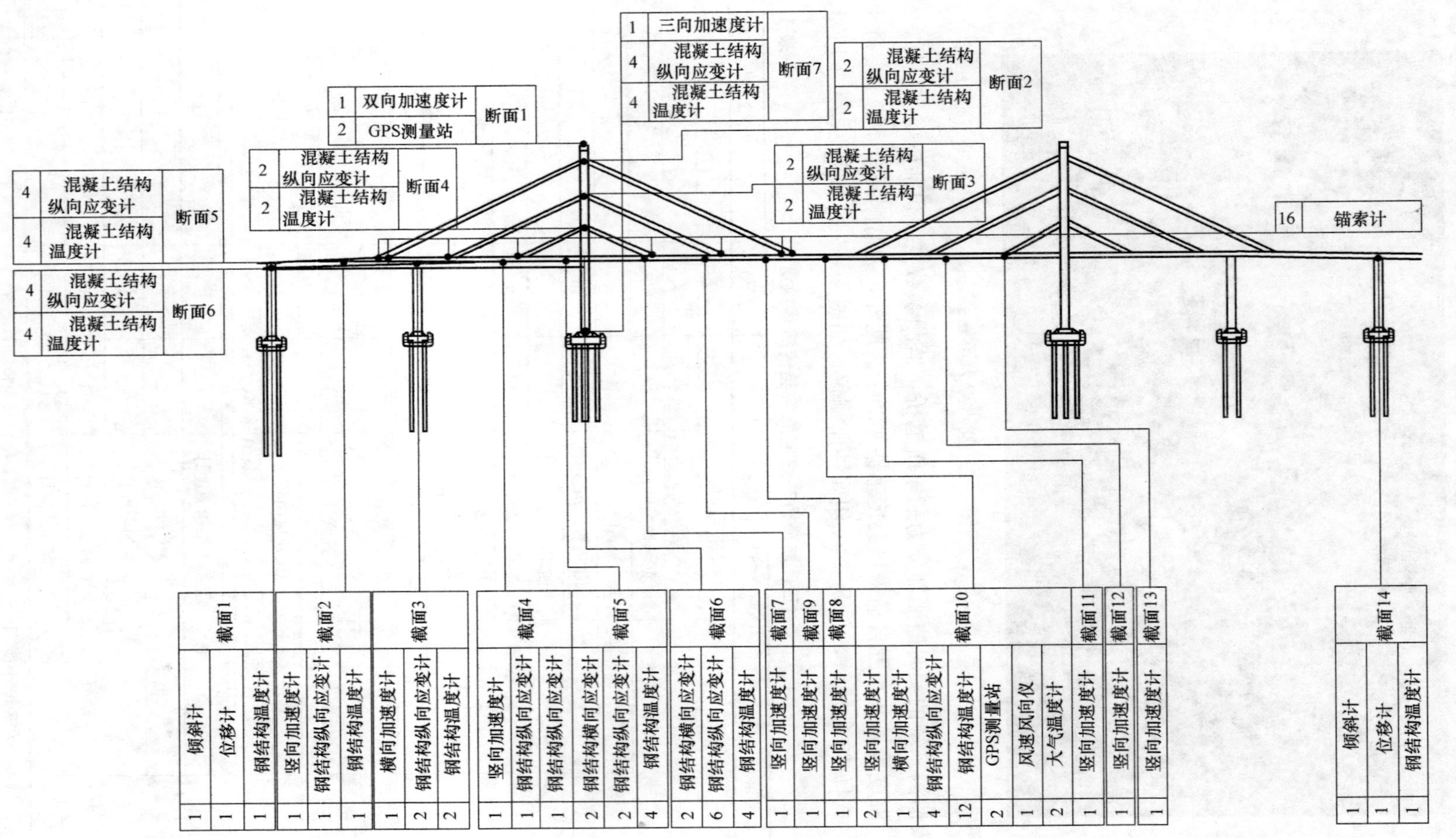

图 1.6　沧口桥传感器布置

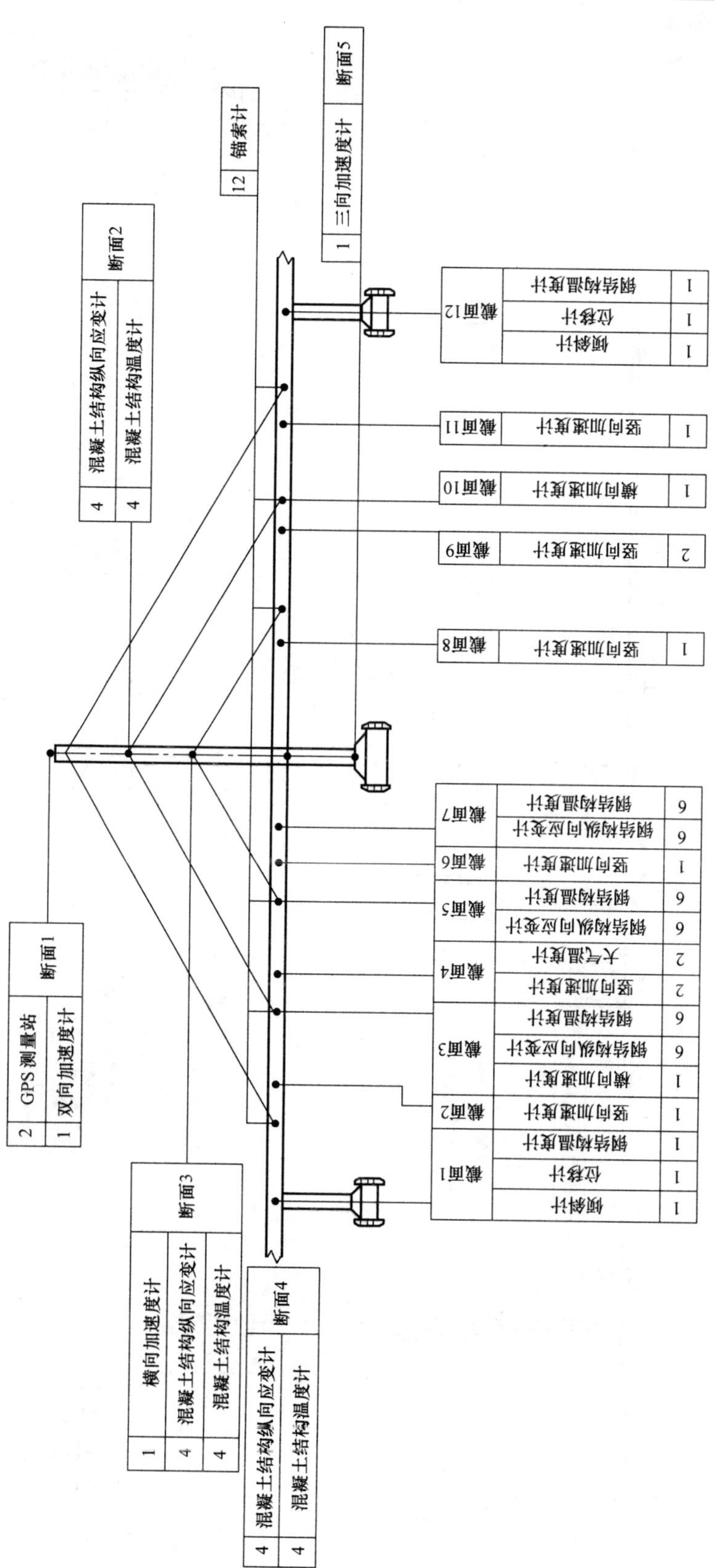

图 1.7 红岛桥传感器布置

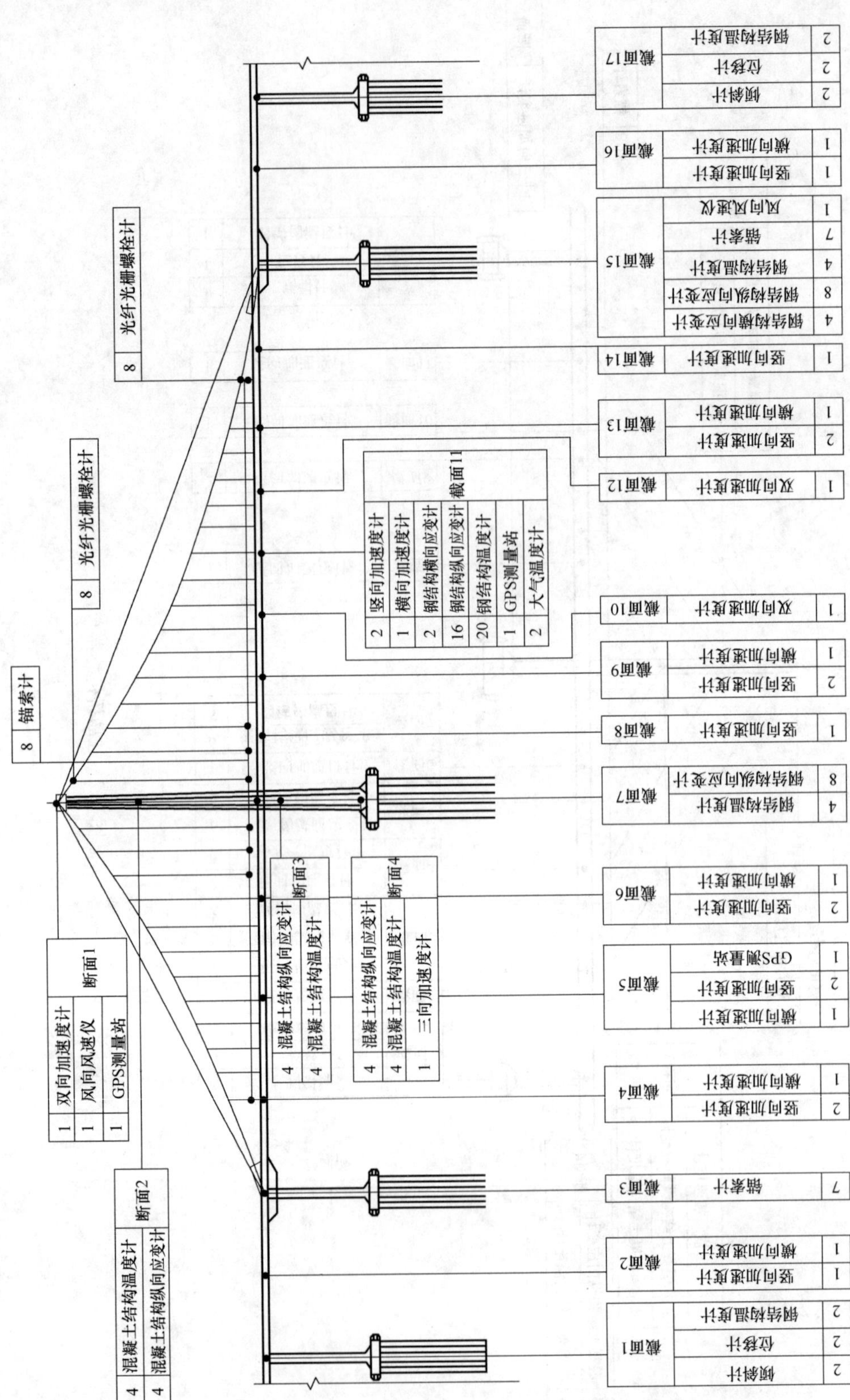

图 1.8 大沽河桥传感器布置

1.6.2　系统总体功能框架

胶州湾大桥结构监测系统的总体框架如图 1.9 所示，主要由五个子系统构成。

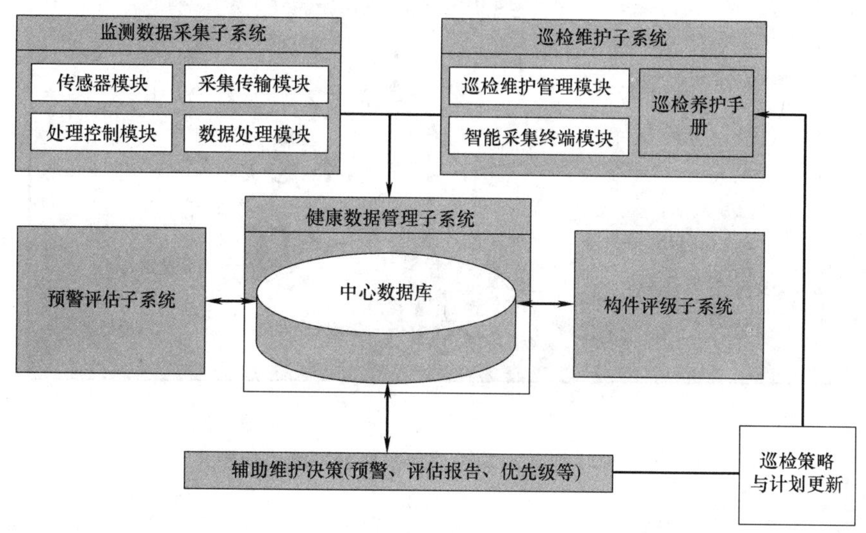

图 1.9　监测巡检养护管理系统总体功能框架

1. 数据采集子系统

数据采集子系统的主要功能是自动化数据采集、传输、处理和控制，为结构的预警、评估、评级等提供基础资料。

2. 巡检维护子系统

建立专门的针对结构外观损伤、病害进行检测和评估的管理子系统，以配合基于自动化传感测试和信号分析控制的监测数据采集子系统，实现大桥全覆盖管理。该子系统以巡检养护手册为指导，辅以智能化采集终端，实现流程化、标准化和规范化的巡检数据录入、存储、查询和显示，提供基于巡检数据的结构技术状况评定功能。

3. 构件评级子系统

根据外观巡检的定性数据，通过构件评级子系统，确定各构件的危险点、易损性和外观性的级别，在此基础上实现桥梁构件的综合评级，进一步实施巡检优先级排序，配合健康评估的结果，以制定合理的巡检养护计划。

4. 预警评估子系统

根据监测数据采集子系统、构件巡检养护子系统的数据输入，结合健康评级子系统对外观检查信息的处理和评定，实现结构危险状态预警与性能评估。

5. 数据管理子系统

数据管理模块是整个系统的数据管理平台，实现对中心数据库所有数据的管理功能。同时提供友好、专业、灵活配置的用户界面。

大桥监测系统的应用采用 B/S（Browser/Server，浏览器/服务器）模式，这种模式统一了客户端，将系统功能实现的核心部分集中到服务器上，简化了系统的开发、维护和使用。系统用户可在授权的情况下，通过局域网或 Internet 访问系统，而不用安装任何软件。如图 1.10 所示。

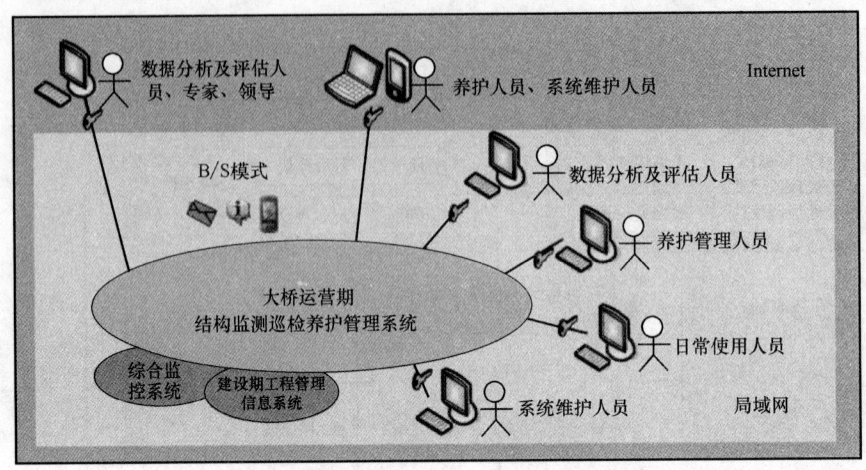

图 1.10　结构监测巡检养护管理系统应用模式

参考文献

[1] Murugesh, G.. Health monitoring of the New Benicia Martinez Bridge, Health Monitoring and Management of Civil Infrastructure System. S. B. Chase and A. E. Aktan (eds.), Proceedings of SPIE 2001 Vol. 4337: 256-267.

[2] Sumitro, S., Matsui, Y., Kono, M.. Okamoto, T., and Fujii, K.. Long-span bridge health monitoring system in Japan, Health Monitoring and Management of Civil Infrastructure System. S. B. Chase and A. E. Aktan (eds.), Proceedings of SPIE 2001 Vol. 4337: 517-524.

[3] Kashima, S., Yanaka, Y., Suzuki, S., and Mori, K.. Monitoring of the Akashi Kaikyo bridge: first experience, Structural Engineering International, 2000, 11 (2), 120-123.

[4] Fujino, Y., Murata, M., Okano, S., and Takeguchi, M.. Monitoring system of the Akashi Kaikyo bridge and displacement measurement using GPS, Nondestructive Evaluation of Highway, Utilities, and Pipelines IV, A. E. Aktan and S. R. Gosselin (eds.), Proceedings of SPIE 2000 Vol 3995, 229-236.

[5] Kim, C. Y., Kim, N. S., Yoon, J. G., and Jung, D. S.. Monitoring system and ambient vibration test of Namhae suspension bridge, Nondestructive Evaluation of Highway, Utilities, and Pipelines IV, A. E. Aktan and S. R. Gosselin (eds.), Proceedings of SPIE 2000 Vol 3995, 324-332.

[6] Lau, C. K., Wong, K. Y., and Flint, A. R.. The structural health monitoring system for cable-supported bridges in Tsing Ma control area, Proceedings of the International Workshop on responses and Monitoring of Long span Bridges, 2000, Hong Kong, 14-23.

[7] Xiang, H.. Health monitoring status of long-span bridges in China, Proceedings of the International Workshop on responses and Monitoring of Long span Bridges, 2000, Hong Kong, 24-31.

[8] 张敏，杨志芳，朱利明. 东海大桥桥梁结构健康监测系统研究与设计 [J]. 桥梁建设，2006，2：67-70.

[9] 余波，邱洪兴，王浩，郭彤. 苏通大桥结构健康监测系统设计 [J]. 地震工程与工程振动，2009，

29 (4): 170-177.

[10] 王祺明，孙智，周哲峰，王天华，张峰. 上海长江大桥结构健康监测系统设计思路 [J]. 世界桥梁，2009，增刊 1，34-37.

[11] 邵新鹏，钱宇音，倪一清. 结构健康监测系统与巡检养护管理系统在青岛海湾大桥上的一体化设计 [J]，公路，2009，9：201-205.

[12] 刘志强，李娜，冯良平，张革军. 西堠门大桥结构监测系统的设计与实现 (I) [J]. 系统设计，中国工程科学，2010，12 (7)：96-100.

[13] 陈红. 黄埔大桥健康监测系统设计 [J]. 广东科技，2011，20：193-195.

[14] 缪长青，李爱群. 瀛洲大桥结构健康监测系统设计 [J]. 公路交通科技，2011，28 (8)：104-111.

[15] Celebi M, Sanli A, et al. Real-time seismic monitoring needs of building owner and the solution—a cooperative effort [C]. 13th World Conference on Earthquake Engineering, 2004: Paper No. 3104.

[16] Durgin, F. H., Gilbert. Data from a full scale study of an 800 foot building in Boston. Special Report to Dictorate of Engineering, NSF. 1994.

[17] Tracy Kijewski-correa, J. David Pirnia. Dynamic behavior of tall buildings under wind: insights from full-scale monitoring. Struct. Design Tall Spec. Build. 16, 471-486, 2007.

[18] Ni Y Q, Xia Y, Liao W Y, et al. Technology innovation in developing the structural health monitoring system for Guangzhou New TV Tower [J]. Structural Control and Health Monitoring, 2009, 16: 73-98.

[19] Charles R. Farrar, Hoon Sohn, Michael L. Fugate, Jerry J. Czarnecki. Integrated structural health monitoring, Health Monitoring and Management of Civil Infrastructure Systems, Proceedings of SPIE 2001, 4335: 1-8.

[20] 邵新鹏，孙宗光，周哲峰. 结构监测巡检养护系统 [M]. 人民交通出版社，2015. 10.

第 2 章　结构监测信号分析

监测系统本身需要嵌入基本的信号处理分析功能，而基于监测或试验检测的离线识别诊断需要更细致的信号处理分析。这些信号是对模拟信号采样而得到的离散数字信号，这里仅就与结构监测相关的信号处理所涉及的基本内容做简要介绍。

2.1　信号采样与滤波

2.1.1　信号采样

1. 采样频率的选择

采样也称抽样，是信号在时间上的离散化，即按照一定时间间隔 Δt 在模拟信号 $x(t)$ 上逐点采集其瞬时值（如图 2.1 所示）。显然，在监测和试验检测中，需要确定各类信号的采样周期，有时也需要在已有的离散信号上进行再采样。比如，为了观察连续 24 小时范围内结构物位移与环境温度之间的关系，可能会将位移信号每 30 分钟或 1 小时抽取 1 分钟平均值组成新的信号序列。

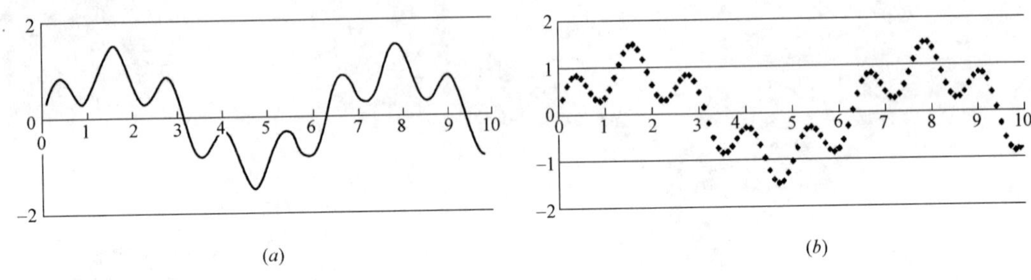

图 2.1　信号采样

对模拟信号采样首先要确定采样周期 Δt，或采样频率 $f_s=1/\Delta t$。如何合理选择 Δt 涉及许多需要考虑的技术因素。一般而言，采样频率越高，采样点数就越密，所得离散信号就越逼近于原信号。

但过高的采样频率，对于长期健康监测并不可取，对固定长度（T）的信号，采集到过大的数据量（$N=T/\Delta t$），给存储和计算处理都带来不便。而采样频率过低，采样点间隔过远，则离散信号不足以反映原有信号波形特征，无法使信号复原，把本该是高频的信号误认为低频信号，造成信号混迭失真。

合理的采样间隔应该是既不会造成信号混淆，又不过度增加不必要的存储和处理分析工作量。采样定理证明，不产生频率混迭的最低采样频率 f_s 应为信号中最高频率 f_m 的两倍，即 $f_s \geq 2f_m$，一般取 $f_s=(2.56\sim4)f_m$。

显然，不同属性的监测信号应该设置不同的采样频率。例如，某结构监测系统对各种被监测物理量采用的采样周期如表 2.1 所示。

某结构监测系统物理量采样周期与频率 **表 2.1**

	温度	风速风向	位移(GPS)	应变	加速度
采样周期(s)	60	1	0.1	0.05	0.02
采样频率(Hz)	1/60	1	10	20	50

2. 采样长度的选择

采样长度即采样时间的长短。对于长期监测而言，通常采样是连续不断的。有时也采用不连续采样，如定时采样、事件触发采样等，这就涉及采样长度的问题。另外，在数据处理时，总是要选取信号的长度，选取多长的一段数据合适，显然也是个采样长度的问题。

采样时，首先要保证能反映信号的全貌，对瞬态信号应包括整个瞬态过程。对周期信号，理论上采集一个周期信号就可以了，实际上，考虑信号平均的要求等因素，采样总是有一定长度的。信号采样要有足够的长度，这不但是为了保证信号的完整，也是为了保证有较好的频率分辨率。当然，数据处理分析时使用过长的数据，会大大增加计算工作量，降低数据处理效率。

2.1.2 信噪比与滤波

需要注意的是采样定理只保证了信号不被歪曲为低频信号，但不能保证不受高频信号的干扰，如果传感器输出的信号中含有比所需信号频率还高的频率成分，A/D 板同样会以所选采样频率加以采样，将不需要的高频成分混入有用信号之中。故此在采样前，应把比所需信号更高的频率成分滤掉，也就是抗混滤波。

在采得的信号中，总是混有干扰成分的，即所谓噪声。噪声过大，有用信号不突出，便难以对信号做出准确的分析。在技术上用信噪比 S/N 来衡量信号与噪声的比例关系。在做信号分析前，设法减少噪声干扰的影响，提高 S/N 是信号预处理的一项主要内容。提高信噪比 S/N 的途径一般主要是时域平均和滤波两种方法。

时域平均是在时域中从混有噪声的信号里提取周期性分量的有效方法。通过对所感兴趣的周期长度对信号截取进行平均处理，对任意波形的周期信号的提取，都可得到满意的结果。如果进行 N 次时域平均，可将信噪比提高 $\sqrt{N}$ 倍。

滤波是将信号中特定波段频率滤除的操作，是抑制和防止干扰的一项重要措施。本质上，时域平均也是一种滤波。滤波的主要目的是设法使噪声与有用信号分离，并予以抑制和消除。滤波有模拟滤波和数字滤波两种方式，有低通、高通、带通和带阻四种基本类型。

图 2.2 所示为采用 matlab 信号处理工具箱提供由滤波函数 filter 和 filtfilt 对监测信号的滤波效果。

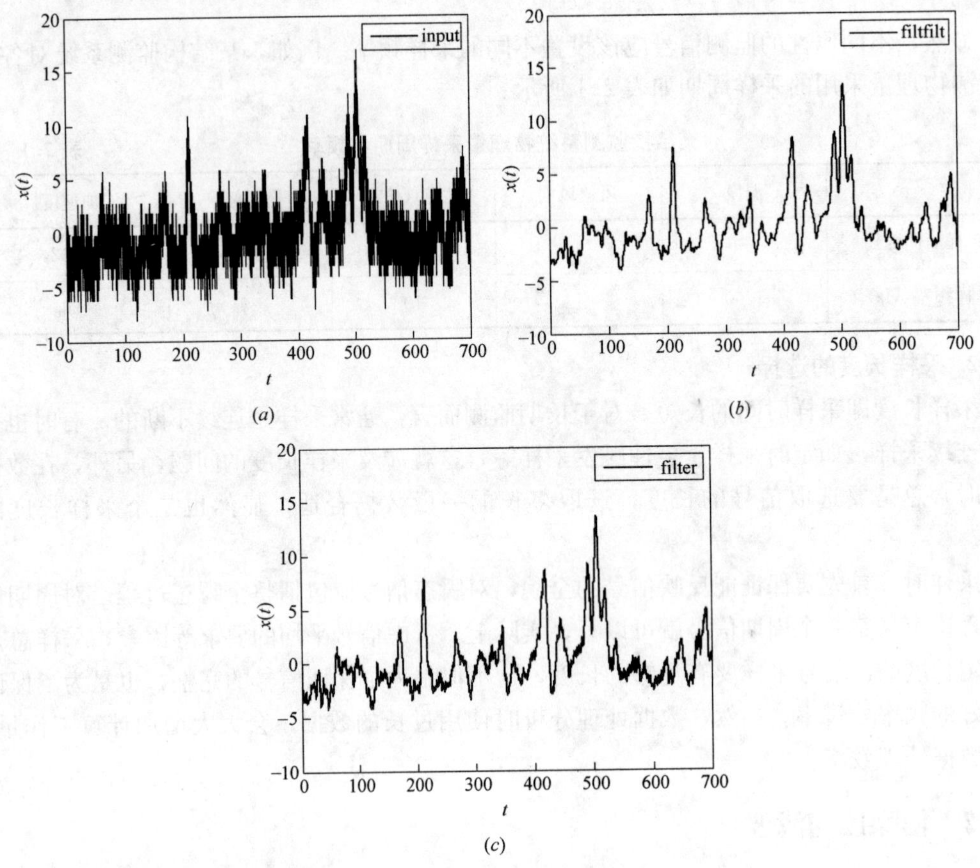

图 2.2　信号的滤波

(a) 原始监测信号；(b) 采用 filtfilt 滤波；(c) 采用 filter 滤波

2.2　信号的平稳性和各态历经性

2.2.1　信号的平稳性

对随机过程 $X(t)$ 做随机试验得到多个在 $t\in[0,T]$上的样本函数 $x_i(t)$（$i=1, 2, \cdots, n$）。对在某一时刻 $t\in[0,T]$ 的所有样本函数 $x_i(t)$（$i=1, 2, \cdots, n$）做平均，称为集合均值。对在 t 时刻的所有样本函数 $x_i(t)x_i(t+\tau)$（$i=1, 2, \cdots, n$）的值做平均，称为集合相关函数，集合均值和集合相关函数统称为集合平均，数学表达式为：

$$\mu_{\mathrm{x}}(t)=\lim_{n\to\infty}\frac{1}{n}\sum_{i=1}^{n}x_i(t) \tag{2.1}$$

$$R_{\mathrm{x}}(t,\tau)=\lim_{n\to\infty}\frac{1}{n}\sum_{i=1}^{n}x_i(t)x_i(t+\tau) \tag{2.2}$$

式中：$\mu_{\mathrm{x}}(t)$ 为集合均值；$R_{\mathrm{x}}(t, \tau)$ 集合相关函数。

平稳和非平稳一般都是针对随机信号而言。平稳随机信号（过程）概率密度不随时间平移而变化。这个条件是十分严格的，一般情况下很难满足，在实际应用中也是不容易验证的。因此，常常将上述条件放宽，用信号（过程）的数字特征来定义一个宽平稳（也叫广义平稳）信号，其数字特征的特点是：均值为常数，自相关函数为单变量（$\tau=t_2-t_1$）的函数。后一特点表明，x（t_1）和 x（t_2）的线性依从关系只与差 t_2-t_1 有关。

检验 $\mu_x(t)$ 和 $R_x(t, \tau)$ 是否随时间 t 变化，如果两者都不随 t 变化，该随机过程平稳，反之，则该随机过程不平稳。在实际数值模拟验证中，集合均值和集合相关函数随时间 t 变化很小，就认为该随机过程平稳。

给出一个随机时间序列，首先可通过该序列的时间路径图来粗略地判断它是否是平稳的。一个平稳的时间序列在图形上往往表现出一种围绕其均值不断波动的过程；而非平稳序列则往往表现出在不同的时间段具有不同的均值（如持续上升或持续下降）。

（1）考虑如下的随机过程：

$$x(t_i)=x(t_{i-1})+\mu_{t_i} \quad (i=1, 2, \cdots n)$$

其中：μ_t 是一白噪声。

这是一个非平稳过程（图 2.3）。这个随机性趋势可通过差分的方法消除，如对式 $x(t_i)=x(t_{i-1})+\mu_{t_i}$ 可通过差分变换为平稳过程 $x(t_i)-x(t_{i-1})=\mu_{t_i}$，该时间序列称为差分平稳过程（difference stationary process）。

（2）考虑如下的随机过程：

$$x(t_i)=\beta t_i+\mu_{t_i} \quad (i=1,2,\cdots n)$$

其中：μ_t 是一白噪声，t 为一时间趋势。

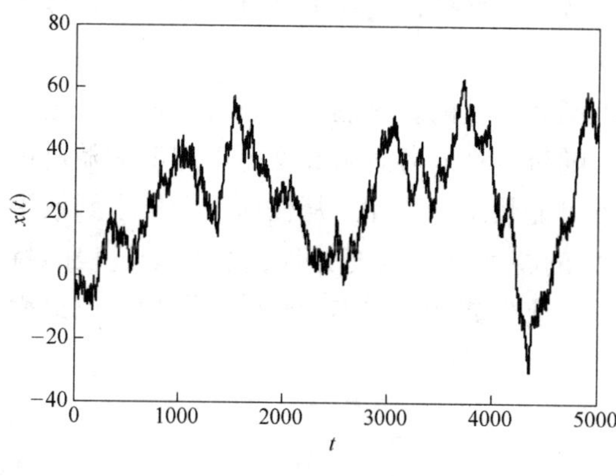

图 2.3 随机趋势过程

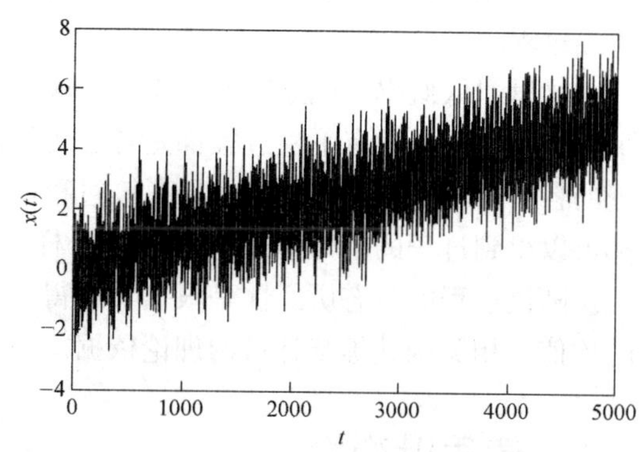

图 2.4 确定性趋势过程

根据 β 的正负，表现出明显的上升或下降趋势。这种趋势称为确定性趋势（deterministic trend）（图 2.4）。一个包含有某种确定性趋势的非平稳时间序列，可以通过引入表示这一确定性趋势的趋势变量，而将确定性趋势分离出来。如对式 $x(t_i)=\beta t_i+\mu_{t_i}$ 可通过除去趋势项 βt_i 变换为 $x(t_i)-\beta t_i=\mu_{t_i}$，该时间序列称为趋势平稳过程（trend stationary process）。

2.2.2 信号的各态历经性

我们看到，如果按照上述式（2.1）和式（2.2）来计算平稳过程 $X(t)$ 的数字特征的话，就需要预先确定一族样本函数，但这在实际应用中是不易办到的。事实上即使我们在实践中，采用有限样本近似计算，那也要对一个平稳过程重复进行大量观测，以便获得数量足够多的样本函数 $x_i(t)$（$i=1, 2, \cdots, n$），这在实验过程中也是困难的，而在实际结构的监测中更是做不到的。但是平稳过程的统计特性是与时间原点的选取无关的，于是我们自然期望在一个很长时间内观测得到的一个样本曲线，可以作为得到这个过程的数字特征的充分依据。

对样本函数 $x_i(t)$（$i=1, 2, \cdots, n$）在给定时间 $[0, T]$ 的平均，称为时间均值，对样本函数 $x_i(t)x_i(t+\tau)$（$i=1, 2, \cdots, n$）在给定时间 $[0, T]$ 的平均，称为时间相关函数。时间均值和时间相关函数统称为时间平均，数学表达式为：

$$\langle x_i(t)\rangle = \lim_{T\to\infty}\frac{1}{T}\int_0^T x_i(t)\mathrm{d}t \tag{2.3}$$

$$\langle x_i(t)x_i(t+\tau)\rangle = \lim_{T\to\infty}\frac{1}{T}\int_0^T x_i(t)x_i(t+\tau)\mathrm{d}t \tag{2.4}$$

式中：$\langle x_i(t)\rangle$为时间均值；$\langle x_i(t)x_i(t+\tau)\rangle$为时间相关函数。

各态历经定理证实，对平稳过程而言，只要满足一些较宽的条件，那么集平均（均值和自相关函数等）实际上可以用一个样本函数在整个时间轴上的平均值来代替。

对于一个平稳随机过程：

（1）如果$<x_i(t)>=\mu_x$ 依概率 1 成立，则称该过程的均值具有各态历经性；

（2）如果$<x_i(t)x_i(t+\tau)>=R_x(\tau)$ 依概率 1 成立，则称该过程的自相关函数具有各态历经性。特别当 $\tau=0$ 时，称为均方值具有各态历经性；

（3）如果该过程的均值和自相关函数都具有各态历经性，则称平稳过程是（宽）各态历经过程。

这里“依概率 1 成立”的含义是对所有样本函数而言的。显然，各态历经过程一定是平稳的，但不是所有平稳过程都是各态历经的。随机过程的各态历经性可以理解为随机过程的各个样本函数都同样地经历了该过程的各种可能状态。因此，从任何一个样本函数中都可以得到过程的全部信息，任何一个样本函数的特性都可以充分地代表整个过程的特性。随机过程的各态历经性是根据实测得到的一个或少数几个样本函数估计平稳随机过程的均值、相关函数等统计量的理论依据。

2.3 傅里叶变换

2.3.1 连续傅里叶变换

监测信号通常其原始形式都是时域信号。时域信号的自相关函数和互相关函数都是根据信号时间先后顺序进行变换得到。自相关函数变换的目的是了解某时刻信号和先前另一时刻信号之间的依赖关系或相似情况，它用两时刻信号之积的平均值来表示。即利用自相关函数可检验数据是否相关，其次可用于检验混于随机噪声中的周期信号。互相关函数与自相关函数类似，用以表示两组信号之间在时间顺序上的依赖关系，也用两个不同时刻信号乘积的平均值来表示，只是乘积的值来自两组不同信号。

除了在时域上观察和研究信号外，还需要分析和研究信号的频域特性，这就需要信号的频域变换。将复杂的时间信号变换成以频率成分表示的结构形式就是频域变换。常用的经典变换，就是众所周知的傅里叶变换。

满足一定条件（Dirichlet 条件）的、以 T 为周期的时间的周期函数 x（t），在连续点处，可用下述的三角函数的线性组合（傅里叶级数）来表示：

$$x(t)=\frac{a_0}{2}+\sum_{n=1}^{\infty}(a_n\cos n\omega t+b_n\sin n\omega t) \tag{2.5}$$

其中：

$$\left.\begin{aligned}\omega&=\frac{2\pi}{T}\\ a_n&=\frac{2}{T}\int_0^T x(t)\cos n\omega t\,\mathrm{d}t(n=0,1,2,\cdots)\\ b_n&=\frac{2}{T}\int_0^T x(t)\sin n\omega t\,\mathrm{d}t(n=0,1,2,\cdots)\end{aligned}\right\} \tag{2.6}$$

可将上述傅里叶级数写作指数形式

$$x(t)=\sum_{n=-\infty}^{+\infty}c_n e^{jn\omega t} \tag{2.7}$$

式中

$$c_n=\frac{1}{T}\int_0^T x(t)e^{-jn\omega t}\,\mathrm{d}t \tag{2.8}$$

周期函数的傅里叶级数表明，一个周期信号可以分解为一系列固定频率的简谐波之和，这些简谐波的（角）频率分别取一个基频 ω 的倍数，即各阶频率取一系列离散值，即周期信号的频谱是一个离散谱。随着周期 T 的增大，基频 $\omega=2\pi/T$ 减小，各阶离散的频率趋向密布。因此，对于非周期信号（$T=\infty$），频率呈现连续分布，即形成连续谱。同时，非周期信号的频谱分析就演变为如下的傅里叶变换和逆变换：

$$X(\omega)=\int_{-\infty}^{+\infty}x(t)e^{-j\omega t}\,\mathrm{d}t \tag{2.9}$$

$$x(t)=\frac{1}{2\pi}\int_{-\infty}^{+\infty}X(\omega)e^{j\omega t}\,\mathrm{d}\omega \tag{2.10}$$

和周期信号的傅里叶展开的意义一样，傅里叶变换同样刻画了一个非周期信号的频谱特性，只是其频谱是连续的。$X(\omega)$ 反映的是非周期信号 $x(t)$ 中的频率分布密度，因此，称为频谱密度函数。

2.3.2 离散傅里叶变换

1. 离散傅里叶变换（DFT）的定义

设 $x(n)$ 是一个长度为 N 的有限长序列，定义 $x(n)$ 的 N 点离散傅里叶变换为：

$$X(k)=\sum_{n=0}^{N-1}x(n)e^{-j\frac{2\pi}{N}kn}(k=0,1,\cdots N-1) \tag{2.11}$$

$X(k)$ 的傅里叶反变换为：

$$x(n)=\frac{1}{N}\sum_{k=0}^{N-1}X(k)e^{j\frac{2\pi}{N}kn}(n=0,1,\cdots N-1) \tag{2.12}$$

在DFT变换中，$x(n)$ 和 $X(k)$ 都是有限长序列，设 $W_N^{kn}=e^{-j\frac{2\pi}{N}kn}$，由于 W_N^{kn} 的周期性，使得 $x(n)$ 和 $X(k)$ 隐含周期性，且周期为 N。

2. 快速傅里叶变换（FFT）

DFT是信号分析与处理的一个重要变换。但是直接计算DFT的运算量与变换的长度 N 的平方成正比，当 N 较大时，计算量太大，信号的分析和处理效率是十分低下的。快速傅里叶变换（FFT）使得DFT的运算效率大大提高。

长度为 N 的有限长序列 $x(n)$ 的DFT为：

$$X(k)=\sum_{n=0}^{N-1}x(n)W_N^{kn}(k=0,1,\cdots N-1) \tag{2.13}$$

利用 $W_N^{kn}=W_N^{k(n+N)}=W_N^{(k+N)n}$ 和 $W_N^{kn+\frac{N}{2}}=-W_N^{kn}$，将 N 点DFT转化为 $N/2$ 点的DFT。

当 $N=2^{\gamma}$ 时，将 $x(n)$ 按奇偶分成 $N/2$ 点的序列，这样就将 N 点DFT分解为两个 $N/2$ 点的DFT的运算。$N/2$ 点的DFT还可以再分解为 $N/4$ 点的DFT，共可分解 γ 级，最后达到 $N/2$ 个2点DFT运算。上述算法称为“基2FFT算法”，详细过程和反变换方法可参考相关文献[1]。

可见，上述FFT算法的运算量相比DFT算法大为减小。直接运算DFT与计算FFT所需的复数乘法数之比为：

$$\frac{N^2}{\gamma(N/2)}=\frac{2N}{\log_2 N} \tag{2.14}$$

3. FFT算法的MATLAB实现

MATLAB提供函数fft和ifft函数来计算快速傅里叶变换和其逆变换，fft、ifft是机器语言而不是用MATLAB指令编写的，因此，执行速度更快。

格式：y=fft(x)，计算信号 x 的快速离散傅里叶变换 y，当 x 为矩阵（多通道信号）时，计算 x 中每一列信号的离散傅里叶变换。当 x 的长度为2的幂时，用2基算法，否则采用较慢的分裂基算法。在信号分析时，采样点数一般尽可能选为 $N=2^{\gamma}$，如512、1024、2048、4096等。格式：y=fft(x, n)，计算 n 点FFT，当 x 的长度大于 n 时，截断 x，当 x 的长度小于 n 时则补零。

格式：y=ifft(x)，计算 x 的逆傅里叶变换 y，当 x 为矩阵时，计算得到的 y 为 x 中每一列的逆离散傅里叶变换。格式：y=ifft(x, n)，计算 n 点IFFT，当 x 的长度大于 n 时，截断 x，当 x 的长度小于 n 时则补零。

对于随机信号的傅里叶变换，采样长度的选择与频率分辨率密切相关。信号采样要有足够的长度，这不但是为了保证信号的完整，也是为了保证做傅里叶变换时有较好的频率分辨率。使用的采样越长，傅里叶变换时频率的分辨率越高。

2.4　信号的功率谱估计

2.4.1　功率谱的概念

功率谱密度PSD（Power Spectral Density）的定义是单位频带内的“功率”（均方

值），简单说就是能量在频率上的分布。

功率谱密度是结构在随机动态载荷激励下响应的统计结果，是一条功率谱密度值—频率值的关系曲线，其中功率谱密度可以是位移功率谱密度、速度功率谱密度、加速度功率谱密度、力功率谱密度等形式。数学上，功率谱密度值—频率值的关系曲线下的面积，就是均方 $E\left[x^2(t)\right]$。当均值为零时均方值等于方差，即响应标准偏差的平方值。功率谱密度的量纲是［信号量纲］^{2}/Hz。

很多情况下功率谱密度的数值变化的范围可能跨越几个数量级，用线性标度表示时难以显示其频域特征，因此常用对数标度来绘制功率谱密度图形。

2.4.2 离散信号功率谱的计算

离散信号的功率谱具有不同计算方法，这里简要介绍几种基本方法的相关概念，并结合如下简单例子通过 MATLAB 的计算结果来说明各种方法的特点。

采用含有噪声的序列 $x_n=\cos(100n\pi)+3\cos(300n\pi)$，该序列含有 50 和 150Hz 两个频率。采样频率 1000Hz，数据点数 1024。下列各方法给出的 PSD 估计采用对数标度 $10\times\log_{10}$（PSD）绘制出图形（如图 2.5～图 2.8 所示）。

1. 直接法

直接法又称周期图法，它是把随机序列 $x(n)$ 的 N 个观测数据视为一能量有限的序列，直接计算 $x(n)$ 的离散傅里叶变换，得 $X(k)$，然后再取其幅值的平方，并除以 N，作为序列 $x(n)$ 真实功率谱的估计。

2. 间接法

间接法先由序列 $x(n)$ 估计出自相关函数 $R(n)$，然后对 $R(n)$ 进行傅里叶变换，便得到 $x(n)$ 的功率谱估计。相关函数在时间域上描述随机过程的统计特征，功率谱是在频率域上描述随机过程的统计特征，二者所提供的信息是一致。数学上，功率谱等于相关函数的傅里叶变换，相关函数等于功率谱的傅里叶逆变换。

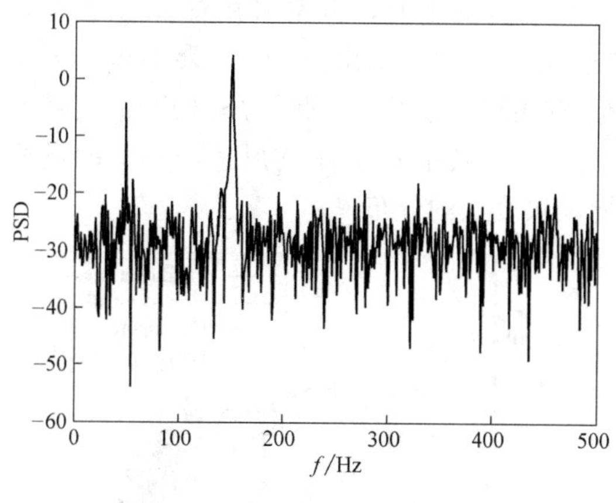

图 2.5 直接法计算的功率谱

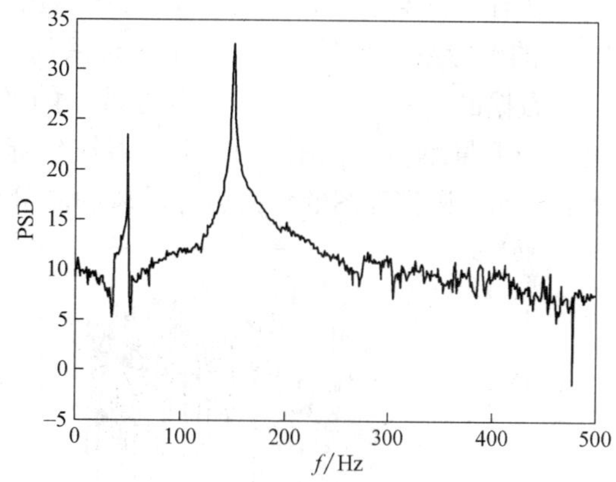

图 2.6 间接法计算的功率谱

3. 改进的直接法

对于直接法的功率谱估计，当数据长度 N 太大时，谱曲线起伏加剧，若 N 太小，谱的分辨率又不好，因此需要改进。

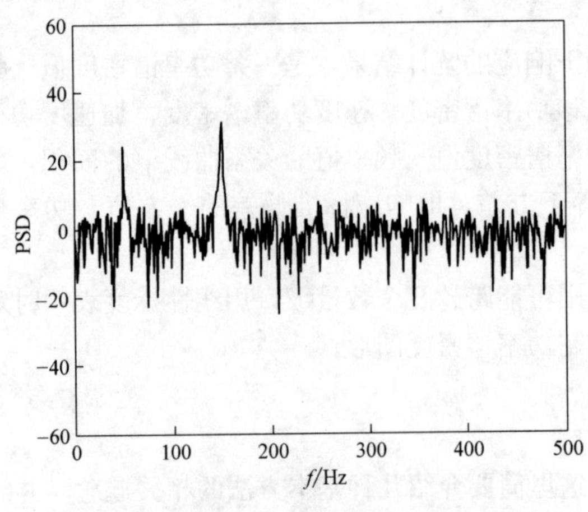

图 2.7 Bartlett 法计算的功率谱

(1) Bartlett 法

Bartlett 平均周期图的方法是将 N 点的有限长序列 $x(n)$ 分段求周期图再平均。

(2) Welch 法

Welch 法对 Bartlett 法进行了两方面的修正，一是选择适当的窗函数 $w(n)$，并在周期图计算前直接加进去，加窗的优点是无论什么样的窗函数均可使谱估计非负。二是在分段时，可使各段之间有重叠，这样会使方差减小。

我们看到用不同方法计算信号功率谱其幅值大小相差很大。一般地，用各种方法得到的功率谱的数据常常都是相对值，因此，功率谱往往用分贝来表示。

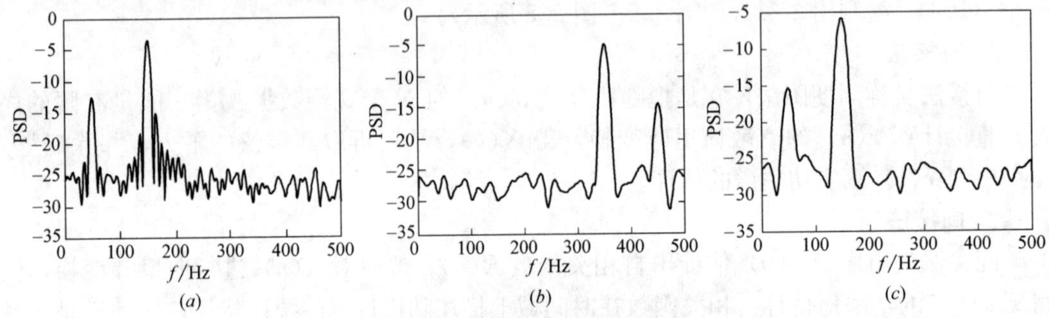

图 2.8 Welch 法计算的功率谱

(a) boxcar 窗；(b) hamming 窗；(c) blackman 窗

在有些情况下，尤其是在研究脉动风风速功率谱密度时，常常采用如图 2.9 和图 2.10 的坐标系。在图 2.9 中，纵坐标采用 $fS(f)/\sigma^2$，即将原功率谱 $S(f)$ 乘上频率 f 除以原数据的方差 σ^2。由于方差与原数据的平方具有相同的量纲，因此，$fS(f)/\sigma^2$ 实际上是一个无量纲量。在图 2.10 中，将横坐标改用 f/U，其中 U 为平均风速，f/U 的量纲为：1/m，谱密度图的含义为脉动风的能量在脉动尺度上的分布。

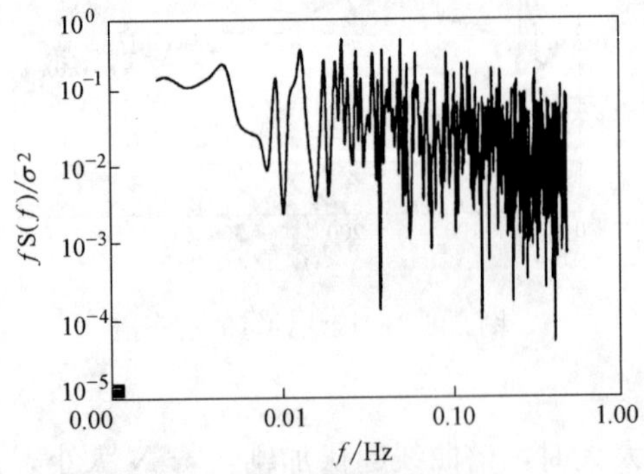

图 2.9 对数坐标下某风速功率谱

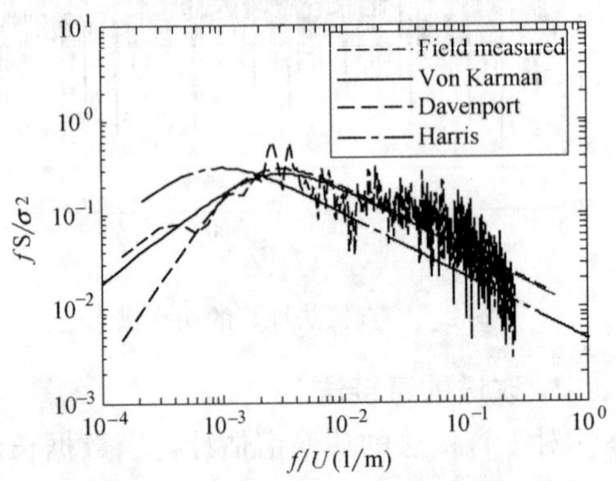

图 2.10 对数坐标下某风速功率谱

2.5 非平稳信号

平稳和非平稳一般都是针对随机信号说的。平稳随机信号（过程）概率密度不随时间平移而变化。非平稳信号是指分布参数或者分布律随时间发生变化的信号。实际应用中，所遇到的信号大多数是不平稳的，至少在观测的全部时间段内不是平稳的。机械或结构物的运行过程属随机过程，在其监铡信号中，存在大量突变和时变性特殊随机信号，如机械设备的启停、构件损伤，以及系统的各类非线性动态响应。

傅里叶理论不仅仅在数学上有很大的理论价值，更重要的是傅里叶变换或傅里叶积分得到的频谱信息具有明确的物理意义。在传统的信号处理中，是人们分析和处理信号最常用，也是最直接的方法，是信号分析的基础。但是，傅里叶变换也存在较严重的缺陷。时域信号变换为频域信号时丢失了时间信息，这样我们在观察频域图时就不能看到事件是在什么时间发生的。因此，傅里叶变换是建立在信号的平稳假设基础上的，严格地说，傅里叶变换只适应于平稳信号的分析。

例如，对于下列两个信号

$$x_1(t)=\sin 20t+\sin 10t \quad (0\leqslant t\leqslant 2\pi)$$

$$x_2(t)=\begin{cases}\sin 20t & (0\leqslant t\leqslant \pi)\\ \sin 10t & (\pi\leqslant t\leqslant 2\pi)\end{cases}$$

在时域它们存在显著的不同，但是，采用傅里叶变换，得到的频谱却完全抹杀了原始信号在时间上的差异（如图 2.11 和图 2.12 所示）。

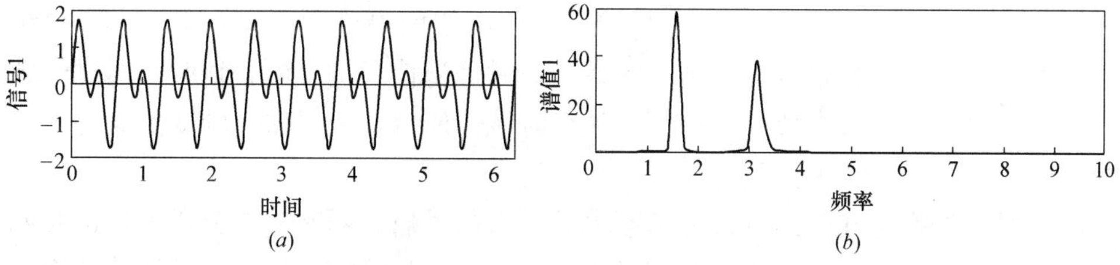

图 2.11 信号 $x_1(t)$ 的时域和频域特征

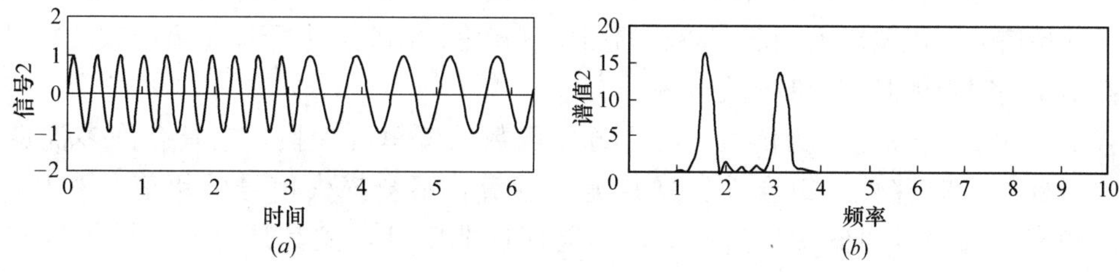

图 2.12 信号 $x_2(t)$ 在时域和频域特征

传统的信号分析方法无法有效地反映信号本质的局部特征。那么，是否可以通过采用更短的信号进行傅里叶分析，而实现对信号时域特征的保留呢？前面提到，基于傅里叶变换对随机信号的处理时，截取的时域信号过短，频率的分辨率就低。而加长时域信号，对信号在时间上的平均范围就加大，时间的分辨率就下降，就会抹掉更多的信号的时间细节。因此，用傅里叶变换，信号分析的时间分辨率与频率分辨率是一对矛盾，精度不可兼得。

对于非平稳信号而言，由于其频谱随时间有较大的变化，要求分析方法能够较准确地反映出信号的局部时变频谱特性，只了解信号在时域或频域的全局特性是远远不够的。因此需要把整体谱推广到局部谱中来。时频分析方法是将一维时域信号映射到二维时频平面，全面地反映信号的时频联合特征（如图2.13所示）。其基本思想是设计时间和频率的联合函数，以同时描述信号在不同时间和频率的能量密度和强度。

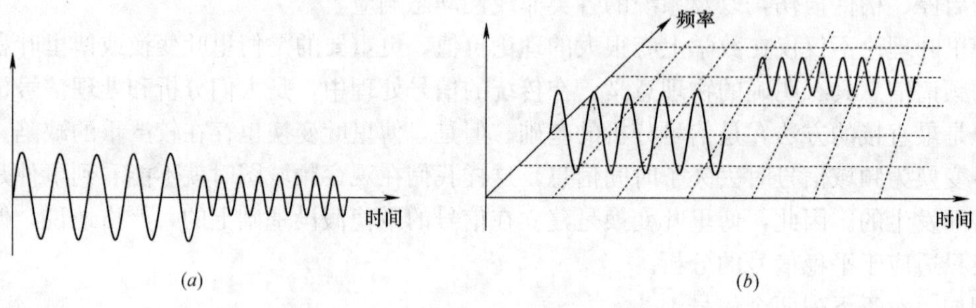

图2.13　信号的二维时频分析示意图

(a) 时域；(b) 时频域

这类对信号的局部瞬时分析和处理方法，具有重要的实用意义和理论价值，如更清晰的揭示系统运行状态，实现损伤或故障特征的精细分析。已有的时频分析方法很多，目前较典型的有短时Fourier变换，Wigner-Ville分布，小波变换（WT）等。

短时傅里叶变换（STFT）是非平稳信号分析中使用得最广泛的方法之一，它在傅里叶变换框架内，将非平稳信号看作是由一系列短时平稳信号构成的，短时性通过时域加窗来实现，并通过一个平移参数来平移覆盖整个时域。所以，短时傅里叶变换又称加窗傅里叶变换。

短时傅里叶变换存在时间分辨力和频率分辨力的矛盾，用来分析分段平稳信号或者近似平稳信号犹可。它使用一个固定的窗函数，窗函数一旦确定了以后，其形状就不再发生改变，其分辨率也就确定了。如果要改变分辨率，则需要重新选择窗函数。对于一般的非平稳信号，信号变化较剧烈时要求窗函数有较高的时间分辨率，而波形变化比较平缓时，主要是低频信号，则要求窗函数有较高的频率分辨率。因此，基于固定窗函数的短时傅里叶变换不能同时兼顾频率与时间分辨率。

Wigner-Ville分布定义为信号中心协方差函数的傅里叶变换，它具有许多优良的性能，如对称性、时移性、组合性、复共轭关系等，不会损失信号的幅值与相位信息，对瞬时频率等有清晰的概念。其不足是不能保证非负性，尤其是对多分量信号或具有复杂调制规律的信号会产生严重的交叉项干扰，这是二次型时频分布的固有结果。大量的交叉项会淹没或严重干扰信号，模糊信号的原始特征。后续的有人提出了伪Wigner-Ville分布、修正平滑伪Winger-Ville分布等各种各样的新型时频分布，对交叉项干扰的抑制起了较大的作用，但是不含有交叉项干扰且具有Winger-Ville分布聚集性的时频分布是不存在的。

2.6 小波变换

2.6.1 小波变换的定义

小波分析的思想可以追溯到1910年Haar提出的小波标准正交基，但小波分析这一概念是1984年由法国地球物理学家Morlet在分析地震信号时提出来的。当时Morlet发现，短时傅里叶变换在时、频分辨力方面的矛盾使得固定时宽的加窗方法并非对所有非平稳信号都合适。也就是说，窗宽应该依据非平稳信号的变化自动调节，形成所谓的小波。

1. 连续小波变换

给定一个基本函数 $\psi(t)$，令

$$\psi_{\mathrm{a,b}}(t)=\frac{1}{\sqrt{a}}\psi\left(\frac{t-b}{a}\right) \tag{2.15}$$

式中 a，b 为常数，且 $a>0$。

显然，$\psi_{\mathrm{a,b}}(t)$ 是基本函数 $\psi(t)$ 通过先做位移再做伸缩而得到的。若 a，b 不断地变化，我们可得到一族函数 $\psi_{\mathrm{a,b}}(t)$。给定平方可积的信号 $x(t)$，则 $x(t)$ 的小波变换定义为：

$$\begin{aligned} WT_{\mathrm{x}}(a,b) &= \frac{1}{\sqrt{a}}\int x(t)\bar{\psi}\left(\frac{t-b}{a}\right)\mathrm{d}t \\ &= \int x(t)\bar{\psi}_{\mathrm{a,b}}(t)\mathrm{d}t = \{x(t),\psi_{\mathrm{a,b}}(t)\} \end{aligned} \tag{2.16}$$

式中 $\bar{\psi}$ 为 ψ 的复共轭，a，b 和 t 是连续变量，因此，该式又称为连续小波变换（CWT）。无特殊说明，式中及以后各式中的积分区间均为（$-\infty$，$+\infty$）。信号 $x(t)$ 的小波变换 $WT_{\mathrm{x}}(a,\ b)$ 是 a，b 的函数。$\psi(t)$ 又称为基本小波，或母小波。$\psi_{\mathrm{a,b}}(t)$ 是母小波经移位和伸缩所产生的一族函数，称之为小波基函数，或简称小波基。这样，式（2.16）的WT又可解释为信号 $x(t)$ 和一族小波基的内积。母小波可以是实函数，也可以是复函数。若 $x(t)$ 是实信号，$\psi(t)$ 也是实的，则 $WT_{\mathrm{x}}(a,\ b)$ 也是实的，反之，$WT_{\mathrm{x}}(a,\ b)$ 为复函数。

式（2.15）中，b 是时移，a 是尺度因子。b 的作用是确定对 $x(t)$ 分析的时间位置，即时间中心。尺度因子 a 的作用是把基本小波 $\psi(t)$ 做伸缩。我们知道 $\psi(t)$ 变换为 $\psi(t/a)$，当 $a>1$ 时，a 越大，则 $\psi(t/a)$ 的时域支撑范围（即时域宽度）较之 $\psi(t)$ 变得越大，反之，当 $a<1$ 时，a 越小，则 $\psi(t/a)$ 的时域宽度越窄。这样，a，b 联合起来确定了对 $x(t)$ 分析的中心位置和分析的时间宽度，如图2.14所示。因子 $\frac{1}{\sqrt{a}}$ 是为了保证在不同的尺度 a 时，$\psi_{\mathrm{a,b}}(t)$ 始终能和母函数 $\psi(t)$ 有着相同的能量，即

$$\int|\psi_{\mathrm{a,b}}(t)|^2\mathrm{d}t=\frac{1}{a}\int\left|\psi\left(\frac{t-b}{a}\right)\right|^2\mathrm{d}t \tag{2.17}$$

令 $\frac{t-b}{a}=t'$ 则 $\mathrm{d}t=a\mathrm{d}t'$，上式的积分即等于 $\int|\psi(t)|^2\mathrm{d}t$。

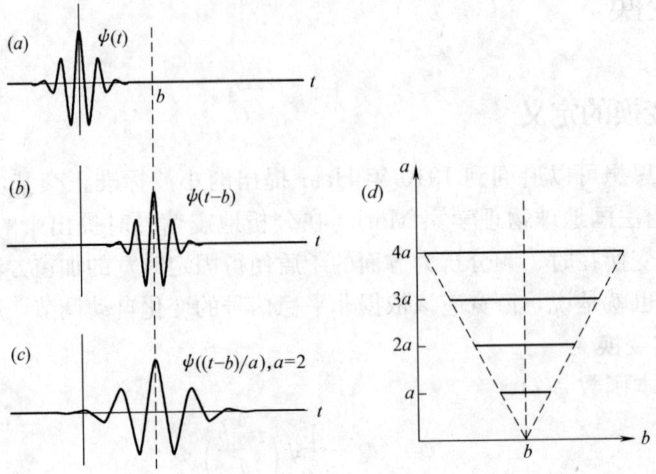

图 2.14　基本小波的平移伸缩与分析范围

(a)～(c) 基本小波的平移与伸缩；(d) a，b 控制的分析范围

这样，式（2.16）的 WT 可理解为用一族分析宽度不断变化的基函数对 $x(t)$ 做分析，这一性能正好适应了我们对信号分析时在不同频率范围所需要不同的分辨率这一基本要求。

2. 离散小波变换

离散小波变换是对尺度参数 a 和平移参数 b 都进行了离散化。一种工程中广泛应用的离散化是 $a=2^{-j}$，$b=2^{-j}k$，j，$k\in Z$，于是对应的离散小波变换定义为：

$$\begin{aligned} WT_{\mathrm{x}}(j,k) &= 2^{j/2}\int x(t)\overline{\psi}(2^{j}t-k)\,\mathrm{d}t \\ &= \{x(t),\psi_{j,k}(t)\} \end{aligned} \tag{2.18}$$

式中　$\psi_{j,k}(t)=2^{j/2}\psi(2^{j}t-k)$

总结小波变换的特点可知，当我们用较小的尺度参数 a 对信号做高频分析时，实际上是用高频小波对信号进行细致观察，当我们用较大的尺度参数 a 对信号做低频分析时，实际上是用低频小波对信号做概貌观察。如上所述，小波变换的这一特点既符合对信号做实际分析的规律，也符合人们的视觉特点。

2.6.2　常用的小波函数

1. 经典小波

小波的种类很多，有经典小波、正交小波和双正交小波等。经典小波是一批在小波发展史上发挥重要作用的小波，在 MATLAB 中也称这些小波为原始小波（Crude），几种典型的经典小波如下。

（1）Haar 小波

Haar 小波由数学家 Haar 于 1910 年提出，定义如下：

$$\psi(t)=\begin{cases}1 & 0\leqslant t<1/2\\ -1 & 1/2\leqslant t<1\\ 0 & 其他\end{cases} \tag{2.19}$$

其傅里叶变换为：

$$\Psi(\Omega)=\mathrm{j}\,\frac{4}{\Omega}\sin^2\left(\frac{\Omega}{a}\right)\mathrm{e}^{-\mathrm{j}\Omega/2} \tag{2.20}$$

（2）Morlet 小波

Morlet 小波定义为

$$\psi(t)=e^{-t^2/2}\mathrm{e}^{\mathrm{j}\Omega t} \tag{2.21}$$

其傅里叶变换为

$$\Psi(\Omega)=\sqrt{2\pi}\mathrm{e}^{-(\Omega-\Omega_0)^2/2} \tag{2.22}$$

该小波不是紧支撑的，但当 $\Omega_0=5$ 或更大值时，$\psi(t)$ 和 $\Psi(\Omega)$ 在时域和频域都具有很好的集中。该小波不是正交的，也不是双正交的。但它是对称的，可以用于连续小波变换，是一种应用广泛的小波。

（3）Mexican hat 小波

Mexican hat 小波定义为：

$$\psi(t)=c(1-t^2)\mathrm{e}^{-t^2/2} \tag{2.23}$$

式中 $c=\frac{2}{\sqrt{3}}\pi^{\frac{1}{4}}$，其傅里叶变换为

$$\Psi(\Omega)=\sqrt{2\pi}c\Omega^2\mathrm{e}^{-\Omega^2/2} \tag{2.24}$$

该小波不是紧支撑的，不是正交的，也不是双正交的。但它是对称的，可以用于连续小波变换。

（4）Gaussian 小波

Gaussian 小波定义为：

$$\psi(t)=c\,\frac{d^k}{\mathrm{d}t^k}\mathrm{e}^{-t^2/2},\qquad k=1,2,\cdots,8 \tag{2.25}$$

式中的标定常数是保证 $\|\psi(t)\|_2=1$。该小波不是正交的，不是双正交的，也不是紧支撑的。当 k 取偶数时 $\psi(t)$ 正对称，当 k 取奇数时 $\psi(t)$ 反对称。

2. Matlab 中支持的小波函数

表 2.2 所列的都是 Matlab 小波工具箱所支持小波基。在 Matlab 中通过命令 waveinfo（'小波缩写'）可以查得相应小波的详细信息，如 waveinfo（'db'）可得到 Daubechies 小波的有关信息。其中 Complex Gaussian，Complex Morlet，Complex Frequency B-Spline，Complex Shannon 为复小波。

Matlab 支持的小波函数 **表 2.2**

小波函数	小波缩写	引用形式	引用举例
Haar	haar	haar	haar
Daubechies	db	db*N*	db3
Biorthogonal	bior	bior*Nr*. *Nd*	bior2. 4
Coiflets	coif	coif*N*	coif3

续表

小波函数	小波缩写	引用形式	引用举例
Symlets	sym	sym*N*	sym2
Morlet	morl	morl	morl
Mexican Hat	mexh	mexh	mexh
Meyer	meyr	meyr	meyr
Gaussian	gaus	gaus*N*	gaus3
Dmeyer	dmey	dmey	dmey
Reverse Bior	rbio	rbio*Nr*. *Nd*	rbio2. 4
Complex Gaussian	cgau	cgau*N*	cgau3
Complex Morlet	cmor	Cmor*Fb*-*Fc*	cmor1-2
Complex Frequency B-Spline	fbsp	fbsp*M*-*Fb*-*Fc*	fbsp1-2-1
Complex Shannon	shan	shan*Fb*-*Fc*	Shan1-3

3. 举例

（1）对于上节所述图 2.11 与图 2.12 所示的例子（时域信号如图 2.15 所示），即

$$x_1(t)=\sin 20t+\sin 10t \quad (0\leqslant t\leqslant 2\pi)$$

$$x_2(t)=\begin{cases}\sin 20t & (0\leqslant t\leqslant \pi)\\ \sin 10t & (\pi\leqslant t\leqslant 2\pi)\end{cases}$$

采用小波分析，其 Daubechies 小波谱分别如图 2.16（*a*）、（*b*）所示。可见小波变换将信号的基本时频特性给予了充分的保留和刻画。

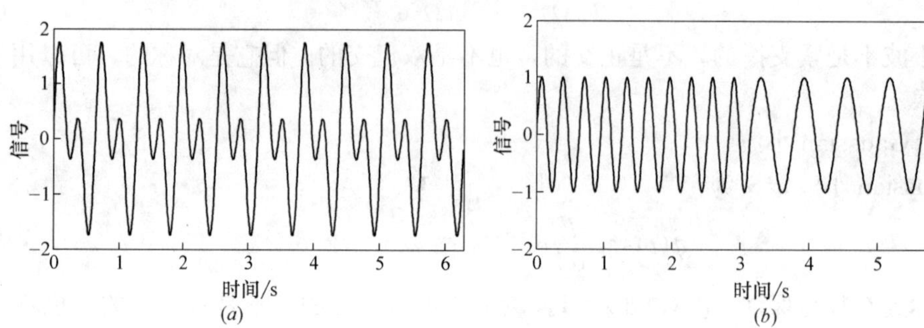

图 2.15　原始时域信号

（*a*）$x_1(t)$；（*b*）$x_2(t)$

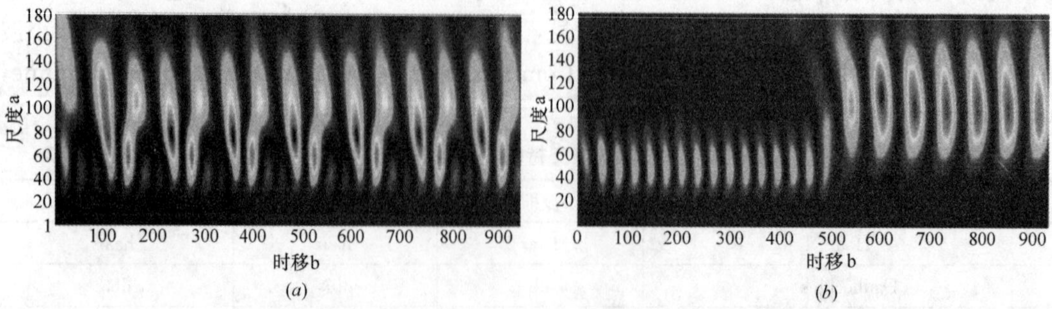

图 2.16　信号的 db3 小波谱

（*a*）$x_1(t)$；（*b*）$x_2(t)$

（2）加速度信号的小波分析

图 2.17 所示为结构的实测加速度信号，采用 Morlet 小波变换的小波谱如图 2.18 所示。

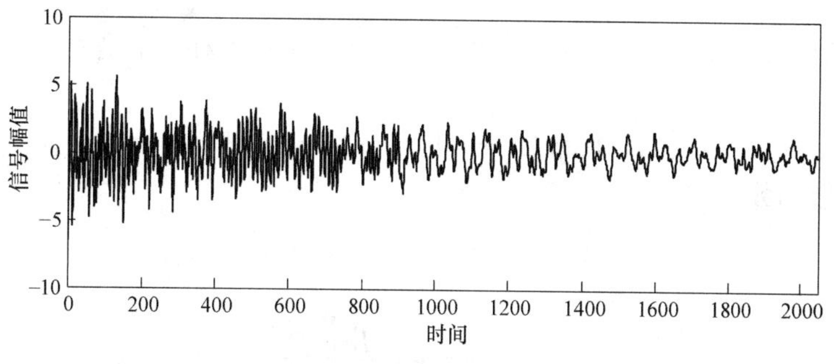

图 2.17　加速度时程

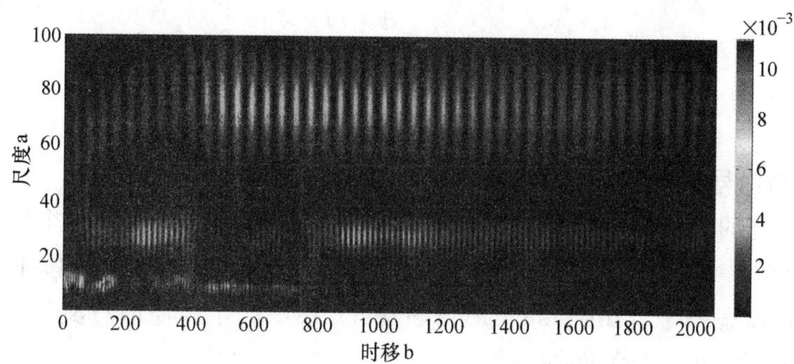

图 2.18　加速度信号的 Morlet 小波谱

2.7　Hilbert-Huang 变换

2.7.1　固有模态与瞬时频率

对非平稳信号比较直观的分析方法是使用具有局域性的基本量和基本函数。瞬时频率是容易想到的具有局域性的基本量，也是很早就已提出的概念。瞬时频率比较直观的定义是解析信号相位的导数，但以往这一定义会产生一些佯缪的结果[2]，导致基于瞬时频率的时频分析方法和理论始终未真正建立和发展起来。

1996 年，Norden E. Huang 等人提出了一种新的非平稳信号的时频分析方法，即 Hilbert－Huang 变换（HHT）[3]。

这一方法创造性地提出了固有模态信号的新概念以及将任意信号分解为一系列固有模态信号的方法—经验模态分解法，从而赋予了瞬时频率合理的定义、物理意义和求法。初步建立了以瞬时频率为表征信号交变的基本量，以固有模态信号为基本时域信号的新时频分析方法。

1. 瞬时频率

在 HHT 中表征信号交变的基本量不是频率，而是瞬时频率（Instantaneous Frequency，IF）。瞬时频率可以通过 Hilbert 变换获得。信号 $x(t)$ 的 Hilbert 变换 $H[x(t)]$ 被定义为 $x(t)$ 与 $1/\pi t$ 的卷积，即：

$$H[x(t)]=\frac{1}{\pi}\int_{-\infty}^{\infty}\frac{x(\tau)}{t-\tau}\mathrm{d}\tau \tag{2.26}$$

通过这个定义，$x(t)$ 和 $H[x(t)]$ 组成了一个共轭复数对，于是可以得到一个解析信号 z（t）：

$$z(t)=x(t)+\mathrm{j}H[x(t)]=a(t)e^{\mathrm{j}\Phi(t)} \tag{2.27}$$

其中，幅值函数：

$$a(t)=\sqrt{x^2(t)+H^2[x(t)]} \tag{2.28}$$

相位函数：

$$\Phi(t)=\arctan\frac{H[x(t)]}{x(t)} \tag{2.29}$$

对相位函数求导即得到瞬时角频率和瞬时频率：

$$\omega(t)=\frac{\mathrm{d}\Phi(t)}{\mathrm{d}t} \tag{2.30}$$

$$f(t)=\frac{1}{2\pi}\frac{\mathrm{d}\Phi(t)}{\mathrm{d}t} \tag{2.31}$$

2. 固有模态信号

对于任意给定时刻 t，通过希尔伯特变换运算后的结果只能存在一个频率值，即只能处理任何时刻为单一频率的信号。Norden E. Huang 分析认为，通过以上过程求得的瞬时频率只对固有模态信号（Intrinsic Mode Signal，IMS）才具物理意义。所谓固有模态信号（IMS）是满足以下两个条件的信号：

（1）整个数据中，零点数与极点数相等或至多相差 1；

（2）信号上任意一点，由局部极大值点确定的包络线和由局部极小值点确定的包络线的均值均为 0，即信号关于时间轴局部对称。

在 HHT 中，首先假设任一信号都是由若干固有模态信号（IMS）或固有模态函数（Intrinsic Mode Function，IMF）组成的。任何时候，一个信号都可以包含许多固有模态信号，如果固有模态信号之间相互重叠，便形成复合信号。

2.7.2　经验模态分解法与 HHT 变换

1. 经验模态分解法

实际信号常常都是复合信号。因此，对实际信号进行 HHT 时频分析时，需要先将信号分解成 IMS 的和。为此，Norden E. Huang 又提出了一种经验模态分解方法（Empirical Mode Decomposition，EMD），其过程如下：

对任一信号 $x(t)$，首先确定出 $x(t)$ 上的所有极值点，然后将所有极大值点和所有极小值点分别用一条曲线连接起来，使两条曲线间包含所有的信号数据。将这两条曲线分别作为 $x(t)$ 的上、下包络线。若上、下包络线的平均值记作 m，$x(t)$ 与 $m(t)$ 的差记作 h，则

$$x(t)-m(t)=h \tag{2.32}$$

将 h 视为新的 $x(t)$，重复以上操作，直到 h 满足一定的条件（如 h 变化足够小）时，

记 $c_1=h$，将 c_1 视为一个 IMF，再做

$$x(t)-c_1=r \tag{2.33}$$

将 r 视为新的 $x(t)$，重复以上过程，依次得第二个 IMF c_2，第三个 IMF c_3，……。当 c_n 或 r 满足给定的终止条件（如分解出的 IMF 或残余函数 r 足够小或 r 成为单调函数）时，筛选过程终止，得分解式：

$$x(t)=\sum_{i=1}^{n}c_i+r \tag{2.34}$$

其中，r 称为残余函数，代表信号的平均趋势。

2. HHT 变换

对式（2.34）中的每个 IMF 分别做 Hilbert 变换，得：

$$x(t)=\mathrm{Re}\sum_{i=1}^{n}a_i(t)e^{j\Phi_i(t)}=\mathrm{Re}\sum_{i=1}^{n}a_i(t)e^{j\int\omega_i(t)\mathrm{d}t} \tag{2.35}$$

这里省略了残余函数 r，Re 表示取实部。称展开式（2.35）为 Hilbert 幅值谱，简称 Hilbert 谱，记作

$$H(\omega,t)=\mathrm{Re}\sum_{i=1}^{n}a_i(t)e^{j\int\omega_i(t)\mathrm{d}t} \tag{2.36}$$

进一步可以定义边际谱：

$$h(\omega)=\int_{-\infty}^{\infty}H(\omega,t)\mathrm{d}t \tag{2.37}$$

展开式（2.35）中，每个组成部分的幅值和相位是随时间可变的，而同样信号 $x(t)$ 的傅里叶变换展开式为：

$$x(t)=\mathrm{Re}\sum_{i=1}^{\infty}a_ie^{j\omega_it} \tag{2.38}$$

上式中 a_i，ω_i 为常数，因此 HHT 可以看作是 FFT 的一般化。

可见，HHT 主要内容包括：

1. 利用 EMD 方法将给定的信号 $x(t)$ 分解为一系列固有模态函数 IMF；

2. 对每一个 IMF 进行 Hilbert 变换，得到相应的 Hilbert 谱，即将每个 IMF 表示在联合的时频域中；

3. 汇总所有的 IMF 的 Hilbert 谱，得到原始信号 $x(t)$ 的 Hilbert 谱。

HHT 的创新主要体现在两个方面：①提出了固有模态信号（IMS）的概念；②提出了经验模态分解方法（EMD）。这一方法体系从根本上摆脱了傅里叶变换理论的束缚，在实际应用中业已表现出了一些独特的优点。但是这一新的方法还处在发展阶段，在建立严密的理论和方法的完善方面还有许多工作要做。

3. 举例

（1）对于上节所述的例子（时域信号如图 2.19 所示），即

$$x_1(t)=\sin 20t+\sin 10t \quad (0\leqslant t\leqslant 2\pi)$$

$$x_2(t)=\begin{cases}\sin 20t & (0\leqslant t\leqslant \pi)\\ \sin 10t & (\pi\leqslant t\leqslant 2\pi)\end{cases}$$

采用 HHT 进行的时频分析，其固有模态和瞬时频率分别如图 2.20 和图 2.21 所示。

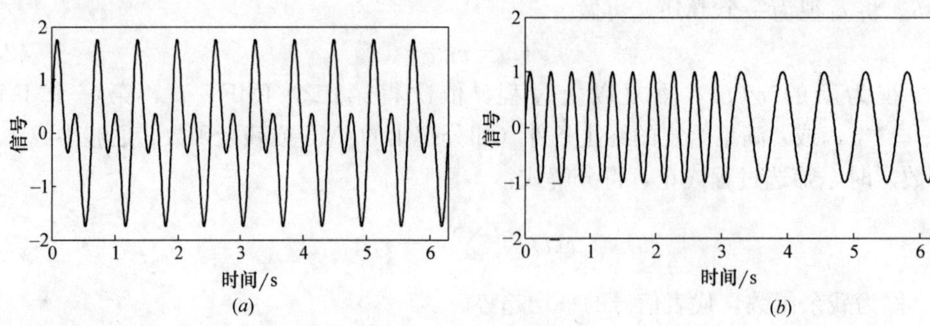

图 2.19　原始时域信号

(a) $x_1(t)$；(b) $x_2(t)$

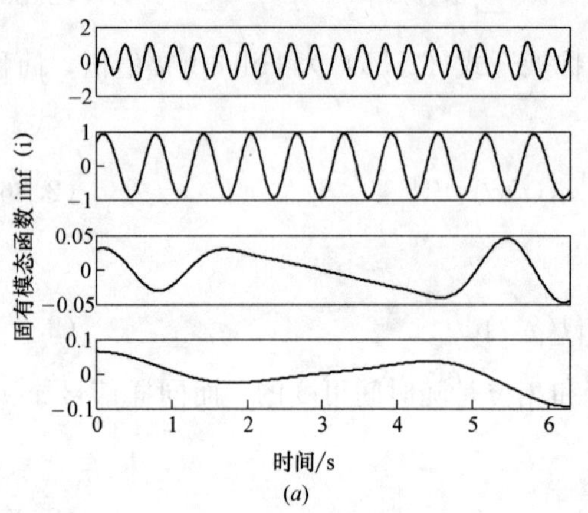

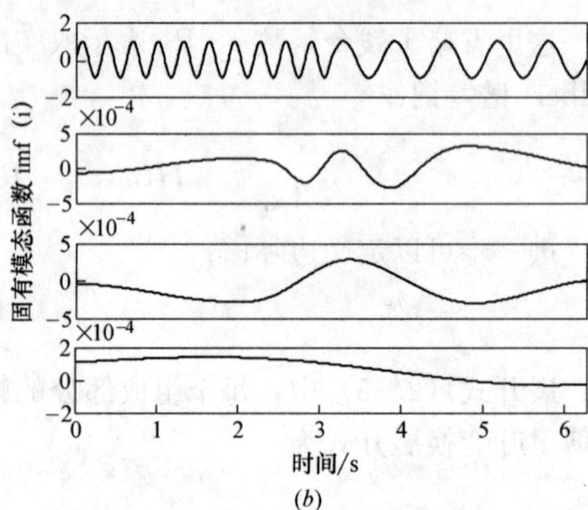

图 2.20　固有模态函数（IMF）

(a) $x_1(t)$；(b) $x_2(t)$

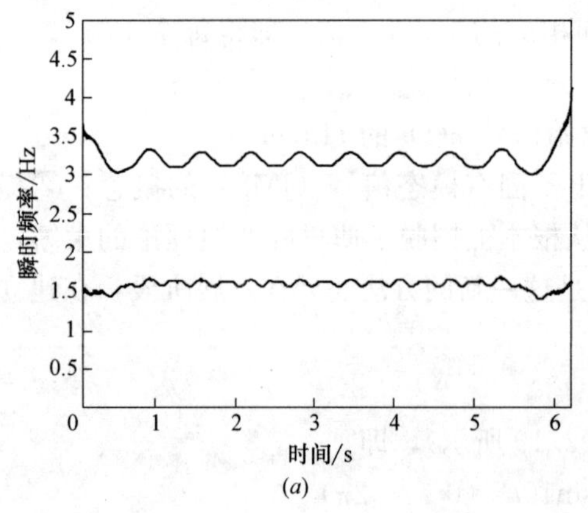

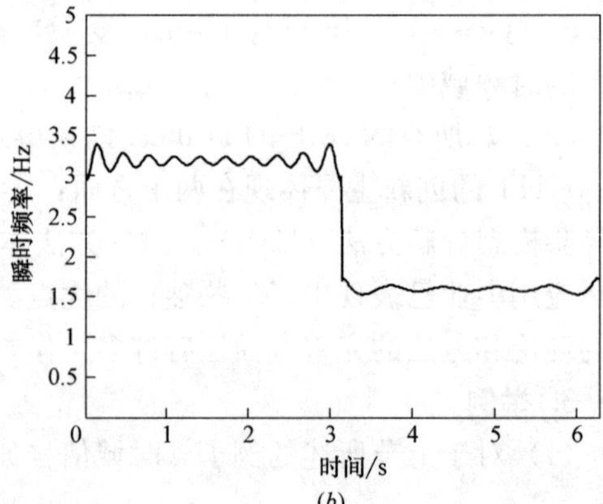

图 2.21　瞬时频率

(a)x_1 (t)；(b) $x_2(t)$

(2) El Cetrol 地震波的 HHT 时频分析

El Cetrol 地震波（如图 2.22）的固有模态和 HHT 时频谱分别如图 2.23 和图 2.24 所示。

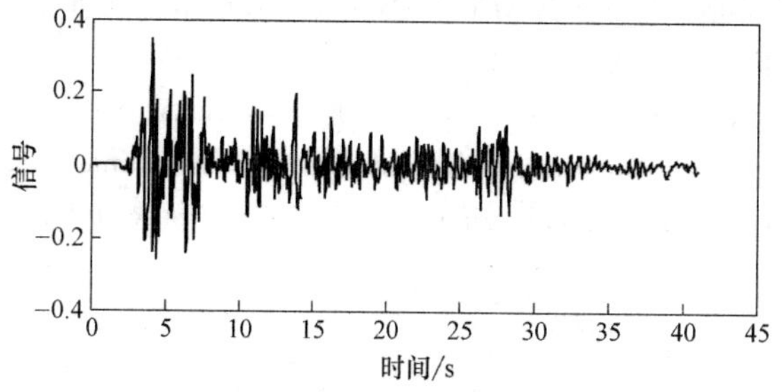

图 2.22 El Cetrol 地震波原始时域信号

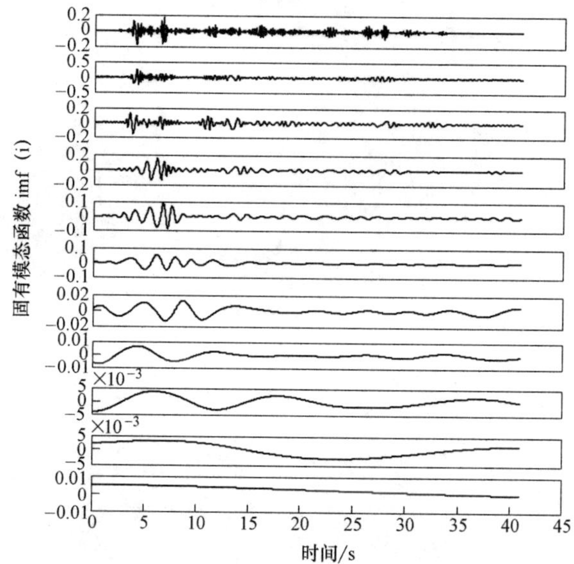

图 2.23 El Cetrol 地震波的固有模态函数（imf）

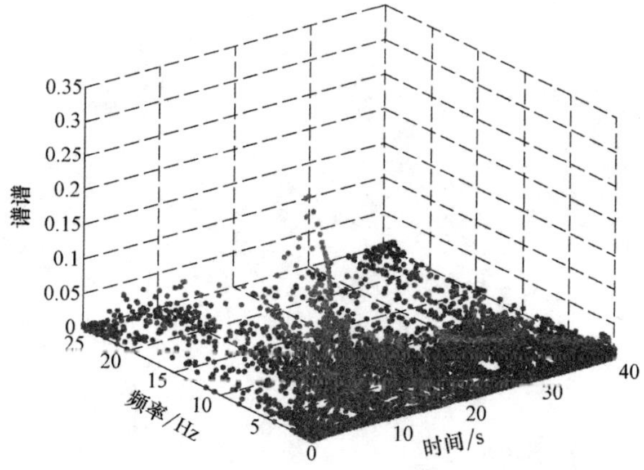

图 2.24 El Cetrol 地震波的 HHT 时频谱

参考文献

[1] 赵红怡，张常年，数字信号处理及其 MATLAB 实现［M］. 化学工业出版社，工业装备与信息工程出版中心，2002 年 1 月第 1 版，30-32.

[2] Leon Cohen. Time-FrequencyAnalysis : Theory and Applications. New York : Prentice Hall , 1995.

[3] Norden E. Huang. A New method for nonlinear and nonstaionary time series analysis and its application for civil infrastructure health monitoring. NASA Goddard Space Flight Center，Greenbelt，Maryland 20771，USA.

第 3 章　车辆荷载的监测分析

3.1　车辆荷载的监测

车辆荷载导致的疲劳损伤是影响新桥疲劳设计和旧桥使用安全与剩余寿命的重要因素。评估疲劳损伤不应采用代表最不利受载情况的强度设计荷载，而应采用能代表日常交通状况的车辆荷载，即桥梁在设计基准期内实际承受的运营车辆荷载。建立准确的用于疲劳分析的车辆荷载模型是进行桥梁疲劳可靠性评估的重要基础。

以往对车辆荷载分析的基础数据主要是依靠人工现场交通调查。但是这种交通调查方式，由于受现场条件制约，获取的交通荷载的信息无法做到全面细致。又受到时间限制，所得信息难以反映交通荷载的长期效应。因此，调查结果难免与实际交通荷载之间存在较大偏差。

近年来车辆动态称重系统 WIM（Weight In Motion）在一些公路和桥梁上被越来越多地采用。动态称重技术可以在不中断交通的情况下获得车速、车重、轴重等数据，为车辆荷载的统计分析提供了丰富的数据样本。对这些数据的进一步分析，可获得有关车辆荷载的基本特征和属性，对于公路和桥梁的设计分析与运营管理将发挥着重要作用。

根据称重原理的不同，目前国际上常用的动态称重方式可以分为路面动态称重（Pavement based WIM）和桥梁动态称重（B-WIM）[1]。路面动态称重系统将称重传感器安装在道路表层，用于测量移动车辆经过传感器时的瞬时动态力，并通过信号处理得到静态轴重。这种系统安装时需在路面开挖布置混凝土基坑或凹槽，且精度受路面刚度与不平整度的影响较大[2]。桥梁动态称重则是通过测量桥梁在车辆载荷作用下的结构响应，运用反问题求解方法获得车辆轴重等信息的测量技术。

3.1.1　路面动态称重系统

1. 路面动态称重系统的发展

20 世纪 50 年代，美国首次提出车辆动态称重系统并开始进行相关的研究。当时，美国主要研究的是汽车衡和桥梁式动态称重（Bridge Weigh-In-Motion）[3,4]。这两种动态称重系统是基于压力元件或由该车辆对传感器的机械应变应力来测量的，它们只能测量车辆的整车重量。到了 20 世纪 70 年代，随着压电传感器技术的发展和成熟，动态称重系统开始采用压电传感器，动态称重技术也开始往轴重称量方向发展。

1974 年，美国首次在车辆载荷研究中使用 WIM 系统[5]。同年法国取得了一项压电缆动态车辆称重器的专利，即 Vibracoax。1988 年英国研制了一种性能优于 Vibracoax 的新型压电称重传感器 Vibetek5，1991 年改型为 Vi2betek20。1992 年，由欧洲高速公路系统研究实验室联盟（FEHRI）发起，按照欧盟运输委员会（ECTD）的程序框架进行了

COST323计划。该计划主要内容就是研究对公路行驶车辆进行动态载荷监控的相关问题，其中最重要的一项测试是在瑞士进行的为期30个月的WIM系统实际应用测试。1994年，欧盟开始进行WAVE计划，从1997年6月到1998年6月在瑞典气候寒冷条件下进行产品系统测试，即著名的CET（Cold Environment Test）测试。结果表明德国PAT、瑞士Kistler、美国Mikros等公司的产品在测量性能方面处于领先水平。2000年ITS年会上展出了一种由美国MSI公司开发的共聚物压电轴传感器，可以同时测量车速、车轴数、轴距并进行车型分类和动态称重。我国“七五”期间开始引进和消化国外动态称重系统，同时也开始对动态称重系统进行研制。20世纪80年代出现了电子汽车衡，它包括带基坑和无基坑两种。1994年一种动、静态两用电子轨道衡通过了鉴定，该产品较好地解决了检测精度与车辆通过速度之间的矛盾。作为国家“八五”期间重点科技项目，交通部重庆公路科学研究所研制了一种固定式动态车辆称重系统。该系统由一套称重传感器和一台电子测量仪器构成，经有关鉴定达到国际90年代水平。21世纪以来，随着《超限运输车辆行驶公路管理规定》和《中华人民共和国道路交通安全法》的颁布和实施，国内对于车辆动态称重技术的研究更加重视[6-8]，实际应用也越来越多。

2. 动态称重系统的基本构成

车辆荷载监测宜采用不停车称重方法，称重测点宜选择在路基或有稳定支撑的混凝土结构铺装层内，应覆盖所有行车道。通常，目前使用的动态称重系统主要由称重传感器、控制器（包括数据中心处理器、信号处理器）、车辆分离器（包括轮轴识别器、红外光栅车辆分离器、地感线圈车辆检测器等）和光电测速器组成。

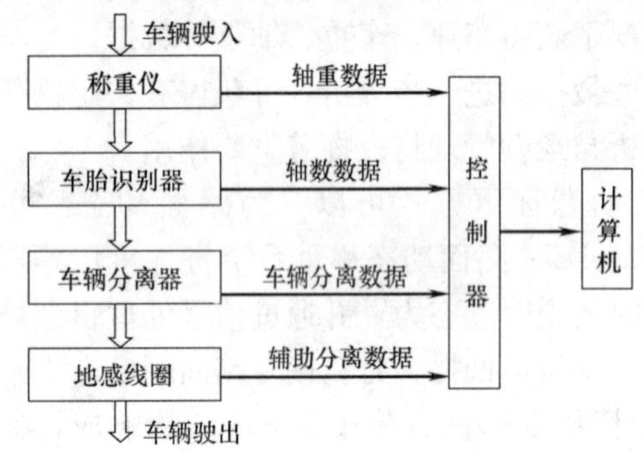

图3.1　动态称重系统的基本构成

动态称重系统的基本构成如图3.1所示[9]。当车辆通过称台时，传感器信号输入到数据处理中心，对车辆每轴重量数据进行处理，并计算出每个轴的重量和总重。当车辆驶出称量区时，地感线圈与红外光栅按顺序发出信号，表示一辆车称量工作结束。信号处理器根据轮轴识别传感器的信号判断出每轴的轮胎数、轴型及车型，从而得到轴型及规定的标准值，然后与实测值比较得出超限结果。地感线圈信号为车辆称量收尾信号，保证车辆连续进入称量区时，准确的区分每辆车的检测数据。地感线圈与红外光栅完成正常行驶与倒车的检测，确保数据的准确性。

3. 动态称重系统的传感器类型

称重系统的核心是称重传感器，常用的车辆动态称重系统的传感器类型有[10]：

（1）基于压电传感器的车辆动态称重

压电称重传感器是利用一些具有压电效应的电介质材料制成的。在这些电介质材料一定方向上施加外力（压力或拉力），电介质材料就会发生形变，而材料的内部将会产生电荷的极化现象。材料表面产生电荷，电荷大小与作用力的大小成正比。当外力消除后，电介质又恢复到初始状态，这个过程被称为“顺压电效应”。

欧洲在动态称重传感器上使用最多的是压电传感器。COST323通过对多种压电传感器性能的测试和比较，发现采用石英做为电介质的压电传感器的性能最好。瑞士 Kistler 公司生产的 LINEAS[11] 石英压电传感器（如图 3.2 所示）被广泛地应用到车辆动态称重系统中。

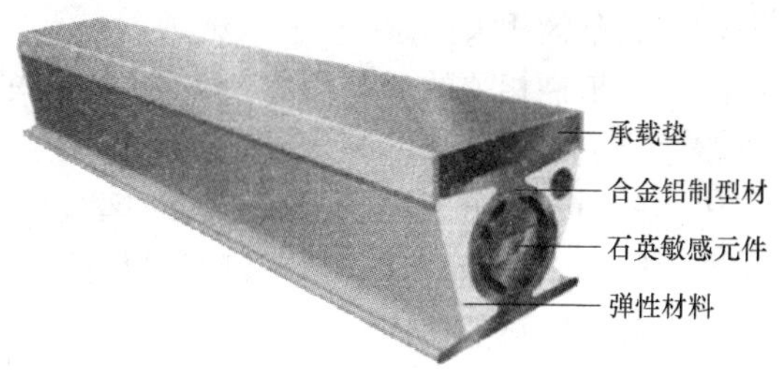

图 3.2 LINEAS 传感器

LINEAS 压电传感器被设计成一个中空的结构，其中石英压电元件安装在这个中空之中。在中空材料的内部，每隔 5cm 安装一个压电石英晶体元器件。另外，为了避免石英压电传感器在使用中出现材料疲劳，传感器外部采用了高强度且质量较轻的合金材料。每个石英压电传感器的长度为 1m。传感器安装时，只需要在道路路面上切出略大于传感器宽度的一个槽，然后在传感器与路面之间使用环氧树脂浇灌固定压电传感器即可。

（2）基于光纤称重传感器的动态称重

光纤称重传感器的车辆动态称重系统是一种新兴动态称重技术。目前美国和欧洲在光纤动态称重技术方面研究的比较多。国内也开展了基于光纤动态称重技术的研究[12]。光纤称重传感器主要是将光纤作为敏感元件。当光纤称重传感器受到外部作用力时，传感器中的光纤纤芯的折射率会发生改变，表现在光纤称重传感器出射端光的相位变化，基于此计算光纤称重传感器所受到力的大小。光纤称重传感器在具体使用时，一般是将一根单模光纤固定在两块金属薄板间，通过薄板受力弯曲实现测量。

（3）基于多排传感器阵列的动态称重

多排传感器动态称重的方法可以有效地降低车辆自身振荡对动态称重精度的影响。该称重方法是采用多排传感器布满整个车道，一般采用窄条传感器。常用的窄条传感器有石英压电传感器、电容压电传感器等。多排传感器的安装是在路面上间隔一定距离安装一条传感器，这样就使得称重区域加长。通过对所有传感器的测量值的综合可以有效地提高称量精度。Jacob（1995）[13] 曾在实验中安装了 24 个传感器，使得整个称重区域长度达到 36m。

4. 影响车辆动态称重的因素

车辆在称重过程中其自身的运动状态是复杂多变的，同时，路面状态、传感器状态、周围环境等也存在诸多不确定性。这些因素都将影响着车辆动态称重系统的称重准确性。

（1）车辆相关因素

在车辆相关因素中，车辆悬架系统、车速变化和车辆自身振动是影响车辆动态称重系统准确性的主要因素[14-16]。

车辆是通过悬架系统将车轮与车身弹性的连接在一起的，并且通过悬架系统将车身的力传递给车轮。悬架系统在较大程度上影响着车辆的动态特性，所以在车辆动态称重过程中，尤其是车速比较高的情况下，悬架系统的状态会直接影响到动态称重的结果。

在动态称重过程中，如果车辆以变速通过称重区域，就会降低动态称重系统的测量精度。

车辆本身是一个多自由度振动系统，受到路面不平度和非匀速行驶等因素的影响，在通过动态称重区域过程中往往会发生复杂的自身振动，从而直接影响称重结果。

（2）非车辆相关因素

除了与车辆相关的一些因素外，还有一些其他因素影响车辆称重精度，如传感器安装，路面状况，周围环境等。

传感器的安装需要保证传感器安装区域与路面接缝处无明显坑洼，传感器面与路面尽可能的在同一个平面，这样当车辆经过传感器的称重区域时，可以减小车辆自身振荡。

动态称重区域的路面状况对称重精度的影响是比较明显的。测量表明，如果称重区域的路面不平度比较大，当车辆通过时会发生振荡产生跳跃现象，给车辆动态称重带来很大误差。同时称重区域的路基条件也是一个重要因素，如果安装传感器区域的路基较软，也会造成称重误差，甚至易于造成称重传感器的损坏。

周围环境温度的变化主要是通过影响称重区域路面硬度来影响车辆动态称重系统的精度。如果称重区域的道路路面是沥青路面，当温度升高时，路面的硬度就会下降，路面对于通过车辆车轮的支撑力也会减小，给动态称重带来误差。除此之外，有些动态称重系统使用的传感器自身的特性也会受到温度的影响。

5. 需要进一步解决和完善的主要问题

（1）高速测量的精度

车辆动态称重系统主要是被用在对超限超载车辆的管制，高速收费和采集、统计通过车辆信息这些方面。对应几种不同的用途，车辆动态称重系统又可以被分成高速动态称重系统、中速动态称重系统和低速动态称重系统。目前，低速动态称重系统要求车辆运行的速度一般小于15km/h，该类称重系统较多的应用在收费结算中，具有较高的测量精度，精度可达1%～2%；中速动态称重系统一般应用在对超限超载车辆监督管制的预检处理中，允许车辆通过速度一般为50km/h以下，该类称重系统的精度可以达到2%～10%；高速称重系统允许车辆通过的速度一般在120km/h左右，称重系统的精度可能在15%～20%之间[10]。

（2）改进系统结构设计简化安装工艺

路面车辆动态称重系统中的传感器一般都是采用在路面上掘坑进行固定安装，施工周期比较长，而且会对路面造成损害。安装成本也很高，在路面建造安装期间也会影响道路的正常使用。同时，在使用一定的年限之后系统测量精度会下降，需要重新校正或重新安装。为了确保车辆动态称重系统的称量精度，对安装系统的路基和路面有一定的要求。

（3）测量信号的处理[17]

在动态称重信号中除了混有检测系统以及周边环境因素带来的高频噪声外，还掺杂了不规范行驶车辆的周期振荡等低频干扰。其中，来自系统和环境的高频噪声的频率一般远高于称重信号频率，可采用低通滤波降噪。另一方面，当车辆通过称重区域时，由于车辆对秤台的冲击、轮胎的变形、路面不平整、车辆变速时的重心偏移等都会形成低频干扰，往往构成影响动态称重精度的主要原因。

3.1.2　桥梁动态称重系统（B-WIM）

桥梁动态称重系统（Bridge Weigh-In-Motion，简记为B-WIM）是基于桥梁结构应变的动态称重系统，适合于中小跨径桥梁结构。具有携带及安装方便，价格较低，可循环使用等优点。

Snyder最早提出了可利用桥梁作为汽车荷载测量平台的思想[18]。Moses[19]首次提出桥梁动态称重的概念，并给出了汽车轴重计算的一般原理。采用应变计测量车辆通过桥梁时的测点应变历程，并在路面安装车轴检测装置来记录轴数和车速等信息，再结合两者数据得到移动车辆的轴重和总重。1986年，澳大利亚道路研究委员会开发出CULWAY系统[20]，利用跨度小于5m的箱涵进行车辆动态称重。之后，欧洲开展了相应的研究开发计划，颁布了《欧洲动态称重指南》，明确了动态称重系统的精度等级、使用条件、标定方法等一系列问题，认为跨径在5～15m的梁桥或涵洞为桥梁动态称重的最优选择[21]。目前，这一技术在欧洲得到不断深入研发，逐步推广和扩大应用范围。相比欧、美、日、澳等地应用现状，目前我国对于桥梁动态称重方面的研究相对不足，发表的文献资料较少。文献[22]介绍了该系统算法原理，以三轴汽车荷载作为示例介绍了影响线坐标值标定过程，并给出了汽车荷载计算的通用矩阵表达式，为进一步进行设备开发提供了理论支持。文献[1]综述了桥梁动态称重的发展历史和研究现状，对桥梁动态称重的称重原理、车轴检测以及影响线的获取等关键问题进行系统分析。总结了桥梁动态称重技术的基本特点，并针对目前研究所存在的不足，探讨了桥梁动态称重技术的发展趋势和研究方向。总体而言，桥梁动态称重技术的研究尚处在初级阶段，其在理论研究和系统开发等方面有大量问题需要深入研究。

典型的B-WIM系统组成如图3.3所示，在桥梁背面一定位置上安装应变传感器（一般安装在应变较大的桥梁中部），采集车辆通过桥梁时的应变信号。在距离桥梁一定距离的位置上安装轮轴探测器，检测是否有汽车到来，并计算车速和轴距。通过分析应变信号并结合车速和轴距可计算出车辆的轴重和总重。为了保持路面的整体性和检测系统的便携性，法国相关部门提出无车轴检测装置的桥梁动态称重概念，利用应变历程在车轴作用下产生的应变尖峰来识别车轴。

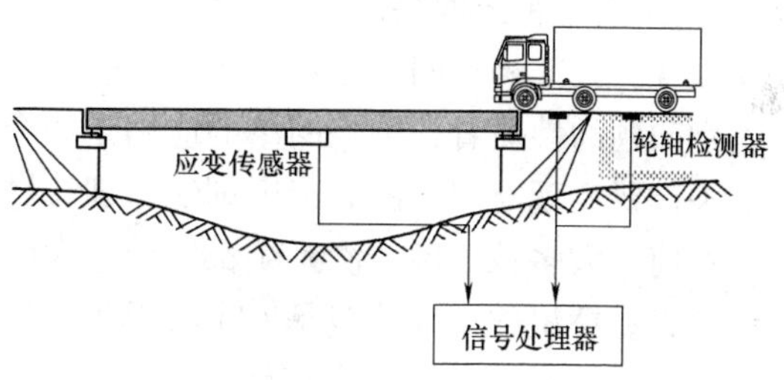

图3.3 典型的B-WIM系统组成

与传统的路面动态称重方式相比，桥梁动态称重技术的优点有：(1) 桥梁长度比路面动态称重的秤台长得多，车辆称重时间长，因此称重精度受车辆动态载荷的影响小；(2) 车辆通行速度快，缓解了称重精度与车辆通行速度之间的矛盾；(3) 不与车轮直接接触，安装和维修不干扰交通且对路面无损害，耐久性得到保障；(4) 可结合桥梁健康监测进行设计，亦可重复利用，费用较低。

Moses[19]提出的汽车轴重计算的一般原理如图3.4所示，它是大部分桥梁动态称重系统的分析基础，本质上是基于测量的桥梁结构响应来识别通过桥梁的车辆信息。其将移动荷载作用下的桥梁看成一维的弹性梁，汽车荷载作用下测点截面在时刻k的实测弯矩M_k^{M}和基于影响线的计算弯矩M_k^{C}分别为：

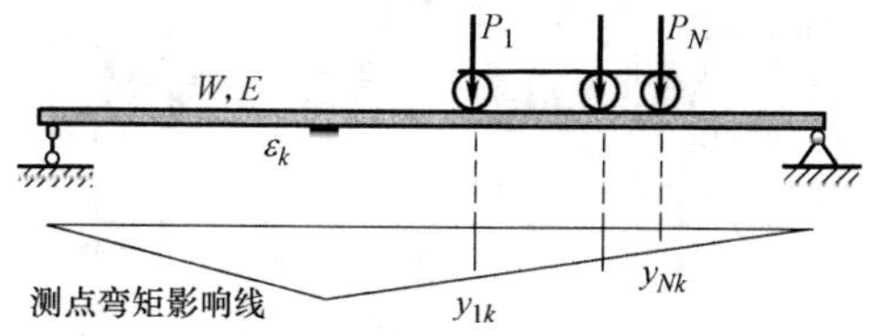

图3.4 汽车轴重计算一般原理示意图

$$M_k^{\mathrm{M}}=WE\,\varepsilon_k \tag{3.1}$$

$$M_k^{\mathrm{C}}=\sum_{i=1}^{N}P_i y_{ik} \tag{3.2}$$

式中，W为测点所在截面的抗弯模量，E为材料的弹性模量，ε_k为k时刻测点的实测应变；P_i为汽车第i个轴的轴重；y_{ik}为k

时刻第 i 个轴所在位置的测点弯矩影响线值。其中 P_i（=1，2…，N）为待识别未知量，在 W，E 和测点弯矩影响线已知的条件下，可以根据弯矩测量值与计算值的关系来求解汽车轴重。但前提是需要在多个时刻测读应变，并同时获知各时刻各车轴所在位置。设车辆过桥所采集到的数据总个数为 T，定义误差函数为：

$$e=\sum_{k=1}^{T}[M_k^M-M_k^C]^2 \tag{3.3}$$

令各轴重使上述误差最小化，并从中求解轴重：

$$\frac{\partial e}{\partial P_i}=0 \quad (i=1,2\cdots N) \tag{3.4}$$

上述算法是大部分桥梁动态称重系统的基础，在实际应用中存在各种各样的问题需要研究改进。B-WIM 系统多适用于车辆应变响应大、跨径小的桥梁，并且需针对单个桥梁分别设计。对于跨径较大、结构复杂的桥梁，其应变对车辆的敏感性和相关性会更为复杂，影响线的标定会更加困难。当车辆轴距较近可能导致求解方程的病态，降低轴重识别精度。把实际桥梁看作一维弹性梁忽略了车辆横向位置的影响，必然导致识别的误差。而要考虑车辆的横向位置，就将需要对桥梁的弯矩影响面进行标定，增加了应用难度。Kim 等[23]提出人工神经网络法用于桥梁动态称重，并在预应力混凝土梁桥和叠合梁斜拉桥中分别实现。人工神经网络法首先计算车辆总重，然后估算轴重分布系数以得到轴重。从车辆识别问题的性质看，神经网络的应用是一个值得进行研究的方法。但是应用神经网络方法的关键要实现对网络的高精度训练，训练样本如何产生是十分重要的。

目前，大多数健康监测系统都安装于大跨度桥梁，如何利用健康监测系统的已有功能来识别大型桥梁的车辆荷载是一个值得探讨的问题。图 3.5 所示为来自健康监测系统的斜拉桥钢箱梁顶板应变，其中车辆荷载产生的应变特征十分显著。从应变响应的局部特征看，包含有丰富的车辆荷载信息。另外，健康监测系统的监测参数类型丰富，可通过综合分析和相互校正来提高车辆荷载识别的精度。如图 3.6 所示为由健康监测系统的锚索计提

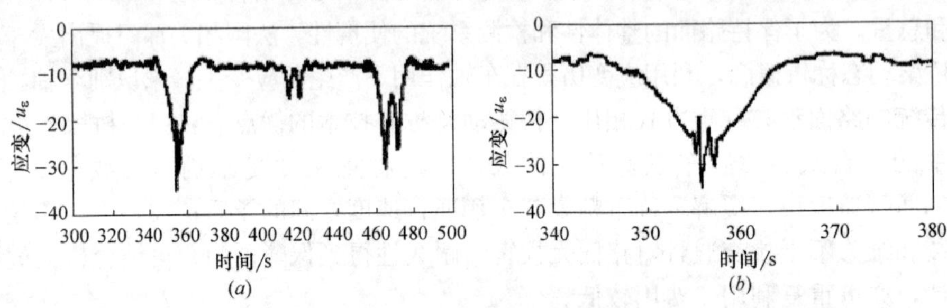

图 3.5　钢箱梁顶板应变对车辆荷载的响应

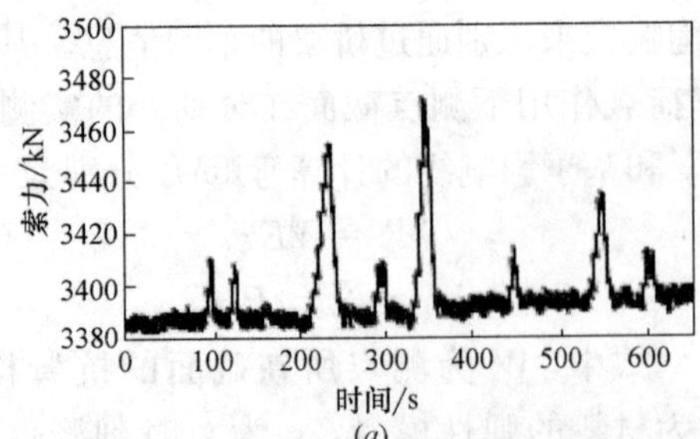

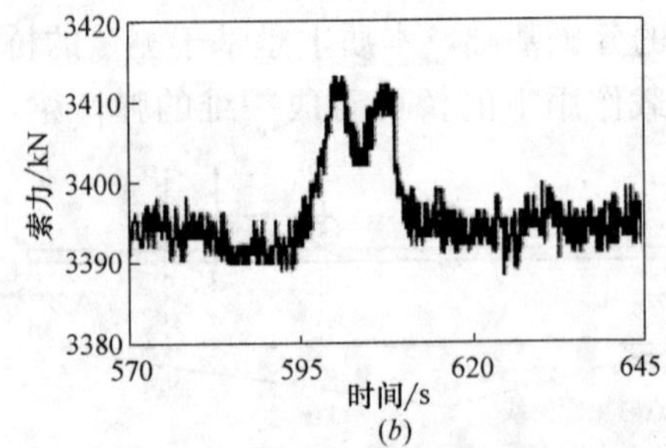

图 3.6　斜拉桥索力对车辆荷载的响应

供的斜拉桥索力，可见索力对车辆荷载具有较高的敏感性。总之，健康监测系统能够提供更丰富的响应类型和更多的数据，将桥梁动态称重技术与健康监测相结合，可以提高监测数据的利用率，降低动态称重系统的造价。因此，是一个值得深入研究的课题。

3.2 汽车荷载与车型分类

近年来，我国机动车数量迅猛增长，公路和桥梁的规划设计部门需要更加科学准确地预测交通量和确定车辆荷载。对于交通管理部门需要更好地了解和掌握车流的变化规律和特点，以便更为高效地管理和疏导车流。

图 3.7 所示为我国某高速公路近年来车辆变化情况。三年间客货车均翻倍增长，同时超重车辆也几乎同步增长。图 3.8 所示为五轴以上超 55 吨车辆的四年按月变化情况，每年有显著的季节特征，并总数逐年增加。

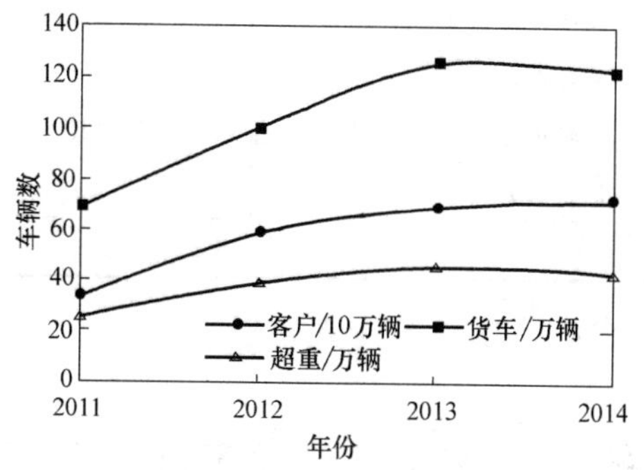

图 3.7 某高速公路年车辆总数变化

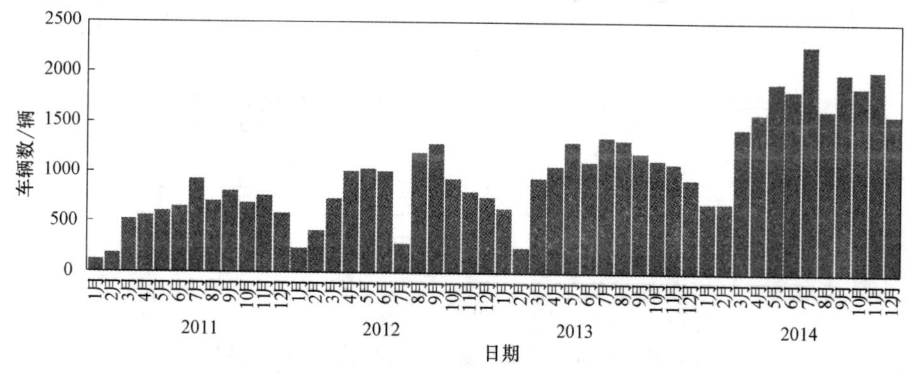

图 3.8 五轴以上超 55t 车辆变化情况

车辆作为桥梁结构的荷载，其属性由车辆结构、载重、行驶行为等多种因素决定。就车辆结构本身而言又是一个多样而复杂的总体。公路上行驶的车辆车型繁多，从建立公路桥梁车辆荷载模型的目的出发，车辆的轴组类型与轴组间距是描述车辆结构最为关键的参数，也是车型分类的主要依据。

在《公路桥涵设计通用规范》JTG D60—2015[24] 中，对桥梁的车辆荷载的相关规定如下：

汽车荷载由车道荷载和车辆荷载组成。桥梁结构的整体计算采用车道荷载；桥梁结构的局部加载、涵洞、桥台和挡土墙压力等的计算采用车辆荷载。车道荷载与车辆荷载的作用不得叠加。

公路-Ⅰ级和公路-Ⅱ级汽车荷载采用相同的车辆荷载标准值。各级公路桥涵设计的汽车荷载等级应符合表 3.1 的规定。车辆荷载的立面、平面尺寸如图 3.9 所示，主要技术指标见表 3.2。

各级公路桥涵的汽车荷载等级　**表 3.1**

公路等级	高速公路	一级公路	二级公路	三级公路	四级公路
汽车荷载等级	公路-Ⅰ级	公路-Ⅰ级	公路-Ⅰ级	公路-Ⅱ级	公路-Ⅱ级

车辆荷载的主要技术指标　**表 3.2**

项目	技术指标	项目	技术指标
车辆重力标准值(kN)	500	轮距(m)	1.8
前轴重力标准值(kN)	30	前轮着地宽度及长度(m)	0.3×0.2
中轴重力标准值(kN)	2×120	中、后轮着地宽度及长度(m)	0.6×0.2
后轴重力标准值(kN)	2×140	车辆外形尺寸(长×宽)(m)	15×2.5
轴距(m)	3+1.4+7+1.4		

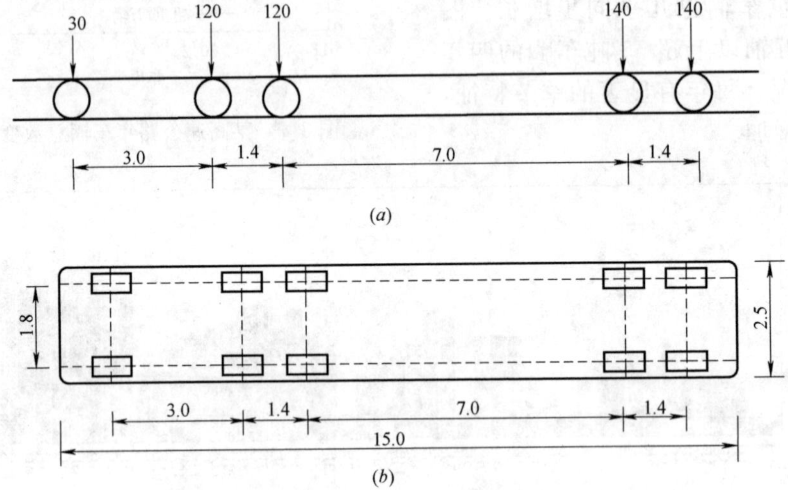

图 3.9　车辆荷载立面、平面布置（尺寸单位：m，荷载单位：kN）

(*a*) 立面布置；(*b*) 平面布置

关于疲劳荷载的计算模型，JTG D60—2015 有如下规定：

疲劳荷载计算模型Ⅰ采用等效的车道荷载，疲劳荷载计算模型Ⅱ采用双车模型，两车模型车轴距与轴重相同，其单车的轴重和轴距布置如图 3.10（*a*）所示。计算加载时，两模型车的中心距不得小于 40m。疲劳荷载计算模型Ⅲ采用单车模型，模型车轴载及分布规定如图 3.10（*b*）所示。当构件和连接不满足疲劳荷载计算模型Ⅰ验算要求时，应按模型Ⅱ验算。桥面系构件的疲劳验算应采用疲劳荷载计算模型Ⅲ。

WIN 监测数据为对车型的详细分析提供了丰富的数据，为建立更加符合实际的车辆荷载模型提供了有力支持。但是，从实用性出发，对车型的分类还是要坚持准确和实用的原则。文献［25］基于建立疲劳车辆荷载模型的目的，将 WIM 监测到的北京六环某路段上 2004 年连续 10 天的所有过往车辆划分为 14 种车型，然后对符合下列条件之一的车型给予忽略：(1) 90%以上的车辆车重小于 30kN；(2) 在所有车辆中所占比例小于 1‰；(3) 在相同轴数的车辆中所占比例小于 5%。通过如上的筛选，对疲劳寿命影响很小的轻

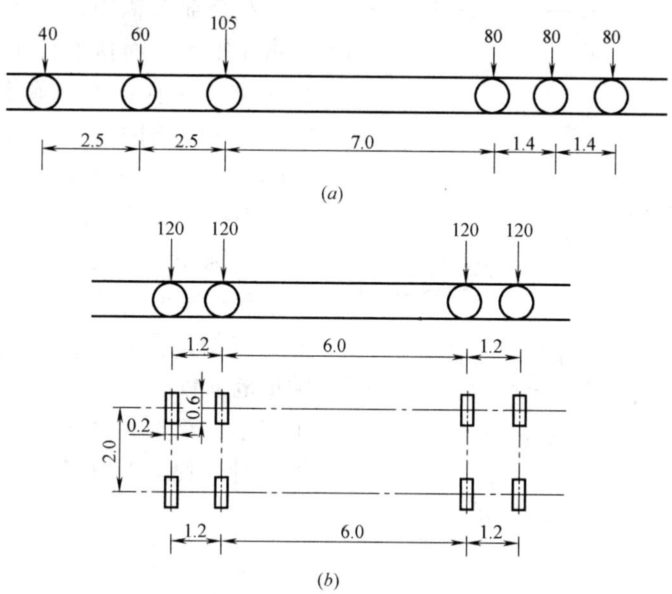

图 3.10　疲劳荷载计算模型（尺寸单位：m，荷载单位：kN）
(a) 计算模型Ⅱ；(b) 计算模型Ⅲ

型车辆、出现概率很小的罕遇车型被排除，最终保留了 6 种基本车型。

文献［26］基于京沪高速（G2）沂淮段新沂河大桥的动态称重系统（WIM），划分 5 个轴组 9 类代表车，统计得到车辆疲劳荷载谱研究所需的特征参数。文献［27］基于 2015 年连续 5 天的某高速路公路 WIM 监测数据的分析，将车辆划分为 5 个轴组类型。根据车轴数将车辆分为双轴车、三轴车、四轴车、五轴车、六轴车。由于双轴车所占比重较大，且包含车辆的总重、轴重、轴距范围较大，因此，将双轴车分为双轴小客车、双轴大客车、双轴中货车，最终得到 7 种车型。

3.3　基于 WIM 监测的车辆统计分析

3.3.1　车重的统计分析

车重是车辆荷载的重要参数之一，是动态称重系统（WIM）检测和识别的基本数据。通常状态下，车重的分布呈多峰特征。文献［28］基于 WIM 对京沪高速新沂河大桥车辆荷载模型进行了分车道研究。一般运行状态下，各车道车重呈现三峰特征，服从混合正态分布。文献［29］以深港大桥及若干省份的实测车辆统计数据分析为基础，对公路桥梁汽车荷载标准值取值方法进行了探讨。对车重的分布特征按不同车型进行了分析，各车型车重均呈多峰分布，并采用混合正态分布进行车重分布拟合，再根据蒙特卡洛法生产各车型车重模拟数据。

图 3.11 所示为某高速公路连续 5 天的全部车辆（样本容量 113293）车重的概率分布，可见，呈现显著的双峰特征。通过两个正态分布的组合可以较好地进行拟合：

$$f(x)=pN(\mu_1,\sigma_1^2)+(1-p)N(\mu_2,\sigma_2^2) \tag{3.5}$$

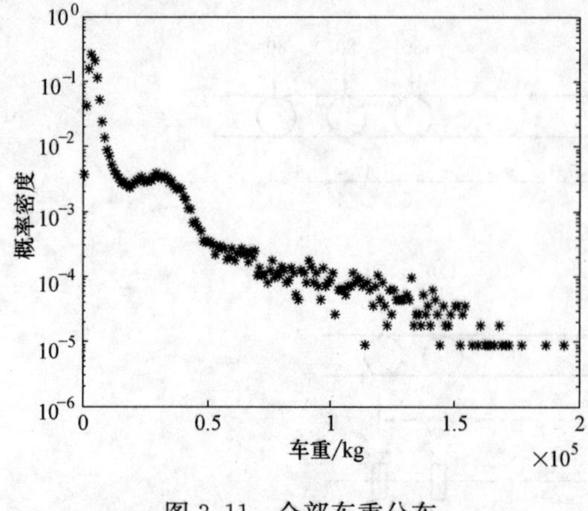

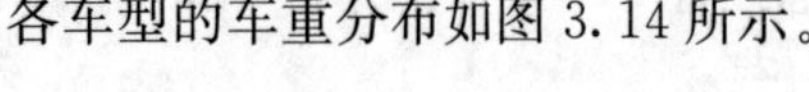
图 3.11 全部车重分布

在全部车辆中，小型车辆在车辆数量上占比很大，而这部分车辆并不是桥梁结构所重点关注的车辆荷载。图 3.12 和图 3.13 所示分别为连续 5 天的 5t 及以上和 10t 及以上车辆的车重分布情况。

根据车轴数将所有通行车辆分为双轴车、三轴车、四轴车、五轴车、六轴车，由于双轴车所占比重明显高于其他车型车辆所占的比重，且包含车辆的车辆总重、轴重范围较大，因此，将双轴车分为双轴小客车、双轴大客车、双轴货车，最终得到 7 种车型。采用连续 5 天的车辆样本，各车型的车重分布如图 3.14 所示。

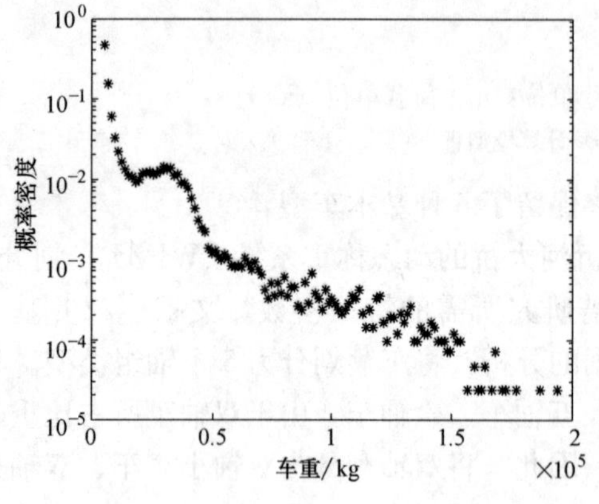

图 3.12 5t 及以上车重分布

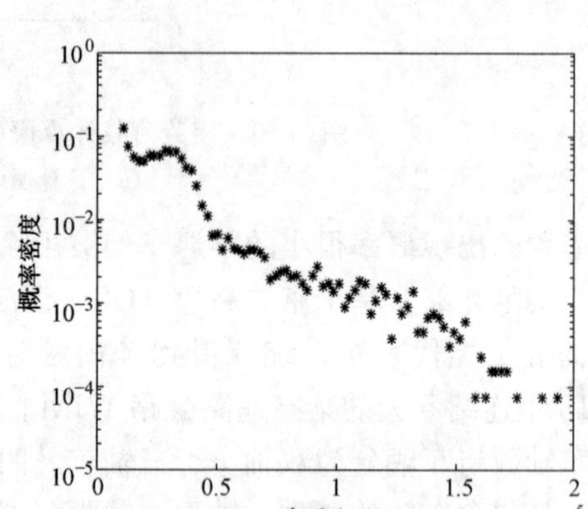

图 3.13 10t 及以上车重分布

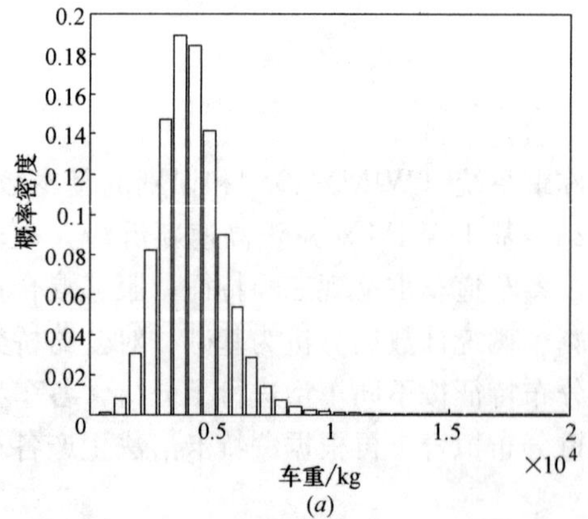

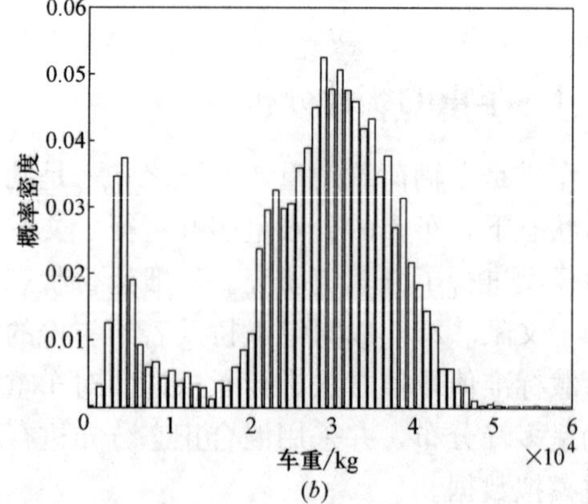

图 3.14 连续 5 天分车型车重分布

(*a*) 双轴小客车；(*b*) 双轴大客车

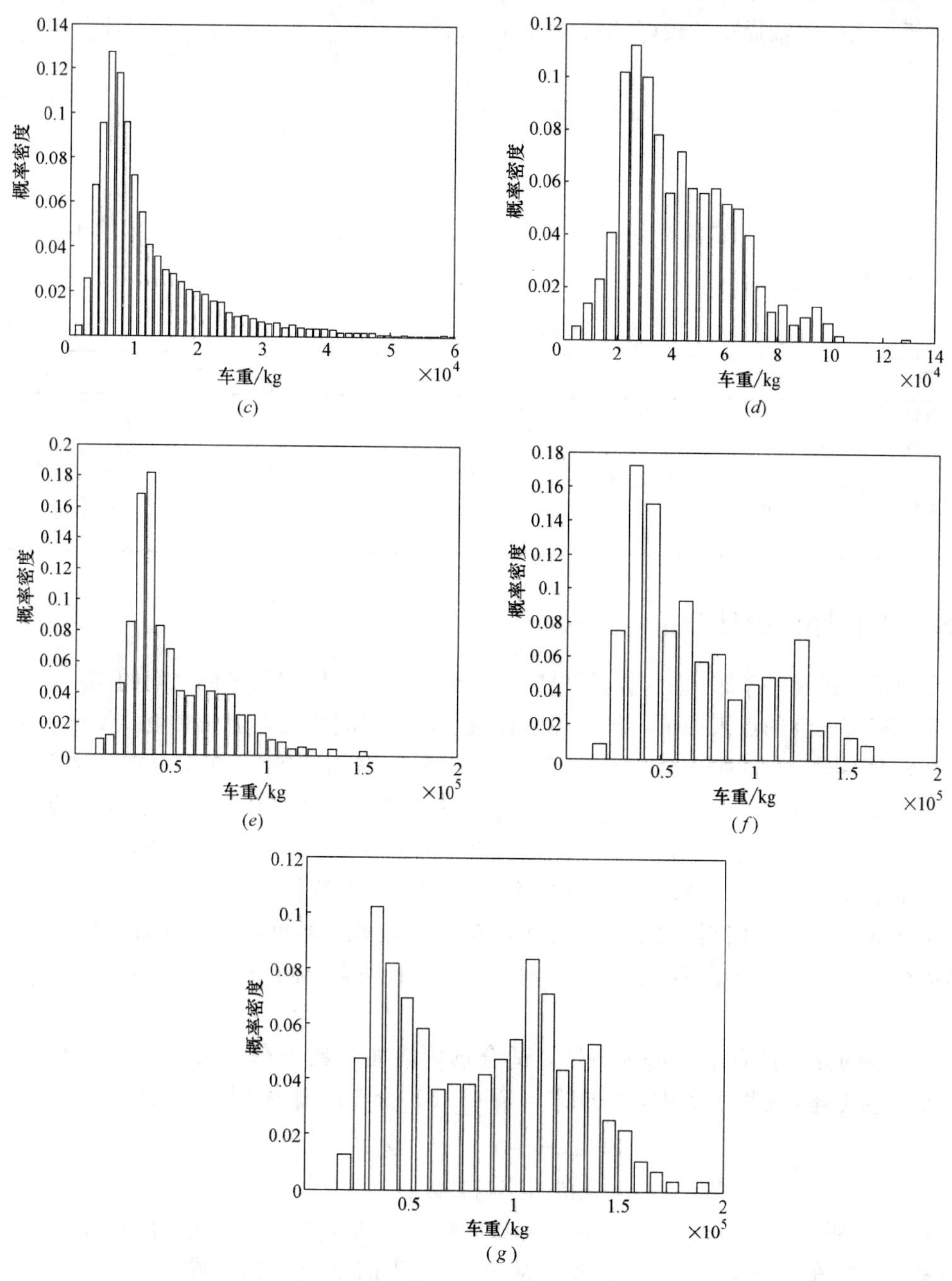

图 3.14 连续 5 天分车型车重分布（续）

(c) 双轴货车；(d) 三轴车；(e) 四轴车；(f) 五轴车；(g) 六轴车

可见，不同车型的车重分布特征存在明显差异，尤其是双轴车之间具有显著不同，宜采用不同的分布进行拟合和优度检验来确定和选用分布形式。其中，本例中双轴小客车更符合含有位置和尺度参数的 t 分布：

$$Z=X/(Y/n)^2 \tag{3.6}$$

式中：X 服从正态分布 $N(\mu, \sigma)$，Y 服从 $\chi^2(n)$ 分布，n 为自由度。

对于本例的双轴货车，较好的符合对数正态分布：

$$f(x)=\begin{cases}\dfrac{1}{x\sigma\sqrt{2\pi}}e^{-\frac{(\ln x-\mu)^2}{2\sigma^2}} & x>0\\ 0 & x\leqslant 0\end{cases} \tag{3.7}$$

其中 μ，$\sigma>0$ 为常数。

其余车型的车重分布基本为多峰，可选用混合分布形式。上述 5 个轴组的车辆各轴重比例的平均值见表 3.3。

车辆各轴重比例均值　　**表 3.3**

车型	轴 1	轴 2	轴 3	轴 4	轴 5	轴 6
双轴	0.30	0.70				
三轴	0.20	0.32	0.48			
四轴	0.12	0.24	0.30	0.34		
五轴	0.07	0.26	0.22	0.23	0.22	
六轴	0.05	0.11	0.20	0.20	0.21	0.23

3.3.2　车间距的统计分析

车间距是指在一条车道上同向行驶的一列车队中，前后相邻车辆之间的间距，一般用车辆上具有代表性的点来衡量，如前保险杠或前轮。车间距受车流量影响，不同时段的车间距有较大不同。车间距还会与行车道有一定关系。宗周红等[28]在对京沪高速新沂河大桥车辆荷载模型的分析中，调查了一般运行状态和密集运行状态下的两辆相随车辆通过同一测点的车间距，经统计分析得到车间距概率分布曲线。一般运行状态下，各车道车间距服从威布尔（Weibull）分布，左右两幅车道车间距概率峰值均集中在 200m 附近；密集运行状态下，各车道车间距服从伽马分布，左右两幅车道车间距概率分布曲线基本一致。密集运行状态相比一般运行状态，其车间距较小，且两者车间距的统计规律基本不随月份而变化。

车间距的分布具有单边拖尾特征，适合选用诸如对数正态分布、威布尔（Weibull）分布等描述其概率密度。其中，威布尔（Weibull）分布的概率密度函数为：

$$W(a,b)=ba^{-b}x^{b-1}e^{-\left(\frac{x}{a}\right)^b} \tag{3.8}$$

其中　a，b 为威布尔（Weibull）分布的控制参数。

图 3.15 所示为我国某高速公路五天 8：00～16：00 时段内（小时的车流量大约在 1500 辆）各行车道的车间距分布情况，从中可见不同车道之间的差异。

3.3.3　车重车速联合分布

车速的分布主要与道路的类型、道路饱和度、车道位置、车辆类型等因素相关。普通公路的车速分布相对复杂，分布形式和分布特征参数都有较大变化。高速公路的车速分布相对简单。

一般车速分布可用正态分布、伽马分布（Gamma）等描述。其中，伽马分布（Gamma）是一种比指数分布和正态分布更具有普遍性分布形式，概率密度函数为：

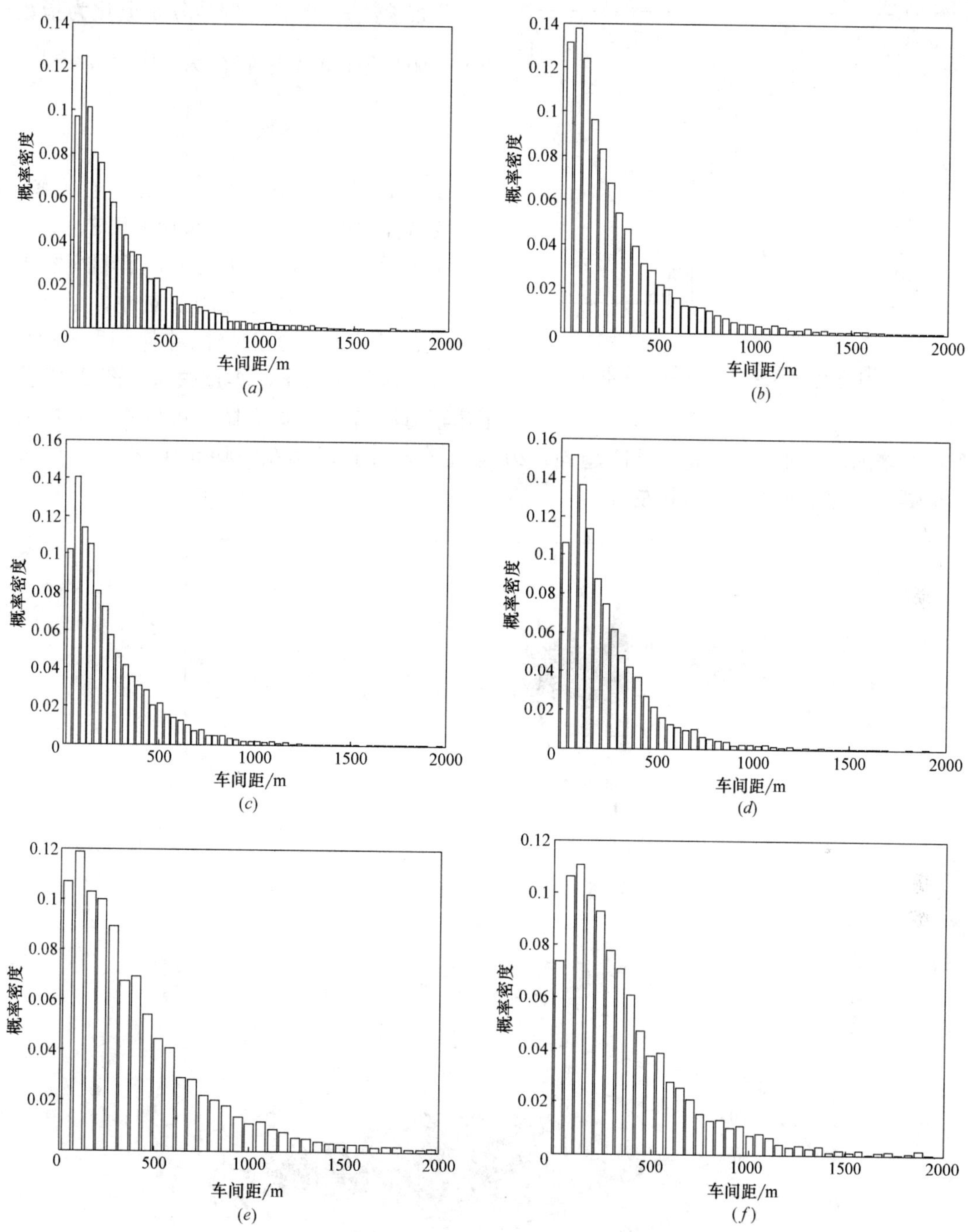

图 3.15　各车道车间距分布

(a) 上行 1 车道；(b) 下行 1 车道；(c) 上行 2 车道；(d) 下行 2 车道；(e) 上行 3 车道；(f) 下行 3 车道

$$f(x)=\begin{cases} 0 & x<0 \\ \dfrac{\lambda^{\alpha}x^{\alpha-1}}{\Gamma(\alpha)}e^{-\lambda x} & x\geqslant 0 \end{cases} \tag{3.9}$$

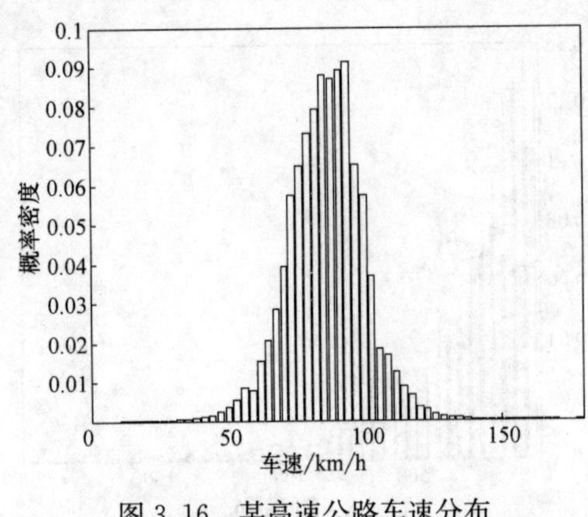

图 3.16　某高速公路车速分布

分布参数 $\alpha=1$ 时，伽马分布退化为指数分布。伽马分布的数字特征为：均值 $\mu_x=\frac{\alpha}{\lambda}$，方差 $\sigma_x^2=\frac{\alpha}{\lambda^2}$，变异系数 $\delta_x=\frac{1}{\sqrt{\alpha}}$。

图 3.16 为某高速公路车速分布直方图，其主要特征为单峰分布且分布较为集中。

在实际的车辆运营状况下，车辆荷载模型各参数间并不具备完全的独立性。车重与车速间有较为明显的相关性。图 3.17 所示反映了某高速公路的车速车重关系，图 3.18 为车速车重联合分布直方图。可以看出，随着车重的增加，车速总体上呈现下降趋势。20t 以上车辆车速基本在 100km/h 之内。50t 以上车辆，平均车速为 55km/h 左右。

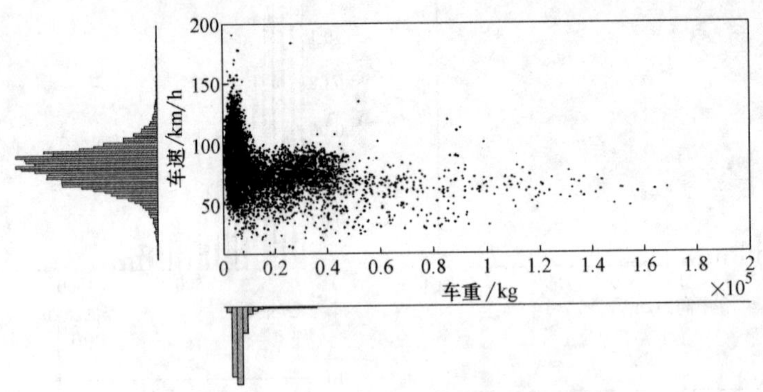

图 3.17　车重与车速关系

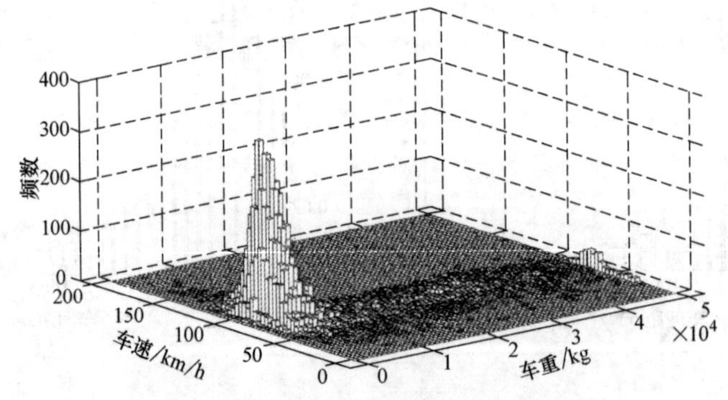

图 3.18　车重车速二维分布直方图

参考文献

［1］　李小年，陈艾荣，马如进，桥梁动态称重研究综述，土木工程学报，2013，46（3）：79-85.

[2] Jacob B，Feypell-De La Beaumelle V. Improving truck safety：Potential of weigh-in-motion technology [J]. IATSS Research，2010，34（1）：9-15.

[3] Sarah. K. Leming，Harold. L. Stalford. Bridge Weigh-in-Motion system development using static truck/dynamic bridge models. IEEE，2008，(3)：815-820.

[4] Ling Yu，Tommy. T. H. Chan. Identification of Multi-Axle Vehicle Loads on Bridges. Journal of Vibration and Acoustics. 2002，126：17-26.

[5] 李冰莹，车辆动态称重技术现状及典型动态称重方法的探讨 [J]，称重知识，2011，40（11）：27-28.

[6] 施吕彦，动态称重测力技术的现状和发展动向 [J]. 计量与测试技术 . 2000（1）：18-20.

[7] 周祖濂，车辆动态称重及其在公路管理系统中的应用 [C]. 第四届全国称重技术研讨会论文集 . 2004：28-33.

[8] 赵世婧，苏清祖，段国元 . 提高车辆动态称重仪精度的研究与试验 [J]. 交通与计算机 . 2006，24（1）：105-107.

[9] 张廷虎，基于 DSP 的智能动态称重技术的研究 [D]. 青岛科技大学硕士学位论文，2012.

[10] 潘文辉，WIM 车辆动态称重系统的设计与实现 [D]. 电子科技大学学位论文，2014.

[11] Jochen. T. M，Baluja S. A Massively Parallel Road Follower. Computer Architecture for Machine Perception IEEE，2005，(11)：2-12.

[12] 李庆斌，尹玉先 . 汽车当量轴重的光纤传感器测量 [J]. 清华大学学报（自然科学版）. 2004，44（6）：801-803.

[13] B. Jacob. Spatial repeatability of impact forces and multiple sensors WIM [C]. Proceedings of the First European WIM conference. Zurich，1995：147-156.

[14] F. Scheuter. Evaluation of Factors Affecting WIM System Accuracy [C]. Proceeding of 2nd European WIM conference，1998.

[15] Gillespie T. D，S. M Karamihas，et al. Effects of Heavy-Vehicle Characteristics on Pavement Response and Performance [R]. NCHRP report 353，National Research Council，Washington，D. C.，1993.

[16] Michael S. Mamlouk. Effect of Vehicle-pavement Interaction on Weigh-in-Motion Equipment Design [J]. Heavy Vehicle Systems，1996：306-322.

[17] 王昶，动态称重系统的动态干扰因素分析和抑制 [J]. 中国交通信息化 . 2011，05（1）：74-79.

[18] Snyder R，Moses F，Kriss M. Bridge weigh-in-motion system：USA，5111897 [P]. 1972-05-12.

[19] Moses F. Weigh-in-motion system using instrumented bridges [J]. Transportation Engineering Journal，1979，105（3）：233-249.

[20] Peters R J. Culway-an unmanned and undetectable highway speed vehicle weighing system [C]，Proceedings of 13th ARRB Conference. Australia，1986：70-83.

[21] COST 323. European specification on weigh-in-motion of road vehicles [R]. Paris：LCPC，1999.

[22] 耿少波，石雪飞，阮欣，基于桥梁结构的动态称重系统算法研究 [J]. 石家庄铁道大学学报（自然科学版），2011，24（4）：40-43.

[23] Kim S，Lee J，Park M S，et al. Vehicle signal analysis using artificial neural networks for a bridge weigh-in-motion system [J]，Sensors，2009，9（10）：7943-7956.

[24] 交通部，中华人民共和国行业标准《公路桥涵设计通用规范》JTG D60—2015，2015. 12. 1 实施，人民交通出版社股份有限公司，2015. 11.

[25] 孙守旺，孙利民，基于实测的公路桥梁车辆荷载统计模型 [J]. 同济大学学报（自然科学版），2012，40（2）：198-204.

[26] 夏叶飞，李峰峰，顾煜，袁微微，宗周红. 基于 WIM 的高速公路桥梁车辆疲劳荷载谱研究. 公路交通科技，2014，31（3）：56-64.

[27] 杜江，基于 WIM 的高速公路车辆荷载分析［D］. 大连海事大学硕士学位论文，2016.1.

[28] 宗周红，李峰峰，夏叶飞，袁微微，基于 WIM 的新沂河大桥车辆荷载模型研究［J］. 桥梁建设，2013，43（5）：29-36.

[29] 党栋，贺拴海，周勇军，梁玉照，基于车辆统计数据的汽车荷载标准值取值与评估［J］. 长安大学学报（自然科学版）2012，32（6）：44，51.

第 4 章　温度荷载的监测分析

4.1　温度作用与监测

4.1.1　温度作用

当结构的温度发生改变时，它的每一部分一般都将由于温度的升高或降低而趋于膨胀或收缩。但由于结构所受的外在约束，以及各个部分之间的相互制约，这种膨胀或收缩并不能自由地发生，于是就产生应力，即温度应力。在某些结构体系中，温度应力可以达到甚至超出活载作用下的应力，带有温度作用的组合有的已经成为结构设计的控制组合。由于大型桥梁结构构件众多、结构形式复杂、超静定阶次高，因此，温度的作用十分复杂，在结构中产生的温度效应不容忽视。对大型桥梁结构在温度作用的响应规律需要不断地了解和认识。

很多国家的相关规范对结构的温度作用都有明确规定。英国桥梁规范（BS5400）关于温度作用的规定是迄今国内外关于桥梁结构温度作用规定中最为详细的。在总则中，考虑了气温、太阳辐射、逆辐射等每日和季节变化因素。关于温度作用的取值，各国规范不一，且有的国家无明确规定。对于一些较特殊的结构形式，温度作用的取值还处于探索阶段。温度变化的范围与地点、结构的类型和使用功能有关。当结构所处的环境和地点不同时，其温度变化范围应根据实际情况确定[1]。

构件的表面和内部各点的温度随时都在发生变化，就影响结构温度场的因素来看，可分为以下几种[2]，其作用特点见表 4.1。

（1）年温差：是指结构闭合阶段的温度与结构正常使用时的最高、最低温度之差或直接取当地最高、最低温度之差；

（2）日照温差：日照使结构表面形成不均匀的温度分布，在考虑日照温差对结构的影响时，需要计算温度场；

（3）骤然温差：由于寒流及冷空气的影响，形成截面温度的不均匀分布；

（4）其他温差：由于混凝土水化热及其他热源引起的截面上的不均匀温度分布。

温度作用特点　　　　**表 4.1**

作用类型	主要影响因素	时间性	作用范围	分布状态	对结构影响	复杂性
日照温度	太阳辐射	短时急变	局部性	不均匀	局部应力大	最复杂
骤然降温	强冷空气	短时变化	整体	较均匀	应力较大	较复杂
年温变化	缓慢温变	长期缓慢	整体	均匀	整体位移大	简单

有关温度场和温度分布，可分为下列不同情况[3]：

（1）温度场：在任一瞬时，所有各点的温度值的总体，称为温度场。

（2）稳态温度场：如果温度场内各点温度不随时间而变，称此温度场为稳态温度场。

（3）非稳态温度场：如果温度场内各点温度随时间而变，称此温度场为非稳态温度场。

（4）均匀温度场：一个温度场，如果各点的温度均相同，与各点坐标无关，称为均匀温度场。

（5）非均匀温度场：一个温度场，如果各点的温度不相同，称为非均匀温度场。

（6）线性温度场：一个温度场，如果各点的温度都能表达成同样的几何自变量的一次函数时，温度场称为线性温度场。

（7）非线性温度场：一个温度场，如果各点的温度不能表达成几何自变量的一次函数时，温度场称为非线性温度场。

（8）温度分布：某一时刻结构内部与表面各点的温度状态即为温度分布。

（9）线性温度分布：在某一时刻，当结构内部与表面各点的温度是几何自变量的一次函数时，称此时的温度分布为线性温度分布。

（10）非线性温度分布：在某一时刻，当结构内部与表面各点的温度不能表达成几何自变量的一次函数时，称此时的温度分布为非线性温度分布。

4.1.2　温度监测

大型桥梁的温度场是十分复杂的。通过温度的长期监测可以全面了解桥梁各主要构件的温度分布和变化情况，为分析对桥梁结构至关重要的温度应力提供基本资料和依据。同时它还给应变传感器提供温度补偿信息。

根据截面温度梯度及结构整体升降温和空间分布特点，可通过有限元模拟或参考相关桥梁设计规范确定测点位置。宜在主梁跨中、索塔、拱圈、主缆等关键截面布设测点。方案的制定应与应变监测方案协调，测点布置宜与应变监测的温度补偿测点统一设计、数据共享。对于索桥桥塔的温度监测根据需要可以选择不同的高度布置温度传感器，所选断面一般应与应变监测断面一致。大型桥梁的主梁，一般温度沿梁的纵向差别较小，可以精选少数截面布设温度传感器。但是主梁，尤其是钢箱梁受日照影响很大，截面的横向和竖向均具有显著温差，因此，应至少选择一个重点截面进行较为详细的温度监测。传感器布设应能够反映梁截面的温度场分布特征，顶底板的温差特性等。监测截面的选择亦应与梁截面的应变监测相协调。对于箱梁截面，除了监测箱外大气温度外，也应监测箱内气温。对于索桥主缆的温度监测，通常以能够反映主缆截面温度分布特性为原则。吊索和斜拉索的温度监测，尽量避免使测点靠近箱梁，否则索的温度测量可能会受到箱梁温度的影响而不能准确反映索的实际情况。一般不同拉索或吊索的温度差别不大，因此，不必过多布设索的温度测点。温度变化相对平缓，一般温度监测的采样周期可设置在 1～10min 左右。

常用的传统温度传感器主要是热电偶温度传感器和热敏电阻温度传感器。热电偶温度传感器一般用来测量温差，为得到正确的温度值，须用一种基准温度进行修正。热敏电阻温度传感器的响应速度比较快，电阻对温度的变化较为敏感，但其长期稳定性不高。和所有电类传感器一样，电类温度传感器都有易于受电磁干扰及信号传输距离短等缺点。

基于光纤光栅技术的温度传感器与传统的温度传感器相比，具有灵敏度高，体积小，重量轻，耐腐蚀，抗电磁干扰等优点，同时可实现多传感器串联，形成准分布式温度测量系统。目前，光纤光栅温度传感器的产品很多，具有表面式、埋入式、浸入式等多种封装结构。因此，近年来被广泛应用于土木工程的结构监测与试验。

4.2 基于监测的年温度分析

4.2.1 基本气温

基本气温是气温的基准值，是确定温度作用所需最主要的气象参数。基本气温一般是以气象台站记录所得的一年极值气温数据为样本，经统计得到的具有一定年超越概率的最高和最低气温。因此，基本气温的确定是一个对年气温极值的概率分布进行统计推断的过程，即根据以往若干年的极值气温记录，对今后若干年可能出现的极值气温做出合理、正确的估计。

关于某一年的极值气温如何确定，即采用什么气温参数作为年极值气温样本数据的问题，目前还没有统一模式。我国行业标准《铁路桥涵设计基本规范》TB 10002.1—2005采用七月份和一月份的月平均气温。《公路桥涵设计通用规范》JTG D60—2004 采用有效温度并将全国划分为严寒、寒冷和温热三个区来规定。《建筑结构荷载规范》GB 50009—2012[4]将基本气温定义为 50 年一遇的月平均最高和月平均最低气温。分别根据全国各基本气象台站最近 30 年历年最高温度月的月平均最高和最低温度月的月平均最低气温为样本。欧洲规范（EN1991-1-5：—2003）[5]采用小时最高和最低气温为样本，并将气温基准值确定为具有 50 年重现期的作用值。

由 N 年的温度数据，可组成 N 年气温极值样本。如果确定了极值样本的概率分布，就可以根据极大值（或极小值）的概率密度函数 $f_{\mathrm{M}}(x)$（或 $f_{\mathrm{m}}(x)$）或分布函数 $F_{\mathrm{M}}(x)$（或 $F_{\mathrm{m}}(x)$），计算年极大值温度 X_{M} 的取值超过特定值 x 的发生概率（右侧概率）：

$$P(X_{\mathrm{M}} > x) = 1 - F_{\mathrm{M}}(x) = \int_x^{\infty} f_{\mathrm{M}}(x)\mathrm{d}x \tag{4.1}$$

年极小值温度 X_{m} 的取值低于特定值 x 的发生概率（左侧概率）：

$$P(X_{\mathrm{m}} < x) = F_{\mathrm{m}}(x) = \int_{-\infty}^{x} f_{\mathrm{m}}(x)\mathrm{d}x \tag{4.2}$$

极值统计的根本目的是准确的推断极值序列的重现期值或某一极值平均可能在多少年内出现一次的重现期。当 X 大于某个特定值 x 的事件或小于某个特定值 x 的事件，平均在 T 年内出现 1 次，此时，则把这个 T 叫做 X 的特定值 x 的重现期。而在 T 年内平均出现 1 次的这个特定值 x 叫做重现期值。给定重现期值，则根据概率分布，最大或最小值的重现期 $T(x)$ 可按下式给出：

$$T_{\mathrm{M}}(x) = \frac{1}{1 - F_{\mathrm{M}}(x)} \tag{4.3}$$

$$T_{\mathrm{m}}(x) = \frac{1}{F_{\mathrm{m}}(x)} \tag{4.4}$$

这就是说，重现期就是右侧概率或左侧概率的倒数。而对于给定的重现期，其对应的重现期值（极大值或极小值）可分别由以下两式解出：

$$F_{\mathrm{M}}(x) = 1 - \frac{1}{T_{\mathrm{M}}(x)} \tag{4.5}$$

$$F_{\mathrm{m}}(x)=\frac{1}{T_{\mathrm{m}}(x)} \tag{4.6}$$

可见，重现期和重现期值互为函数关系，只要知道极值分布函数 $F(x)$ 或密度函数 $f(x)$，就可以相互解出。因此，研究实际极值问题，关键是要对极值的概率分布做出合理的统计推断。

概率分布的统计推断问题包括两种情况：

(1) 分布函数形式已知（或假定为已知的某种形式），但其中的参数未知，这时统计推断问题就是估计参数问题；

(2) 分布函数的形式未知，要根据观测资料来推断其是否服从某种类型，这时，一种方法是运用经验分布函数或曲线；另一种方法是根据随机变量的母体分布推断其极值的理论分布。

对于极大值问题而言，很多气候要素的极值分布都属指数型的，耿贝尔（Gumbel）分布是一个适用较广的分布理论。而在实际应用中威布尔（Weibull）分布有时能取得更好的效果。

对于极小值问题，只要将样本资料改变符号，就可以当作极大值问题处理。这样可以直接应用极大值的分布理论进行计算，最后将所得到的重现期值改变符号，就得到 T 年一遇的极小值。

需要指出的是，无论用经验分布函数还是极值的理论分布函数研究实际极值问题，其效果优劣主要取决于所采用的分布函数对实际资料的拟合程度。要使研究的问题获得满意的结果，所采用的资料样本必须很大，各次观测必须相互独立且服从同一分布。对于气候极值的观测而言，一般都能满足相互独立和服从同一分布的要求。

对于极值分布函数形式未知时，还可根据随机变量的母体分布函数 $F(x)$ 推断其极值的理论分布。设根据以往的气象记录，经统计推断得到年气温分布函数为 $F(x)$，称为原始分布函数。采用简单抽样方法，每次从原始气温中抽取 n 个样本 x_1，$x_2\cdots x_n$，它们满足相互独立和来自同分布的条件。其极大值和极小值分别为：

$$x_{\mathrm{M}}=\max\{x_1,x_2\cdots x_n\} \tag{4.7}$$

$$x_{\mathrm{m}}=\min\{x_1,x_2\cdots x_n\} \tag{4.8}$$

于是，极大和极小值分布函数：

$$\begin{aligned}F_{\mathrm{M}}(x)&=P(x_{\mathrm{M}}<x)=P(x_1<x,x_2<x\cdots x_n<x)\\&=P(x_1<x)P(x_2<x)\cdots P(x_n<x)\\&=F_1(x)F_2(x)\cdots F_n(x)\\&=[F(x)]^n\end{aligned} \tag{4.9}$$

$$\begin{aligned}F_{\mathrm{m}}(x)&=P(x_m<x)=1-P(x_m\geqslant x)\\&=1-P(x_1\geqslant x)P(x_2\geqslant x)\cdots P(x_n\geqslant x)\\&=1-[1-F_1(x)][1-F_2(x)]\cdots[1-F_n(x)]\\&=1-[1-F(x)]^n\end{aligned} \tag{4.10}$$

可见，极值的分布函数依赖于原始分布 $F(x)$ 和抽样的样本容量 n。

4.2.2　气温分布与极值

桥梁的长期健康监测系统，可以为桥址的全年气温提供更为详尽的气温数据。基于全年（或数年）的连续监测气温，一般可以获得较为准确的气温分布特性，从而为根据母体分布推断其极值的理论分布提供了可能。以胶州湾大桥监测系统的温度监测数据为例，对全年温度分布和根据母体分布推断其极值的理论分布进行简要分析。图 4.1（a）所示为连续一年桥面气温时程记录，其概率分布如图 4.1（b）所示。

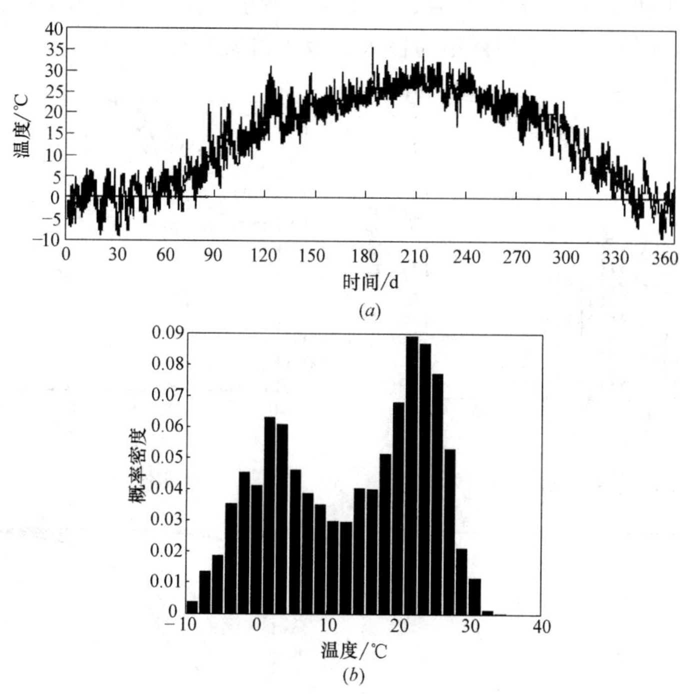

图 4.1 连续一年的桥面气温

（a）温度时程；（b）概率分布

年气温概率分布具有典型的双峰特征。为获得更高精度的年温度分布模型，下面采用连续四年的气温监测数据进行统计推断。通过用多个概率密度模型的拟合优度比较，可知全年气温的概率分布特征，可选用 2 个正态分布模型 $N(x, \mu_i, \sigma_i^2)$（$i=1, 2$）的叠加给予较好地描述。其概率密度函数可表示为：

$$f(x)=\gamma f_1(x)+(1-\gamma)f_2(x) \tag{4.11}$$

$$f_1(x)=\frac{1}{\sqrt{2\pi}\sigma_1}e^{-\frac{(x-\mu_1)^2}{2\sigma_1^2}} \tag{4.12}$$

$$f_2(x)=\frac{1}{\sqrt{2\pi}\sigma_2}e^{-\frac{(x-\mu_2)^2}{2\sigma_2^2}} \tag{4.13}$$

式中 x 为温度变量；$f(x)$ 为概率密度函数；$f_i(x)$ 为以 μ_i 为均值、σ_i^2 为方差的正态分布概率密度函数（$i=1, 2$）；$0\leqslant\gamma\leqslant1$。

采用上述概率密度模型，对温度的概率分布进行拟合，并且采用显著性水平 $\alpha=0.1$ 的皮尔逊一检验，得到的拟合参数如表 4.2 所列。

四年气温概率密度拟合参数 **表 4.2**

	γ	μ_1	σ_1	μ_2	σ_2
$f(x)$参数	0.4771	5.3416	5.8351	22.6726	4.6044

原始分布函数

$$F(x)=\int[\gamma f_1(x)+(1-\gamma)f_2(x)]\mathrm{d}x=\gamma F_1(x)+(1-\gamma)F_2(x) \tag{4.14}$$

将式（4.12）和（4.13）代入式（4.14），并采用表 4.2 的参数，计算得到样本容量分别为 $n=12$，24 和 32 的极值分布函数如图 4.3 所示。图 4.4 展示了极大、极小值分布函数的局部形态，图 4.5 为原始样本与极大、极小值概率密度函数。

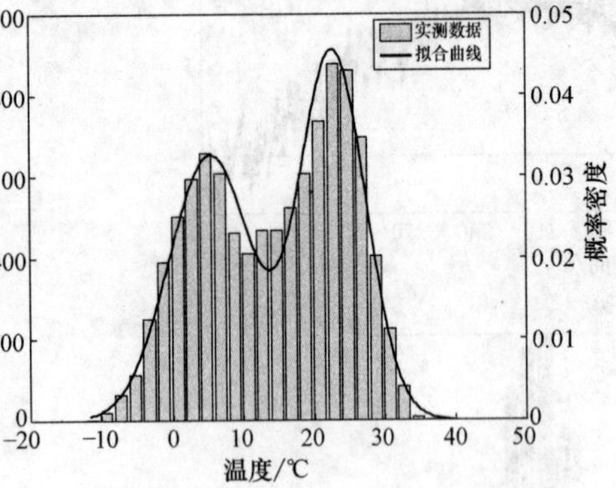

图 4.2　大气温度概率统计

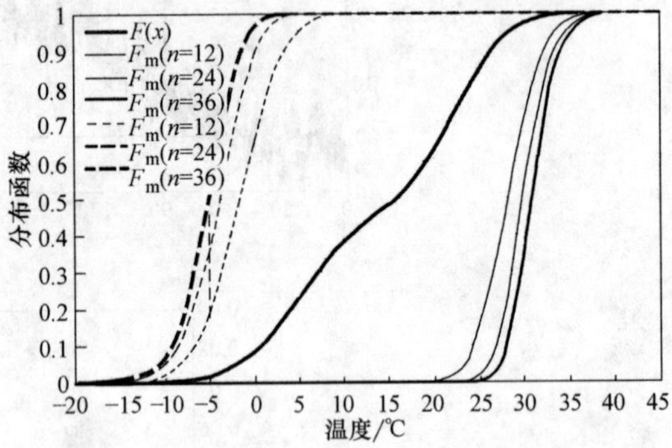

图 4.3　原始样本与极大、极小值分布函数

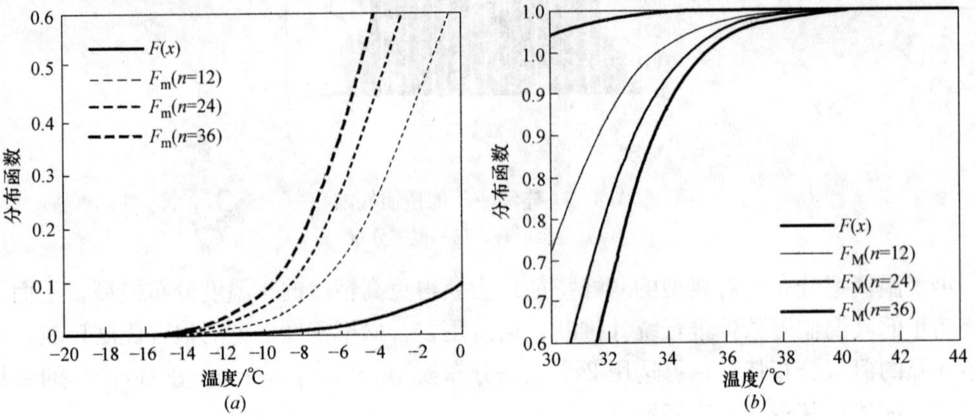

图 4.4　极大、极小值分布函数局部形态

（a）极小值局部；（b）极大值局部

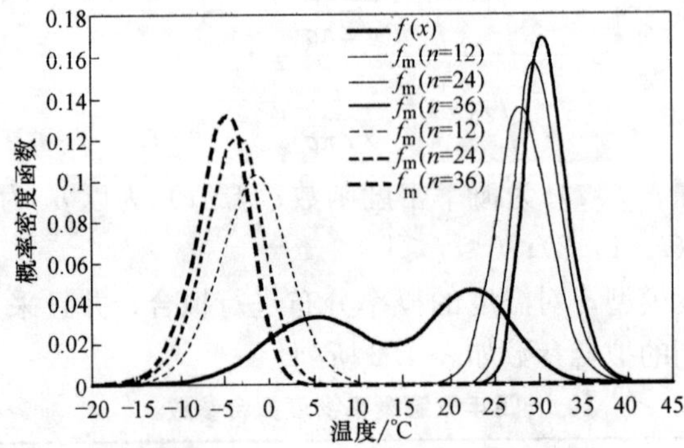

图 4.5　原始样本与极大、极小值概率密度函数

可见，极值分布函数与原始分布和样本容量 n 相关，随着 n 的增大，极值温度的分布逐步向极端靠拢，其方差不断缩小。计算的极值气温重现期值也随之发生变化，如表 4.3 所列。其中，$n=12$ 时，50 年重现期的气温极大值和极小值分别是 35.22℃和−10.38℃。

桥址极值气温的重现期值 **表 4.3**

重现期(年)	气温极大值(℃)			气温极小值(℃)		
	$n=12$	$n=24$	$n=36$	$n=12$	$n=24$	$n=36$
10	32.47	33.69	34.36	−6.86	−8.42	−9.28
20	33.73	34.85	35.47	−8.48	−9.92	−10.71
30	34.41	35.48	36.07	−9.35	−10.72	−11.48
40	34.87	35.91	36.49	−9.93	−11.27	−12.01
50	35.22	36.24	36.8	−10.38	−11.69	−12.41
100	36.25	37.21	37.74	−11.70	−12.92	−13.60

4.2.3 斜拉桥结构年温度与极值

如图 4.6～图 4.8 所示为胶州湾沧口斜拉桥连续 12 个月的温度监测结果。结构温度与气温具有较高的相关性，全年范围内箱梁内的气温基本上都高于箱外气温，其中夏季最为明显。桥塔、箱梁底板的温度与箱外气温十分接近，变幅也较小。斜拉索温度明显高于箱外气温，这与温度测点靠近箱梁有一定关系。变化最为显著的是箱梁顶板温度，夏季变幅高达 30℃以上，全年极端温差可达 65℃。因此，钢箱梁的结构温度监测和分析是最为重要的。

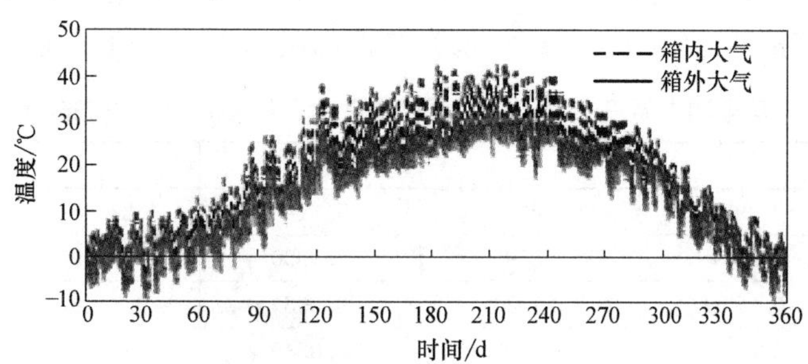

图 4.6 全年箱梁内外气温

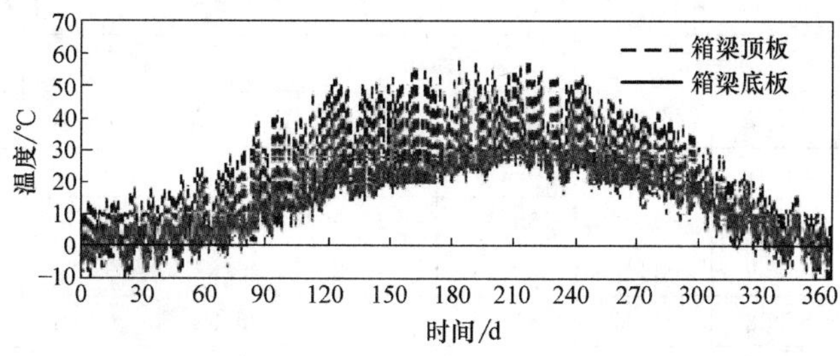

图 4.7 全年箱梁顶底板温度

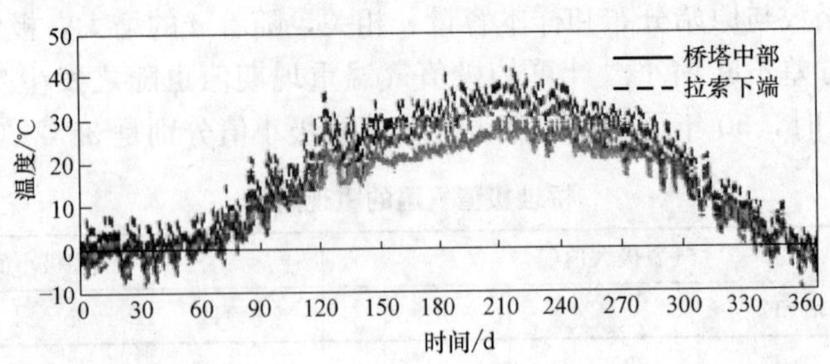

图 4.8　全年桥塔和斜拉索温度

通常，对钢箱梁的温度监测都较为详细，除了沿顺桥向适当布置温度测点外，还要选择典型截面进行详细布点监测。图 4.9 所示为钢箱梁跨中截面结构温度测点布置。

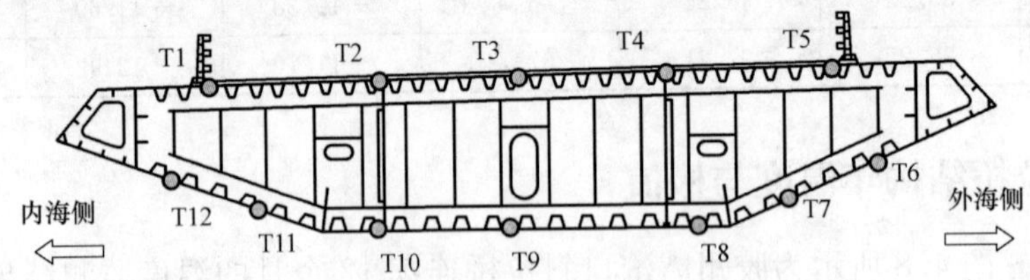

图 4.9　跨中截面温度测点布置示意图

气温概率分布的双峰特征，以及选用 2 个正态分布模型的叠加来描述温度的概率分布的方法，也适用于结构温度[6]。对上述测点的全年温度概率分布进行了拟合分析，其中典型的顶底板测点温度的概率密度如图 4.10 所示，全部测点的概率密度参数估计值如表 4.4 所示。可见，钢箱梁截面温度分布，大体上可按顶板和底板近似划分为两种分布形式。根据母体分布推断的钢箱梁顶板（T3）极值温度的重现期值如表 4.5 所列。

钢箱梁测点温度连续四年数据概率密度函数参数（双正态分布）　　**表 4.4**

测点	γ	μ_1	σ_1	μ_2	σ_2
T1	0.3932	4.6389	5.6190	23.3074	6.7829
T3	0.2147	2.8095	5.3900	22.5999	12.3830
T5	0.2545	1.7343	5.0584	21.4974	10.5868
T9	0.4405	5.0299	5.0349	22.6019	4.9475

钢箱梁顶底板（T3、T9）极值温度的重现期值　　**表 4.5**

重现期(年)	T3(℃)				T9(℃)			
	n=12		n=36		n=12		n=36	
	极大值	极小值	极大值	极小值	极大值	极小值	极大值	极小值
10	50.91	−8.44	55.74	−11.75	33.26	−5.32	35.28	−7.44
20	54.14	−10.60	58.61	−13.99	34.61	−6.74	36.46	−8.68
30	55.89	−11.85	60.16	−15.33	35.33	−7.51	37.11	−9.36
40	57.08	−12.76	61.27	−16.3	35.82	−8.01	37.56	−9.82
50	57.97	−13.46	62.09	−17.05	36.19	−8.40	37.89	−10.17
100	60.03	−15.72	64.52	−19.37	37.29	−9.54	38.89	−11.20

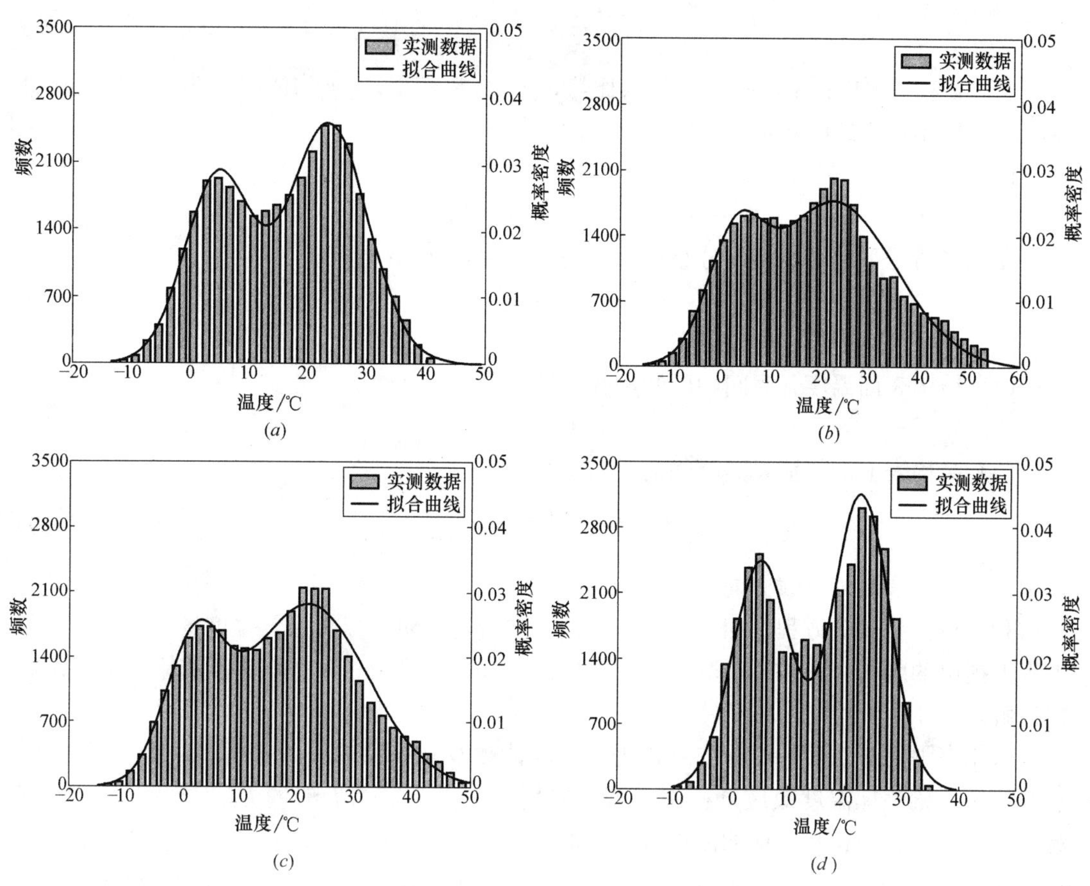

图 4.10 箱梁顶底板连续四年温度分布

(a) 顶板 T1 测点；(b) 顶板 T3 测点；(c) 顶板 T5 测点；(d) 底板 T9 测点

4.3 基于监测的日照温度分析

4.3.1 日照温度场

1. 温度场的热传导

影响桥梁结构日照温度变化的主要因素是太阳辐射强度、气温变化和风速。骤然降温一般考虑气温变化和风速这个因素，可以忽略太阳辐射的影响。骤然降温温度荷载变化较日照温度荷载缓慢、作用时间长。

对于需要考虑日照温差的结构，除考虑年温差的影响外，还要考虑不同构件不同的温度变化及同一构件截面上温度的不均匀分布。我国桥梁规范中明确规定 T 形截面、箱形截面连续梁由于日照引起桥面板与其他部分的温度差，从而产生内力，必须考虑日照温差的影响。

对于日照温差引起的温度场，一般可根据热传导理论进行理论分析或有限元求解[2]。处于自然条件中的结构任意一点的温度为三维坐标和时间的函数 $T(x, y, z, t)$。假设物体各向同性，众所周知，直角坐标系下的热传导方程为：

$$\rho c\frac{\partial T}{\partial t}=\lambda\left(\frac{\partial^2 T}{\partial x^2}+\frac{\partial^2 T}{\partial y^2}+\frac{\partial^2 T}{\partial z^2}\right)+q \tag{4.15}$$

式中：λ—物体导热系数；c—材料比热；ρ—材料密度；q—物体内的热源强度，例如混凝土单位体积释放的热量，而对于钢结构一般 $q=0$。

初始条件：

$$t=0\text{时},T(x,y,z,0)=T_0(x,y,z) \tag{4.16}$$

在很多情况下，初始温度分布可以假设为均匀温度场，即：

$$T(x,y,z,0)=T_0=\text{常数} \tag{4.17}$$

工程中常用以下类型的边界条件：

(1) 结构表面温度是时间的已知函数，即

$$T(t)=f(t) \tag{4.18}$$

(2) 结构表面的热流量是时间的已知函数，即

$$-\lambda\frac{\partial T}{\partial n}=f(t) \tag{4.19}$$

式中 n 为结构表面外法线方向。

利用热传导微分方程及相应的边值条件，从理论上讲可以求出其温度场。但对于实际工程上提出的问题，很难通过微分方程求出温度场的函数解，一般可采用有限元方法求解数值解。

采用有限元方法对一些重要结构进行温度荷载及其结构响应的分析是一种有效方法。然而，在桥梁整体温度效应分析中，可以采用一些更为简洁近似的方法[2]。例如，现场观测资料表明，在桥长方向的温度分布一般总是很接近，可以忽略桥长方向温差的微小影响。在混凝土梁高较小时，垂直方向的热传导远远大于水平方向，往往可以忽略水平方向很小的热传导作用，用垂直方向的一维热传导问题来近似分析。对于梁高较大的箱梁，如忽略角隅区域附近的复杂热传导状态，则可近似地用垂直和水平两个方向各自的一维热传导状态分别计算，然后在将结果叠加。

2. 结构的日照温度

图4.11所示为斜拉桥不同构件（或部位）一年中每天0：00时和14：00时的结构温

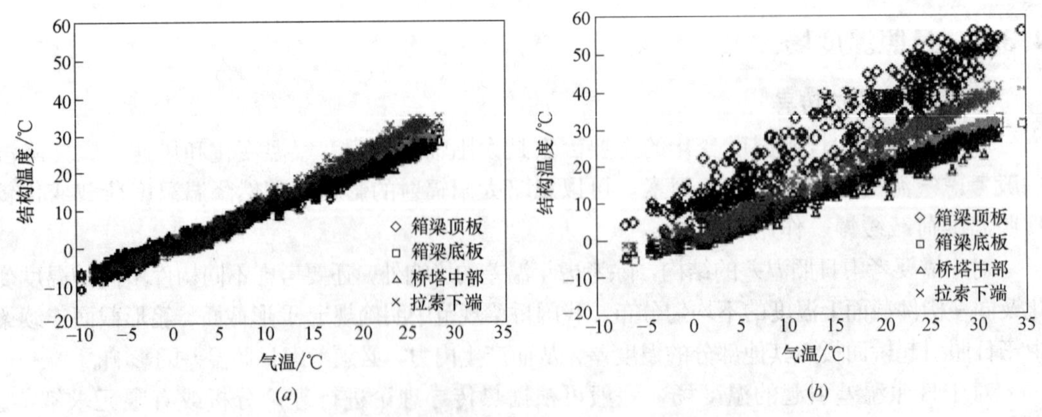

图4.11 全年不同部位温度与气温散点图

(a) 每天0：10平均温度；(b) 每天14：10平均温度

度与气温之间关系的对比。可见，结构温度与环境温度之间的相关关系与一天中所处的时段密切相关。在夜间各部位的结构温度趋于一致，包括箱梁夜间的顶底板间温差基本消失，整个桥梁结构温度场趋于均匀状态。而 14：00 不同部位结构温度与气温的关系出现不同程度的离散。将结构温度 T_s 与气温 T 的随机关系表达为下式：

$$T_s(t)=kT(t)+b+\varepsilon \tag{4.20}$$

式中：k，b 为常数，$\varepsilon \sim N(0, \sigma^2)$ 为 0 均值的正态分布随机变量。每天 0：00 时和 14：00时的结构温度与气温之间上述关系模型的参数如表 4.6 所列，表中 R^2 为可决系数。

斜拉桥不同部位结构温度与气温关系 **表 4.6**

部位	00:00				14:00			
	k_0	b_0	R_0^2	σ_0^2	k_1	b_1	R_1^2	σ_1^2
箱梁顶板	1.065	−0.4518	0.9813	2.3326	1.3306	8.251	0.8615	31.6621
箱梁底板	0.9924	1.4402	0.9931	0.7373	0.9925	−0.3536	0.9878	1.3543
塔	0.9455	0.8536	0.986	1.3682	0.9053	0.3802	0.9729	2.5423
索	1.2271	− 0.275	0.9847	2.5204	1.1866	1.0007	0.9767	3.7290

可见，在不同时段，虽然气温相同但结构温度却存在显著差异，而这种差异在不同结构部位还有不同的表现，说明了日照温度场变化的复杂性。对于受日照影响最大的是钢箱梁顶板，0：00 时的顶板温度对气温的变化率 $k_0=1.065$，而 14：00 时的变化率为 $k_0=1.3306$，提高了 25%；而气温 0℃时两时段的顶板温度相差 8.7℃；14：00 时的顶板残值方差 $\sigma_1^2=31.66$，远远大于其他情况。钢箱梁日温度场的复杂性是受多种因素影响的结果，其中主要有以下几个方面：太阳直接辐射、散射辐射、地面反射、气温变化、风速以及地理纬度、结构物的材料和壁板的朝向、附近的地貌条件等。

4.3.2 钢箱梁日照温度

钢箱梁受日照温度影响最大，结构温度场在时间和空间上的变化都比较复杂。在空间上同一时刻的顶底板之间，以及顶板不同测点之间都存在较大差异。在时间上，不同季节和一天的不同时段各测点温度也存在显著差异。下面以沧口桥钢箱梁跨中截面为例，对钢箱梁日照温度特征做简要分析。

1. 顶板温度

图 4.12 和图 4.13 所示为 1 月 1 日和 8 月 6 日顶板 5 测点的温度 24 小时的变化情况。可以看到，夏季和冬季的日照对钢箱梁顶板结构温度场的影响差别巨大。结构的日最低温度夏季发生在 6 时左右，冬季则在 8 时左右。结构的最高温度发生时间几乎与季节无关，均在 15：00 左右。日照导致的顶板日温差最大高达 30℃，而冬季则在 10℃上下。另外，在高温时段的顶板，沿截面横向分布的测点之间亦产生显著的空间温差。由

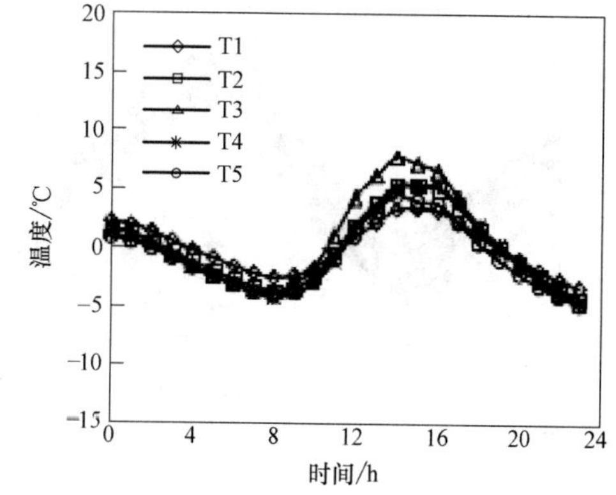

图 4.12 顶板 1 月 1 日温度

图 4.14 可清楚地看到，沿截面横向的中间测点温度最高。

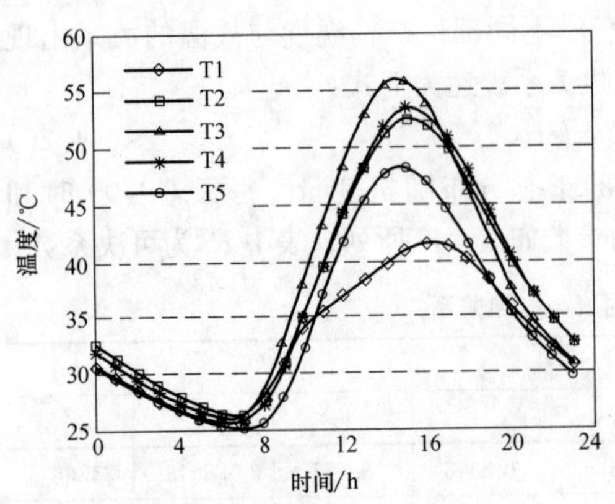

图 4.13　顶板 8 月 6 日温度

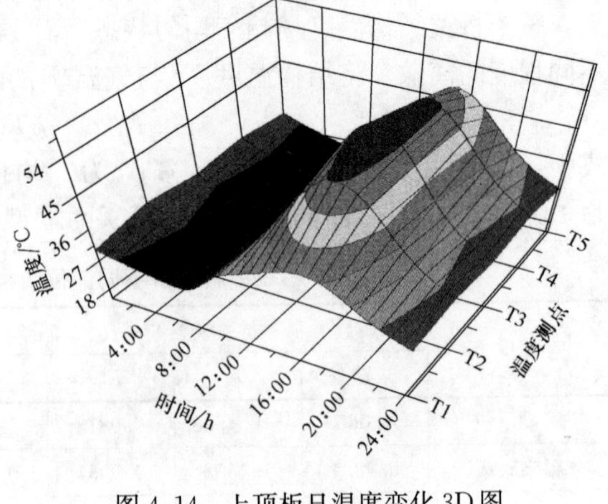

图 4.14　上顶板日温度变化 3D 图

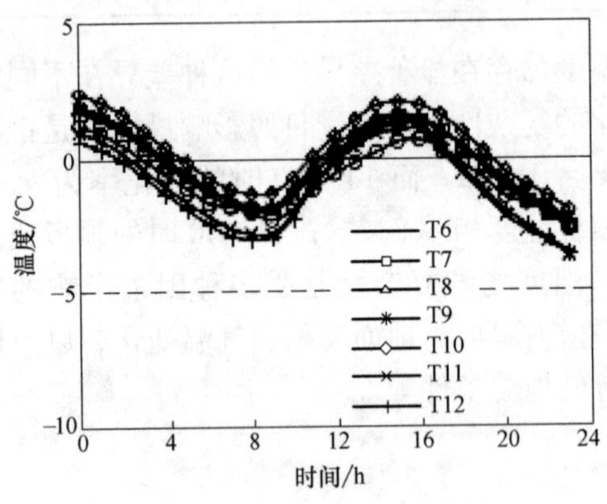

图 4.15　底板 1 月 1 日温度

2. 底板温度

图 4.15 和图 4.16 所示为 1 月 1 日和 8 月 6 日底板 7 测点的温度 24 小时的变化情况。可以看到，夏季和冬季的日照对钢箱梁底板结构温度场的影响显著减小。结构的日最低温度夏季发生在 7 时左右，冬季则在 8—9时左右。结构的最高温度发生时间冬季为 15 时，夏季为 16 时左右。日照导致的底板日温差夏季最大不到 8℃，冬季更小。由图 4.17 可清楚地看到，沿截面横向的两侧斜板测点温度稍高。

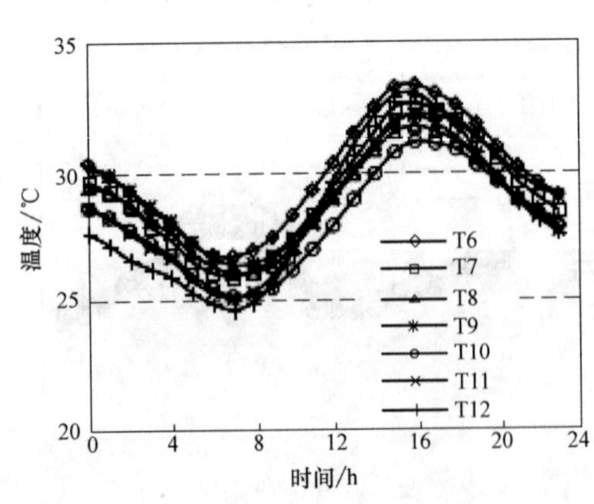

图 4.16　底板 8 月 6 日温度

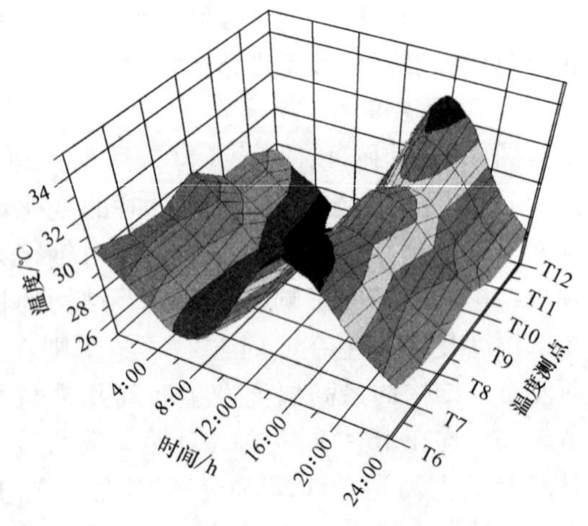

图 4.17　下底板 8 月 6 日温度 3D 图

4.4 基于监测的钢箱梁截面温差分析

4.4.1 温差的时空特征

对箱梁，尤其是钢箱梁的截面温差特性的研究是大型桥梁结构温度监测的重要目的之一。作为气候要素的温度作用，不同地域之间往往存在着明显差异。文献［7］结合润扬大桥的监测分析了扁平钢箱梁的温差特性。由于钢箱梁横截面不同位置之间的温差在一年中的变化趋势较为平缓，因此，认为可以看作一个同分布的平稳随机过程，并可采用一个威布尔（Weibull）分布和一个正态分布的加权和来准确描述扁平钢箱梁横截面的温差分布。文献［6］对苏通大桥扁平钢箱梁温度场进行过了统计分析，将温差变化看作是一个与时间无关的均匀随机过程，并选用两个威布尔（Weibull）分布函数的加权和来描述钢箱梁温差的概率密度。

前面看到，就地处胶州湾的沧口桥而言，情况还是有所不同。钢箱梁在年温度和日照温度作用下，形成了复杂的结构温度场及其时变特性。这种变化一方面表现为随着一年的不同季节和一天的不同时段的温度变化，另一方面表现为同一时刻箱梁截面不同位置的温度差异。因此，形成一种典型的非稳态非均匀结构温度场 T（x，y，z，t），从而在钢箱梁截面形成复杂的温差效应。最大温差发生于一年的高温季节和一天的高温时段，主要分布于箱梁顶底板之间和顶板横向测点之间。这种温差将在箱梁截面形成较大的温度梯度，进而产生较大的局部温度应力。

选取顶板底板主要测点，即顶板中央（T3）与边缘（T1），底板中央（T9），共 3 个测点来分析截面温度差异。图 4.18 和图 4.19 所示分别为连续四年的顶底板温差 $T_{3\text{-}9}$ 和顶板横向温差 $T_{3\text{-}1}$。由四年的数据可见，箱梁截面温差具有显著的季节特征，年变化规律相对稳定。顶底板温差 $T_{3\text{-}9}$ 和顶板中间与边缘温差 $T_{3\text{-}1}$，主要以正温差为主。顶底板之间也产生较明显的负温差，主要发生在冬季。正负温差极值与所占比例见表 4.7。

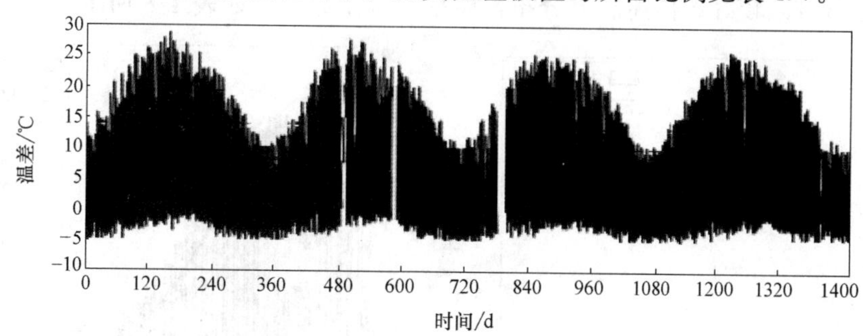

图 4.18 连续四年顶底板温差 $T_{3\text{-}9}$

连续四年正负温差极值与所占比例 表 4.7

	$T_{3\text{-}1}$	$T_{3\text{-}9}$
最大正温差(℃)	20.77	28.63
最大负温差(℃)	−3.73	−5.89
正温差数据比例(%)	57.0	57.4
负温差数据比例(%)	43.6	42.6

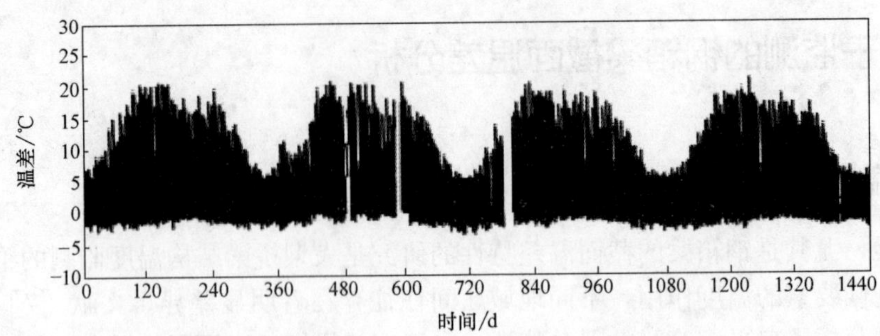

图 4.19　连续四年顶板横向测点温差 T_{3-1}

4.4.2　温差的分布与极值

顶底板的正负温差分布规律有所不同，对结构产生的影响也不同，宜根据温差正负分别讨论。以下用 T_{i-j}^{+} 和 T_{i-j}^{-} 分别表示 i 和 j 点的正负温差。

通过对各主要测点温差数据分布的特征分析和概率密度模型的拟合优度比较，选择两个威布尔（WeiBull）分布加权和来描述正负温差的概率密度：

$$f(x)=\gamma W(a_1,b_1)+(1-\gamma)W(a_2,b_2)=\gamma\left[b_1 a_1{}^{-b_1} x^{b_1-1} e^{-\left(\frac{x}{a_1}\right)^{b_1}}\right]$$

$$+(1-\gamma)\left[b_2 a_2{}^{-b_2} x^{b_2-1} e^{-\left(\frac{x}{a_2}\right)^{b_2}}\right] \tag{4.21}$$

其中 $W(a, b)$ 为威布尔（Weibull）分布函数，a_1、b_1 与 a_2、b_2 分别为两个威布尔（Weibull）分布的控制参数，γ 为调整两个威布尔（Weibull）分布的权重系数。

对顶板横向温差 T_{3-1} 和顶底板纵向温差 T_{3-9} 的概率密度函数，采用极大似然法进行参数估计，其结果如图 4.20 所示。拟合曲线均通过显著性水平 0.05 的皮尔逊检验，证明加权威布尔分布可以较好地描述温差分布，概率密度函数参数如表 4.8 所示。

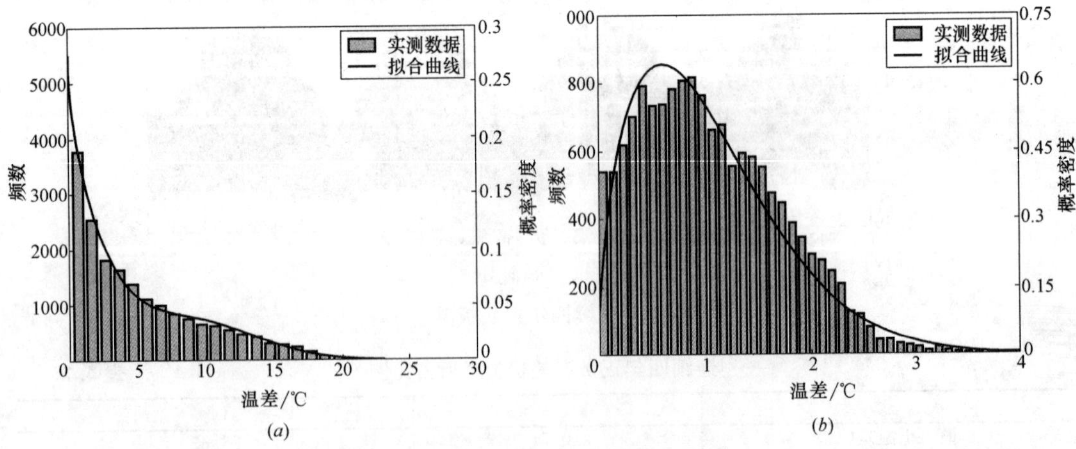

图 4.20　截面各点正负温差概率分布及拟合曲线

(a) T_{3-1}^{+}；(b) T_{3-1}^{-}

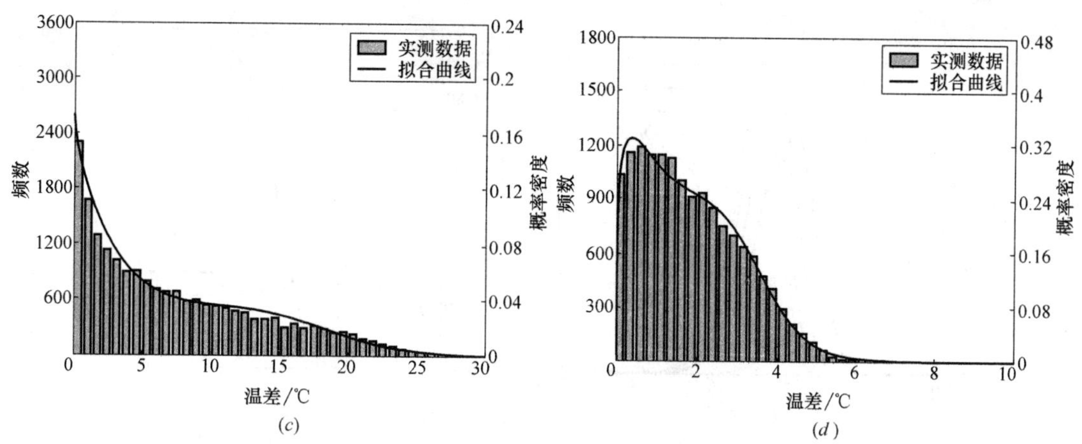

图 4.20 截面各点正负温差概率分布及拟合曲线（续）

(c) T_{3-9}^{+}；(d) T_{3-9}^{-}

主要温差模式拟合概率密度函数参数 **表 4.8**

温差	γ	a_1	b_1	a_2	b_2
T_{3-1}^{+}	0.7166	2.9877	0.9693	11.4757	2.8229
T_{3-9}^{+}	0.6374	4.0614	0.9843	15.0892	2.7893
T_{3-1}^{-}	0.0127	1.4385	0.6359	1.1712	1.5665
T_{3-9}^{-}	0.6058	1.4060	1.2157	3.0606	2.9062

基于上述温差的概率分布模型，可对温差的极值分布进行统计推断。以 T_{3-9} 温差为例，其正负值的极值分布如图 4.21 和图 4.22 所示。由此得到的不同重现期内温差的重现期值如表 4.9 所列。

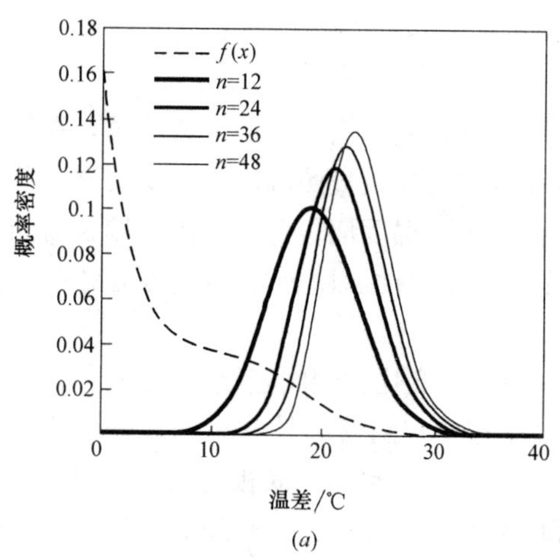

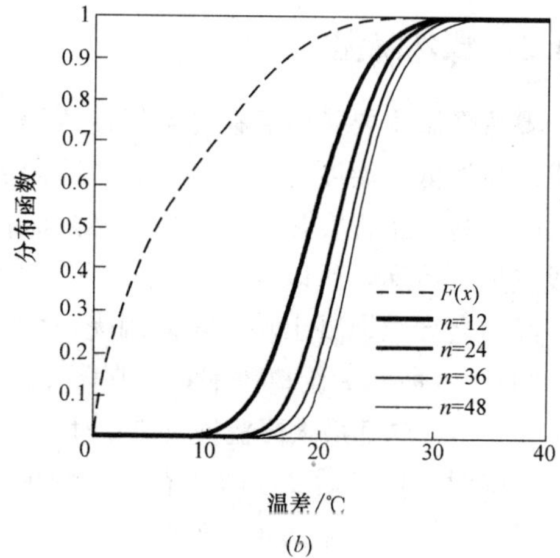

图 4.21 T_{3-9}^{+} 极值分布

(a) 概率密度；(b) 分布函数

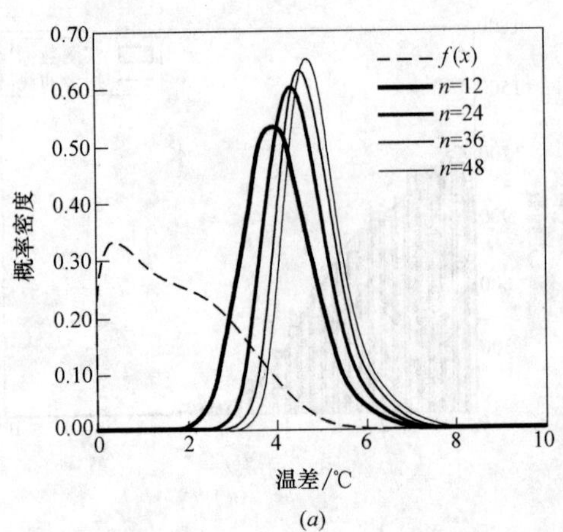

(a)

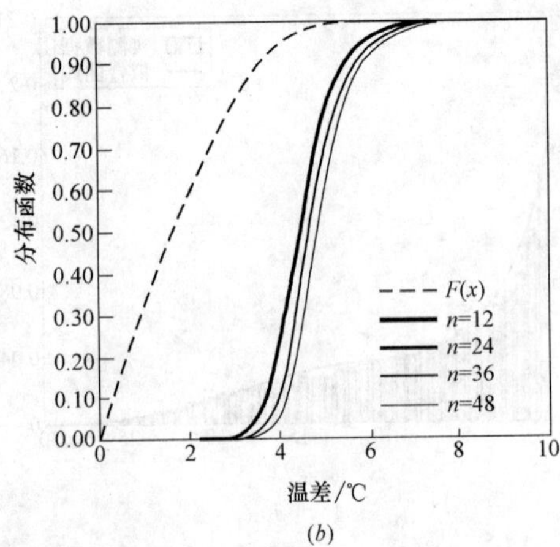

(b)

图 4.22　$T_{3\text{-}9}^{-}$ 极值分布

(a) 概率密度；(b) 分布函数

表 4.9

温差 $T_{3\text{-}9}$ 的重现期值（℃）

重现期(年)	n=12		n=24		n=36	
	$T_{3\text{-}9}^{+}$	$T_{3\text{-}9}^{-}$	$T_{3\text{-}9}^{+}$	$T_{3\text{-}9}^{-}$	$T_{3\text{-}9}^{+}$	$T_{3\text{-}9}^{-}$
10	24.68	5.17	26.34	5.56	27.27	5.8
20	26.40	5.57	27.09	5.99	28.92	6.27
30	27.35	5.81	28.94	6.27	29.89	6.57
40	28.02	6.00	29.62	6.48	30.61	6.79
50	28.53	6.15	30.17	6.65	31.19	6.97
100	30.18	6.66	31.98	7.20	33.19	7.53

4.4.3　骤然降温

骤然降温主要是由于在冷空气侵袭等因素作用下，使结构外表面迅速降温，在结构中形成内高外低的温度分布状态。这种降温温度荷载的变化较日照温度荷载要缓慢一些，作用时间长些。工程实际中，发生骤然降温使结构物表面温度值很低时，需要较长时间才能完成热量的传递，所以在结构内、外会产生较大的非线性温度梯度。尤其是对混凝土结构，经常会导致混凝土箱梁表面因受拉而开裂。

图 4.23 所示为沧口桥钢箱梁在降温过程中的温度变化。期间连续 12 小时平均降温速度 1.4℃/h，局部最大降温速度 3℃/h。在降温过程中，随着箱外气温的显著下降，箱内气温下降时间约滞后 2 小时左右，并变化速度稳定平缓。箱梁顶底板之间差异显著，顶板降温过程基本与气温同步，连续 12 小时平均降温速度 1.63℃/h，略高于气温速度。而底板降温滞后约 1 小时，连续 12 小时平均降温速度 0.97℃/h，明显低于气温速度。从而，在降温过程中，顶底板之间由正温差 8.8℃/h 变为负温差－3.2℃/h。在降温过程中，箱梁顶板和底板横向测点温度分别保持较高的同步性。

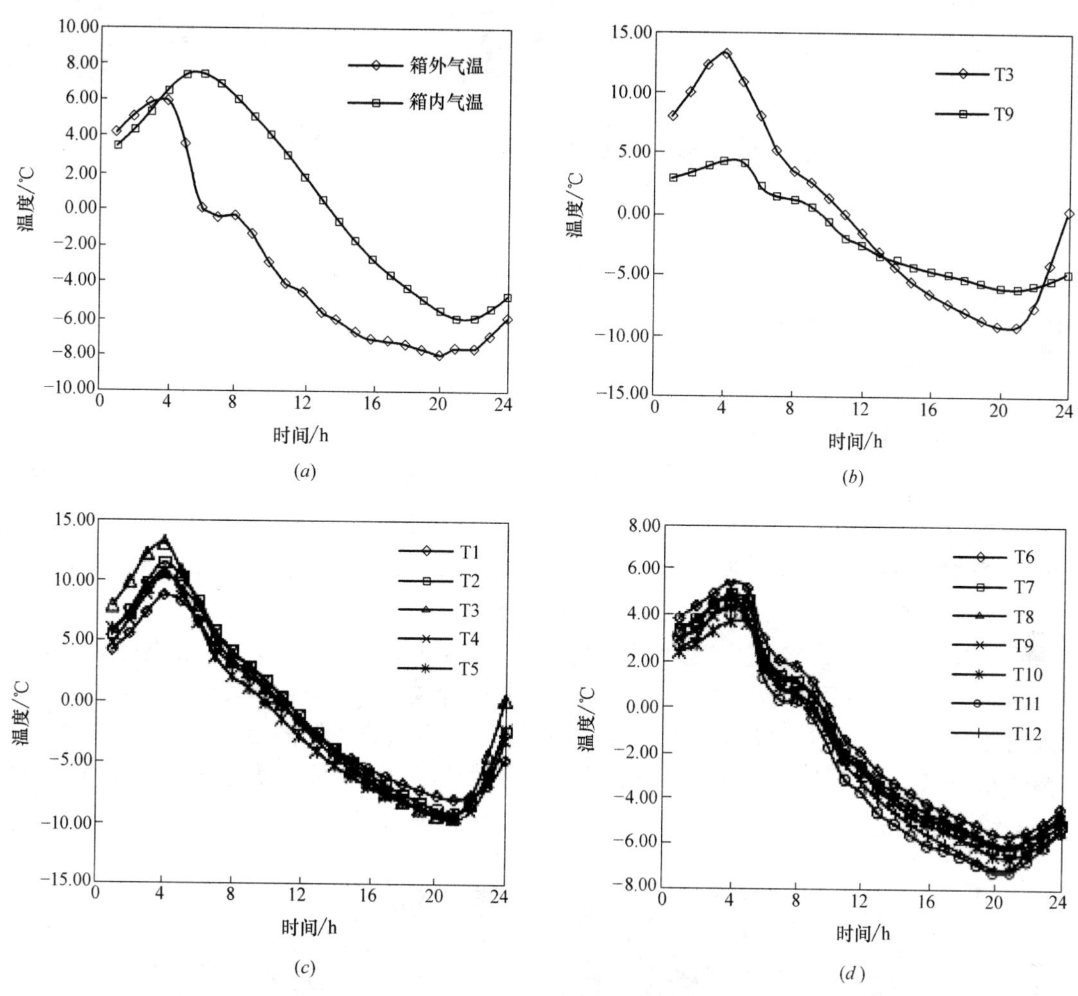

图 4.23　钢箱梁在降温过程中的温度变化

(*a*) 箱内外气温；(*b*) 顶底板温度；(*c*) 顶板各测点温度；(*d*) 底板各测点温度

参考文献

[1]　边广生，空间结构温度效应理论分析及试验研究 [D]. 东南大学硕士学位论文，2004.3.

[2]　项海帆，高等桥梁结构理论 [M]. 人民交通出版社（ISBN 7-114-03796-1），2001.4，117-122.

[3]　徐芝纶，弹性力学 [M]. 高等教育出版社，1978.

[4]　中华人民共和国国家标准《建筑结构荷载规范》GB 50009—2012，建设部 2012.5.28 发布，2012.10.1 实施.

[5]　British Standards Institution，Eurocode 1：Actions on structures-Part 1-5：General actions-Thermal actions，The European Standard EN 1991-1-5：2003，9-10.

[6]　王高新，丁幼亮，王晓晶等. 苏通大桥扁平钢箱梁温度场长期监测与统计分析 [J]. 公路交通科技，2014，31 (2) 69-73.

[7]　周广东，丁幼亮，李爱群等. 基于长期实测数据的大跨悬索桥扁平钢箱梁温差特性研究 [J]. 土木工程学报，2012，45 (5)：114-125.

第5章 风荷载的监测分析

5.1 风的作用与监测

5.1.1 风对桥梁的作用

在所有自然灾害中，风灾造成的损失最大。根据以往资料显示，全球每年平均生成台风80～100次，其中约有1/10在我国东南沿海登陆，造成了巨大的经济损失和人员伤亡。台风给人民生命财产造成严重损失，其中建筑结构的破坏是很重要的一个方面。随着桥梁向大跨、柔性方向发展，桥梁结构对风荷载的敏感性增强，风荷载通常成为大跨柔性桥梁结构设计的控制荷载。风荷载常造成桥梁结构的耐久性下降，局部构件损伤，甚至发生整体垮塌。

斜拉索由于其受力和几何方面的特点，极易受到风荷载的影响而发生显著的振动。在国内外的一些大桥发生的拉索振动其振幅有时达到相邻拉索碰撞的程度，观测到的最大振幅达0.5～1m[1,2]。图5.1所示为某斜拉桥拉索振动情况，这种振动对斜拉索本身及其两端的锚固系统造成较大的不利影响，大大降低了斜拉索系统的耐久性和桥梁的安全性。

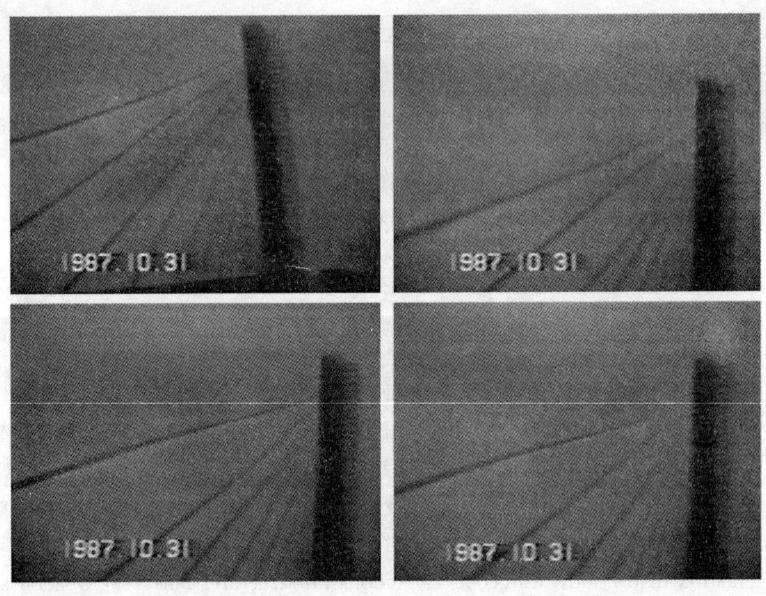

图5.1 斜拉索振动

风致垮塌的大型桥梁最著名的例子就是美国塔科马海峡大桥（Tacoma Narrows Bridge)。位于美国华盛顿州的塔科马海峡大桥，是一座主跨853m、全长1524m的悬索桥，于1940年7月1日通车，四个月后（1940年11月7日）被风摧毁，如图5.2所示。

当时的风速大约为 18.6m/s，频率 0.2 赫兹。大桥桥面发生了大幅度扭转振动。这种振动使风对桥的影响越来越大，最终桥梁结构像扭麻花一样彻底被摧毁。此后，大型桥梁的抗风性能引起了人们的高度重视。作为结构抗风设计基础的风特性研究也备受工程界关注。所有的大型桥梁，无论是整体还是局部，都必须通过严格的空气动力学分析和试验。

图 5.2　塔科马海峡大桥被风摧毁

风是空气从高气压处向低气压处流动形成的，具有明显的地域性和季节性特征。同一地区不同季节的风一般会有不同的强度和风向。一个地区每年强度最大的风对应的风向称为主导风向。风对结构的作用，不单单来自水平方向，还存在竖向作用，通常与水平方向的倾角大致在［$-10°$，$10°$］范围。水平风荷载对许多结构物常常起到较为重要的作用，有时甚至成为结构设计的主要控制荷载。对于大跨度屋盖和桥梁等结构，竖向风荷载对结构的影响也是十分显著的，在结构的抗风设计和安全监测、评价中需要进行考虑。通过长期观测获得一个地区的风速风向资料，对于掌握该地区的风荷载特性具有重要意义。

就风本身而言，按风速变化周期可分为长周期部分和短周期部分，分别称为平均风和脉动风。风对于桥梁结构的作用，一般由三部分组成：平均风作用、脉动风背景作用和脉动风诱发结构抖振而产生的惯性力作用。表 5.1 为风对桥梁的各类作用做的简要分类[3]。

风对桥梁的作用　　**表 5.1**

<table>
<tr><th>分类</th><th colspan="4">现　　象</th><th>作用机理</th></tr>
<tr><td rowspan="3">静力作用</td><td colspan="4">静风荷载引起的内力与变形</td><td>静风压产生的阻力、升力和扭转作用</td></tr>
<tr><td colspan="2" rowspan="2">静力失稳</td><td colspan="2">扭转发散</td><td>静扭转作用</td></tr>
<tr><td colspan="2">横向屈曲</td><td>静阻力作用</td></tr>
<tr><td rowspan="5">动力作用</td><td colspan="2">抖振</td><td colspan="2" rowspan="2">限幅振动</td><td>湍流风作用</td></tr>
<tr><td rowspan="4">自激振动</td><td>涡振</td><td>漩涡脱落引起的涡激励作用</td></tr>
<tr><td>驰振</td><td rowspan="2">单自由度</td><td rowspan="3">发散振动</td><td rowspan="2">自激力的气动负阻尼效应—阻尼振动</td></tr>
<tr><td>扭转颤振</td></tr>
<tr><td>古典耦合振动</td><td>二自由度</td><td>自激力的气动刚度驱动</td></tr>
</table>

5.1.2　风的监测

对台风特性现场实测是研究台风特性的基础工作，是获取台风资料的基本手段，也是最为可靠的研究基础。随着测量技术和数据采集手段的不断更新，使得对风速的测试更为准确，由二维的风观测发展为三维风特性测量。如今在大型桥梁的监测系统设计中，风的监测是重要的荷载监测内容。尤其是对于悬索桥和斜拉桥等风敏感结构，对风的监测尤为重要。风的测点部位宜选择在桥面两侧、塔顶、拱顶等，特殊情况下宜结合风场空间相关性适当增加测点数量。风特性监测的主要设备是风速仪，监测系统常用的风速仪主要有螺旋桨风速仪和超声风速仪等。这些不同的仪器由于传感原理的限制，有不同的准确度和精度，所记录风特性也有一定差别。

1. 超声风速仪

超声测风是超声波检测技术在气体介质中的一种应用，它是利用超声波在空气中传播速度受空气流动（风）的影响来测量风速的。与常规的风杯或旋翼式风速仪相比这种测量方法的最大特点在于整个测风系统没有任何机械转动部件，属于无惯性测量，故能准确测出自然风中阵风脉动的高频成分。结合现代计算机技术，可在更高层次上揭示自然风的特性。但是在雨、雪和冰雹的天气过程中，由于雨、雪或冰雹可能引起超声信号的传送受阻，从而出现无效数据。

（1）YOUNG81000 超声风速仪

YOUNG81000 型超声风速仪是一种三维、无移动部件的新型测风传感器，测量的数据可以通过模拟电压输出进入数据采集系统，也可以通过 RS-232 或 RS-485 直接输入计算机，可以满足不同场合的要求。YOUNG81000 超声风速仪如图 5.3 所示，它的主要配置参数如表 5.2 所列。

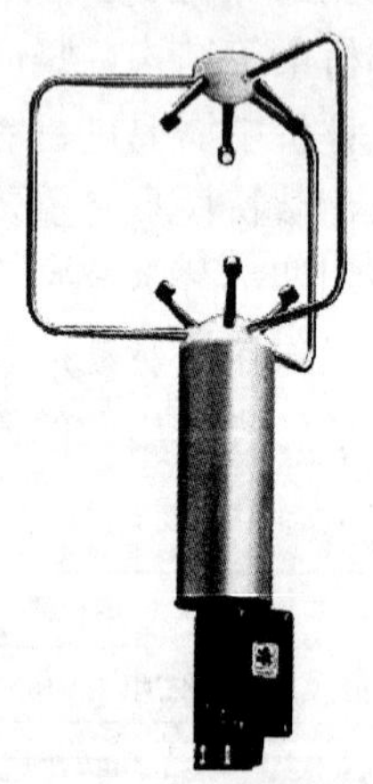

图 5.3　YOUNG81000 三维超声风速仪

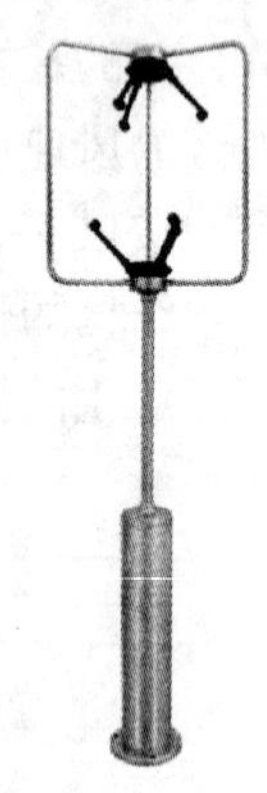

图 5.4　Gill WindMaster Pro 三维超声风速仪

（2）Gill WindMaster Pro 超声风速仪

Gill WindMaster pro 型超声风速仪是由英国 Gill 公司生产的。它的原理和 YOUNG81000 型超声风速仪相同，在雨雪天气过程中会产生无效数据，所以在数据处理时要给予关注。Gill WindMaster pro 型超声风速仪外观如图 5.4 所示，主要参数配置如表 5.2 所列。

2. 螺旋桨风速仪

螺旋桨式风速仪由若干片桨叶按一定角度等间隔地装置在一铅直面内组成，叶片旋转平面始终对准风的来向。其工作原理是对准气流的叶片系统受到风压的作用，产生一定的扭力矩使叶片系统旋转。螺旋桨风速仪由于受到螺旋桨扇叶机械惯性的影响，它的分辨率和测量精度都不如超声风速仪。但是螺旋桨风速仪具有经济、稳定的特点，特别适用于暴雨过程中的测量。如图 5.5 所示为 YOUNG05106 螺旋桨风速仪，主要参数配置如表 5.2 所列。

图 5.5 YOUNG05106 螺旋桨风速仪

风速仪的选型要根据所在地区的气候特点、桥梁的设计基准风速和极值风速确定。风速仪的安装位置，一般选在不同高度的开阔处，如跨中桥面开阔处和索桥塔顶等。把风吹来的方向确定为风的方向，当用角度表示风向时，定义北风（N）：0°，东风（E）：90 度，南风（S）：180 度，西风（W）：270 度。安装时通过指南针等校准风向基准。对于二维风速仪，一般记录了风速值的大小和风向角。

风速仪主要技术指标 **表 5.2**

项目	参数	主要技术指标		
		YOUNG 81000	Wind Master Pro	YOUNG 05106
风速	量程	0 ～40m/s	0 ～ 65m/s	0 ～ 100m/s
	分辨率	0.1m/s	0.01m/s	0.1m/s
	精度	±1%rms±0.05m/s (0～30m/s) ±3%rms (30～40m/s)	<1.5% RMS @12 m/s	±0.3m/s 或 1%
	启动风速(阈值)	0 .01m/s		
风向	量程	0.0°～359.9°	0 ～ 359°	0～360°
	仰角范围	±60°		
	分辨率	0.1°	0.1°	
	精度	±2° (1～30m/s) ±3° (30～40m/s)	±2°@12m/s	±3°

5.2 风速风向分析

5.2.1 平均风与脉动风

在风的顺风向时程曲线中，瞬时风速可以分解为两部分。一部分为长周期部分，周期一般在 10min 以上，工程上定义为平均风。平均风是在给定时间间隔内，风力大小、方向等不随时间而改变的量。另一部分为短周期部分，周期仅在几秒左右，定义为脉动风。脉动风随时间随机变化，要用随机振动理论来处理。由于平均风的周期远远大于一般结构的自振周期，通常被看作是对结构物的静力作用，而脉动风对结构物的作用完全是动力的。在实际工程应用中，常将风荷载看作静力风（平均风）与动力风的共同作用。平均风速是风的一个重要统计特征，对确定风力大小具有决定性的意义。

平均风速的数值与平均时距（即求平均风速的时间间隔）的取值有关。一般地，对于风速记录取平均时距为10分钟至1小时范围内较为稳定，也较少受到起始点选择的影响。我国规范规定以10分钟为取值标准。海岸工程设计中，除需要常规观测的最大平均风速（10分钟或2分钟平均）外，还需要其他时距的平均最大风速。

但迄今为止，有关不同时距平均风速的换算关系，国内外尚未有统一规定，对这些换算系数的取值也不一致。如东部石油公司提供的英国规范取10分钟与3秒、1分钟及1小时平均风速的比值分别为1/1.26，1/1.11和1.06。据我国南海横澜岛的资料，以上相应的比值分别为1/1.39，1/1.09和1.06 [4] 。

风速是个矢量，实测的瞬时风速记录都包括风速的大小和方向。因此有关风速风向的计算分析严格意义上都应是矢量分析。给定时距内平均风与脉动风的矢量关系如图5.6所示。

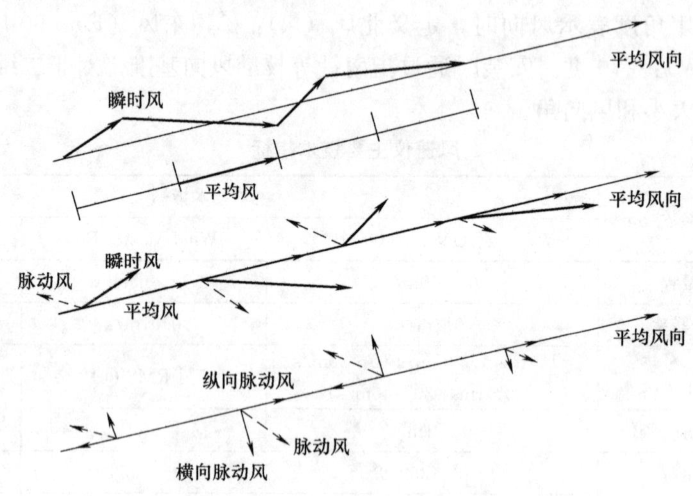

图5.6　给定时距内平均风与脉动风矢量关系

对于二维风速仪，实测的瞬时风速记录有两个时间序列，即水平风速 $\widetilde{u}$ 及风向角 θ。可通过下列过程计算指定时距的平均风速风向和纵向、横向脉动风风速。

把每一时刻记录的风速分解到正交坐标轴上（x 轴对应0°风向角）：

$$\left.\begin{aligned} u_{\mathrm{x}}(i)&=\widetilde{u}(i)\cos\theta(i) \\ u_{\mathrm{y}}(i)&=\widetilde{u}(i)\sin\theta(i) \end{aligned}\right\} \quad (i=1,2\cdots N) \tag{5.1}$$

计算指定时距（如10min）内 N 个采样数据在正交轴x轴与y轴上分量的平均值：

$$\left.\begin{aligned} \bar{u}_{\mathrm{x}}&=\frac{1}{N}\sum_{i=1}^{N}u_{\mathrm{x}}(i) \\ \bar{u}_{\mathrm{y}}&=\frac{1}{N}\sum_{i=1}^{N}u_{\mathrm{y}}(i) \end{aligned}\right\} \tag{5.2}$$

于是得到该时距内的水平平均风速大小和风向角

$$\left.\begin{aligned} U &= \sqrt{\bar{u}_x^2 + \bar{u}_y^2} \\ \Phi &= \arctan(\bar{u}_y / \bar{u}_x) \end{aligned}\right\} \tag{5.3}$$

基于该时距内的平均风速大小和风向角，可以确定纵向脉动风速与横向脉动风速如下：

$$\left.\begin{aligned} u(i) &= u_x(i)\cos\Phi + u_y(i)\sin\Phi - U \\ v(i) &= -u_x(i)\sin\Phi + u_y(i)\cos\Phi \end{aligned}\right\} \tag{5.4}$$

图 5.7 所示为 10min 实测风速样本，图 5.8 为根据上述方法计算的脉动风速。

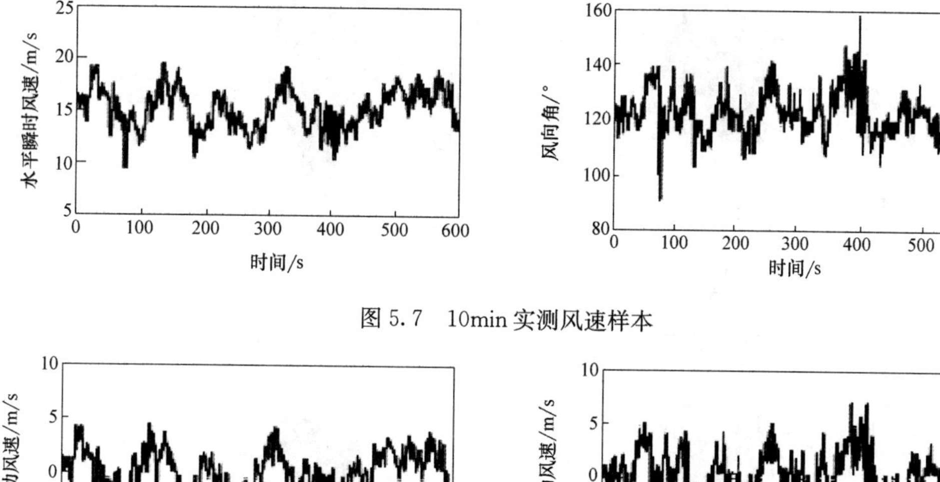

图 5.7 10min 实测风速样本

图 5.8 根据实测样本计算的脉动风速

5.2.2 风速风向分布

实际自然风由风速大小及方向共同决定，同一点不同方向的风速通常不均匀。就大跨度桥梁而言，风在沿桥跨方向和垂直桥跨方向上的湍流强度、湍流积分尺度和功率谱密度等差别很大，因而通过对风的监测来研究桥址区的风速风向分布是十分必要的。

以往桥梁抗风设计中，在极值风速确定时通常未计入风向的影响，这一是由于各桥址区风环境数据收集的完整性仍存在问题；二则是认为不同风向的风速之间的相关性很小。文献［5］根据厦门地区 1959～2008 年间最大风速资料，经过统计分析，分别对考虑风向和不考虑风向情况下的极值风速进行了估计。首先，两者之间在数值上差别很大，20 年重现期考虑风向的极值风速为 21.67m/s，而不考虑风向的极值风速为 29.74m/s。其次，考虑风向的极值风速，在不同方向上差异显著。20 年重现期东北向极值风速 21.67m/s，西南向为 9.58m/s；100 年重现期东北向极值风速 28.62m/s，西南向为 12.07m/s。

桥梁的长期健康监测系统为桥梁抗风设计和评价提供了丰富的观测资料，资料的不断积累为今后的详尽分析奠定了基础。文献［6］基于苏通大桥结构健康监测系统对桥址区风速风向联合分布进行了研究。采用连续4年的风速监测数据，推算了4个部位10年、100年重现期的极值风速。结果表明，考虑风向影响的极值风速总体上比不考虑风向影响时的结果要小，考虑风向影响和不考虑时的极值风速预测值均比规范的设计基本风速值小。

同一地区风速风向具有季节性特征，图5.9所示为胶州湾大桥塔顶记录的2012年不同月份的水平风速矢量散点图。可见不同季节风速风向分布具有显著差异。

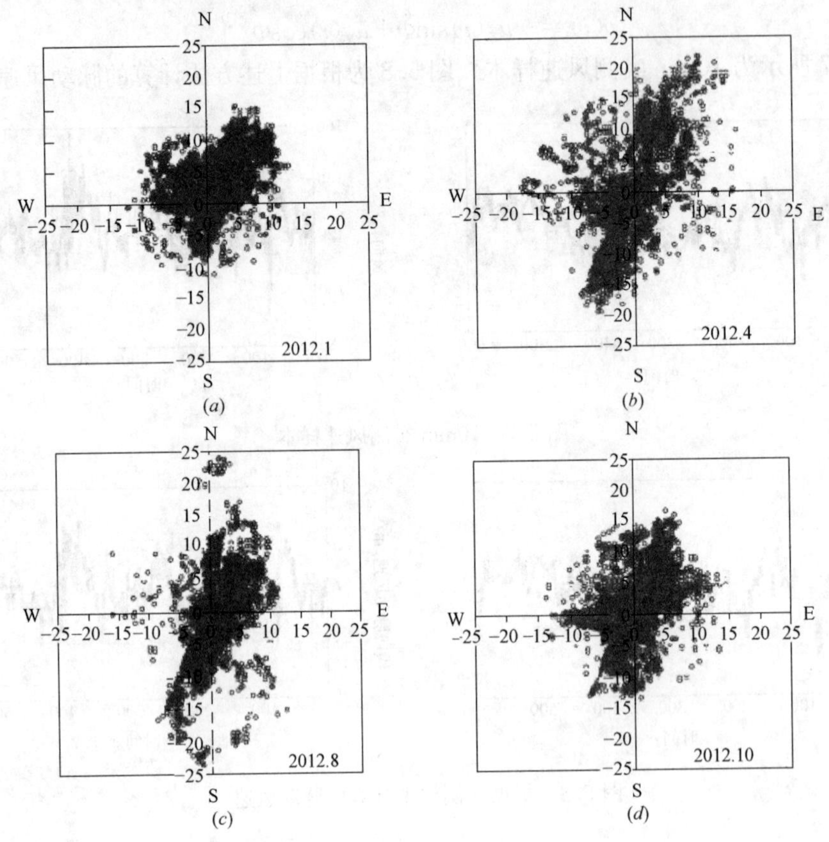

图5.9　胶州湾平均风矢量散点图

2012年有两次台风影响胶州湾，分别是8月3日的“达维”和8月28日的“布拉万”。两次台风虽未对大桥产生正面袭击，但都有显著影响。图5.10和图5.11所示为两

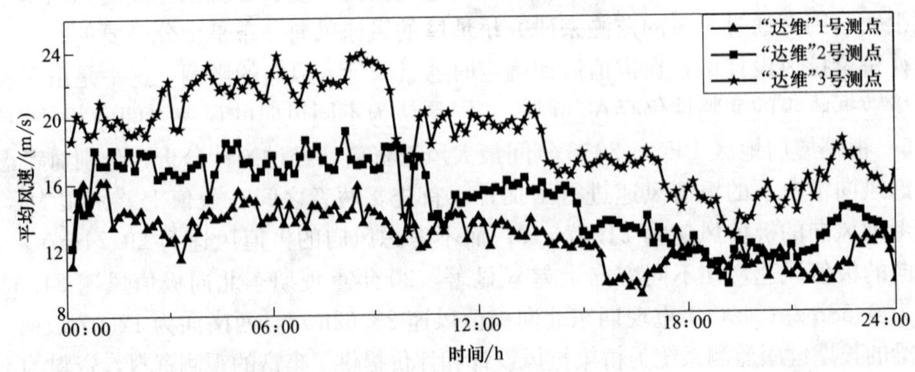

图5.10　8月3日“达维”台风期间三测点平均风速

次台风期间胶州湾大桥三个测点的平均风速 24h 时程。其中 1 号测点高出海面约 50m，2 号测点高出海面约 54m，1、2 号测点水平距离约 15km，三号测点为塔顶，高出海面约 158m。反映了台风在整个桥址空间的水平和高度分布的大致情况。

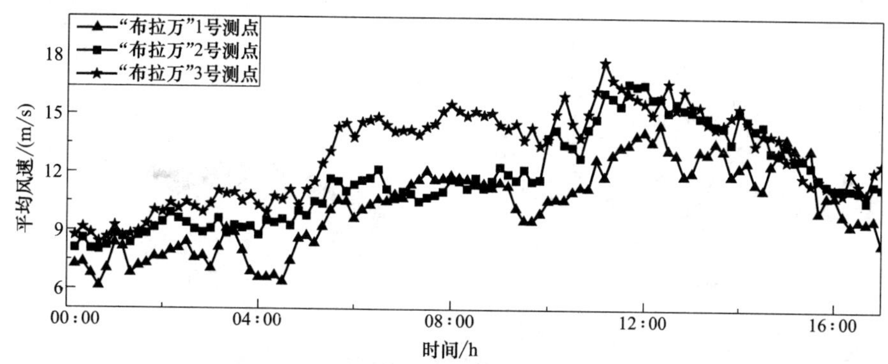

图 5.11 8 月 28 日"布拉万"台风期间三测点平均风速

5.3 基于监测的台风脉动特性分析

脉动风特性通常由湍流度、阵风系数、湍流积分尺度、功率谱密度等进行描述。下面结合胶州湾大桥监测系统 2012 年记录的两次台风期间的数据分别给予简要介绍。

5.3.1 湍流度

1. 湍流度

湍流是流体的一种流动状态。当流速很小时，流体分层流动，互不混合，称为层流，也称为稳流或片流。逐渐增加流速，流体的流线开始出现波浪状的摆动，摆动的频率及振幅随流速的增加而增加，此种流况称为过渡流。当流速增加到很大时，流线不再清楚可辨，流场中有许多小漩涡，层流被破坏，相邻流层间不但有滑动，还有混合。这时的流体作不规则运动，有垂直于流管轴线方向的分速度产生，这种运动称为湍流，又称为乱流、扰流或紊流。脉动风实际是三维风湍流，即包括顺风向、横风向和垂直向。一般横风向和垂直向的湍流数值较小。

湍流度表示风速在时间和空间上变化的剧烈程度，反映了风的脉动强度。按照我国规范，湍流度定义为 10min 时距内脉动风速均方根与平均风速的比值，即

$$I_i=\frac{\sigma_i}{U} \qquad (i=u, v, w) \tag{5.5}$$

σ_i $(i=u, v, w)$ 分别表示纵向、横向、竖向脉动风速 10min 时距内的均方根值。对于一般只测量水平风速的情况，没有竖向分量。

2. 实测台风的湍流度

根据 2012 年两次台风"达维"和"布拉万"期间胶州湾大桥三个风速测点的风速记录，计算了两次实测台风的湍流度。图 5.12 和图 5.13 所示分别为根据三号测点的风速记录计算的顺风向和横风向湍流度随时间的变化和与平均风速的关系。两次台风其顺风向和横风向湍流度量值关系明显不同。两次台风的湍流度与平均风速的相关性都不明显。

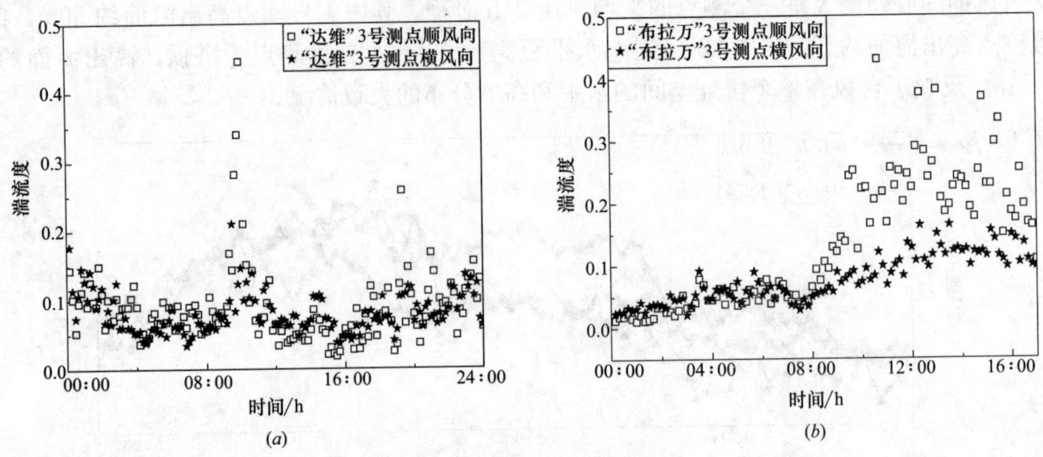

图 5.12 湍流度随时间变化

(a) 台风“达维”；(b) 台风“布拉万”

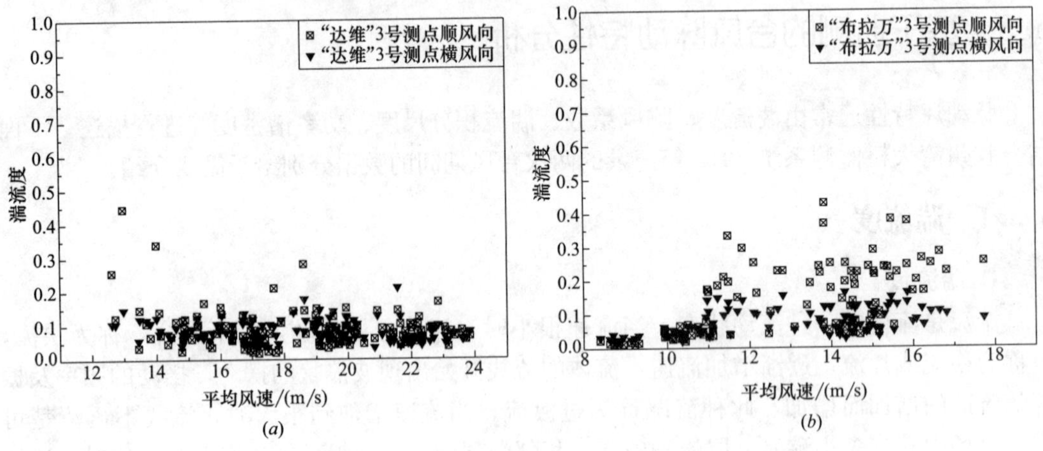

图 5.13 湍流度与平均风速的关系

(a) 台风“达维”；(b) 台风“布拉万”

5.3.2 阵风系数

1. 阵风系数

阵风系数又叫阵风因子，也是描述脉动风强度的量。阵风系数是考虑到瞬时风较平均风大而乘的系数，定义为阵风持续时间 t_g（结构风工程中一般取阵风持续时间为 3s）内最大平均风速与分析时距（如 10min）的水平平均风速 U 之比。一般地，湍流强度越大，阵风系数也越大，阵风持续时间越长，阵风系数越小。

$$\left.\begin{aligned} G_{\mathrm{u}}(t_{\mathrm{g}}) &= 1+\frac{\max(\overline{u}(t_{\mathrm{g}}))}{U} \\ G_{\mathrm{v}}(t_{\mathrm{g}}) &= \frac{\max(\overline{v}(t_{\mathrm{g}}))}{U} \end{aligned}\right\} \tag{5.6}$$

$\overline{u}$（t_g）和 $\overline{v}$（t_g）分别表示纵风向和横风向在时间 t_g内平均风速，U 为 10min 时距的

平均风速。

阵风系数与湍流度之间的关系一直是结构风工程学科关心的问题，根据 Ishizaki[7] 和 Choi[8] 分别给出的经验公式，顺风向阵风系数与湍流度的关系可归纳为下式[9]：

$$G_u(t_g)=1+k_1 I_u^{k_2}\ln\frac{T}{t_g} \tag{5.7}$$

其中，T 为平均风时距，一般取 10min 或 1h；k_1，k_2 为常数，Ishizaki 分别以 10min 和 1h 为平均时距，建议 $k_1=0.5$，$k_2=1.0$；Choi 以 1h 为平均时距，建议 $k_1=0.62$，$k_2=1.27$。

2. 实测台风的阵风系数

取阵风时距 3s，基于胶州湾大桥的监测数据计算了台风“达维”和“布拉万”阵风系数如图 5.14 所示。阵风系数随平均风速的变化情况如图 5.15 所示，总体上阵风系数受平均风速的影响不大。顺风向阵风系数均值在 1.2 左右，而横风向阵风系数大约在 0.2 左右。阵风系数与湍流度的关系如图 5.16 和图 5.17 所示，显著地反映了湍流强度越大，阵风系数也越大的基本特征。

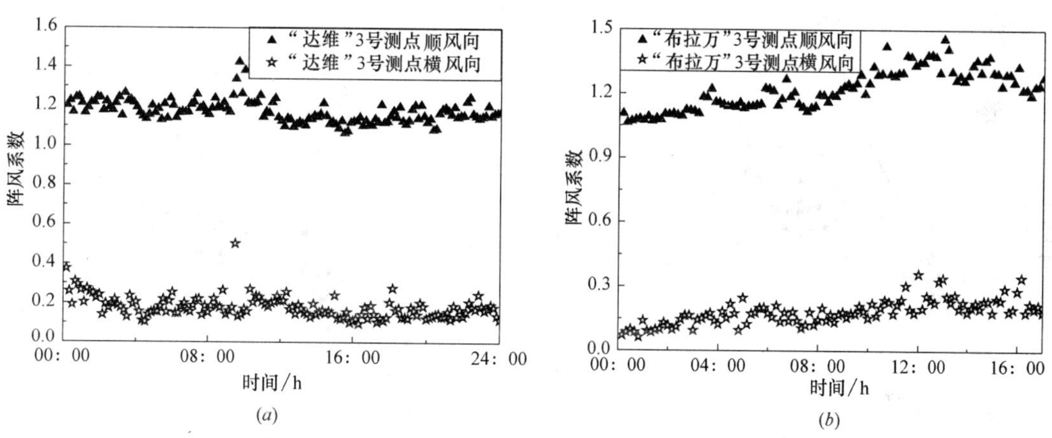

图 5.14 阵风系数随时间演变

(a) 台风“达维”；(b) 台风“布拉万”

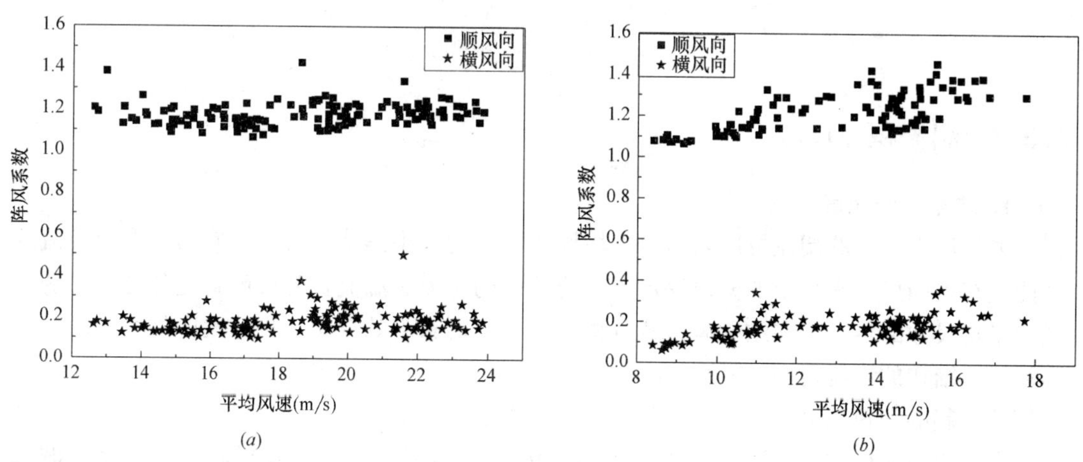

图 5.15 阵风系数与平均风速关系

(a) 台风“达维”；(b) 台风“布拉万”

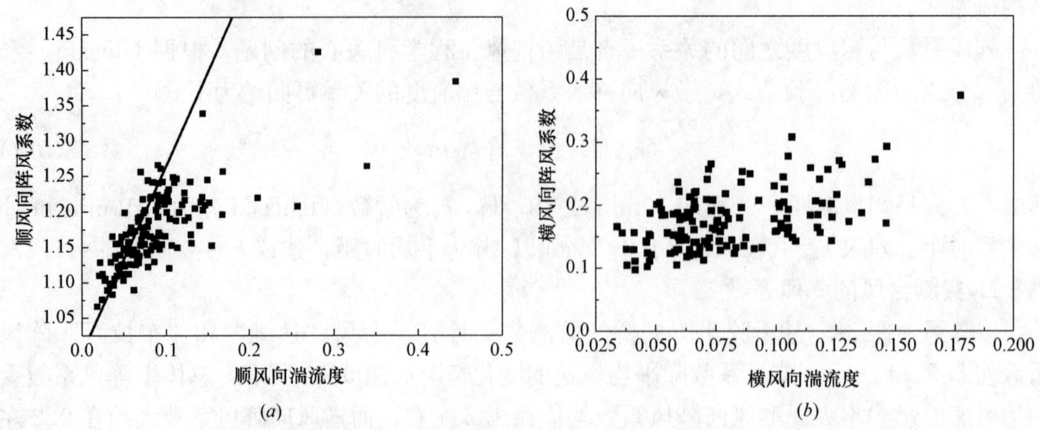

图 5.16　台风“达维”阵风系数与湍流度关系

(a) 顺风向；(b) 横风向

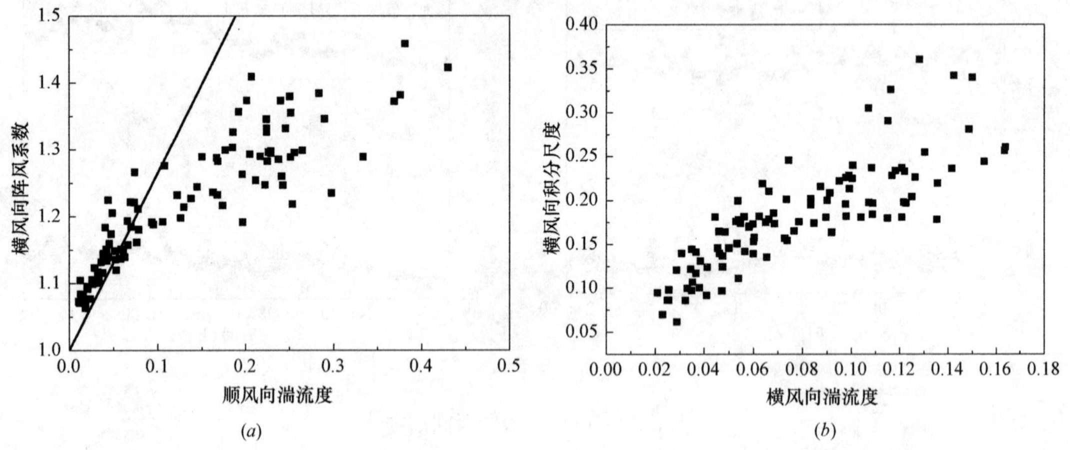

图 5.17　台风“布拉万”阵风系数与湍流度关系

(a) 顺风向；(b) 横风向

5.3.3　湍流积分尺度

1. 湍流积分尺度

大气边界层中的湍流可以认为由平均风所输运的大小涡旋组成，涡旋的尺度及湍流脉动能量在不同尺度水平上的分布决定了湍流的结构特征。湍流积分尺度就是脉动风中湍流涡旋平均尺寸的量度，在结构风荷载分析中具有不可忽略的意义。积分尺度的大小决定了脉动风对结构的影响范围，例如，如果脉动涡旋大到将某一结构包含在内，则脉动风在各个部位引起的动荷载会叠加，反之，随机动荷载可能相互抵消。

大气边界层中的湍流涡旋可被视为频率为 n 的周期脉动，与波相似定义涡旋的波长 $\lambda=U/n$，其中 U 为平均风速，那么这个波长就是涡旋大小的尺度。对应于与纵向、横向和垂直方向脉动速度分量 u，v 和 w 有关的三个方向，一共有九个湍流积分尺度，例如

L_u^x，L_u^y 和 L_u^z 等。

分别量度与纵向脉动速度有关的涡旋在纵向、横向和垂直方向的平均尺寸。以 L_u^x 为例，在数学上可以定义为：

$$L_u^x = \frac{1}{\sigma_u^2}\int_0^{\infty} R_{12}(x)\mathrm{d}x \tag{5.8}$$

式中：$R_{12}(x)$ 为两个不同空间位置上纵向脉动速度 $u_1=u$（x_1，y_1，z_1，t）和 $u_2=u$（x_1+x，y_1，z_1，t）的互协方差函数，其中 t 为时间；σ_u^2 为脉动速度 u 的方差；$R_{12}(0)=\sigma_u^2$。同样的定义也适用于其他积分尺度。

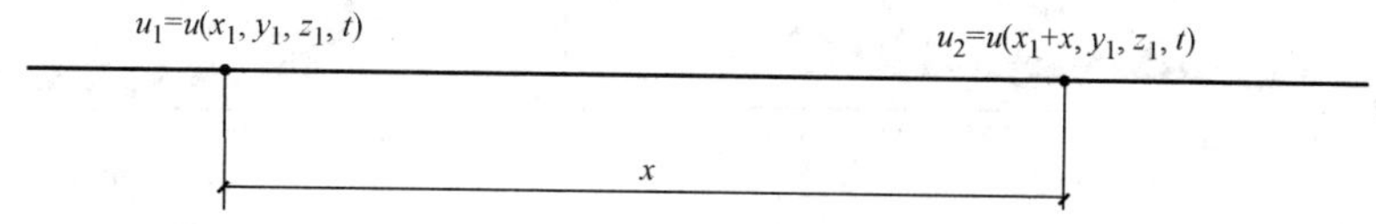

图 5.18　积分尺度示意图

由于湍流积分尺度是与湍流空间相关性关联的参数，分析方法需要在空间上实现多点同时测量（如图 5.18 所示），然后根据式（5.8）得到湍流积分尺度。然而，空间多点同时测量往往较难实现。

2. Taylor 假设

如果湍流涡旋以平均风速 U 迁移，则脉动速度 u（x_1，$t+\tau$）可以定义为 $u(x_1-x, t)$，$x=Ut$，这就是 Taylor 假设（如图 5.19 所示）。根据 Taylor 假设，L_u^x 可改写为：

$$L_u^x = \frac{U}{\sigma_u^2}\int_0^{\infty} R_u(\tau)\mathrm{d}\tau \tag{5.9}$$

式中：$R_u(\tau)$ 为脉动风速 u（x_1，$t+\tau$）的自相关函数，$R_u(0)=\sigma_u^2$。同理可求 L_v^x 和 L_w^x。

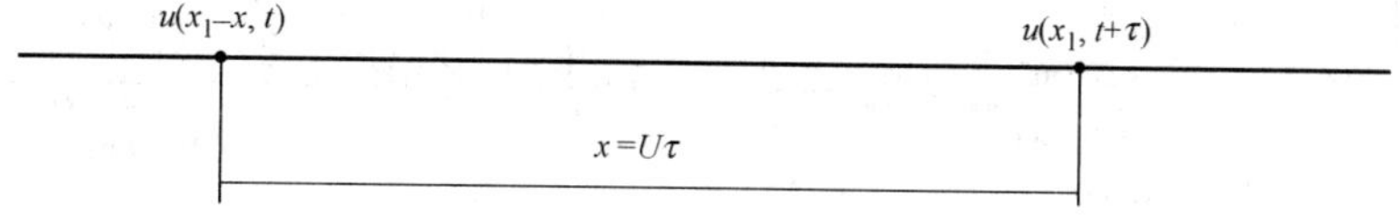

图 5.19　Taylor 假设示意图

常用的计算方法有

（1）Taylor 假设自相关函数积分法：

$$L_i^x = \frac{U}{\sigma_i^2}\int_0^{\infty} R_i(\tau)\mathrm{d}\tau (i=u,v,w) \tag{5.10}$$

R_i（τ）为脉动风的自相关函数。

（2）由 Karman 谱直接根据下式求出，该方法要求脉动风速符合 Karman 谱。

$$L_i^x = US_i(0)/(4\sigma_i^2)(i=u,v,w) \tag{5.11}$$

S_i（0）为脉动风谱在 $f=0$ 处的值；σ_i^2 为动风的方差。

3. 实测台风积分尺度分析

这里采用 Taylor 假设自相关函数法，基于胶州湾大桥的监测数据，以 10min 为基本时距计算了台风“达维”和“布拉万”的纵向（顺风向）、横向脉动风速的湍流积分尺度，如图 5.20 所示。从图中可以看出顺风向、横风向湍流积分尺度的变换范围都很大。其概率分布如图 5.21 所示。

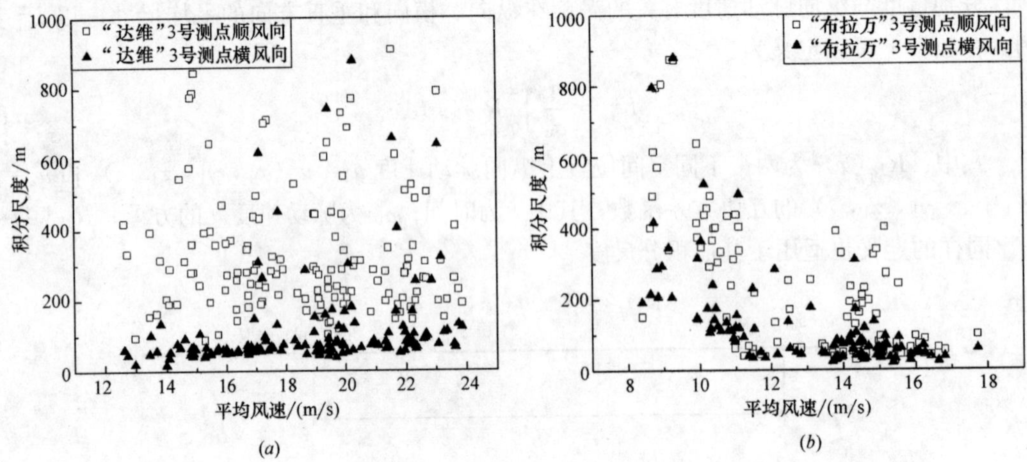

图 5.20　积分尺度与平均风速关系

(*a*) 台风“达维”；(*b*) 台风“布拉万”

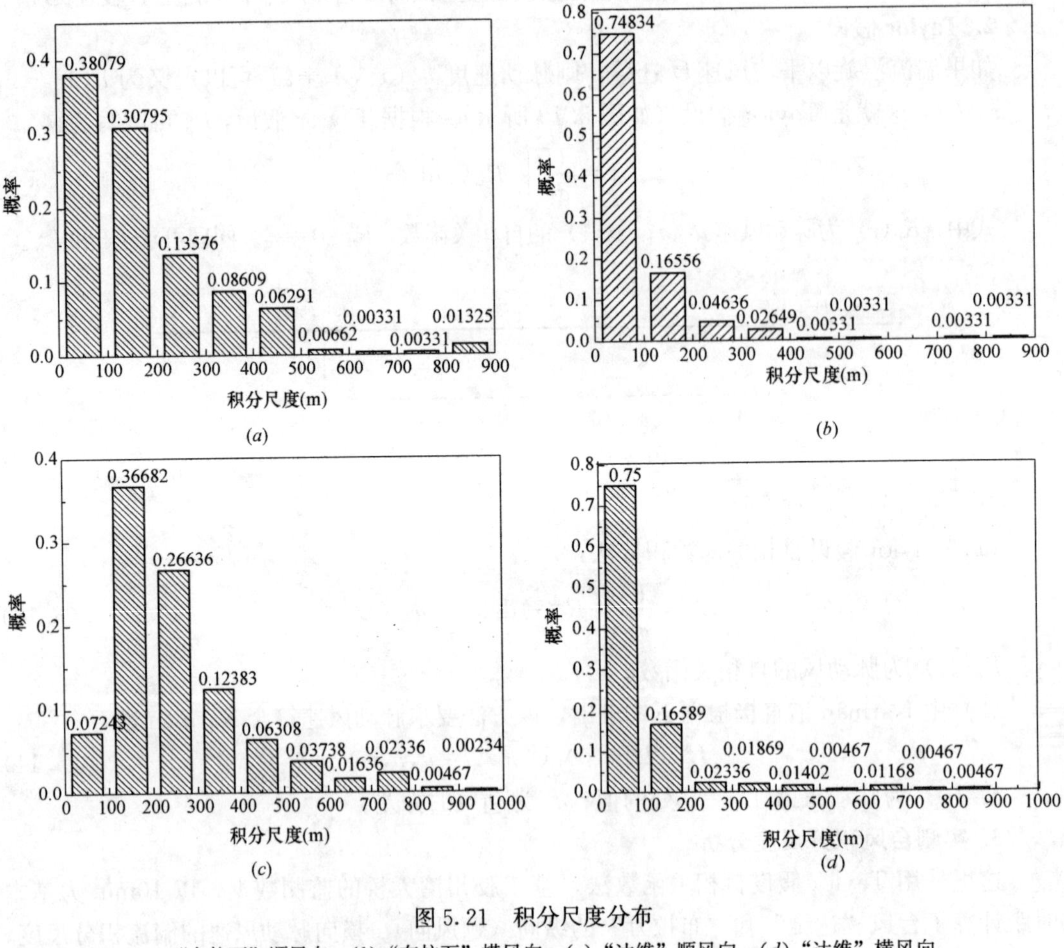

(*a*)　(*b*)

(*c*)　(*d*)

图 5.21　积分尺度分布

(*a*)“布拉万”顺风向；(*b*)“布拉万”横风向；(*c*)“达维”顺风向；(*d*)“达维”横风向

5.3.4 功率谱密度

脉动风功率谱密度用来描述湍流中不同尺度涡的动能对湍流脉动动能的贡献，它在频率上的分布代表了湍流动能在不同尺度上的能量分布比例。脉动风速谱分为顺风向、横风向和竖向的风速谱。在桥梁风致振动分析中，常略去水平横向风速的影响。基于 Kolmogorov 理论，国内外学者提出了多个不同形式的脉动风速谱模型。

1. 纵向风速谱模型

纵向风速谱模型 $S(n,z)$ 可以用统一形式表示为：

$$\frac{nS(n,z)}{u_*^2}=\frac{Af^{\gamma}}{(1+Bf^{\alpha})^{\beta}} \tag{5.12}$$

式中，n 表示脉动风频率，u_* 表示摩擦速度；f 称为相似律坐标或莫宁坐标；A 和 B 是两个常数；α，β，γ 分别表示谱的幂指数，且满足 $\gamma-\alpha\beta=-2/3$。

(1) Von karman 谱

1948 年美国空气动力学家 Von karman 根据湍流的各向同性假定提出的水平脉动风速功率谱，称为 Von karman 谱：

$$\frac{nS(z,n)}{u_*^2}=\frac{4\beta f}{(1+70.8f^2)^{5/6}} \tag{5.13}$$

其中 $f=\frac{nL_u^x}{U}$，L_u^x 为顺风向积分尺度，U 为平均风速，β 为摩擦速度的系数，u_*^2 为摩擦速度，$\sigma^2=\beta u_*^2$，σ^2 为脉动风速方差。Von karman 谱适用于离地高度 150m 以上的大气湍流和风动气流中的湍流特性。当用于离地高度 150m 以下时，需要修正[10]。

(2) Davenport 谱

1961 年，加拿大著名风工程专家 Davenport 根据世界上不同地点、不同高度测得的 90 多次强风记录，认为水平脉动风速功率谱中，湍流尺度沿高度不变，提出 Davenport 谱：

$$\frac{nS(n)}{u_*^2}=\frac{4f^2}{(1+f^2)^{4/3}} \tag{5.14}$$

式中 $f=\frac{1200n}{U(10)}$，$u_*^2=KU(10)$，$U(10)$ 表示 $z=10$m 高处的平均风速，K 是与地貌有关的常系数。Davenport 谱是离地 10m 高度处的纵向脉动风速谱，没有反应大气运动中风速谱随高度的变化。Davenport 谱是目前国际上使用得最多的水平脉动风谱，我国相关规范采用该风速谱。此外，Davenport 谱还假设湍流积分尺度是一个常数，因此，过高估计了高频带谱值[10]。

(3) Harris 谱

1970 年，英国学者 Harris 对 Davenport 谱进行了改进，提出了 Harris 谱：

$$\frac{nS(n)}{u_*^2}=\frac{4f}{(2+f^2)^{5/6}} \tag{5.15}$$

式中 $f=\frac{1800n}{U(10)}$，Harris 谱仍是离地 10m 高度处的纵向湍流功率谱，没有考虑湍流功率谱随高度的变化。

（4）Simiu 谱

1974 年，美国学者 Simiu 提出了与高度有关的脉动风速功率谱，即 Simiu 谱：

$$\frac{nS(z,n)}{u_*^2}=\frac{200f}{(1+50f)^{5/3}} \tag{5.16}$$

式中 $f=\frac{nz}{U(z)}$，$U(z)$ 表示 z 高度的平均风速。

2. 横向和竖向风速谱模型

与纵向脉动风速谱相似，横向和竖向脉动风速谱也有多种形式。

1948 年，Von-Karman 基于各向同性湍流理论，提出了用于横向、竖向脉动风速的 Von-Karman 谱表达式为[10-12]：

$$\frac{nS_{\mathrm{v}}(n)}{\sigma_{\mathrm{v}}^2}=\frac{4f(1+755f^2)}{(1+283f^2)^{11/6}} \tag{5.17}$$

式中：$f=\frac{nL_{\mathrm{v}}^{\mathrm{x}}}{U}$，$\sigma_{\mathrm{v}}^2$ 脉动风方差；

$$\frac{nS_{\mathrm{w}}(n)}{\sigma_{\mathrm{w}}^2}=\frac{4f(1+755f^2)}{(1+283f^2)^{11/6}} \tag{5.18}$$

式中：$f=\frac{nL_{\mathrm{w}}^{\mathrm{x}}}{U}$，$\sigma_{\mathrm{w}}^2$ 脉动风方差。

1959 年，Panofsky 等人提出了随高度变化的竖向脉动风速谱，即 Panofsky 谱：

$$\frac{nS(z,n)}{u_*^2}=\frac{6f}{(1+4f)^2} \tag{5.19}$$

式中 $f=\frac{nz}{U(z)}$，1964 年，Lumley 和 Panofsky 又对原 Panofsky 谱进行了修正，提出了新的竖向脉动风速谱，即 Lumley-Panofsky 谱：

$$\frac{nS(z,n)}{u_*^2}=\frac{3.36f}{1+10f^{5/3}} \tag{5.20}$$

3. 实测台风风速谱分析

尽管脉动风速谱的形式多种多样，但适合于某一特定地区地理环境的风速谱并不一定就可以用这些已有的谱来表示，因此根据某一地区的实测风速数据研究出一条适合该地区的脉动风速谱有着非常重要的意义。

对于工程应用，估算风速谱所采用的记录的长度应等于在典型风暴中强风的持续时间，一般假设为 1h。选择数据的标准为风速、风向平稳且风速较大。依然采用胶州湾大桥的监测数据，采用间接法计算了台风“达维”和“布拉万”脉动风功率谱。图 5.22 和图 5.23 所示分别为两次台风的实测功率谱和经验谱的对比，可见，实测谱与已有的经验谱还是存在较大的差异。为此，采用各风速谱模型对实测风速谱进行拟合分析，拟合结果如图 5.24 和图 5.25 所示，拟合得到的风速谱模型更好地符合了本地实测风谱特征。

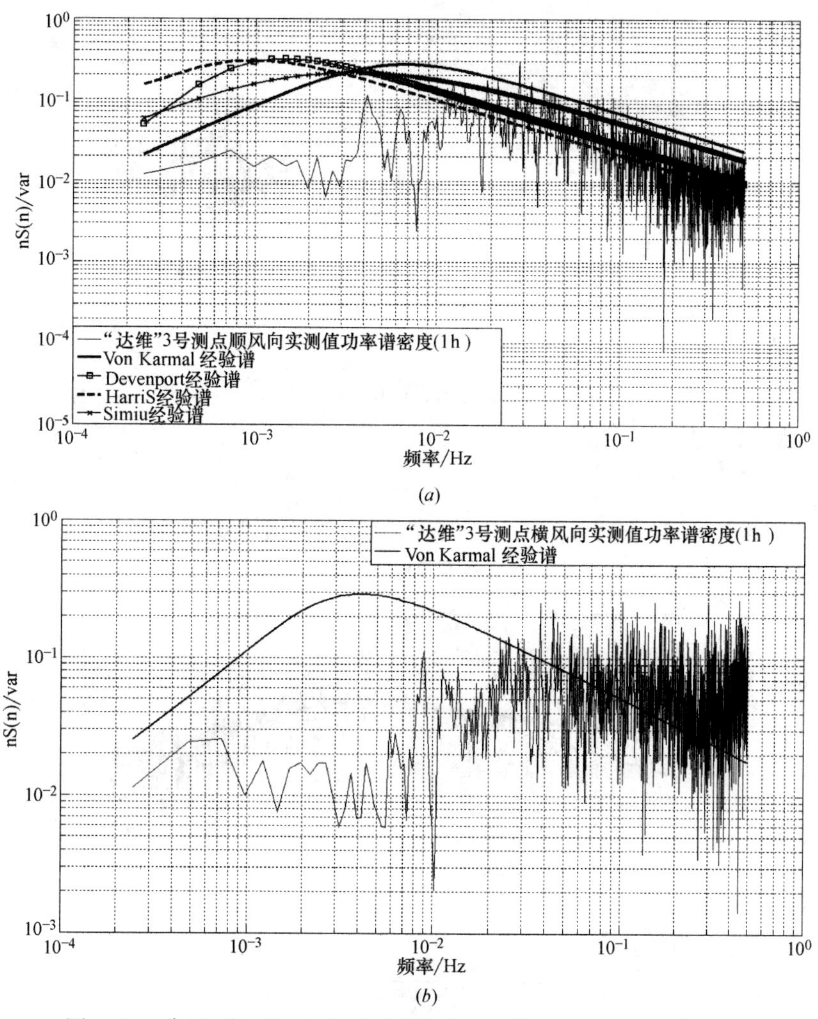

图 5.22　台风"达维"3 号测点实测脉动风速功率谱和经验谱的对比

(a) 顺风向功率谱；(b) 横风向功率谱

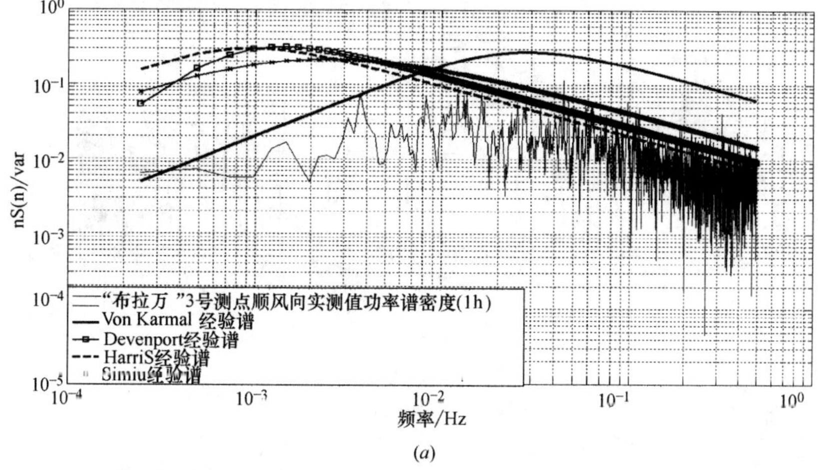

图 5.23　台风"布拉万"实测脉动风速功率谱和经验谱的对比

(a) 顺风向功率谱

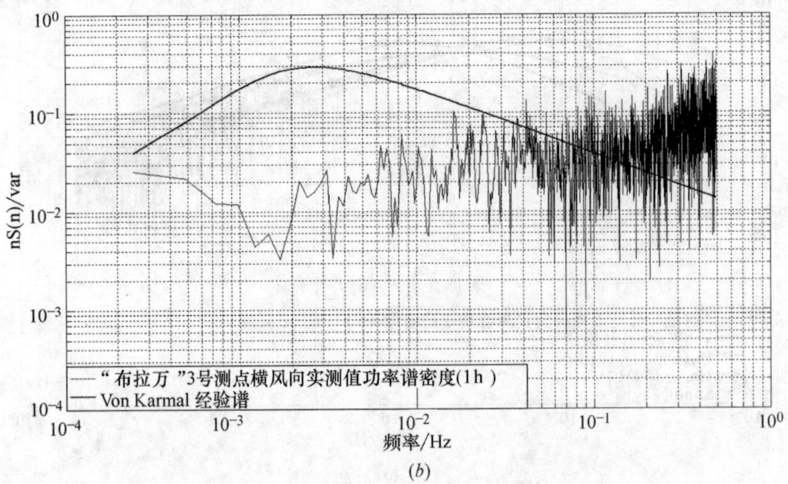

图5.23 台风"布拉万"实测脉动风速功率谱和经验谱的对比（续）

（b）横风向功率谱

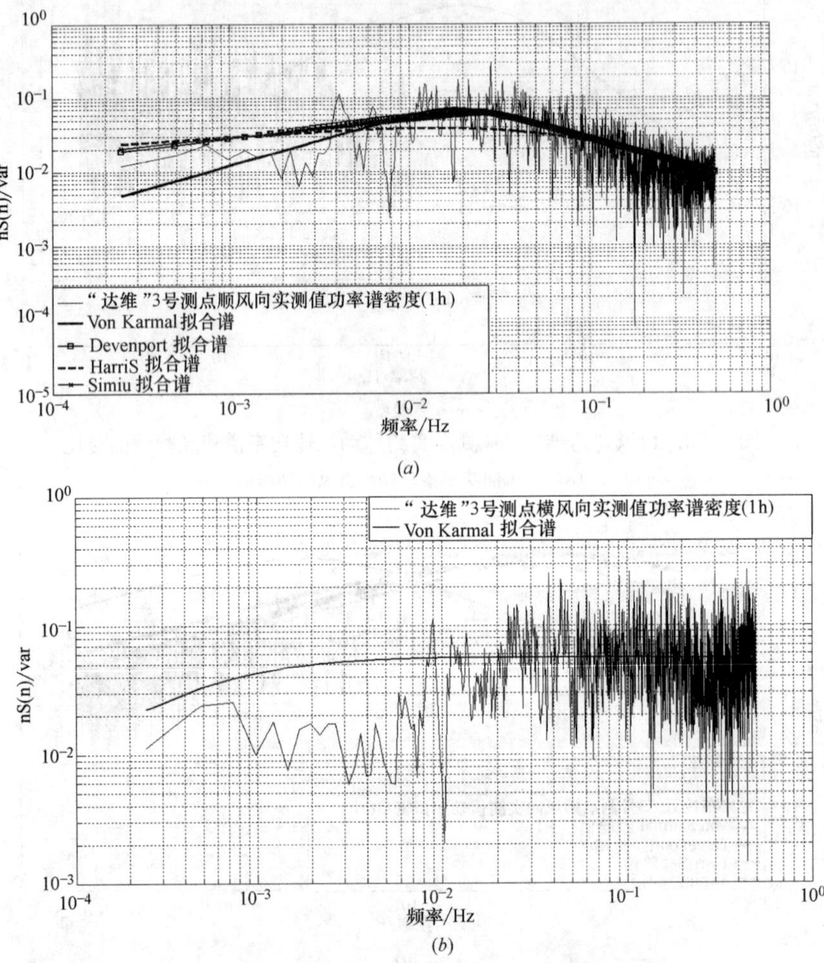

图5.24 台风"达维"实测脉动风速功率谱的曲线拟合

（a）顺风向功率谱拟合；（b）横风向功率谱拟合

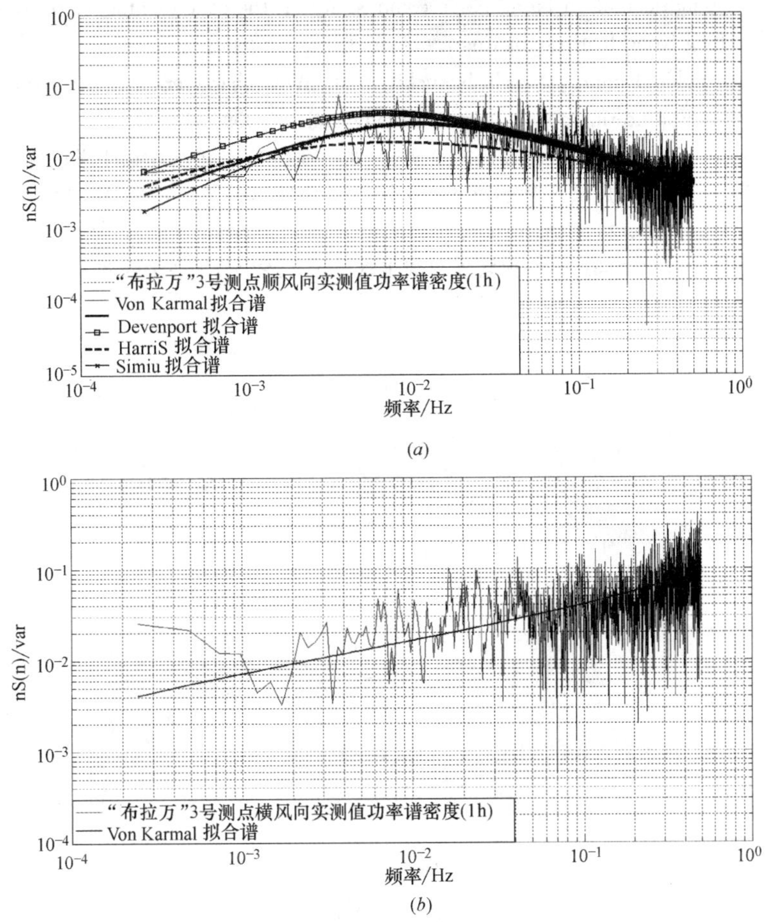

图 5.25　台风“布拉万”实测脉动风速功率谱的曲线拟合

（a）顺风向功率谱拟合；（b）横风向功率谱拟合

参考文献

[1] Hikami Y，Shiraish N. Rain-wind induced vibration of cables in cable stayed bridges [J]. Journal of Wind Engineering and Industrial Aerodynamics. 1988，29：409-418.

[2] 顾明，刘善军，罗国强，林志兴，项海帆. 斜拉桥拉索的风（雨）激动及控制 [J]. 上海力学，1998，19 (4) ：281-287.

[3] 邵旭东，胡建华，桥梁设计百问，人民交通出版社 [M]，2005，p. 36.

[4] 赵永平，张必成等，不同时距平均风速换算关系的研究，海岸工程，1988，7 (3)：62-66.

[5] 雷鹰，李涛，张建国，江永强，厦门地区极值风速预测 [C]. 第十四届全国结构风工程学术会议论文集（上册）2009，63-68.

[6] 王浩，王龙花，樊星辰，陶天友，宗周红，基于健康监测的苏通大桥风速风向联合分布研究 [J]. 桥梁建设，2013，43 (5)：55-61.

[7] Ishizaki H. Wind profiles，turbulence intensities and gust factors for design in typhoon-prone regions [J]. Journal of Wind Engineering and Industrial Aerodynamics. 1983，13：55.

[8] Choi E C C. Wind loading in Hong Kong-commentary on the code of practice on windeffects Hong Kong [R]. Hong Kong Institute of Engnieers. 1983.

[9] Cao Shuyang，Yukio Tamura，Naoshi Kikuchi，et al. Wind characteristics of a strong typhoon [J]. Journal of Wind Engineering and Industrial Aerodynamics. 2009，97：11.

[10] 李孝利，基于近地观测的台风脉动风速谱研究 [D]. 哈尔滨工业大学硕士学位论文，2008. 6.

[11] 苏成，何淘，几种常见风谱模型的对比研究 [C]. 全国结构计算理论与工程应用会议学术论文集，同济大学，2003，260-264.

[12] 孙建超，土木工程相关的近地台风特性观测研究 [D]. 哈尔滨工业大学硕士学位论文，2006.

第 6 章　混凝土结构耐久性监测

6.1　腐蚀原理

混凝土结构出现过早破坏现象，日益引起人们对混凝土耐久性问题的关注。在最近的二三十年里，无论是学术界还是工程界都进行了大量的理论研究和实践探索。对影响混凝土耐久性的主要因素有了较为完整的认识，主要包括钢筋腐蚀、混凝土碳化、碱骨料反应、冻融循环等，其中以钢筋腐蚀最为严重。为了提高钢筋混凝土结构的耐久性，以往采用的主要方法有通过改进混凝土配方，采用阴极保护技术和表面保护措施等来阻止或减缓如水分，空气，氯离子等有害物质的侵入。近年来，随着我国沿海地区大规模结构工程项目的建设，对混凝土结构的耐久性问题给予了越来越高的重视，在一些新建的大型项目上，都进行了专门的耐久性研究和设计。

在诸多影响混凝土结构耐久性因素中，以钢筋腐蚀最为严重。金属的腐蚀是金属表面与周围介质发生化学变化及电化学作用而遭到破坏的过程，钢筋的腐蚀主要是电化学腐蚀。正常情况下，处于混凝土高碱性环境里的钢筋表面会形成致密的钝态膜，从而对钢筋起到保护作用，其腐蚀速率非常低。钢筋锈蚀的发生需要三个条件（1）钢筋表面存在电位差，形成阳极和阴极；（2）钝化膜破坏，处于不稳定状态；（3）钢筋表面有电化学反应和离子扩散所需的水和氧气。

由于混凝土的碱性或氯离子浓度分布不均匀、钢筋在加工过程中导致的内部应力不均匀、钢筋中碳元素和其他合金元素分布不均匀等因素，都会导致钢筋各个部位的电位不同，从而在钢筋上形成阳极和阴极。当结构被氯离子侵入后，由于氯离子半径小活性大，极具穿透能力和吸附能力，钢筋的表面钝性就要遭到破坏而脱钝。钢筋脱钝后，钢筋表面又存在腐蚀反应所需的氧和水，钢筋的锈蚀就开始了。钢筋锈蚀电化学反应过程如图 6.1 所示，其中包括四个主要过程：

阳极反应过程：钝化膜遭破坏形成的阳极区，铁原子变为阳离子，同时释放两个电子 $Fe \rightarrow Fe^{2+}+2e$；

电子传输过程：阳极区释放的电子通过钢筋向阴极区传输；

阴极反应过程：阴极区附近混凝土空隙中的水和氧气吸收阳极区传来的电子，发生还原反应，生成氢氧根 $H_2O+1/2O_2+2e \rightarrow 2(HO)^-$；

锈蚀产物生成过程：阳极区生成的铁离子向周围水溶液扩散，与阴极区生成的氢氧根反应，生成氢氧化亚铁 $Fc^{2+}+2(HO)^- \rightarrow Fc(HO)_2$，然后再进一步氧化，生成氢氧化铁。氢氧化铁脱水后，变成疏松多孔的三氧化二铁堆积在阳极区表面。在氧气不足的情况下，氢氧化亚铁也会因为氧化不完全而形成四氧化三铁。

钢筋锈蚀，使钢筋有效截面减小，混凝土与钢筋的握裹力削弱，结构承载力下降。同时，钢筋腐蚀生锈后体积膨胀，发展到一定程度后，使混凝土开裂，进而导致混凝土保护层剥落，结构失效。混凝土耐久性下降，强度退化可分为如图6.2所示的几个阶段。混凝土耐久性问题直接关系结构的使用寿命，进行混凝土腐蚀过程的实际监测是评价混凝土结构使用寿命和积累第一手研究资料最直接和可靠的手段。

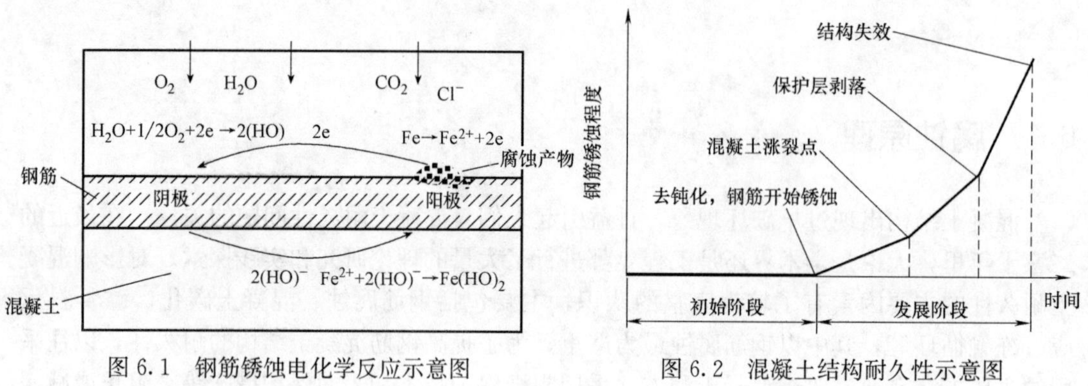

图6.1　钢筋锈蚀电化学反应示意图　　　图6.2　混凝土结构耐久性示意图

6.2　耐久性监测技术

钢筋腐蚀检测方法很多，电化学检测方法是目前最为常用的方法。电化学检测方法通过测量混凝土保护层不同深度的线性极化电阻、断路电压、电阻率、氯离子浓度等来推算腐蚀深度和腐蚀速率。20世纪80年代末，基于电化学检测方法，欧洲开始研发大型结构的腐蚀监测技术[1]。通过腐蚀传感器可持续在线监测混凝土中早期的腐蚀信息，从而对混凝土的耐久性做出预测。这样，一方面可以预判混凝土结构是否满足寿命要求，另一方面也可以在钢筋腐蚀之前采取有效的预防措施，相比在钢筋腐蚀后再采取防腐措施，更经济更可靠。从20世纪90年代开始，腐蚀监测系统在世界各国陆续投入工程应用。近年来，我国在一些大型桥梁等结构中开始应用混凝土耐久性监测技术[2]。目前较常用的主要有基于半电池电位法和线性极化法的监测技术。

6.2.1　半电池电位法

钢筋腐蚀时在钢筋表面形成阳极区和阴极区，在这些具有不同电位的区域之间，阳极和阴极通过混凝土的导电作用形成腐蚀原电池。钢筋作为电极，而混凝土作为电解质，其内部将产生电流。钢筋表面层上某一点的电位可以通过和参比电极（铜/硫酸铜或其他参比电极）的电位作比较来确定。实际的做法是用导线把钢筋和一只高阻抗电压表连通，再把表的另外一端和参比电极连通。电表上的读数将和所测位置处的钢筋电位有关。在结构上采集大量数值后，就可以找出钢筋的阳极区和阴极区，从而确定钢筋上的腐蚀位置[3]。

半电池电位法是应用最早、最广泛的钢筋腐蚀测定方法，它既简单、经济又易于操作。在国外的应用始于20世纪50年代，我国60年代初首先将其应用于海港码头钢筋混凝土上部结构腐蚀破坏调查。目前，较成熟的用于在线监测的基于半电池电位法的混凝土腐蚀传感器主要有德国SensorTech公司的阳极梯系统。目前该腐蚀监测系统大体分为预埋式和后装式两类。

1. 预埋式梯形阳极

如果在混凝土结构保护层厚度内的不同深度埋入多个脱钝传感器，就可以根据不同深度脱钝传感器获得的脱钝信息，建立这一发展过程的数学模型。从而可以推定钢筋脱钝的时间，并对结构耐久性做出科学判断，为采取及时有效地防护措施，保证和延长结构的预期使用寿命提供科学依据。德国 SensorTech 公司研制的梯形阳极混凝土结构腐蚀监测传感系统（Anoden-Leiter-Sysetem，图 6.3）就是预埋式腐蚀监测系统代表性技术之一。

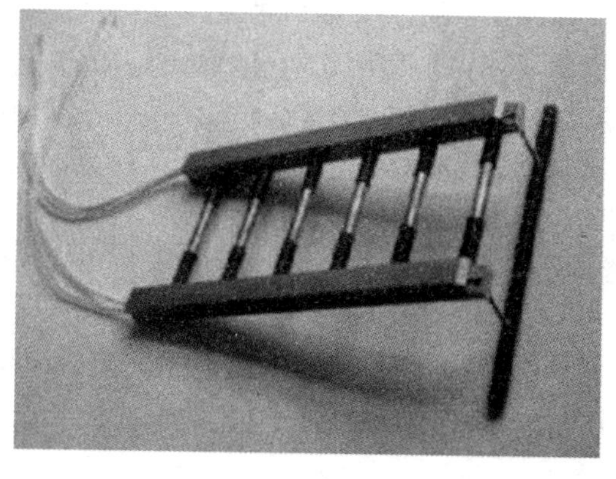

(a)

(b)

图 6.3 预埋式阳极梯系统

(a) 传感器；(b) 现场安装

(1) 预埋式梯形阳极系统由以下几个部分组成

1) 阳极梯（Anode Ladder，AL）

由 6 个直径为 10mm、长度为 50mm 的阳极棒组成，将这些阳极棒用 U 型不锈钢棒固定形成阳极梯。每根阳极棒的两端由导线引出，可通过短路测量来检查导线的连接是否正常。为了避免阳极棒两端的裂缝腐蚀，在其两端套上热收缩管。电缆集中到侧杆里，将侧杆用透明的环氧树脂填充，以防腐蚀。其中一个侧杆内装有一个 PT1000 温度传感器。每个阳极梯共有 3 股电缆，即 2×LiTCT6×0.24mm^2（来自阳极棒）和 1×LiTCT2×0.24mm^2（来自 PT 1000）。

2) 钢筋连接件（Connection to Reinforcement，CR）

钢筋连接件为一根黑色不锈钢棒，通过焊接或钢丝连接到钢筋上，用于测量钢筋的腐蚀情况。钢筋连接件两端也由导线引出，电缆的型号为：LiTCT2×0.24mm^2，电缆通过焊接连接到连接件，接点区域用热收缩管保护以防裂缝腐蚀。

3) 阴极棒（Cathode Bar，C）

为一根直径 8mm、长 40cm 的镀铂钛棒，两端由导线引出，电缆的型号及其连接同钢筋连接件。

4) 接线盒（Terminal Box，TBox）

接线盒体积较小，以确保其能穿越钢筋。其典型尺寸为 120mm×80mm×55mm。接线盒的材料为 ABS 塑料或镀铝，以保证接线盒不被周围的碱性离子或氯离子腐蚀。应确保接线盒在埋置到混凝土之后，盒子的覆盖层能正常开启和关闭。

5）温度传感器（PT1000）

采用稳定性良好的PT1000热电耦型传感器。传感器两端由导线引出，电缆的型号及其连接同钢筋连接件。

6）湿度传感器（可选）

每套阳极梯选配湿度传感器，选用SENSIRON SHT75，为RS232信号输出。传感器两端由导线引出，电缆的型号及其连接同钢筋连接件。

（2）阳极梯的安装要点（参见图6.4）

1）阳极梯须倾斜地安装于监测部位的混凝土保护层中，通过一端的不锈钢支架可以调节和固定阳极梯的角度和位置，从而使各阳极棒分别处于混凝土保护层的不同深度。使独立阳极棒A1（最上端的）上表面离被监测混凝土外表面10～15mm，离主筋30～60mm。各阳极棒与混凝土表面保持不同的距离；

2）在阳极梯内外侧固定湿度传感器，根据现场情况，可使用直径6mm钢筋固定湿度传感器；

3）使用塑料扎带固定支架钢棒，并使用绝缘条保证钢棒与固定钢筋之间的绝缘；

4）阳极梯固定后，检查阳极梯的主体与钢筋网之间是否完全绝缘，并检查是否固定牢固，必要时增加塑料扎带加固；

5）在阳极梯附近钢筋的内侧固定阳极钢筋棒（CR），并保证阳极钢筋棒与钢筋网紧密接触，可以通过焊接或金属丝绑扎的方式固定；

6）阳极梯终端接线盒可采用焊接或者绑扎的方式，将其固定在钢筋上面。接线盒的面盖处于混凝土外表面（贴紧模板）。阳极梯线缆沿主筋或箍筋布置并使用扎带固定。

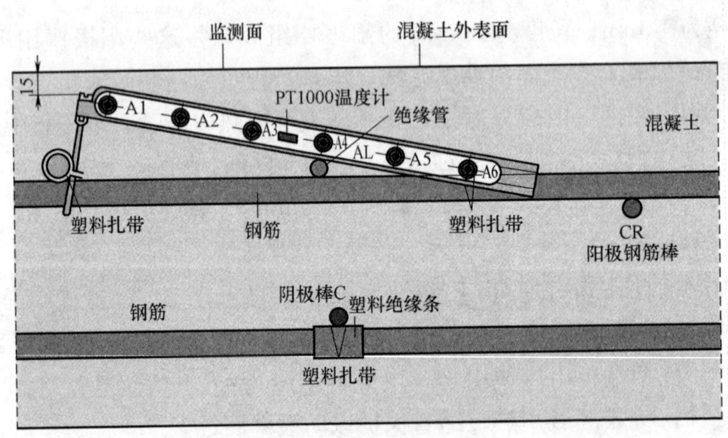

图6.4 阳极梯的安装

（3）通过阳极梯系统可得到的测量参数如下：

1）6个阳极棒、钢筋连接件和阴极棒之间的电压（共7个数据）；

2）6个阳极棒、钢筋连接件和阴极棒之间连接5s后的电流（共7个数据）；

3）两个相邻阳极之间（A1-A2，A2-A3，…A5-A6）的混凝土的交流电阻；

4）阳极A6和钢筋连接件之间的混凝土的交流电阻；

5）PT1000 温度传感器的温度；

6）大气相对湿度（可选）；

7）氯离子浓度（可选）。

2. 后埋式环形阳极

针对既有结构，德国 SensorTech 公司还研发了后装式腐蚀监测系统-环形阳极系统（Expansion-Ring-System，ER 环）（图 6.5）。

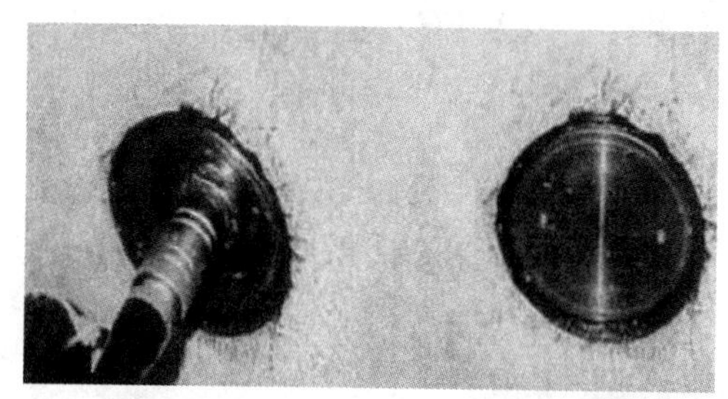

图 6.5 后埋式环形阳极系统

该系统由阳极环和阴极棒组成，通过在结构上钻孔安装就位，并在埋点的两侧各埋一个湿度传感器，其中一个深埋，一个浅埋。该仪器可测试不同深度的腐蚀状况，通过检测阳极与阴极宏电流的阶跃来判定氯离子锋面发展深度，从而达到预测钢筋脱钝时间的目的。该仪器数据采集设备和阳极梯相同。

ER 环的安装要点

1）选择合适的处于腐蚀环境中的混凝土表面，要求混凝土表面不能在水下环境；

2）在相应混凝土表面钻孔，钻孔必须与混凝土表面正交，因此需要使用固定于混凝土的钻机。第一个钻孔直径为 56mm，深度为 110mm；第二个钻孔直径为 16mm，深度为 50mm。阳极与阴极间的距离应为 5～20cm。为了避免阴极棒与混凝土之间有电学接触，阴极需选择放置在无钢筋处；

3）将环形电极和相应的阴极棒放入钻孔内；

4）将环形电极旋转直至进入混凝土的合适深度；

5）将保护帽安装于环形电极表面。

6.2.2 线性极化法

根据金属腐蚀动力学，当钢筋电位偏离自腐蚀电位时，钢筋附近会发生阳极极化或者阴极极化。线性极化法是首先测量混凝土内钢筋的极化电阻，然后由 Stern-Geary 公式[4]计算其腐蚀速度的电化学测试方法。由于钢筋腐蚀电流是由钢筋得失电子造成的，通过腐蚀电流可以计算出一定时间内钢筋失去电子的数量，进而推算钢筋的腐蚀深度和腐蚀速度[5]。该方法可以直接获得混凝土内钢筋的腐蚀速度，但是线性极化方法测试速度比半电池电位方法慢，每测一个数据一般需要几分钟的等待时间。

目前，较常见的基于线性极化法的混凝土腐蚀传感器主要有美国 VTI 公司的 ECI-1 埋入式腐蚀监测仪（图 6.6）。它能够长期监测钢筋腐蚀的一些重要参数，包括线性极化电阻（LPR）、开路电位（OCP）、电阻率、氯离子浓度和温度。每一只 ECI-1 就是一个数字终端，它连接在局部区域埋设的监测网络上。监测系统与混凝土外部的数据采集器之间的数据通信采用 SDI-12 工业标准协议。储存在数据采集器中的数据既可以在现场直接下载到便携式电脑中，也可以通过远程无线通信传输。ECI-1 内部的单片机通过数-模和模-数转换器调节和依次控制每个传感器进行测量并采集数据，单片机还承担了腐蚀测量所有必需的计算。ECI-1 监测仪要在混凝土浇筑之前安装（见图 6.7）。由于 ECI-1 监测仪把五种传感器集成在一个坚固小盒内，在混凝土浇筑过程中，整个系统很容易安装和放置在建筑物的任何部位。放置 ECI-1 监测仪时使其电极面朝上，并与顶端的钢筋持平。这样的定位放置确保了 ECI-1 的传感电极与将要监测的钢筋处在同样的环境和腐蚀条件下。

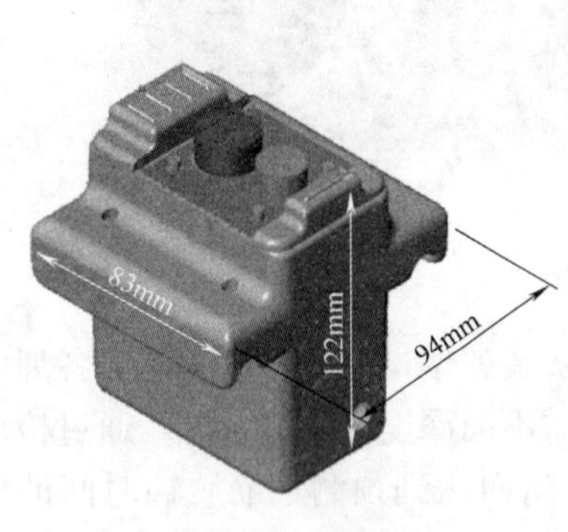

图 6.6　ECI-1 埋入式腐蚀监测系统

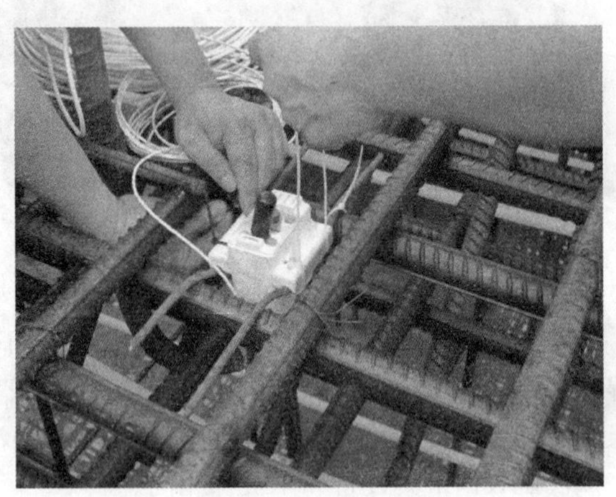

图 6.7　ECI-1 系统的安装

ECI-1 腐蚀仪安装要点：

1）ECI-1 系统应选择安装在混凝土的关键部位和容易腐蚀的地方；

2）ECI-1 安装在支撑钢筋上，支撑钢筋对监测仪器起到保护作用。同时这种安装方法还把 ECI-1 的工作电极固定在钢筋相适应的高度上；

3）所有的电缆要通过公用导线管进入数据采集器的机箱；

4）在混凝土浇筑前宜采用覆盖方式保护 ECI-1 电极系统，在浇筑时再取掉覆盖物；

5）安装过程中应避免接触和污染电极。为了防止混凝土施工的机械损伤，安装ECI-1 时应该有醒目的标志。

通过 ECI-1 腐蚀监测系统得到的测量参数有：阻抗、开路电位、腐蚀电流、线性偏振电阻和温度。

6.2.3　腐蚀评价准则

腐蚀监测系统的数据采集可以有两种方式。第一种是实时的在线监测采集，实现远程在线监测。第二种是随机采集，采用专用的数据采集仪或者万用电表都可以，采集的间隔可以是一年两三次或者更长一些。

根据监测数据对钢筋锈蚀状态的评价可参考现有标准综合考虑。美国《混凝土中钢筋的半电池电位试验标准》ANSI/ASTMC876-91 以及我国冶金部应用半电池电位法时混凝土中钢筋锈蚀状态判断标准如表 6.1 所列[6]。

混凝土中钢筋锈蚀状态判断标准 **表 6.1**

标准名称	电位/mV	判别标准
美国 ANSI/ASTMC876 标准	>−200	5%腐蚀概率
	−200～−350	50%腐蚀概率
	<−350	95%腐蚀概率
中国冶金部标准	>−200	不腐蚀
	−200～−400	可能腐蚀
	<−400	腐蚀

《建筑结构检测技术标准》GB/T 50344—2004[7]中，钢筋电位、锈蚀电流、混凝土电阻率与钢筋锈蚀状况、锈蚀速率和构件损伤出现年限的判别如表 6.2～表 6.4 所列。可见，其中钢筋电位与钢筋锈蚀状况判断标准同美国《混凝土中钢筋的半电池电位试验标准》ANSI/ASTMC 876-91 是一样的。

钢筋电位与钢筋锈蚀状况判断 GB/T 50344—2004[7] **表 6.2**

序号	钢筋电位状况(mV)	钢筋锈蚀状况判别
1	−350～−500	钢筋发生腐蚀的概率为 95%
2	−200～−350	钢筋发生腐蚀的概率为 50%，可能存在坑蚀现象
3	≥−200	无锈蚀活动性或锈蚀活动性不确定，腐蚀概率 5%

钢筋锈蚀电流与钢筋锈蚀速率和构件损伤年限判别 GB/T 50344—2004[7] **表 6.3**

序号	锈蚀电流 I_{corr}($\mu A/cm^2$)	锈蚀速率	保护层出现损伤年限
1	<0.2	钝化状态	—
2	0.2～0.5	低锈蚀速率	>15 年
3	0.5～1.0	中等锈蚀速率	10～15 年
4	1.0～10	高锈蚀速率	2～10 年
5	>10	极高锈蚀速率	不足 2 年

混凝土电阻率与钢筋锈蚀状态判别 GB/T 50344−2004[7] **表 6.4**

序号	混凝土电阻率(kΩcm)	钢筋锈蚀状态判别
1	>100	钢筋不会锈蚀
2	50～100	低锈蚀速率
3	10～50	钢筋活化时，可出现中高锈蚀速率
4	<10	电阻率不是锈蚀的控制因素

6.3 耐久性监测应用概况与实例

6.3.1 应用概况

自20世纪90年代开始，耐久性监测技术陆续在世界各地的实际工程中得到应用。应用的工程类型包括海洋腐蚀环境中的码头、隧道、桥梁等重要基础设施。规模较大的有丹麦的大贝尔特连接工程（Buildings of the Great-Belt-Link），还有丹麦-瑞典的厄勒海峡大桥（Oresund Bridge）等。此后，埃及、日本、我国香港和台湾等相继在一些大型工程上采用耐久性监测技术[1]。应用较早并数量较大的是阳极梯系统，而后装环形阳极监测系统的应用则相对较晚，数量也相对较少。

我国海洋环境混凝土结构的耐久性问题非常严重，一些结构一般建成后8～12年就出现钢筋锈蚀、混凝土开裂现象，需要大修甚至不得不拆除重建[8]。随着我国沿海地区大规模桥梁等基础设施的建设，对混凝土结构的耐久性问题给予了越来越高的重视。在一些新建大型项目上，都进行了专门的耐久性研究和设计。同时也陆续开展了耐久性监测的研究和工程应用，先后在一些大型工程中实施了耐久性监测系统。杭州湾大桥是我国内地较早应用耐久性监测技术的大型桥梁工程之一。通过优化布点，在全桥若干个典型墩号截面的不同高程、不同部位共布置了48套监测系统[9]。同时设计者结合大桥耐久性监测系统的设计和试验研究对系统的适用性进行了探讨，制定了耐久性动态预报监测平台的构架技术方案，捕获了结构各部位腐蚀预警的个性化判据[8]。苏通大桥采用外露式的钢锚箱锚固方式，为了加强钢锚箱侧壁与混凝土塔壁的抗剪效果，须在塔壁施加预应力。研究表明，预应力会影响腐蚀电流的密度，因此，针对锚固区索塔塔壁等易发生腐蚀的部位布置阳极梯系统22套[6,10]。胶州湾大桥作为地处我国北方海域的大型桥梁，所处海域具有高盐度和冰冻等特征，耐久性监测系统不但应用了阳极梯系统，还应用了阳极环和ECI-1监测系统，共计布设腐蚀监测传感器29套[2]。表6.5所列为应用腐蚀监测系统的部分桥梁工程。

工程经验表明，对混凝土结构建立一套完善的混凝土腐蚀监测系统，通过定期采集和不断积累数据，对掌握结构的耐久性演化规律、提前做好防腐措施和延长结构的使用寿命具有重要意义。同时，也为相关领域的科学研究积累了宝贵的经验和资料。对于无法或难以检查或抵达的结构，如海洋中的桩基、海底隧道的外衬，监测系统更是无法替代的。混凝土耐久性监测技术的应用总的说来时间还相对较短，目前被监测结构大多都处于正常状态。由于这种测定是长期的，其周期将达几十年，甚至超百年，因此，目前的工程实测数据还不能反映问题的全貌。因此，完整的全寿命的实测成果要等若干年后才能陆续公开发表。

6.3.2 跨海桥梁应用实例

胶州湾大桥是我国首次在北方冰冻与高盐度海域建设的一座现代化特大型桥梁。以冰冻、高盐度为主要特征的服役环境，对钢筋混凝土结构的耐久性是个严峻的考验。为此，建设单位积极组织开展了对大桥结构耐久性及防腐蚀技术的全面和深入研究[11]，其研究成果对我国北方跨海大型桥梁的实施具有重要的借鉴和指导意义。为更好地掌握大桥混凝土结构的耐久性演化过程，大桥设计实施了运营期结构监测巡检养护管理系统[12]，其中混凝土耐久性监测是子系统之一。

应用腐蚀监测系统的部分桥梁工程　　　　**表 6.5**

国家或地区	工程名称	年份	传感器数量
丹麦	大贝尔特连接工程	1991～1994	426
克罗地亚	马斯兰尼卡桥（Maslenica，377.6m 钢混拱桥）	1995	21
丹麦-瑞典	厄勒海峡大桥（Oresund-Link，塔墩浪溅区）	1997/1998	60
克罗地亚	克尔克桥（KRK-Bridge）	2003	6
中国香港	昂船洲大桥	2005/2007	90
韩国	仁川大桥	2006/2007	60
中国	深圳湾大桥	2007	25
中国	京沪高铁桥梁	2008	7
中国	苏通大桥	2008	22
中国	杭州湾跨海大桥	2008	48
中国	胶州湾跨海大桥	2011	29
中国	大连长山跨海大桥	2014	8

混凝土抗干湿交替能力较差，易引起表层开裂和盐类在混凝土毛细孔中结晶膨胀造成胀裂。因此，在海洋环境下，腐蚀最为严重的区域为水位变化区和浪溅区。这些区域具有干湿交替频繁与氯离子含量较高等环境特征，往往成为钢筋腐蚀的重灾区。全部暴露于空气中的上部混凝土结构，会因二氧化碳、氯离子随风进入混凝土孔隙引起混凝土碳化及钢筋锈蚀造成破坏，这种现象在结构迎风面尤为严重。水中混凝土结构，由于水中缺氧，钢筋表面的电位始终处于较低的状态，因此与以上两部位相比，钢筋腐蚀病害最轻。因此，在各部位耐久性防护措施相当的情况下，应首先考虑水位变化区和浪溅区的腐蚀监测。

胶州湾大桥从 2009 年开始陆续安装耐久性监测传感器 29 组，其中阳极梯 13 组，ER 环 12 组，ECI-1 系统 4 组。除了三座航道桥外，在非通航桥孔段，每个标段选择一个桥墩安装腐蚀监测系统，腐蚀监测点位置如图 6.8 和图 6.9 所示。图 6.10～图 6.13 所示为部分传感器安装和测读过程。

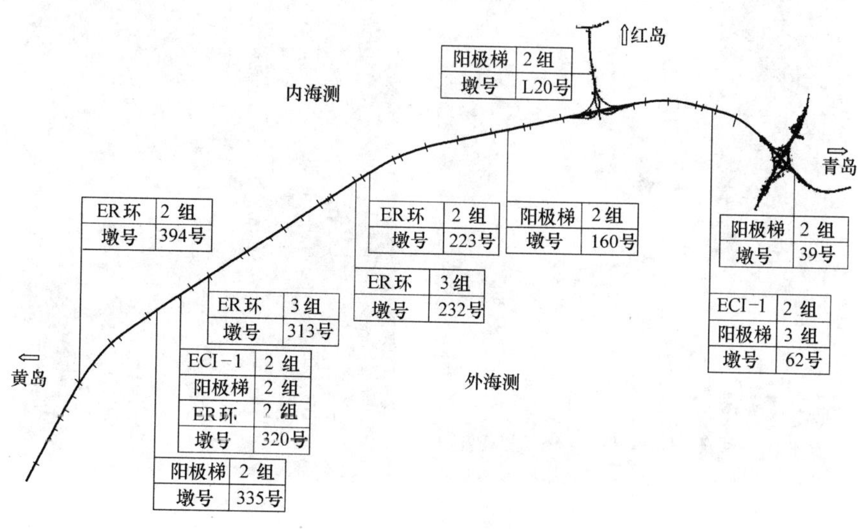

图 6.8　耐久性监测全桥布置示意图

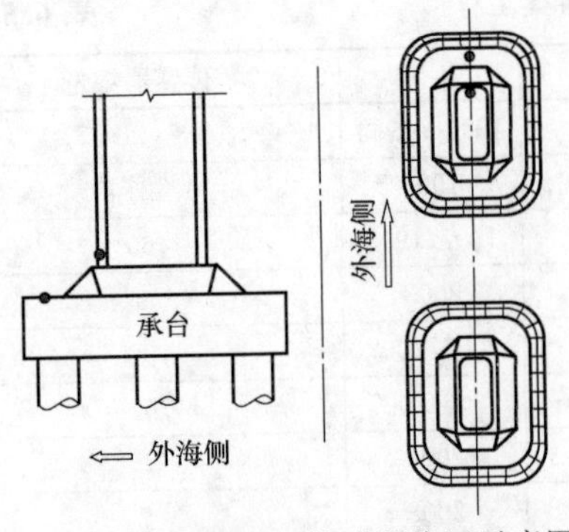

图 6.9　非通航孔桥传感器位置示意图

图 6.10　桥墩内固定阳极梯传感器

图 6.11　阳极环的安装与测试

图 6.12　安装后的 ECI-1 系统

(*a*)

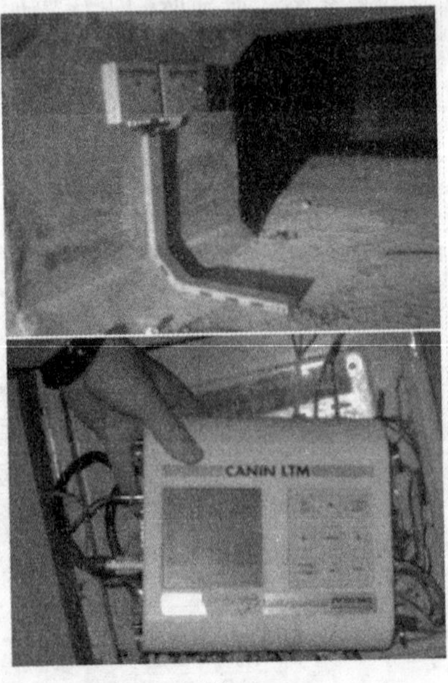

(*b*)

图 6.13　传感器引线与测试读数

(*a*) 传感器引线；(*b*) 测试读数

处于早期跟踪研究的目的，进行了相对密集的跟踪测读[13]。图 6.14 和图 6.15 所示。

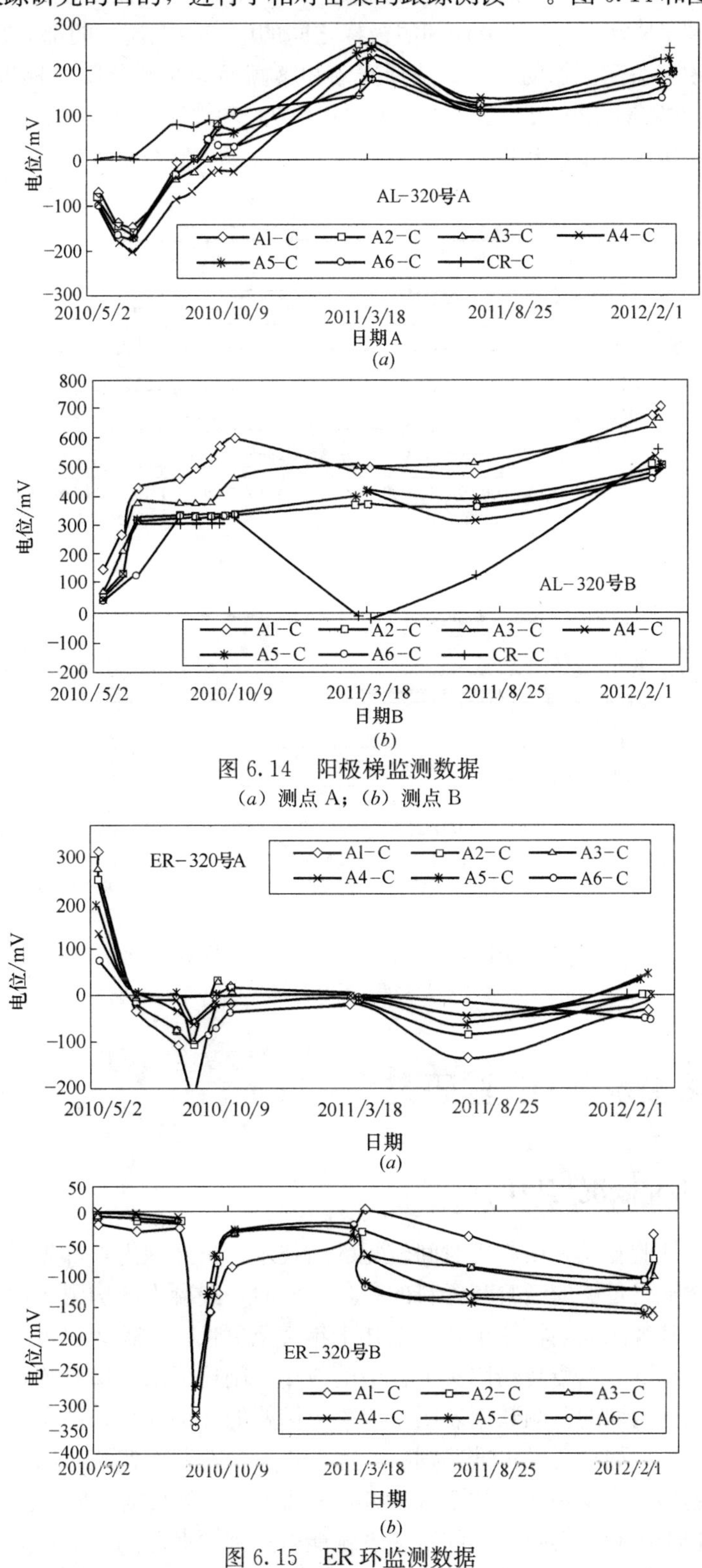

图 6.14 阳极梯监测数据

（a）测点 A；（b）测点 B

图 6.15 ER 环监测数据

（a）测点 A；（b）测点 B

是选取的 320 号墩 A、B 两个监测点的阳极梯（6 个阳极棒、钢筋连接件和阴极棒之间的电位和电流）和 ER 环（6 个阳极棒和阴极棒之间的电位与电流）的部分数据。

为探讨潮汐对监测数据的影响，选择涨潮和落潮期间对部分阳极梯进行了跟踪观测。图 6.16 所示为在落潮（2010.9.18，12：57-20：07）和涨潮（2010.9.19，8：45-14：09）期间 320 号墩阳极梯记录。数据表明，这些读数尚未受到涨落潮的明显影响。

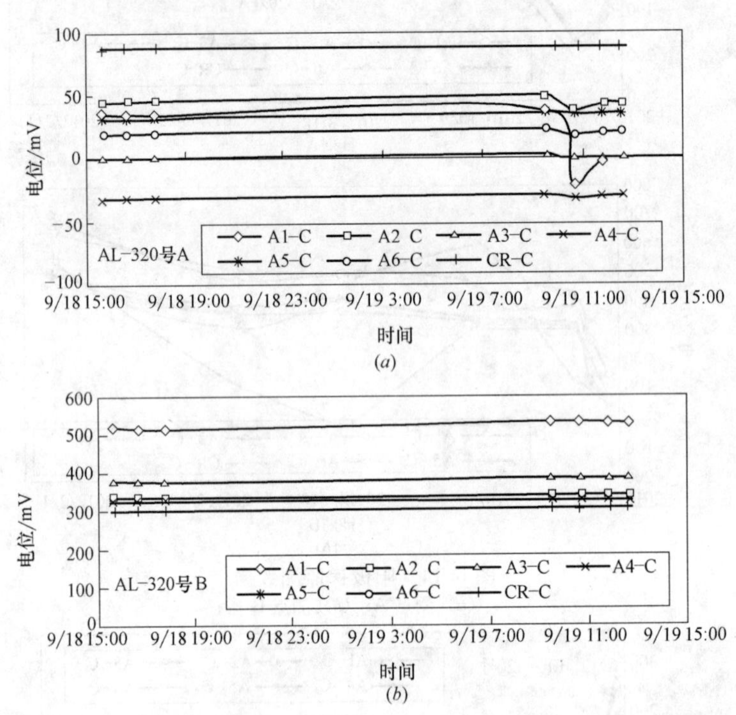

图 6.16　涨落潮期间阳极梯数据

(*a*) 测点 A；(*b*) 测点 B

6.4　梯形阳极系统的试验研究

6.4.1　试验研究概况与目的

混凝土耐久性监测是一项应用时间较短的新技术，虽然国内外都先后陆续应用了这项技术，但是仍然缺乏足够的经验和资料的积累。同时，混凝土结构耐久性的演变是一个相对缓慢的过程，其观测周期将达十几年至几十年甚至更长。文献 [14，15] 介绍了阳极梯系统在埃及塞得东港二期集装箱码头工程中的应用，阐述了阳极梯系统安装过程中出现的问题及解决办法。初期的监测数据表明，混凝土结构的外部环境条件和施工工艺方法对耐久性监测影响很大。如果要做出准确判断，需要进行长期跟踪监测。因此，目前仅有的实际监测数据尚远远不能反映问题的全貌。实际环境下，监测数据受环境因素的影响规律尚不十分清楚。若干年后，实际工程的监测系统能否达到预期监测目的和效果，能否以及如何利用陆续获得的监测数据对结构的耐久性进行分析和评价，是我们最为关心的问题。显然，在对现有实际工程进行跟踪研究的同时，还必须进行试验室研究。从而创建和改进耐久性演化和预测模型，以实现对这种新技术的充分消化、吸收和创新。

文献［16］对一种自主发明的梯形阳极传感器进行砂浆试块中钢筋锈蚀监测的试验研究。传感器的阳极材料为 A3 钢棒，阴极材料为不锈钢管。阴、阳极通过插孔套在工程塑料基座上，阴、阳极之间通过环氧树脂密封绝缘。传感器由 6 组阴、阳极组成，阳极外底面作为工作面，相邻阳极工作面的高差为 5.6mm。通过测量传感器中阳极的电位及其与阴极之间的宏电流，监测砂浆试块中的钢筋在含氯环境下的腐蚀危险性随时间变化的情况。测试表明，该梯形阳极传感器可较好地判断临界氯离子浓度侵入砂浆试块中的深度，从而可以提前判断钢筋腐蚀的危险性。同时文献指出，德国梯形阳极监测系统的阴极为公共阴极，离阳极距离约为 50～ 300 mm，测试时受混凝土电阻影响较大，不易判断钢筋腐蚀情况。文献［17］依托实际工程，通过试验研究了环境温湿度等因素对梯形阳极传感器的电化学参数的影响。通过烘烤试件等人工方式控制温度的情况下，随着温度的升高，宏电流增大；而对于常温环境，其宏电流、电位差没有较明显的升降。通过将阳极梯传感器部分或全部直接浸泡在溶液中的方法，进行了干湿交替模拟试验，对监测系统电化学参数与钢筋锈蚀状况之间的定性与定量关系做了探讨。文献［18］根据阳极梯监测原理自制了锈蚀监测模型，对不同温度条件下的锈蚀电化学参数进行测试，进一步探讨了对阳极梯锈蚀情况判别。文献［10］基于实际工程背景，对阳极梯系统测试的电化学参数进行了较深入分析。通过干湿交替试验修正了腐蚀宏电流同钢筋腐蚀质量损失之间的函数关系。文献［19］基于自行设计的梯形电极监测系统，通过钢筋锈蚀加速试验，对两种水灰比混凝土试件中沿保护层厚度方向梯形分布的各层光圆钢筋锈蚀进行了监测研究。表明梯形电极监测系统可有效追踪混凝土中的钢筋锈蚀行为，对混凝土结构安全性提供及时预警。

总体上，由于研究的目的各有侧重，目前有关耐久性监测传感器的试验研究在采用的传感器类型、试验方法和腐蚀条件上都有所不同，也与实际应用存在差异。不同类型的传感器其特性是存在差异的，采用砂浆材料制作试块或对传感器的直接浸泡的方法，与传感器的实际工作条件是显著不同的。这些因素带来的差异都将影响到对具体工程的监测分析与诊断。目前德国 SensorTech 公司的梯形阳极系统是被最为广泛应用的混凝土耐久性监测传感器，为此，我们针对该梯形阳极系统，基于实际工程背景制作混凝土耐久性监测试件。通过对整个混凝土试件的加速腐蚀试验，检验该技术和产品在混凝土结构腐蚀监测上实用效果。

6.4.2 试验方案设计

1. 试件设计

由于试验中采用与实际工程相同的混凝土材料，试件本身具有较强的防渗透性。为了对加速腐蚀试验制定切实可行的试验方案，首先进行了混凝土试块的氯离子加速渗透的预备性试验。预备性试验中，采用不同的加速腐蚀方案测试氯离子侵入速度和试件内部的氯离子浓度。根据预备性试验结果确定了阳极梯试验的试验参数，然后，设计实施阳极梯传感器试验（包括 A 试块和 B 试块）。A 试块内布置阳极梯传感器，用于读取监测参数。B 试块不布置传感器，用于不同阶段进行破损检验，两种试件采用的混凝土相同。

根据大连长山大桥阳极梯传感器的埋置位置，按照桥梁实际情况配置混凝土。混凝土标号为 C35，采用的主要材料的化学成分如表 6.6 所列，混凝土配合比如表 6.7 所示。

水泥、粉煤灰和矿渣微粉的化学成分　　表 6.6

	CaO	SiO_2	Al_2O_3	Fe_2O_3	MgO	SO_3	K_2O	LOI
水泥(%)	59.30	21.91	6.27	3.78	1.64	2.41	—	4.69
粉煤灰(%)	3.95	48.2	33.31	5.57	1.27	0.30	3.1	4.3
矿渣微粉(%)	26.59	34.18	13.81	14.55	8.95	1.05	—	0.87

混凝土配合比设计（kg/m^3）　　表 6.7

水泥	砂子	石子	水	粉煤灰	矿粉	减水剂
250	723	1097	150	63	104	6.67

A 试件尺寸为 500mm×300mm×150mm，内部布置阳极梯传感器。阳极梯的布置方式如图 6.17 所示，各个阳极棒与试件表面（腐蚀界面）平行，A1～A6 到试件表面的距离分别为 20，30，40，50，60 和 70mm。

B 试块尺寸为 250mm×180mm×150mm，不布置传感器，只在距试件表面 20mm 深度处埋设直径 10mm 的光圆钢筋棒。B 试块与 A 试件在相同条件下进行加速腐蚀试验，主要用于不同试验阶段的破损检验。B 试件中钢筋棒埋置位置见图 6.18 所示。

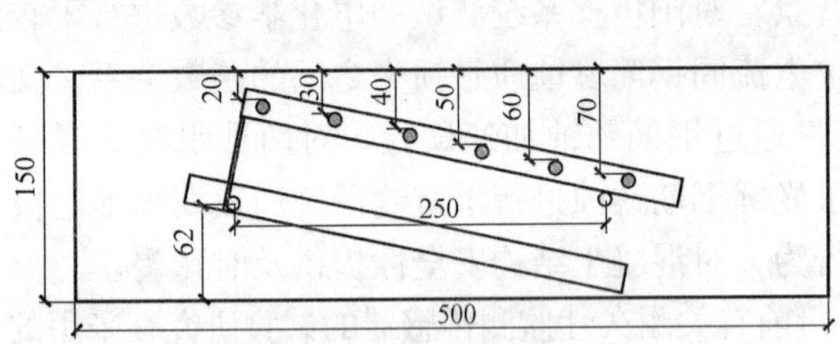

图 6.17　试件 A 阳极梯埋放位置

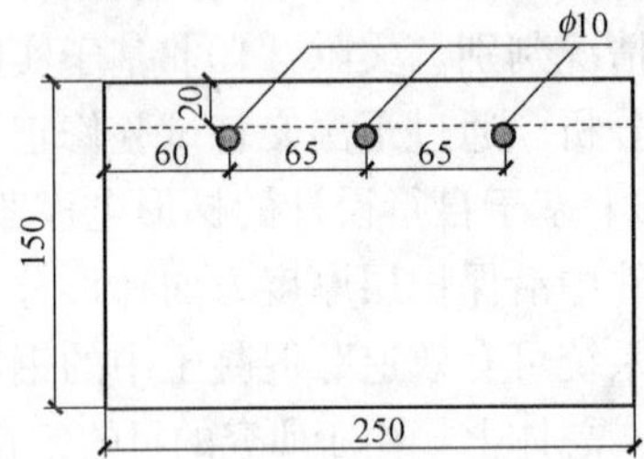

图 6.18　试件 B 钢筋棒埋置位置

对试件进行标准养护，适当打磨处理，然后将所有试件的四个侧面用环氧树脂封装，只保留上下两表面与腐蚀溶液直接接触。

图 6.19　A、B 试件的快速腐蚀试验

2. 测试方法

将试件底面浸泡到浓度为 0.2mol/L 的 NaOH 和 5% 的 NaCl 混合溶液中，试件上部的容器内倒入 0.2mol/L 的 NaOH 溶液。施加恒定电源进行电迁移加速渗透试验，现场试验布置情况如图 6.19 所示。

通电前，先对 A 组试件的阳极梯系统进行初读数。然后对 A、B 组试件同步进行连续通电腐蚀试验。根据具体试验情况，读取阳极梯读数。读数时，需要断开电源并静置一定时间后进行。对静置后的 A 组试件用阳极梯数据采集仪采集电压、电流、电阻等参数。当阳极梯读数发生显著变化时，或间隔足够长时，抽取一个B试件进行破损检测。采用硝酸银显色法检测氯离子渗透深度，用氯离子快速测定仪测定混凝土20mm处氯离子浓度等。

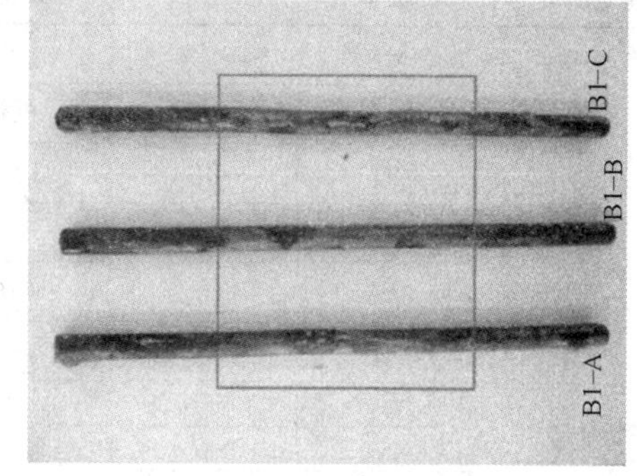

图6.20 9d时20mm深度处钢筋锈蚀情况

6.4.3 试验结果与分析

通电试验9d后，A1-C的电位发生显著变化(达到−230mV)，对B试件首次破损检测。测得氯离子渗透深度23mm，20mm处氯离子浓度0.00165mol/L，钢筋锈蚀情况如图6.20所示，对应锈蚀率2.3%。之后根据试验进行的具体情况，在不同时间对阳极梯进行了读数，数据如表6.8所列及图6.21所示。对B试件进行了氯离子渗透深度检测。各试件的断面情况如图6.22所示，其中标注了六处氯离子渗透深度的平均值和试件的腐蚀时间。B试件的氯离子渗透状况与A试件的阳极梯响应情况一并示于表6.9和图6.23。

不同腐蚀时间下阳极梯输出参数　　表6.8

通电时间(d)	参数单位	参数1	参数2	参数3	参数4	参数5	参数6
0	mV	−13	−17	−18	−29	−18	−16
	μA	−1	−1	−1	−2	−1	−1
	Ω	3065	3263	3490	3995	3926	1730
4	mV	15	63	50	93	122	115
	μA	4	20	13	21	27	20
	Ω	2923	3128	3415	3977	3985	1773
9	mV	−231	124	130	117	97	98
	μA	−402	44	38	26	21	14
	Ω	1838	2601	3122	3990	4080	1826
18	mV	−8	−115	39	214	159	168
	μA	−175	−107	19	58	38	25
	Ω	431	1927	3309	4312	4568	2121
27	mV	−4	−167	−209	138	227	238
	μA	−125	−343	−168	64	55	28
	Ω	316	1268	2419	3729	5697	3603
31	mV	−6	−85	−151	7	244	223
	μA	−109	−148	−149	5	75	36
	Ω	435	1163	1843	3001	4572	2972
35	mV	−3	−85	−187	−12	228	290
	μA	−60	−218	−174	−6	76	50
	Ω	251	1077	2090	3100	4686	4590

续表

通电时间(d)	参数单位	参数1	参数2	参数3	参数4	参数5	参数6
39	mV	−7	−90	−189	−77	222	307
	μA	−116	−261	−138	−35	67	56
	Ω	191	1271	2674	3824	4935	4838
43	mV	−5	−70	−151	−15	282	337
	μA	−62	−165	−91	−6	83	91
	Ω	286	1603	2960	3824	4579	4667
48	mV	−16	−58	−145	12	157	321
	μA	−77	−154	−86	5	49	92
	Ω	311	1584	3017	3944	4680	4586
52	mV	−41	−6	−154	−35	131	340
	μA	−107	−59	−104	−15	40	94
	Ω	232	1351	2633	3875	4882	4999
56	mV	−6	−13	−142	−8	130	356
	μA	−30	−91	−84	−3	42	99
	Ω	189	1495	2903	3880	4760	5049
60	mV	−28	−11	−200	−95	39	156
	μA	−93	−56	−175	−47	13	37
	Ω	136	1028	2094	3462	4647	2533
68	mV	−75	−85	−306	−270	−51	8
	μA	−199	−263	−296	−155	−15	3
	Ω	151	902	1642	2876	3756	2069

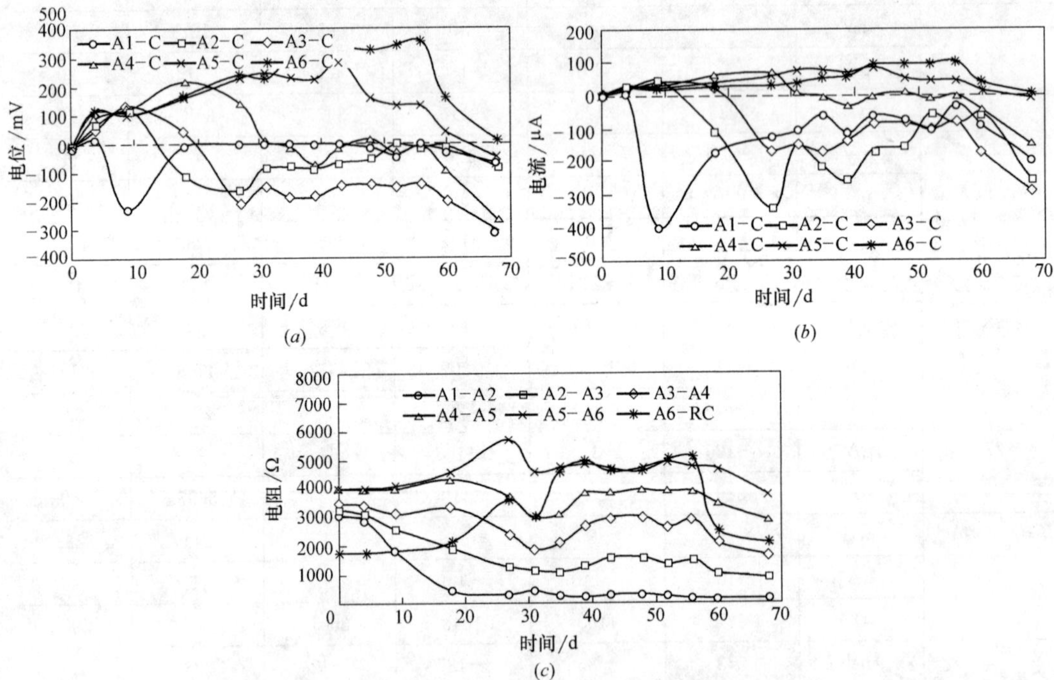

图6.21　阳极梯输出参数随加速腐蚀时间的变化
(a) 电位；(b) 电流；(c) 电阻

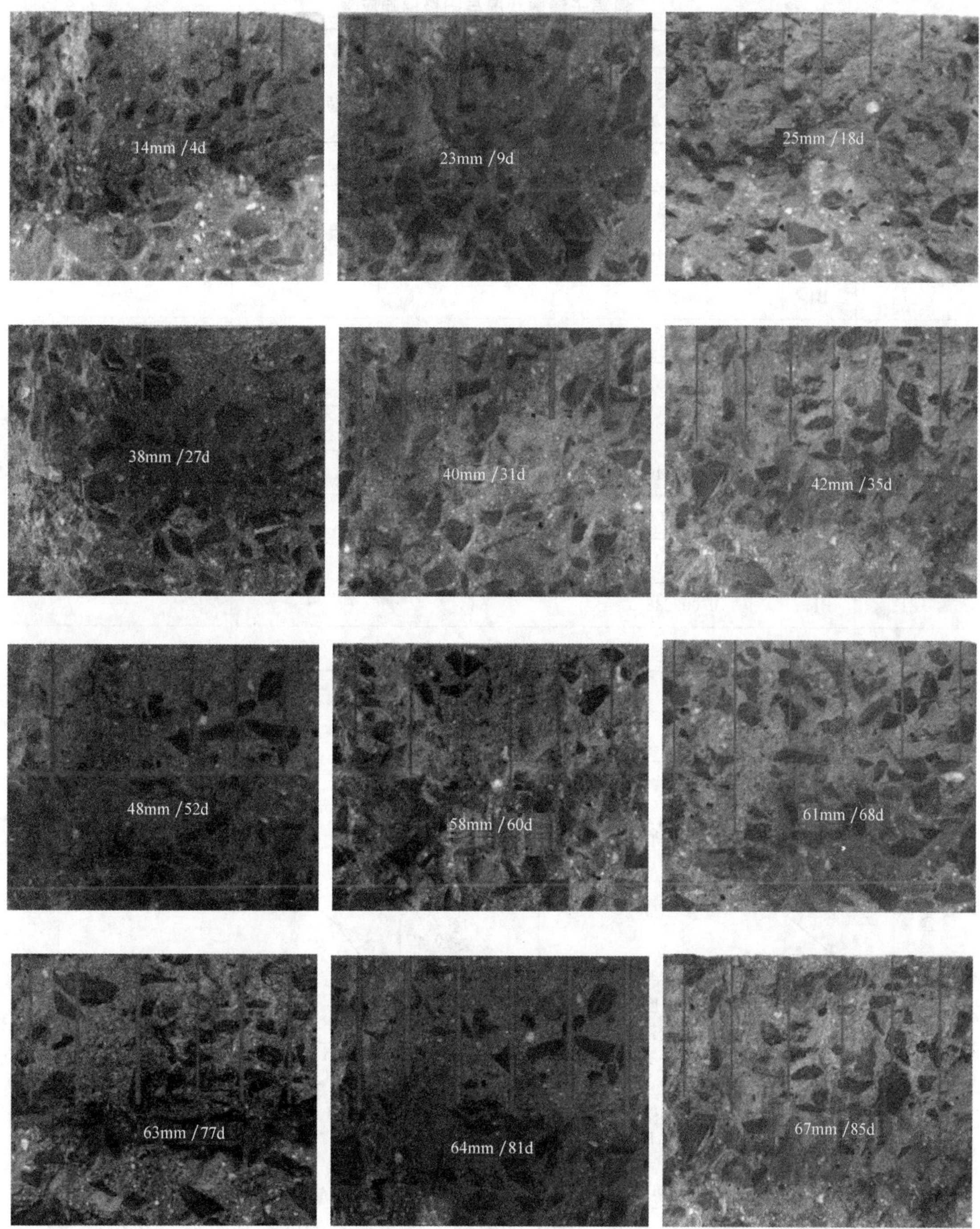

图 6.22　B试件氯离子渗透深度检验

由于试件采用的混凝土与实际桥墩结构的一致，因此抗渗透性较强，从而试验速度相对较慢。从氯离子渗透深度与腐蚀时间之间关系看到，不同试件数据的离散性较小，规律显著。随着深度的增加，渗透速度呈缓慢下降趋势。20mm 处氯离子浓度随腐蚀时间呈增大，但不同试件表现出较大的离散性（图 6.24）。

氯离子渗透状况与阳极梯响应　　表 6.9

通电时间(d)	B试件			阳极梯(A)	
	编号	20mm处氯离子浓度值(mol/L)	氯离子渗透深度(mm)	电位显著负移	埋置深度(mm)
4	B1	0	14	—	—
9	B2	0.001615	23	A1	20
18	B3	0.002244	25	A2	30
27	B4	0.002597	38	A3	40
31	B5	0.002536	40	—	—
35	B6	0.002662	42	A4	50
52	B7	0.004838	48	—	—
60	B8	0.003240	58	—	—
68	B9	0.004006	61	A5	60
77	B10	0.004201	63	—	—
81	B11	0.003236	64	—	—
85	B12	0.004299	67	—	—

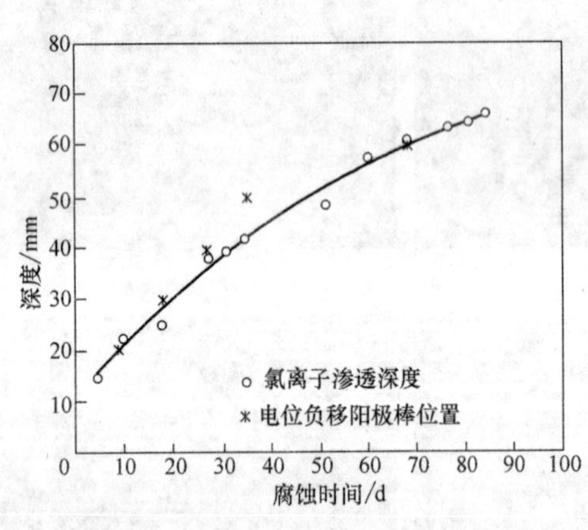

图 6.23　氯离子渗透深度与阳极梯响应

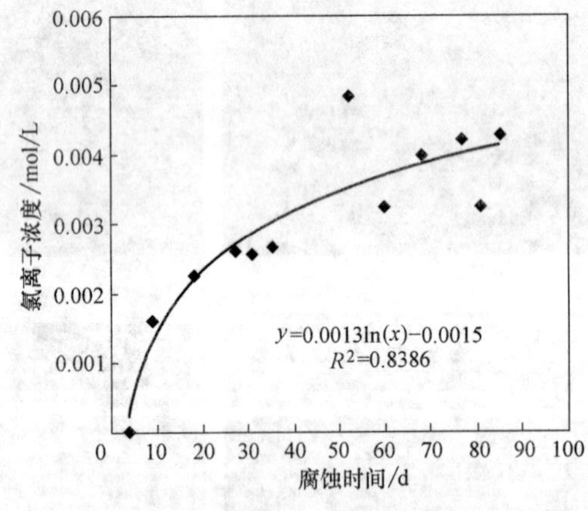

图 6.24　20mm处氯离子浓度

根据金属电化学腐蚀特性，处于不同电化学状态的金属腐蚀电位是不同的。钢筋在钝化时腐蚀电位升高（正移1V左右），而由钝态转入活化态时腐蚀电位降低（负移），其活化区和钝化区的电位差往往可达100～500mV量级[9]。在本试验中，总体上随着氯离子渗透的发展，阳极梯读数伴随相应变化。各阳极棒电位按顺序先后呈现负移变化，并与氯离子渗透深度具有显著的相关性。就现有的试验结果看，采用该阳极梯对混凝土结构进行监测，总体上可以定性地反映氯离子侵入状况和发展速度。由于试验条件和试件数量所限，试验成果是十分有限的，有待通过更完善的试验进行深入研究。

参考文献

［1］ 干伟忠，M. Raupach，金伟良．欧洲钢筋混凝土结构腐蚀无损监测系统的研究与应用［C］．第 14 届全国结构工程学术会议论文集，32-35，2005.

［2］ 孙宗光，郭保林，混凝土结构耐久性监测及在桥梁上的应用［C］. 第 22 届全国结构工程学术会议论文集，I：493-497，2013.8，乌鲁木齐.

［3］ 常保全．混凝土中钢筋锈蚀的检测技术［J］．建筑技术开发，2001，28（3）：44-48.

［4］ Stern M，Geary A L，Electrochemical Polarization I A Theoretical Analysis of the Shape of Polarization Curves［J］，Journal of the Electrochemical Society，1957，104：56-63.

［5］ 范庆新，邓春林，韦江雄，混凝土中钢筋锈蚀的电化学无损检测技术［J］. 武汉理工大学学报，2008，30（3）：70-73.

［6］ 金晶．腐蚀监测子系统在苏通大桥中的应用［J］．中国科技信息 2010，（9）：53-57.

［7］ 中华人民共和国建设部，中华人民共和国国家标准，《建筑结构检测技术标准》GB/T 50344—2004，2004.9.2 发布，2004.12.1 实施.

［8］ 干伟忠，Raupach M，金伟良等．杭州湾跨海大桥混凝土结构耐久性原位监测预警系统［J］．中国公路学报，2010，23（2）：30～35.

［9］ 干伟忠，吕忠达，方明山等．杭州湾跨海大桥混凝土结构耐久性监测系统设计［C］．中国公路学会桥梁和结构工程分会 2005 年全国桥梁学术会议论文集，2005：758～764.

［10］ 王霄，陈志坚，徐刚．基于阳极梯系统的苏通大桥锚固区腐蚀监测研究［J］．建筑科学与工程学，2012，29（4），106～111.

［11］ 姜言泉，邵新鹏．冰冻海域全寿命周期的桥梁结构耐久性关键技术研究［J］．公路，2009，（9）：184-187.

［12］ 邵新鹏，钱宇音，倪一清．结构健康监测系统与巡检养护管理系统在青岛海湾大桥上的一体化设计［J］．公路，2009，（9）：210-205.

［13］ Xinpeng Shao，Hui Ji，Baolin Guo，Zongguang Sun，Jianfei Mao，Monitoring of Concrete Durability and Application in Qingdao Bay Bridge［J］．Applied Mechanics and Materials，2011，90-93：1205-1211.

［14］ 方翔，陈龙，潘峻．混凝土耐久性监测系统在埃及塞得东港集装箱码头工程中的应用［J］．中国港湾建设，2013，2（1），50～55.

［15］ 方翔，陈龙，潘俊，等．混凝土耐久性监测系统安装技术［J］．施工技术，2014，6.

［16］ 陈卿，混凝土中钢筋腐蚀监测传感器的试验，工业建筑 2008，38（5）：57-60.

［17］ 何谋杰．腐蚀环境下混凝土桥耐久性监测系统研究［D］．西南交通大学学位论文，2009.

［18］ 张先军．高地温环境下混凝土中钢筋锈蚀研究［D］．西南交通大学学位论文，2011.

［19］ 赵铁军，毕忠华，张鹏，等．氯盐环境下混凝土中钢筋锈蚀的梯形电极监测［J］．建筑材料学报，2014，17（6），989～993.

第 7 章　动态特性及其变异性分析

7.1　概述

桥梁结构的动态特性包括固有频率、阻尼、振型等，其本身是宏观评价桥梁结构整体刚度、运营性能和健康状态的重要指标。同时，对桥梁结构动力特性的分析也是桥梁结构在地震、风、车辆等动态荷载作用下进行动力响应分析的基础。

在桥梁结构的试验检测与评估中，结构的模态参数具有重要意义。在通常情况下，它们代表了结构的固有特性，因此，称其为结构的动力“指纹”，被广泛应用于无损检测(NDE)。基于振动测量的结构检测与评价的基本思想是，损伤将导致结构物理特性（诸如刚度、质量等）的变化，结构物理特性的变化进而将导致结构动态特性（诸如固有频率和振型等）的变化。因此，理论上，根据结构动态特性的变化能一定程度上检测结构的损伤和实现状态的评价。实践中结构动态特性可通过现场试验或监测获得，因此，动力损伤检测与评价，是一个基于实测响应的系统识别问题，它是结构动力分析的反问题。

模态参数识别方法可以分为两类，频域识别和时域识别。频域识别法发展较早，例如通过 FFT 将测得的时域数据转换到频域内，由功率谱密度函数（PSD）进行辨识。频域法的物理概念清楚，在模态分析中被广泛应用。时域识别法直接利用时域内的数据进行辨识，可以避免频域识别法因变换所带来的误差，一般能得到较准确的辨识结果，近年来得到广泛研究。随机减量技术[1]是对时域模态参数识别法输入数据的一种预处理技术。自20 世纪 70 年代提出以来，得到广泛研究和应用。该技术可以用来测定结构在一般条件下的频率与阻尼，可用于实验室和现场测试。它对偷入（外激励）只有定性的要求，仅仅对响应的信息做数据处理，这样不仅可用于实验室激振器激励的情况，还可应用于一些受风和海浪激励的一些大型结构的现场测试。

对于在环境激励下结构振动信号呈现非平稳情况，传统的时域和频域分析方法在实际应用中存在一定的局限性[2]。小波分析和 HHT 理论能够在时频域内对信号进行分析处理，其依据信号本身的局部特征信息进行自适应分解，对非平稳信号具有较强适应能力，同时也具有较好的抗噪能力，能更好地反映信号的本质特征。文献［3］结合武汉白沙洲长江大桥 GPS 动态监测数据，验证了 HHT 识别非平稳振动信号模态参数的有效性和合理性。

动态特性的监测，可以基于多种传感器类型。通常常用的为加速度传感器，常见类型有：

压电式：压电式加速度传感器又称压电加速度计，它也属于惯性式传感器。原理是利用压电陶瓷或石英晶体的压电效应，在加速度计受振时，质量块加在压电元件上的力也随之变化。当被测振动频率远低于加速度计的固有频率时，则力的变化与被测加速度成正比。

压阻式：基于世界领先的 MEMS 硅微加工技术，压阻式加速度传感器具有体积小、低功耗等特点，易于集成在各种模拟和数字电路中，广泛应用于测试仪器、振动监测等领域。

电容式：电容式加速度传感器是基于电容原理的极距变化型的电容传感器，是一种比较通用的加速度传感器。采用了微机电系统（MEMS）工艺，在大量生产时变得经济，从而保证了较低的成本。

伺服式：伺服式加速度传感器是一种闭环测试系统，具有动态性能好、动态范围大和线性度好等特点。传感器的振动系统由“质量-弹簧”系统组成，这与一般加速度计相同，但质量上还接着一个电磁线圈。当基座上有加速度输入时，质量块偏离平衡位置，该位移大小由位移传感器检测出来，经伺服放大器放大后转换为电流输出。该电流流过电磁线圈，在永久磁铁的磁场中产生电磁恢复力，力图使质量块保持在仪表壳体中原来的平衡位置上，所以伺服加速度传感器在闭环状态下工作。由于有反馈作用，增强了抗干扰的能力，提高测量精度，扩大了测量范围。伺服加速度测量技术广泛应用于惯性导航和惯性制导系统中，在高精度的振动测量和标定中也有应用。

加速度传感器的布置应根据桥梁结构动力计算结果、振型特点以及所需监测振型阶数综合确定。宜面向振动特性识别、结构损伤识别与模型修正制定测点优化布置方案。通常要在模态分析的基础上，根据获取监测信息的目的来选择监测点和监测方向。例如，要检测某一阶模态参数，要将测点选择在模态振型幅度较大的位置和对应的方向上。尽可能使一个传感器兼顾更多模态的测试，最大限度地发挥每一个传感器作用。如图 7.1 所示是胶州湾大桥沧口斜拉桥相同时段内主梁上不同测点和方向上获取的加速度谱。可见，同一时段同在主梁的测点，获取的振动信息之间存在显著差异。同时，在桥梁监测中布置高灵敏度加速度传感器还是监测地震和船撞的重要手段。根据相关要求，应对特大型桥梁桥址区域地震动监测；宜对抗震设防等级较高区域的其他桥梁地震动监测；对于航道桥宜进行船舶撞击监测；非通航孔桥宜在船舶撞击风险区进行船舶撞击监测。

长期监测系统的测点数量相对于桥梁结构规模而言总是少量的。一般情况下，基于监测系统很难获得振型信息。因此，为了能够基于监测信息准确辨识桥梁结构的频率，一般需结合数值模态分析。基于沧口桥监测系统的同一时段的加速度信号［图 7.1（*a*）～（*e*）］，再结合模态分析识别的几个频率如表 7.1 所列。可见，不同方位的传感器对各个模态的敏感性是完全不同的。

监测系统识别的自振频率与荷载试验及数值模拟结果的比较（Hz） **表 7.1**

主导模态	监测系统主梁各传感器					荷载试验	数值模拟
	(a)	(b)	(c)	(d)	(e)		
主梁 1 阶纵漂							0.337
主梁 1 阶竖弯	0.55	0.55	0.549			0.537	0.536
主梁 1 阶侧弯				0.80		0.78	0.789
主梁 2 阶竖弯	0.93	0.93				0.894	0.953
主梁 2 阶侧弯					1.05	1.049	1.059
主梁 3 阶竖弯	1.45		1.45		1.4	1.406	1.445

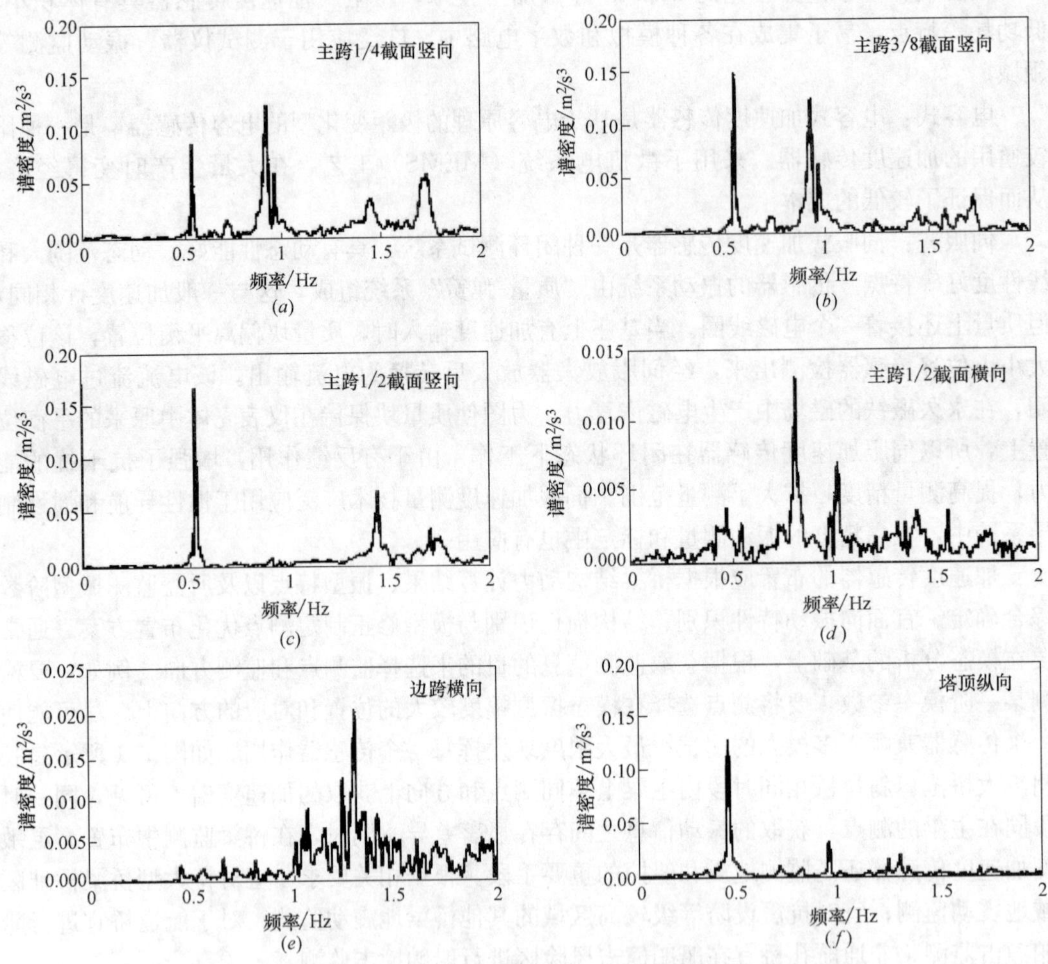

图7.1　同时段不同方位测点加速度频谱

(a) 主跨1/4截面竖向；(b) 主跨3/8截面竖向；(c) 主跨1/2截面竖向；(d) 主跨1/2截面横向；(e) 边跨横向；(f) 塔顶纵向

7.2　运营条件下动态特性的变异性

由于环境与运营条件的变化，基于运营条件下的监测信息识别的桥梁结构的动态特性具有一定的时变特征。这一变异性是运营中桥梁的正常行为，它的存在并不代表桥梁结构本身发生了变化。因此，当基于动态特性对桥梁结构进行评价时，必须要了解、掌握甚至量化这种变异特征，以便在桥梁结构评价中将动力特性的正常变化与结构损伤等导致的变化区分开来。

7.2.1　温度的影响

桥梁结构振动特性的变异性主要与环境条件和交通荷载的变化有关，其中温度是影响桥梁动态特性的最重要因素，尤其是对于中、小跨径桥梁。温度变化可能会影响结构的边界条件和材料属性。根据实际测量的结果已经证实，通常情况下随着温度的升高，桥梁的固有频率会随之下降。

文献［4］介绍了对瑞士的一座小型混凝土箱梁桥 Z24-Bridge（14m+30m+14m）在人工损伤之前进行了近一年的监测情况。基于健康状态下的监测数据确立了黑箱模型，描述了作为温度函数的模态频率的变化规律。然后将新的监测数据与模型比较，如果模态频率超出了某一置信区间，那么，有可能是温度之外的另一个原因导致了固有频率的变化，比如结构的损伤。图 7.2 显示了无损伤条件下基于监测数据识别的前 4 阶频率的时变性。图 7.3 为健康结构 1、2 阶频率与温度关系。可见正常运营情况下，这类桥梁的固有频率一年内也可以发生 10%甚至更大的变化。

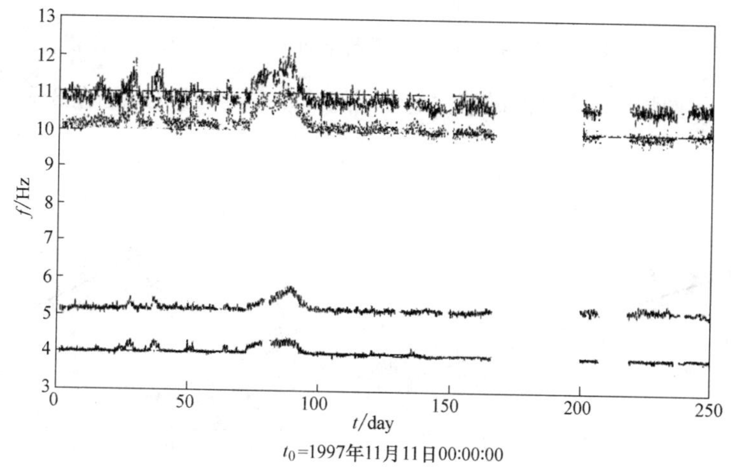

图 7.2 无损伤条件下基于监测数据识别的前 4 阶频率的时变性

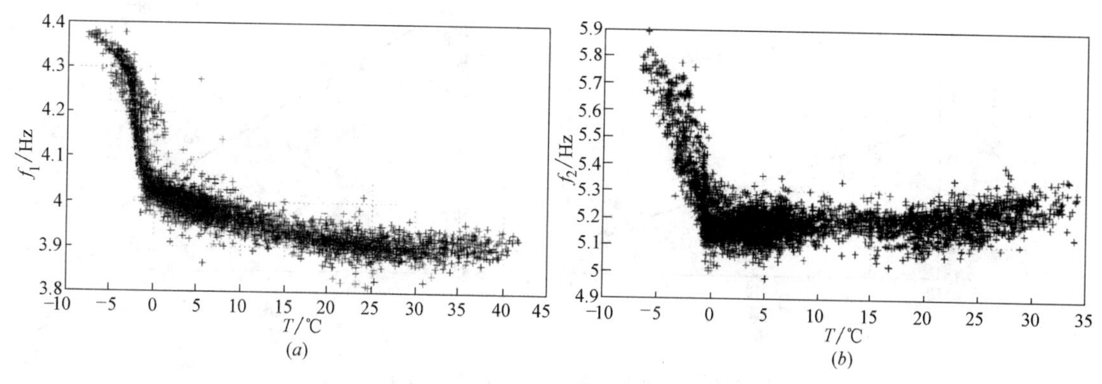

图 7.3 健康结构 1、2 阶频率与温度关系

(*a*) 1 阶频率；(*b*) 2 阶频率

通常情况下，随着桥梁规模的增大，频率对温度的敏感性会降低。图 7.4 为沧口斜拉桥主梁跨中竖向加速度在不同季节的 FFT 谱比较。可见，和低温时段相比，高温时段的加速度谱明显向低频方向移动，其中部分频段较为显著。

基于该加速度传感器在年周期内进行若干次频率识别，图 7.5 所示为识别的几个频率与气

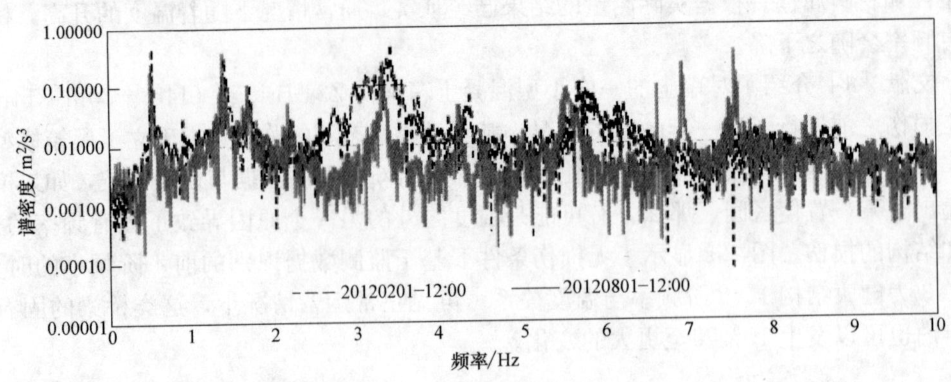

图 7.4　沧口斜拉桥同一传感器不同季节加速度频谱的比较

温之间的关系。不同频率对温度的敏感性是不同的，频率的年变化范围在3%~5%以内。

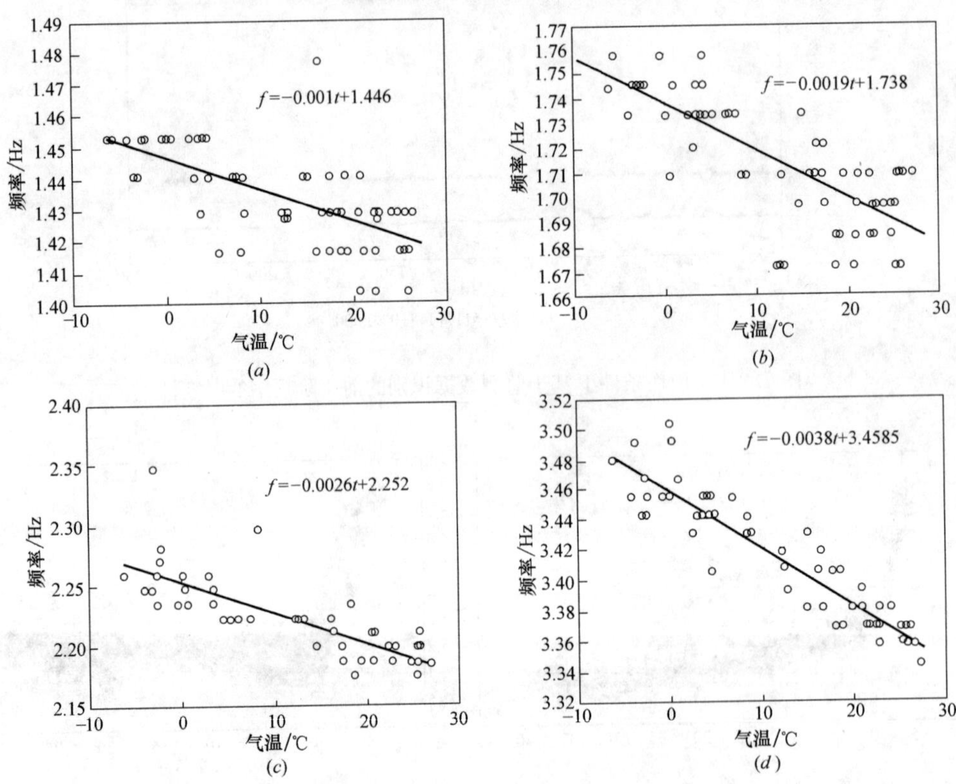

图 7.5　沧口斜拉桥的几个频率与气温的关系

胶州湾大沽河桥为独柱式单塔自锚式悬索桥。图 7.6 为主梁跨中竖向加速度在不同季节的 FFT 谱比较，图 7.7 所示为识别的几个频率与气温之间的关系。可见，与上述沧口斜拉桥情况是相似的。

图 7.8 所示为通过数值模拟得到的汲水门斜拉桥前 20 阶频率对温度变化的情况。从中可见，对温度比较敏感的频率集中在前 15 阶模态。其中最为敏感的为第 6 和第 11 阶模态的频率。对于第 15 阶以后的高阶频率，受温度变化的影响相对较小，频率变化率多数

在0.5%以内。

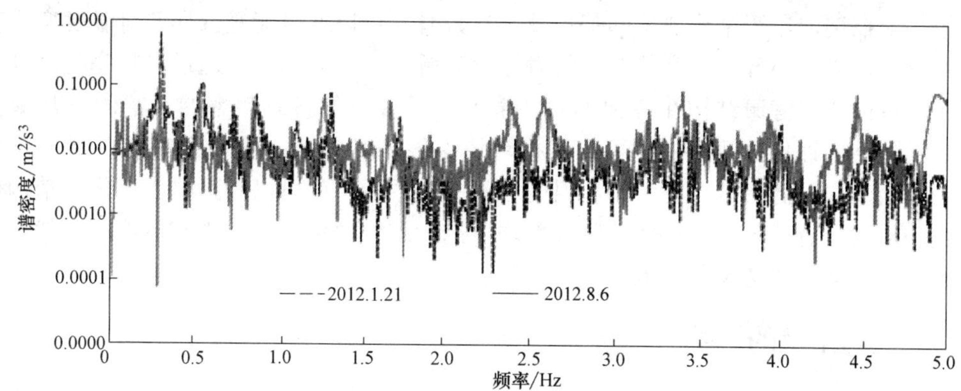

图7.6　大沽河悬索桥同一传感器不同季节加速度频谱的比较

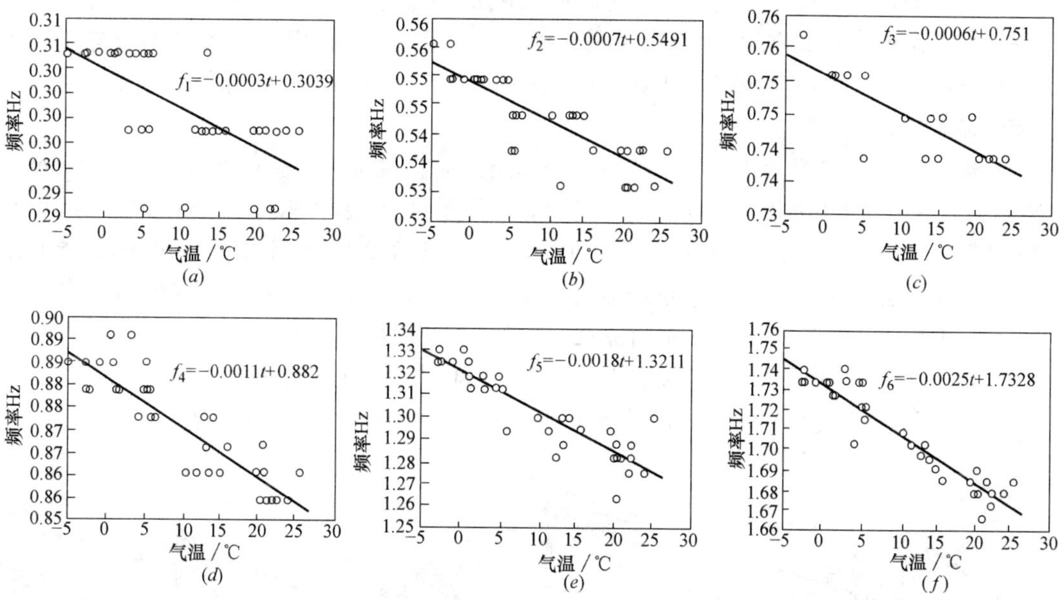

图7.7　大沽河悬索桥几个频率与气温的关系

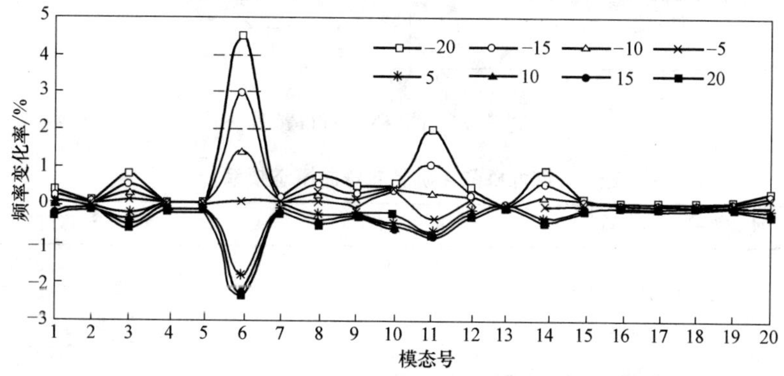

图7.8　汲水门斜拉桥前20阶频率对温度变化的灵敏度

根据对频率随温度变化的研究，可以在两个方面对桥梁的健康监测与评价具有指导意义。第一，在选取用于结构评价的基本模态参数时，可以尽可能避开那些对温度变化较为敏感的参数，以减小环境温度的变化的对评价分析的影响；第二，通过对频率随温度变化的研究，可以获得健康结构在各种不同环境温度条件下的各阶频率的正常值及其变化规律。在实际结构评价的测量中，可以根据环境温度来判断所测量的频率是否属于正常范围。当我们建立了健康结构的频率和温度之间的关系后，就可以消除温度变化对结构评价的影响。从这个意义上说，任何一阶频率均可选为结构评价的基本模态参数。当然，基本模态参数的选取还要考虑其他因素。

7.2.2　风与车辆的影响

对于大跨度索桥，由于柔性结构力学行为与振幅的相关性，其动力特性不仅与环境温度有关，而且与风和交通荷载有很大关系。Fujino 等曾就风速对 Hakucho 悬索桥基本模态特性的影响进行研究[5]。提出了一种将随机减量法与易卜拉欣（Ibrahim）时域方法相结合的新方法实现对固有频率、阻尼、模态振型的识别。获得的固有频率和振型与三维有限元模型的计算结果符合较好。结果表明，第一阶竖向弯曲模态的固有频率随着风速的增加而明显降低。

香港汀九桥（如图 7.9 示）为三塔四跨单层桥面斜拉桥，跨径布置为 127m＋448m＋475m＋127m。由模态分析和试验测试得到的前 4 阶竖向弯曲模态频率如表 7.2 所列，其中第 1 和第 4 个竖向弯曲模态振型如图 7.10 所示[6]。1999 年 9 月 16 日 12 级台风 York 袭击香港，最大风力发生在 16 日 9 时，桥址最大风速接近 40m/s。由监测系统记录的桥面水平风速 15min 平均值如图 7.11 所示。采用桥面一点竖向加速度数据分析，0 时、9 时、13 时的加速度频谱如图 7.12 所示。从中可见，上述两阶竖弯模态频率在三个时段存在显著差异。从三个时段的风速和温度影响综合相关分析，可以看出这种差异主要来自风速。

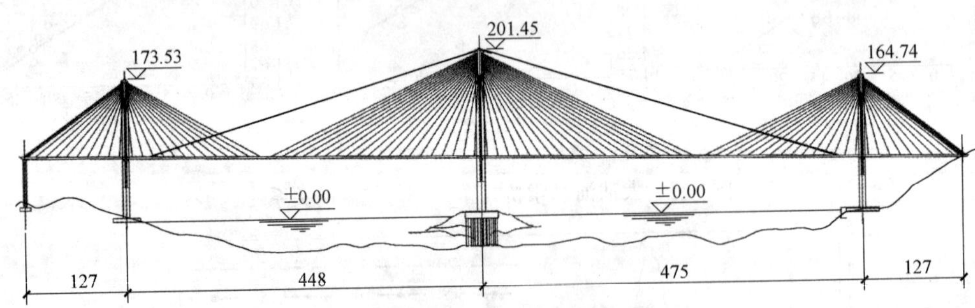

图 7.9　汀九桥立面布置图

汀九桥前 4 阶竖向弯曲模态频率　　表 7.2

竖向弯曲模态号	测量值(Hz)	计算值(Hz)
1	0.1618	0.1632
2	0.3145	0.3002
3	0.3527	0.3439
4	0.3727	0.3701

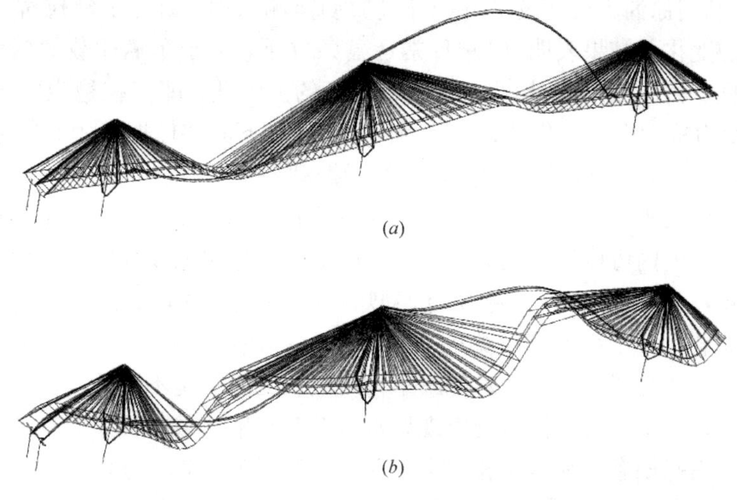

图 7.10 第 1 和第 4 阶竖向弯曲模态
(*a*) 第 1 阶竖弯模态；(*b*) 第 4 阶竖弯模态

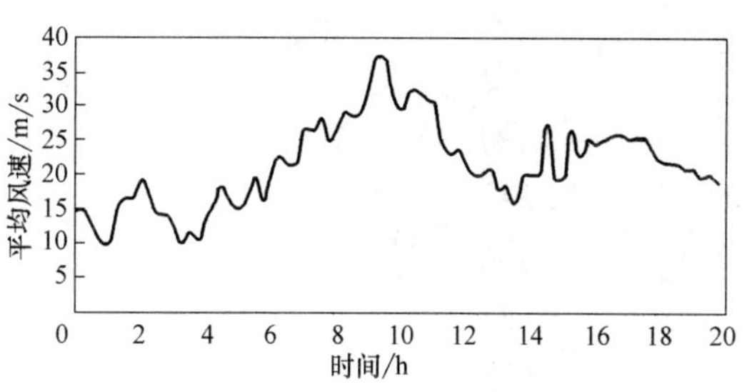

图 7.11 台风"York" 15min 平均风速

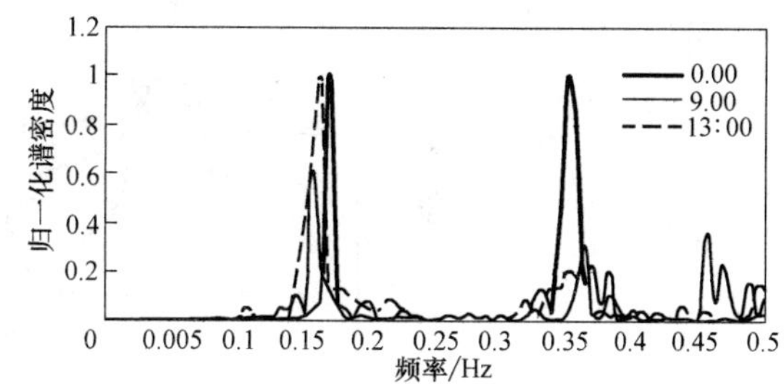

图 7.12 台风期间不同时段的加速度谱

为考察台风期间汀九桥频率受风速的影响情况，对多个时段的加速度数据进行了分析，上述第 1 和第 4 两阶频率与对应时段的平均风速之间的关系如图 7.13 所示。可见，虽然风速和频率之间的关系存在较大的离散性，但是随着风速的提高，频率总体上呈下降趋势，变化趋势和幅度与以往研究相吻合。

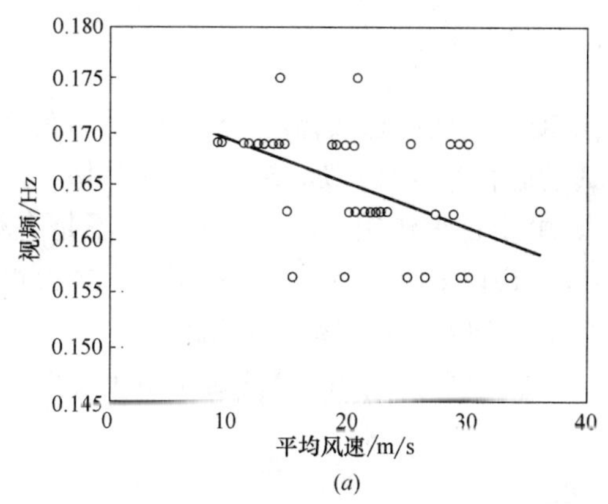

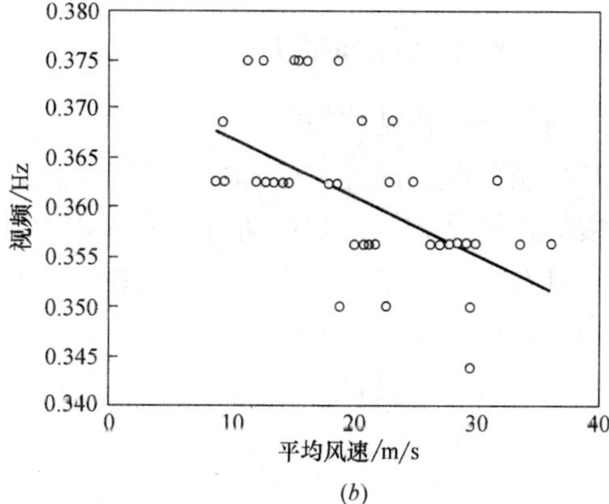

图 7.13 台风期间频率与风速的关系
(*a*) 第 1 阶竖弯模态；(*b*) 第 4 阶竖弯模态

文献［7］利用徐浦大桥连续24h的环境振动监测数据，研究了斜拉桥在正常运营条件下动力特性的变化。结果表明（1）日常运营条件下，由于车辆荷载的变化，大桥振动强度随时间变化，桥面振动加速度响应是非平稳的。因此，即使在稳定的风和温度环境下，大桥实测动力特性也是变化的；（2）大桥2Hz以下的整体振动固有频率在一天中可以发生接近1%的变化。交通荷载的变化对桥梁振动频率有一定的影响；（3）大桥各阶振型模态幅值的变化很小，车辆荷载引起的桥面各位置模态挠度的变化甚微。但是，桥梁各振型的阻尼比在一天内可以发生很大的变化。阻尼比随桥梁振动强度而变化，当桥面加速度响应均方根超过某一水平时，几乎所有振型的阻尼比均明显增大。

计入车辆荷载，等于增加了桥梁的质量，因此，将导致大桥结构的各阶固有频率下降。因此，在不同的交通条件下，对健康结构所测量的频率是不同的，但是这些差别属于正常的频率变化，并不代表结构本身出现异常。关于车辆荷载对桥梁固有频率的影响，有关资料建议交通高峰期车辆荷载可按每延长米20kN计算。图7.14所示为对汲水门大桥前20阶频率的变化率，分别考虑了沿桥面每延长米5kN、10kN和20kN的车辆荷载。可见，当车辆荷载达到20kN/m时，汲水门大桥固有频率的相对变化一般都在1%左右。同时，高阶和低阶频率受车辆荷载的影响没有明显差别。

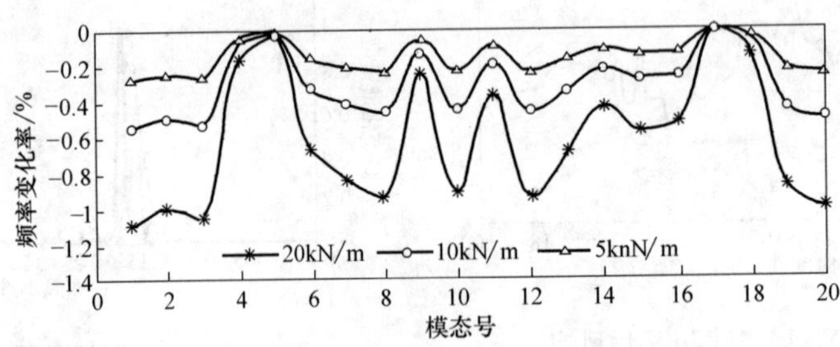

图7.14 前20阶频率对车辆荷载的灵敏度

7.3 斜拉桥的模态特征分析

7.3.1 斜拉桥模态的基本特征

随着斜拉桥结构规模的不断增大，它对很多动力荷载更趋敏感，甚至有时动力荷载成为其控制荷载。因此，对大跨斜拉桥而言，对其动态特性需要更加准确认识和掌握。对斜拉索的建模是斜拉桥结构动力分析的重要环节。由于自重作用，斜拉索的线形不是直线，而是具有一定垂度的。当采用空间轴力杆单元模拟斜拉索时，这个垂度是对单元的刚度有影响的，有时这种影响是不能忽略的。一种简便的处理方法，就是仍采用轴力杆单元，通过引入等效弹性模量的概念实现对刚度的修正。等效弹性模量的概念是Ernst首先提出来的：

$$E_{eq}=\frac{E}{1+\frac{q^2 l_h^2}{12T^3}EA} \tag{7.1}$$

式中：E—索材料的弹性模量；q—索单位长度的重量；L_h—索的水平投影长度；T—索拉力。

采用轴力杆单元模拟斜拉索，使有限元模型大为简化，减少了大量自由度。但是，同时也失去了本来存在的与拉索局部振动相关的模态。如果要将斜拉索的局部振动纳入分析，可将斜拉索离散为若干梁单元，同时仍要考虑索的初始张力的影响。在这样的模型中将产生大量与索局部振动相关的模态。根据已有研究，斜拉索的局部振动对斜拉桥的动力响应具有一定的影响[8-10]。在研究斜拉桥在风、地震等作用下的动力响应时，应适当考虑斜拉索局部振动这一因素。

大跨斜拉桥由于其大跨度和结构的柔性，在动力行为方面有其特殊性，它具有自振周期长、模态分布密集，并表现出明显的三维性和相互耦合的特点。以下以香港汲水门大桥为例，对斜拉桥的动态特性进行简要分析。汲水门大桥为铁路公路两用斜拉桥，主跨430m，采用钢框架混凝土板复合主梁。大桥立面如图 7.15 所示，双层索面共有 176 根斜拉索。

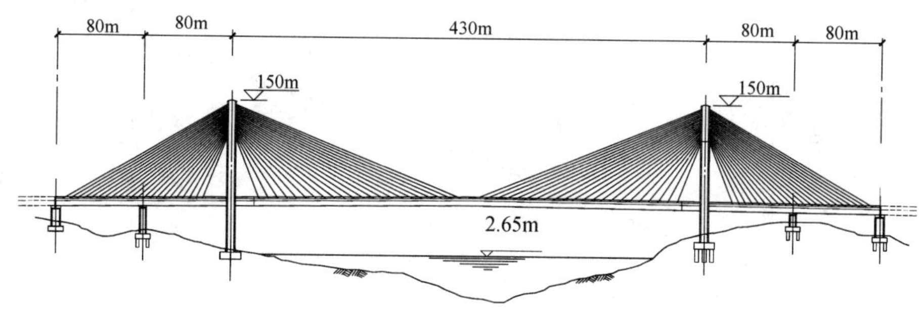

图 7.15 汲水门大桥立面图

首先为大桥建立了一个面向监测和损伤检测的有限元模型。该模型保留了结构的三维构造，独立描述了每一个构件的刚度和质量，并用实测模态参数对模型进行了修正。模型中将斜拉索的局部振动一并考虑，将每根斜拉索离散为 16 个梁单元。模态分析结果显示，斜拉桥的基频为 0.34Hz，为正对称竖向弯曲模态。斜拉索局部振动最小频率约为 0.55（Hz），进入这一范围后，斜拉索开始广泛参与结构的振动。由于 88 对斜拉索在截面尺寸、长度、张力、甚至材料上存在差异，因此斜拉索的局部振动模态极其丰富。另一方面，在一定差异之内包含大量的索，因此，模态分布又极其密集。在 0.34Hz 到 0.8Hz 之间的狭小频带内，分布了前 100 阶模态。而在这 100 个模态中，结构的整体模态（不包含斜拉索主导的模态）仅有 7 个，其余均为斜拉索的局部模态或以其为主导的耦合模态。

暂不考虑斜拉索主导的局部模态，提取的前 20 阶整体模态的频率如表 7.3 所列。前 120 阶整体模态频率和广义质量如图 7.16 和图 7.17 所示。可见，即使不考虑斜拉索的局部振动模态，斜拉桥的模态也是十分丰富和密集的。图 7.18 所示为几个典型的整体模态，为展示斜拉索在整体模态中的参与形态，其参与幅度被放大。可见，考虑斜拉索的振动后，即使在整体模态中斜拉索也具有广泛的参与性。

考虑索的模型计算的前20阶整体模态频率（不含索的局部模态）　**表7.3**

模态号	频率(Hz)	模态号	频率(Hz)
1	0.3440	11	1.0958
2	0.4269	12	1.1985
3	0.5295	13	1.2459
4	0.5697	14	1.3938
5	0.6838	15	1.4055
6	0.6974	16	1.4598
7	0.7814	17	1.4970
8	0.8321	18	1.5524
9	1.0154	19	1.5861
10	1.0732	20	1.6062

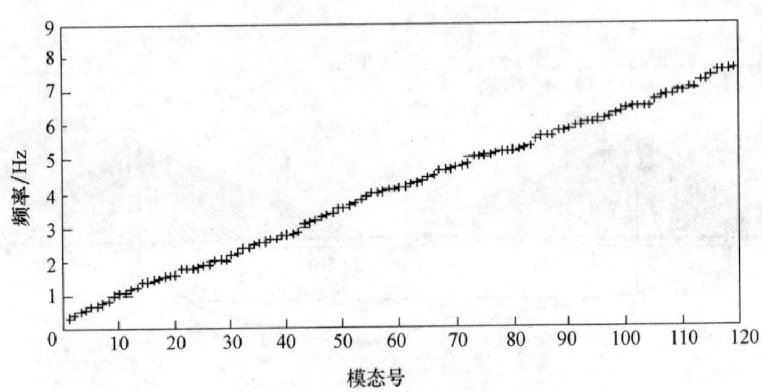

图7.16　前120阶整体模态频率

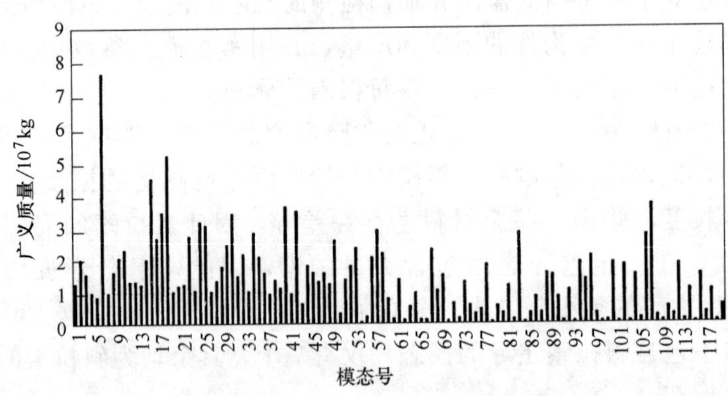

图7.17　前120阶整体模态广义质量

进一步分析表明，大多数整体模态都是耦合了不同方向上的模态分量，即都是三维模态。但是在很多模态中，不同模态分量或结构的不同部分的参与程度具有明显的不同。换言之，在很多模态中，某一结构部分的某一模态分量占有相对主导地位。基于主导模态的

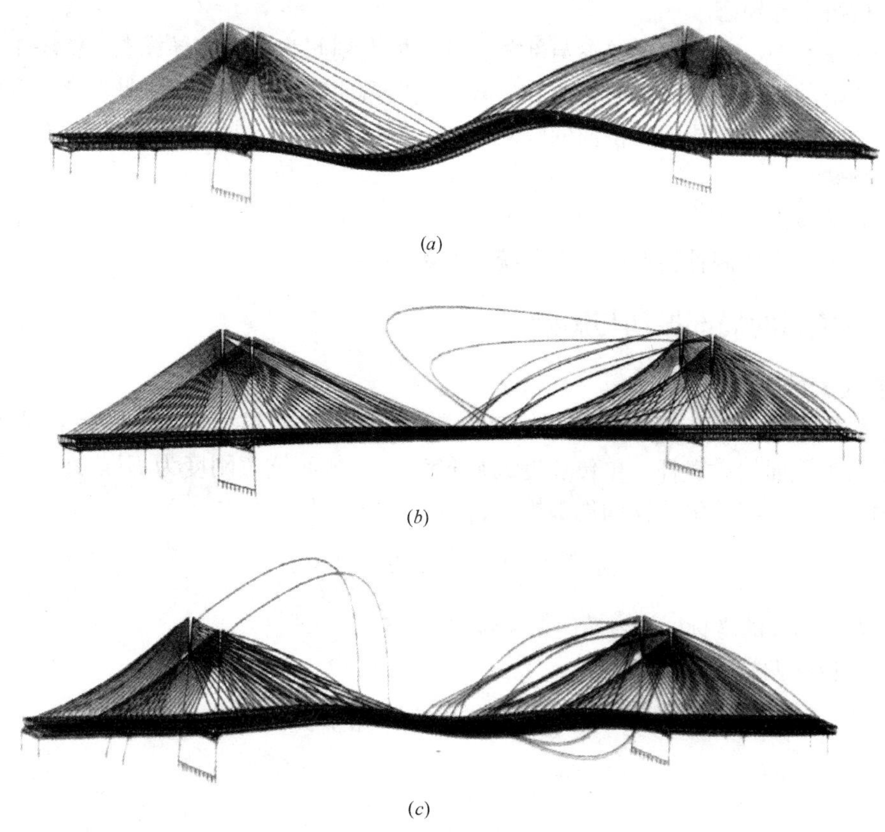

图 7.18 几个典型模态

(*a*) 3 阶模态（主梁竖弯主导，f=0.5295Hz）；(*b*) 5 阶模态（主梁侧弯主导，f=0.6838Hz）；(*c*) 6 阶模态（主梁竖弯主导，f=0.6974Hz）

概念，可将汲水门大桥的模态分为以下几类。(1) 桥面竖向（y 向）弯曲模态；(2) 桥面侧向（z 向）弯曲和扭转模态；(3) 斜拉索局部模态；(4) 桥塔主导模态；(5) 其他模态。

(1) 桥面竖向弯曲模态

在大多数桥面竖向弯曲模态中，桥面主跨是主要角色。只有在少数几个模态中，是由边跨主导的。这是因为结构的边跨受到桥墩的较强约束。很多桥面竖向弯曲模态都不同程度地耦合了桥塔的纵向（x 向）弯曲。

(2) 桥面侧向弯曲和扭转模态

由于在绝大多数情况下桥面侧向弯曲与扭转是耦合在一起的，所以，此处将二者划分为一类。在这类模态中，没有几个模态是纯粹的侧向弯曲或是纯粹的扭转。在大多数这类模态中，结构的主跨和边跨都以接近的程度参与，并且伴随桥塔的侧向弯曲与扭转。

(3) 斜拉索局部模态

汲水门大桥共有 88 对斜拉索。每一对索在几何、材料或张力等方面都是不同的。因此，斜拉索的局部振动模态是大量的。它们在一个较宽的频带内密集地分布着。每遇到整体模态出现时，总有大量的斜拉索局部振动相伴随。

（4）桥塔主导模态

在一些模态中，桥塔是主要参与部分。这类模态划归为桥塔主导模态。桥塔主导模态主要包括桥塔的纵向弯曲、侧向弯曲和扭转。侧向弯曲和扭转的耦合也是常常出现的。通常，桥塔的纵向弯曲都伴随有桥面的竖向弯曲。桥塔的侧向弯曲和扭转都伴随有桥面的侧向弯曲和扭转。

（5）其他模态

不能划归为上述四种类型的模态，统一归为一类。

7.3.2　斜拉索的局部振动与影响

1. 斜拉索的振动

由于斜拉索构件的几何特点，相对于桥塔和主梁而言，斜拉索存在显著的局部振动。设斜拉索为等截面均质直杆，单位长度的质量为 m，截面抗弯刚度为 EI，具有沿轴线均匀分布的张力 T，则其斜拉索的局部横向自由振动方程为：

$$m\frac{\partial^2 y}{\partial t^2}+EI\frac{\partial^4 y}{\partial x^4}-T\frac{\partial^2 y}{\partial x^2}=0 \tag{7.2}$$

其中，x 为沿轴线的坐标，y 为横向振动位移。

假定斜拉索两端为铰支，则：

$$y(x,t)=A\sin\frac{n\pi x}{L}\sin\omega_n t$$

动能

$$K_{\mathrm{E}}=\int_0^L\frac{1}{2}m\left(\frac{\partial y}{\partial t}\right)^2\mathrm{d}x=\frac{1}{2}m\omega^2A^2\cos^2\omega t\int_0^L\sin^2\frac{n\pi x}{L}\mathrm{d}x=\frac{1}{4}m\omega^2A^2L\cos^2\omega t$$

（注：$\int_0^L\sin^2\frac{n\pi x}{L}\mathrm{d}x=\frac{L}{2}$）

其势能：

$$\begin{aligned}P_{\mathrm{E}}&=\int_0^L\frac{1}{2}EI\left(\frac{\partial^2 y}{\partial x^2}\right)^2\mathrm{d}x+T\int_0^L\frac{1}{2}\left(\frac{\partial y}{\partial x}\right)^2\mathrm{d}x\\&=\left[\frac{1}{2}EI\left(\frac{n\pi}{L}\right)^4+\frac{T}{2}\frac{n^2\pi^2}{L^2}\right]A^2\sin^2\omega t\int_0^L\sin^2\frac{n\pi x}{L}\mathrm{d}x\\&=\left(\frac{n^4\pi^4EI}{4L^3}+\frac{n^2\pi^2T}{4L}\right)A^2\sin^2\omega t\end{aligned}$$

由最大动能等于最大势能，得到：

$$\omega_n^2=\left(\frac{n\pi}{L}\right)^2\frac{T}{m}+\left(\frac{n\pi}{L}\right)^4\frac{EI}{m} \tag{7.3}$$

得固有频率：

$$f_n=n\sqrt{\frac{T}{4mL^2}+\frac{n^2\pi^2EI}{4mL^4}} \tag{7.4}$$

因此，在频域里，斜拉索的频谱呈现出间距逐渐加大的谱线峰值。而当索的长细比较大时，根号内的第二项对比较低阶次的频率相对贡献很小，可以忽略不计，则第 n 阶模态的固有频率 f_n 简化为：

$$f_n=\frac{n}{2L}\sqrt{\frac{T}{m}} \tag{7.5}$$

可见，对于不计抗弯刚度的铰支斜拉索，其各阶频率是按基频倍增的，频谱图从而完全成为等间距的谱线。通常，索的长细比越大，上述关系受索力大小、弯曲刚度、垂跨比、两端支承条件和倾角等因素的影响越小。图 7.19 所示为某斜拉桥不同长度斜拉索的实测加速度频谱，可见频率的分布特征十分显著。

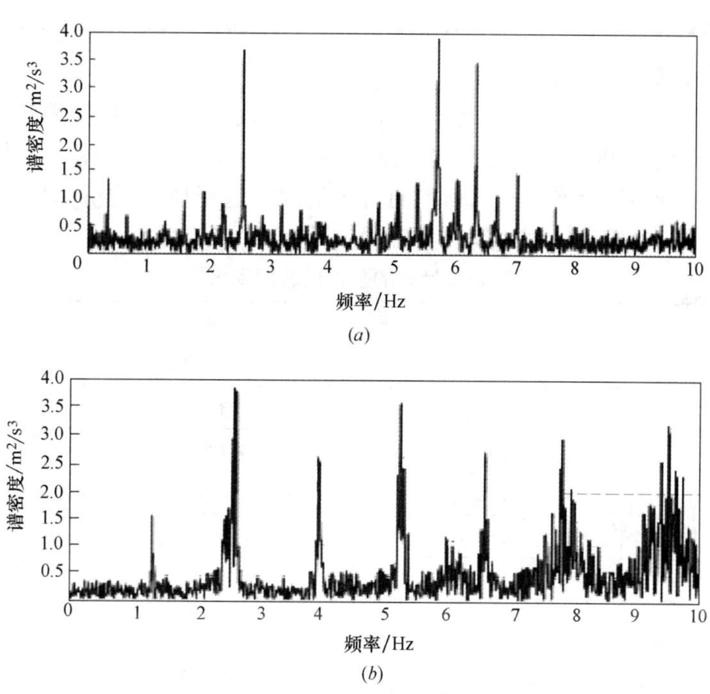

图 7.19 斜拉索的实测加速度频谱

(a) 较长索；(b) 较短索

表 7.4 给出了汲水门斜拉索局部模态自振频率（Hz）计算值与测量值比较，可见低阶频率吻合很好，随着阶次增加，二者误差逐渐增大。

汲水门斜拉索局部模态自振频率计算值与测量值比较（Hz） **表 7.4**

索局部模态号	说明	3 号索（前排）	3 号索（后排）	1 号索（前排）	1 号索（后排）	−1 号索（前排）	−1 号索（后排）	−3 号索（前排）	−3 号索（后排）
1	计算值	0.61	0.61	0.56	0.56	0.56	0.56	0.61	0.61
	测量值	0.61	0.61	0.59	0.59	0.56	0.56	0.61	0.61
2	计算值	1.20	1.20	1.12	1.12	1.12	1.12	1.22	1.22
	测量值	1.20	1.20	1.15	1.15	1.12	1.12	1.22	1.22
3	计算值	1.81	1.81	1.67	1.67	1.67	1.67	1.83	1.83
	测量值	1.81	1.81	1.73	1.73	1.71	1.71	1.83	1.83
4	计算值	2.40	2.40	2.20	2.20	2.20	2.20	2.39	2.39
	测量值	2.42	2.42	2.29	2.32	2.27	2.27	2.44	2.47

续表

索局部模态号	说明	3 号索（前排）	3 号索（后排）	1 号索（前排）	1 号索（后排）	－1 号索（前排）	－1 号索（后排）	－3 号索（前排）	－3 号索（后排）
5	计算值	2.96	2.96	2.71	2.71	2.71	2.71	2.91	2.91
	测量值	3.03	3.03	2.88	2.88	2.83	2.83	3.05	3.08
6	计算值	3.49	3.49	3.20	3.20	3.20	3.20	3.47	3.47
	测量值	3.64	3.61	3.44	3.47	3.39	3.39	3.66	3.69

2. 斜拉索局部振动的影响

为了考察索的局部振动对整体模态的影响，采用轴力杆单元模拟斜拉索（简化模型）对汲水门桥进行模态分析。将简化模型和原模型计算的模态进行了比较，表 7.5 给出了两种模型分别计算的前 10 阶整体模态频率的对比情况。这里所说的整体模态，是指除了索的局部振动模态以外的模态，即能够由简化模型得到的那些模态。

两种模型计算的整体模态频率比较　　**表 7.5**

模态号	自振频率		
	原模型(Hz)	简化模型(Hz)	误差(%)
1	0.3440	0.3428	－0.35
2	0.4269	0.4284	0.35
3	0.5295	0.5267	－0.53
4	0.5697	0.5651	－0.83
5	0.6838	0.6755	－1.21
6	0.6974	0.7035	0.87
7	0.7814	0.7616	－2.53
8	0.8321	0.8319	－0.02
9	1.0154	1.0047	－1.05
10	1.0732	1.0646	－0.80

从表 7.5 所列结果看，就大桥整体模态的频率而言，两个模型对结构动态特性产生的差别是不大的。频率的最大相对误差为 2.53%，发生在整体第七阶模态上。该阶模态以桥面结构的扭转为主导。绝大多数误差都在 1%以内。

通过两种模型的比较发现，原模型所产生的新增加的模态可以分为两类。第一类是斜拉索的局部振动模态，第二类是桥面或桥塔与斜拉索之间通过动力相互作用而产生的耦合模态。正如下面将要讨论的，耦合模态常常一串一串地出现。属于同一串的模态具有密集分布的自振频率，以及桥面或桥塔上呈现的相似振型而伴随不同的斜拉索局部振动。这也说明了为什么在实测的桥面响应谱中存在成串密集分布的共振峰。

7.3.3　梁/塔与斜拉索的耦合作用

由上面的分析可见，就整体模态频率而言，两种模型的差别是不大的。但是，考虑了斜拉索的局部振动后，增加了大量的与斜拉索有关的模态，其中包括了斜拉索与大桥其他部分之间的耦合模态。这种耦合主要是发生在桥面与斜拉索以及桥塔与斜拉索之间。研究表明，桥面或桥塔与斜拉索之间的耦合模态一般出现在以桥面或桥塔为主导的整体模态附近。其主要特点是若干个模态中桥面或桥塔的振型相同或相似，但伴随不同的斜拉索的振动。详细地了解和掌握这种耦合现象的特点，对于正确地进行模态识别是至关重要的。

图 7.20 所示为桥面上 6 个相临模态的 y 方向分量。它们是由考虑斜拉索局部振动的原始模型获得的。这些模态沿桥面纵向的形状是相似的，具有相同的波形和波数。但是，每一模态上索的参与是完全不同的，因此频率也是不同的。由于斜拉索的局部模态在频域内分布十分密集，因此，在上述模态中无论是索的参与数量，还是索的振型都具有较大不同。

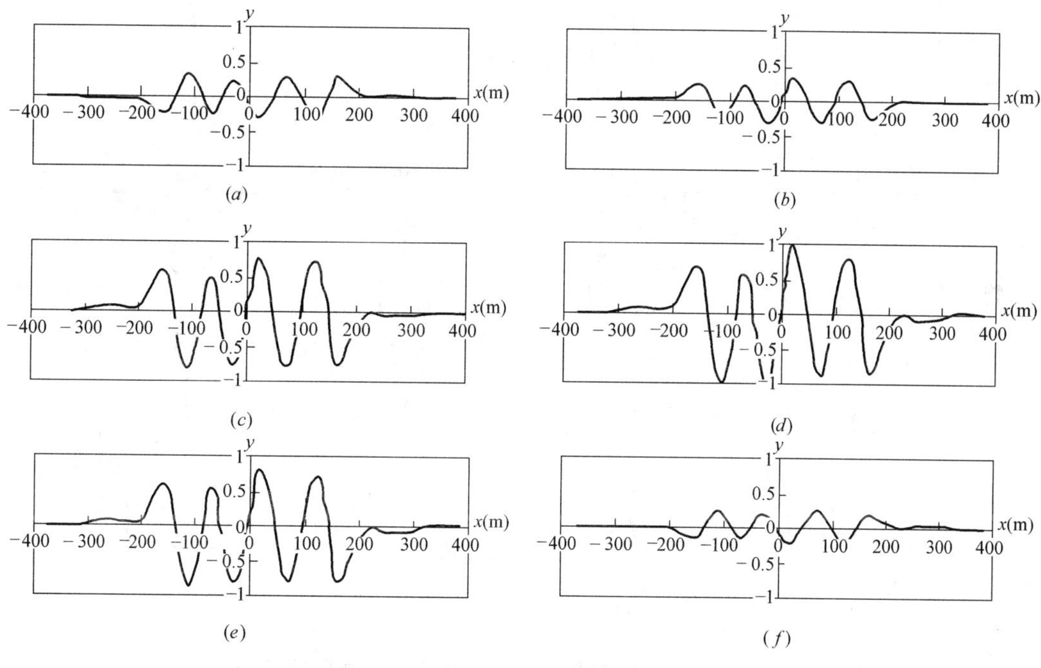

图 7.20 在不同的索参与下，相似的桥面竖向弯曲模态

(*a*) f=3.0841 (Hz)；(*b*) f=3.0925 (Hz)；(*c*) f=3.0999 (Hz)；
(*d*) f=3.1034 (Hz)；(*e*) f=3.1096 (Hz)；(*f*) f=3.1265 (Hz)

桥塔与斜拉索的耦合具有类似的特性。每个桥塔为具有两个腿的 H 形塔，图 7.21 为 8 个相临模态中一个塔两腿的 z 方向分量。这些相似的桥塔模态耦合了不同的斜拉索的振动。例如，在模态（*a*）中，参与振动的两对索为面外振动，而模态（*e*）中几乎所有参与振动的索既有面内振动的又有面外振动的。

模态的耦合导致一系列模态的密集分布。这些模态在桥面或桥塔上呈现相同或相似的形式，但耦合了不同数量及不同形式的斜拉索的局部振动，这一特性是无法由简化模型获得的。因此，只有考虑索的局部振动模型才能模拟在实测中所观测到的真实现象。在索桥振动试验中，由于各种限制，通常只能测量到桥面的响应。一个常见的问题是如何在所测到的一系列相似模态中挑出所关心的模态。应用考虑索的局部振动模型的模态分析可以有助于正确判断。

大多数损伤检测方法都需要将原始结构和损伤结构的模态配对。考虑斜拉索局部振动

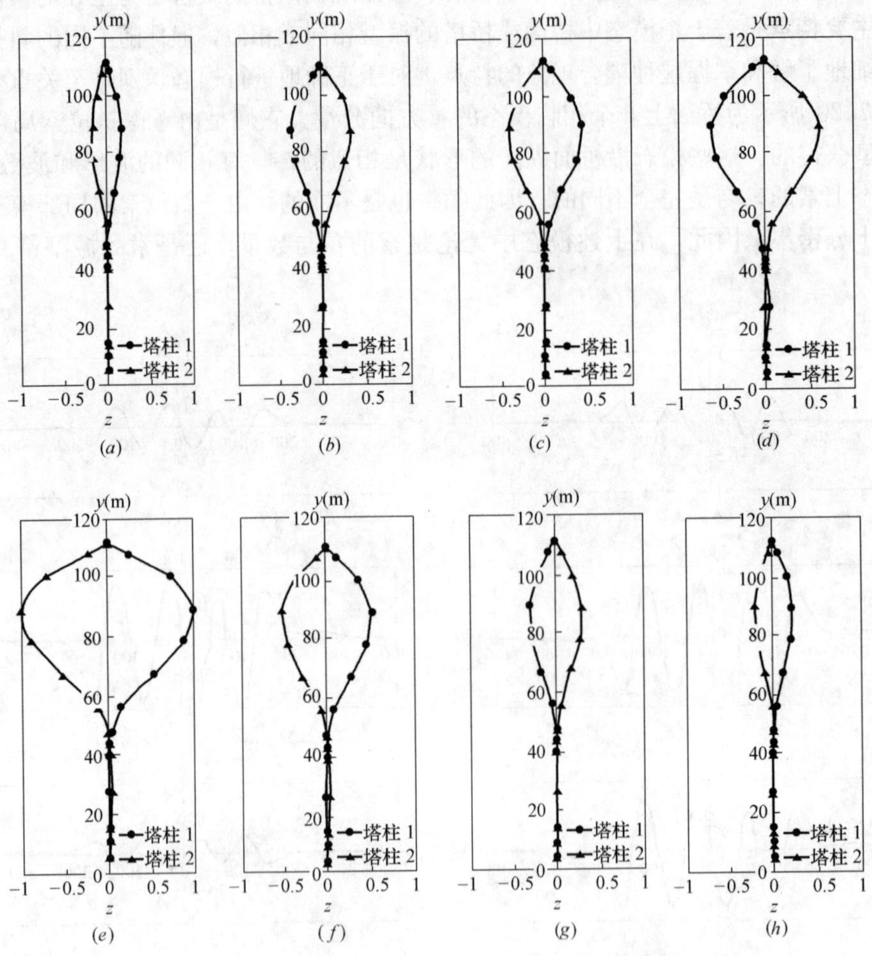

图 7.21　在不同的索参与下，相似的桥塔扭转模态

(a) $f=1.7261$ (Hz)；(b) $f=1.8050$ (Hz)；(c) $f=1.8606$ (Hz)；(d) $f=1.8905$ (Hz)；(e) $f=1.9169$ (Hz)；(f) $f=1.9445$ (Hz)；(g) $f=1.9889$ (Hz)；(h) $f=2.0088$ (Hz)

的模态分析是特别有助于正确识别损伤前后的相关模态。由于模态分布密集，损伤前某一特定模态的阶次损伤后可能发生改变。因此，还将应用 MAC（Modal Assurance Criterion）来识别结构损伤前后的相关模态。模态分类和模态灵敏度分析对于确定和选取适当的模态和构造恰当的基于模态参数的损伤指标是十分重要的。这些指标将应用于结构的损伤检测和健康监测。

7.4　悬索桥的模态特征

悬索桥以主缆为主要承重系统，并通常具有较大跨度，因此结构刚度是所有桥型中最小的。结构在力学行为上表现为显著的几何非线性特性。恒载对结构刚度的影响显著，因此在进行模态分析时，必须考虑结构的初始应力。根据大多数模态分析结果，大跨悬索桥的模态具有如下典型特征[11]：(1) 作为典型几何非线性大跨结构，大跨悬索桥的基本周期很长，远远超过一般建筑结构和高耸结构的基本周期；(2) 大跨悬索桥的模态表现以主梁、主缆为主的振型特别丰富，且出现得较早。前若干模态一般都是以主梁或主缆为主导，其中主梁主导的模态一般出现最早；(3) 大跨悬索桥桥塔横桥向的振动出现得较晚，且与主缆的振动相耦合。表 7.6 所列为润扬大桥和香港青马大桥的前 10 阶频率及阵型说明。

润扬大桥和青马大桥前 10 阶模态 **表 7.6**

模态号	润扬悬索桥		青马悬索桥	
	频率(Hz)	振型说明	频率(Hz)	振型说明
1	0.0608	主梁一阶正对称侧弯	0.0682	主梁正对称侧弯，主缆面外振动
2	0.1250	主梁一阶正对称竖弯	0.1193	主梁反对称竖弯，主缆面内振动
3	0.1426	主梁一阶反对称竖弯	0.1438	主梁竖向弯曲，主缆面内振动
4	0.1513	主梁一阶反对称侧弯	0.1584	主梁反对称侧弯＋扭转的耦合
5	0.1696	主梁二阶正对称竖弯	0.1947	主缆面外振动
6	0.1900	主梁二阶反对称竖弯	0.2003	主梁竖弯＋主缆面内振动
7	0.2019	主缆面外异相振动	0.2176	主缆面外振动
8	0.2083	主缆面外异相振动	0.2190	主缆面内振动＋主梁侧弯
9	0.2182	主缆面外同相振动	0.2209	主缆振动＋主梁扭转与侧弯
10	0.2192	主缆面外同相振动＋主梁侧弯	0.2424	主梁侧弯与扭转＋主缆面内外振动

润扬大桥和青马大桥的最低阶模态都是以主梁正对称侧向弯曲为主要特征，这也是大多数大跨悬索桥的主要特征。如表 7.7 所示，千米以上悬索桥其最长振动周期都在 20s 左右，并与跨径密切相关。随着跨径的减小，一阶模态可能表现为纵飘或反对称竖向弯曲。

部分悬索桥第一阶模态 **表 7.7**

桥梁名称	主跨度(m)	主导振型	基频(Hz)
润扬南汊悬索桥	1490	主梁正对称侧弯	0.0496
江阴长江大桥	1385	主梁正对称侧弯	0.0509
香港青马大桥	1377	主梁正对称侧弯	0.0683
宜昌长江大桥	960	主梁正对称侧弯	0.0705
虎门珠江大桥	888	主梁正对称侧弯	0.0882
厦门海沧大桥	648	主梁纵飘	0.1138
汕头海湾大桥	452	主梁反对称竖弯	0.1842

大型悬索桥结构的模态类型丰富，形式复杂，不同结构之间亦存在一定差别，严谨的分类是困难的。对主要模态一个粗略划分如下：(1) 整体竖向弯曲模态；(2) 整体侧向弯曲和扭转模态；(3) 主缆局部摆动模态；(4) 边跨主梁主导模态；(5) 桥塔主导模态（弯曲和扭转）。

(1) 整体竖向弯曲模态

悬索桥的第一阶整体竖向弯曲模态，一般情况下都为完整波形，而不是半波形。表现为主梁的竖向振动和主缆的面内振动。对于大多数竖向弯曲模态，边跨梁都有显著参与。

(2) 整体侧向弯曲和扭转模态

主梁整体侧向弯曲和整体扭转通常在很多模态中存在耦合，相应地，主缆也表现为面内与面外的振动耦合。在这类态中，一般只有个别模态接近于纯侧向弯曲或纯扭转模态。

(3) 主缆局部摆动模态

主缆一般拥有较多的局部振动模态，而且多数是主缆的侧向摆动。双主缆的这些模态往往成对出现，一个是二者同相位摆动，一个是二者反相位摆动。对于一些模态，主缆的同相位摆动会伴生桥塔的侧向弯曲，这样的模态归类为塔主导模态。

(4) 边跨主梁主导模态

悬索桥中还存在一些以边跨加劲梁为主导的模态。在这些局部模态中，往往一侧边跨加劲梁呈现比较显著的振动，而主跨和另一侧边跨的振动相对很小。这些模态可能是以加劲梁的竖向弯曲、侧向弯曲、扭转或耦合侧向弯曲和扭转为主。这些局部模态对边跨的损伤更为敏感，因此，是边跨监测方案中需要考虑的。

(5) 桥塔主导模态

有一些模态是以桥塔为主导的，这些模态可以是桥塔的侧向弯曲、顺桥向弯曲和扭转。对这些模态的有关监测通常对桥塔的局部评价具有重要意义。

参考文献

[1] 陈德成，姜节胜，随机减量技术的方法与理论［J］. 振动与冲击，1984，4：31-40.

[2] 赵骏．基于环境振动的结构模态参数识别方法及其软件实现［D］. 大连：大连理工大学，2008.

[3] 徐佳，黄声享，麻凤海，基于改进 HHT 理论的大型桥梁动态特性分析，武汉大学学报（信息科学版），2010，35（7）：801-805.

[4] Peeters B，Roeck G D. One-year monitoring of the Z24-Bridge：Environmental effects versus damage events [J]. Earthquake Engineering and Structural Dynamics，2001，30：149-171.

[5] Y Fujino，M Abe，H Shibuya，et al. Forced and Ambient Vibration Tests and Vibration Monitoring of Hakucho Suspension Bridge，Journal of the Transportation Research Board，1696（1）：57-63 • January 2000.

[6] REPORT NO. 3（c），Finite Element Modelling and Modal Sensitivity Analysis of the Ting Kau Cable-Stayed Bridge [R]. Department of Civil and Structural Engineering，The Hong Kong Polytechnic University，Hong Kong. 5 January 2000.

[7] 张启伟，斜拉桥正常运营条件下振动特性的变异性，同济大学学报，2002，30（6）：661-666.

[8] Abdel-Ghaffar，A. M. and Khalifa，M. A.（1991）. "Importance of CableVibration in Dynamics of Cable-Stayed Bridges." ASCE Journal of Engineering Mechanics，117，2571-2589.

[9] Caetano，E.，Cunha，A. and Taylor，C.（1998）. "TheRole of the Stay Cables in the Seismic Response of Cable-Stayed Bridges." Proceedings of the 16th International Modal Analysis Conference，Santa Barbara，California，USA，Vol. 2，1346-1352.

[10] Tuladhar，R.，Dilger，W. H. and Elbadry，M. M.（1995），"Influence of Cable Vibration on Seismic Response of Cable-Stayed Bridges." Canadian Journal of Civil Engineering 22，1001-1020.

[11] 杨大林，大跨悬索桥模态分析［J］. 公路交通科技（应用技术版），2014，12：238-241.

第 8 章　索力的监测分析与评价

8.1　索力的监测

应对主缆、斜拉索、吊索等缆索进行索力监测。缆索作为结构中主要承力构件对桥梁的安全运行起着至关重要的作用。一般应选择不同规格的拉索和索力较大、应力幅值变化较大的索结构进行监测。针对桥梁索力测试已开发了多种方法，例如振动法、压力法、磁通量法等。

8.1.1　振动法

振动法是依据索力与索的振动频率之间存在对应关系，通过实测索的频率来识别索力的方法。在已知索长度、两端约束情况、分布质量等参数时，将高灵敏度的拾振器安装在斜拉索上（如图 8.1），拾取拉索的振动信号，经过频谱分析获得斜拉索的自振频率，进而由索力与拉索自振频率之间的关系获得索力。通过拉索振动频率的测量来推算索拉力是索力测量的主要方法之一[1, 2]。此方法使用方便、灵活、成本低且可以实现在线测量，在桥梁施工监控及其后期运营的日常养护中被广为使用。振动法测索力的可靠性及精度取决于振动测量与分析精度以及拉索实际振动行为与计算模型的符合程度[3]。

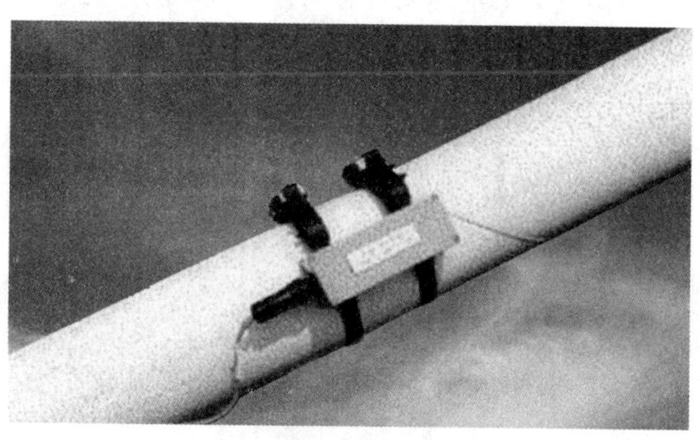

图 8.1　安装于拉索的传感器

假定斜拉索两端为铰支，则可得到索力与频率的关系：

$$T=\frac{4mL^2 f_n^2}{n^2}-\frac{n^2\pi^2 EI}{L^2},(n=1,2,\cdots) \tag{8.1}$$

其中，T 为索力，m 为单位长度的质量，EI 为截面抗弯刚度，L 为索长，f_n 为斜拉索第 n 阶模态的固有频率。

在实际工程中的拉索边界条件介于两端铰接和两端固结状态之间，斜拉索也具有一定垂度和不同的倾角。这些因素在一定条件下，对基于振动法的索力估算具有不同程度的影响。为此，很多学者对振动法测试索力进行了广泛的研究，提出了各种实用计算模型和公式。通常，索的长度越长，用上述方法估算索力的精度越高。图8.2所示算例显示了随着索长的增大，索端固定模型和铰接模型所计算的频率的差异逐步减小的情况。

对于较短的索，忽略实际支撑条件的影响，一律按两端铰接计算，得到的索力结果相差是十分明显的。例如，索长50m，固定静态索力4000kN，在不同弹性支撑参数下对索在横向激励下的振动进行时程分析，由横向加速度时程得到一阶固有频率。然后一律采用两端铰接、并不计抗弯刚度的索力计算公式估算索力。由图8.3可见，估算的索力变化范围大约在（4000－150，4000＋350），即计算误差在（－3.75%，＋8.76%）。

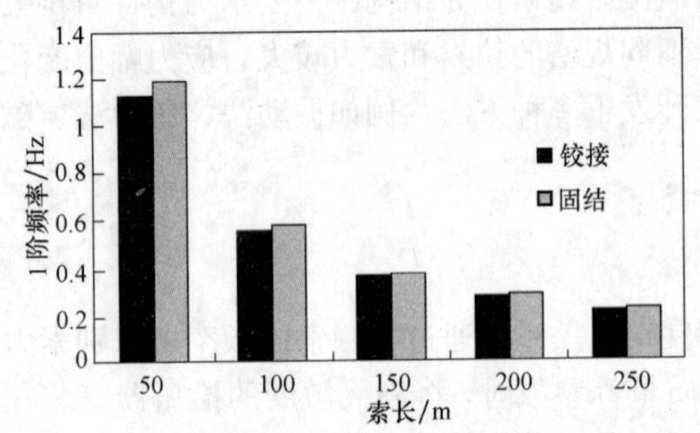

图8.2　不同长度拉索的频率受支撑条件的影响情况

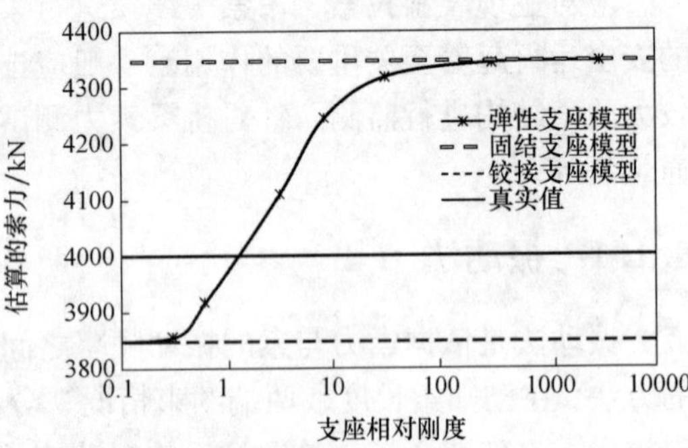

图8.3　短索的索力估算受支撑条件的影响情况

工程实践证明，对于大多数斜拉桥上的长细比大于1000的拉索可简化为两端铰支边界条件来分析，所产生的误差一般小于3%[3]，在工程上是可接受的。因索力计算精度受频率测试精度的影响，以及拉索振动频率主要集中在低频段，设计振动法索力测试仪时应选用具有低频特性好、灵敏度高的加速度传感器作为振动测量的敏感元件。图8.4所示为采用振动法索力计测得的某斜拉桥拉索24h索力。

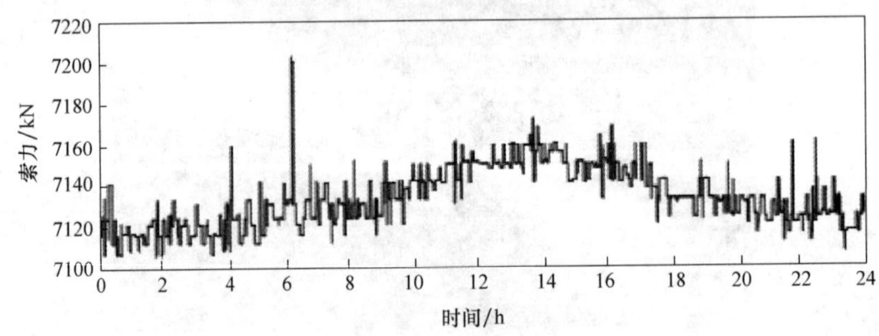

图8.4　振动法索力计测得索力

8.1.2　磁通量法

磁通量法是近十年发展起来基于磁弹效应原理测量缆索索力、监测缆索工作状态的方法。图8.5所示为已经安装在拉索上的磁通量传感器。

1. 测量原理

磁通量传感器是基于铁磁性材料的磁弹效应原理制成的。当铁磁性材料受到外力作用

图 8.5 已安装的磁通量传感器

时，其内部产生机械应力，相应地磁导率发生改变，因此可通过测定磁导率变化来反映应力变化。磁通量传感器一般由两个线圈组成，即初级线圈和次级线圈，如图 8.6 所示。初级线圈通入脉冲电流，由于有铁芯试件存在，通电瞬时会在次级线圈中产生瞬时电流，得到一个瞬时电压。电磁感应产生的电压的大小依赖于铁芯材料的磁导率，铁芯材料的磁导率又与铁芯的应力状态相关，根据感应电压与应力的关系实现测量。磁通量传感器技术对于体外索检测和体内预埋监测已经是成熟技术。

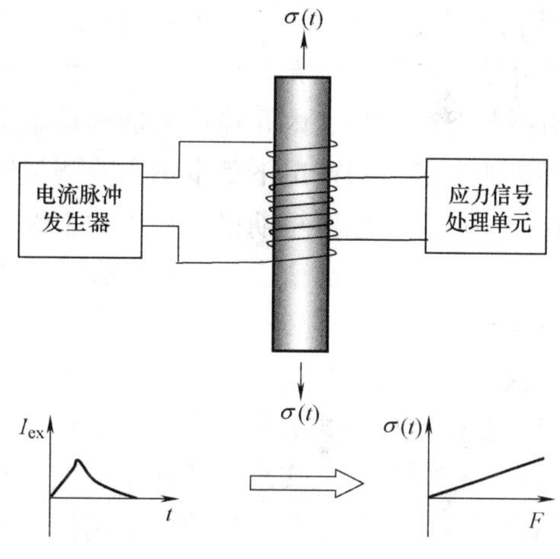

图 8.6 磁通量传感器工作原理

铁磁材料磁导率变化 $\Delta\mu$ 与应力 σ 关系的数学模型为：

$$\Delta\mu=-2\lambda_m\left(\frac{\mu_1}{B_m}\right)^2\sigma \qquad (8.2)$$

其中 λ_m 为磁化饱和状态铁磁材料磁致伸缩系数，μ_1 为没有外力作用下铁磁材料的磁导率，B_m 为磁化饱和状态的磁感应强度。由上式可知，当铁磁材料的 λ_m 和 B_m 对应力不太敏感时，$\Delta\mu$ 与应力 σ 有很好的线性关系。

2. 传感器基本类型

磁通量传感器有套筒式和单旁路式，如图 8.7（*a*）和（*b*）所示。套筒式传感器结构简单，检测信号较为明显，但要实施在线测量，需要绕制线圈。单旁路式装夹方便，检测信号较小。在进行大直径缆索测量时励磁器体积较大，实际测量中应根据实际情况进行选择。

3. 主要特点

基于钢缆索磁弹效应的应力测量法，是一种新的无损检测技术。磁通量传感器与常规传感器的主要不同点在于构件是传感器的一部分，它直接感应构件的磁特性变化来测量应力。测试时不需要了解构件的加载历史和使用情况，而是通过感应构件的磁特性变化测量

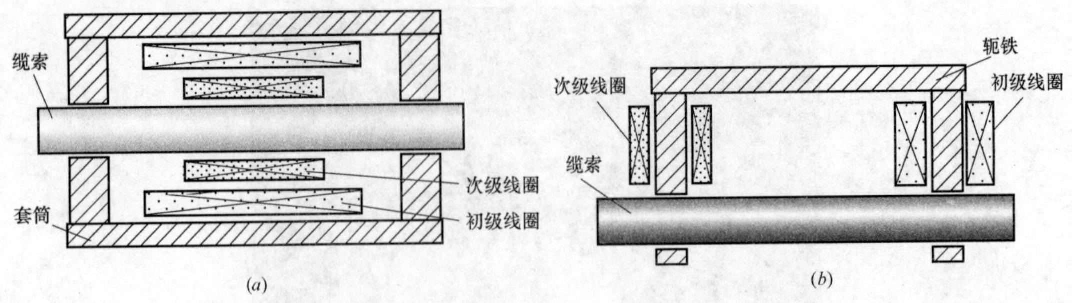

图 8.7　套筒式和单旁路磁通量传感器结构示意图
(a) 套筒式磁通量传感器；(b) 单旁路磁通量传感器

应力。

钢材的磁导率随温度变化而变化，从而影响测量结果，测量时需要消除温度影响。在零应力下做好温度标定，然后可以通过温度补偿推广到其他温度下使用。传感器内充水或非导磁介质对测量结果无影响。磁通量传感器属于非接触测量，传感器与试件之间存在空隙，有时甚至可能是大内孔径传感器测量小构件。测量过程难免存在传感器偏斜情况，试验结果表明一般偏斜情况下基本不影响测量结果。

传统的压力传感器短期精度高、动态性好，但需要串联在受力结构中。在荷载的长期作用下，会出现材料徐变、形变传递失真、零点漂移等问题，耐久性和长期精度比较难保证。由于在受力状态下较难重新校准或更换，因此传统的压力传感器用于长期监测有一定的局限性[4]。磁通量传感器技术从结构和原理上，较好地应对了长效性问题：

（1）通过非接触式测量解决了传感器受力疲劳影响寿命的问题；

（2）用模拟标定来实现运营状态的数据校准；

（3）可以直接在已受力的拉索上制作及安装，在不影响桥梁运营的前提下进行索力监测或传感器更换。

目前磁通量传感器技术被广泛应用于测量铁磁性材料制成的棒材和拉索应力，包括平行钢丝索、钢绞线索、体内预应力钢绞线束、钢丝绳、精轧螺纹钢等构件[5, 6]。以它为基础构建的索力监测系统，在国内外的工程实践中得到大量的应用。国内较早大规模应用磁通量传感器监测大型桥梁索杆拉力的是杭州的钱江四桥[7]。此外，在香港昂船洲大桥在线监测，宜宾长江大桥斜拉索在线监测，夷陵长江大桥斜拉索索力监测，京沪高铁拱桥吊杆索力监测，宁杭高铁拱桥吊杆索力监测，广珠铁路吊杆索力监测等工程中都采用了该技术，极大地丰富了索力监测的手段，并推动结构健康监测技术的发展。

8.1.3　压力法

使用测力传感器是直接测试锚索类构件张力的主要手段，其中的环式测力传感器（测力环）是常用的类型。将传感器安装在拉索的锚固端，通过直接承担拉索施加的压力来实现索力的测量。传感器主要由承压构件（承重筒）内置敏感部件构成。根据敏感部件的类型，一般有钢弦式，差阻式，光纤光栅式等。

1. 振弦式锚索测力计

振弦式锚索测力计主要由承重筒、保护桶、弦式敏感部件及激振线圈等组成，敏感部件为振弦式应变计。在测力钢筒上均布着若干（一般3～6支）振弦式应变计，当荷载使承重筒产生轴向变形时，应变计与承重筒产生同步变形。变形引起应变计振弦的张弛，使振弦力发生变化，从而改变振弦的振动频率。电磁线圈激振弦并测量其振动频率，频率信号经电缆传输至读数装置，即可测出引起受力承重筒变形的应变量，进而换算得到索力。弦式应变计可测出作用在锚索测力计上的总荷载，同时通过测读每支应变计，还可以测出不均匀荷载或偏心荷载。图8.8为NVMS型振弦式锚索测力计示意图。

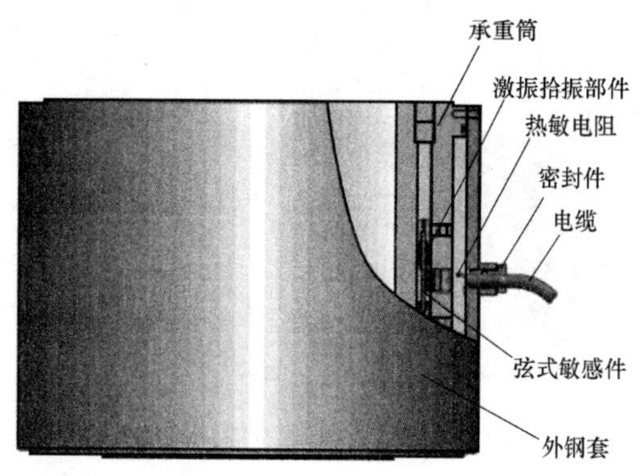

图8.8 NVMS型振弦式锚索测力计示意图

2. 差阻式锚索测力计

差阻式锚索测力计在测力的承重筒上均布着多支差阻式应变计，当荷载使承重筒产生轴向变形时，应变计与承重筒产生同步变形，通过差阻式应变计的读数，即可测出引起受力承重筒变形的应变量，进一步换算得到索力。

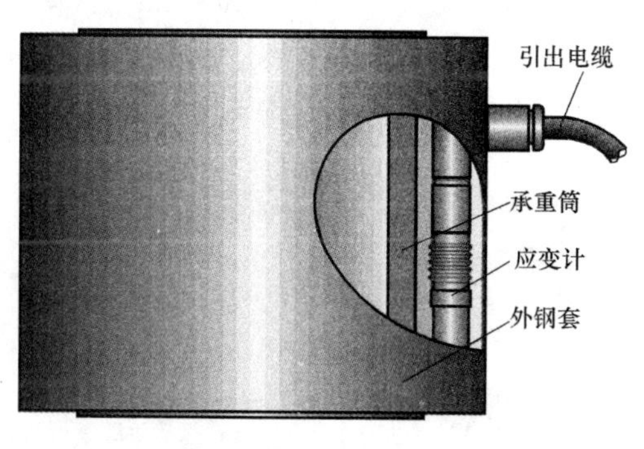

图8.9 NZMS型差阻式锚索测力计示意图

图8.9为NZMS型差阻式锚索测力计示意图，主要由承重筒、外钢套、敏感部件及信号传输电缆、密封件等组成。敏感部件为差阻式应变计，多支差阻式应变计均布在测力的承重筒上。根据要求的不同，测力计的电缆出线主要有两种方式：（1）单电缆方式，锚索测力计内几支应变计的电缆在内部并线后，几支应变计组成全桥测量线路，引出一根三芯电缆。这种出线方式不影响仪器的正常使用，仪器给出平均最小读数和平均电阻比变化量。但该方式不能测量锚索测力计的偏心受力情况，特别是在锚索测力计内的个别应变计出现问题时，可能会影响整台锚索测力计的使用。（2）多电缆方式，锚索测力计内几支应变计的电缆分别引出各自的三芯电缆，在锚索测力计外并线或分别接长。这种接线方式可解决单电缆引出时存在的上述问题，只是造成电缆用量增加。

3. 光纤光栅式锚索测力

光纤光栅锚索测力传感器，主体为高强度的金属筒体，通常筒体内封装3个或6个或9个光纤光栅传感器用于应变和温度测量，如图8.10所示。一般采用激光焊接技术使光纤光栅传感器紧密地附着在金属筒体上，多根光纤光栅经过串接，然后由一根光纤把信号传递给波长解调仪。解调仪可以测量作用在索力计上的总荷载，也可通过读取每个传感器

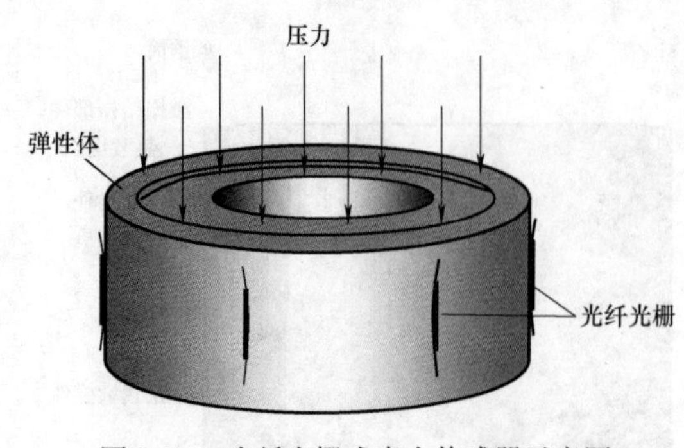

图 8.10　光纤光栅式索力传感器示意图

的物理量判断出不均匀荷载或偏心荷载。

工程应用表明，光纤光栅传感器除具有传统电类传感器的功能外，它还具有精度高、分布式传感、绝对数值测量、长期稳定性好、抗电磁干扰等优点，能很好地实现对锚索的实时、在线监测。图 8.11 为通过光纤光栅锚索计监测的 24h 斜拉桥拉索索力。和振动法索力计测得索力相比，除了很好地记录了静态索力及其随温度的变化规律外，也对车辆荷载做出了较为准确的动态响应。因此，更为全面地反映了运营索力的基本特征。

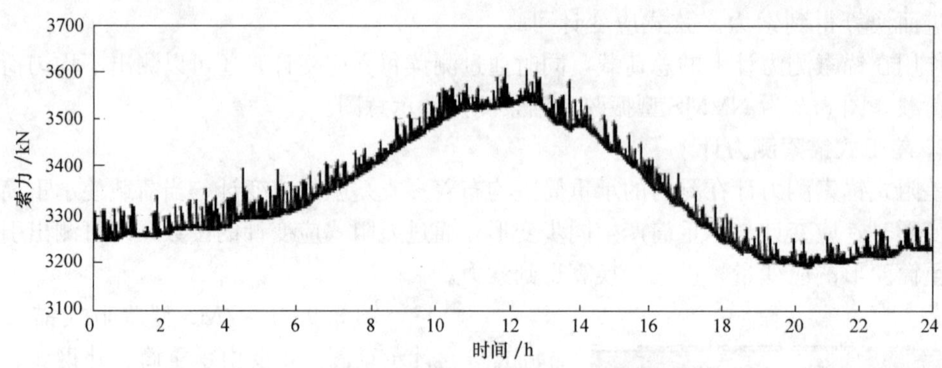

图 8.11　光纤光栅式锚索计测量的索力

8.2　运营索力的影响因素分析

8.2.1　运营索力的基本特征

运营状态下，索力的监测数据中包含恒载、温度、车辆、风以及噪声等作用因素。图 8.12 和图 8.13 所示为胶州湾大桥沧口斜拉桥在正常运营条件下，某斜拉索于不同时段和不同季节的索力变化情况。可见，在正常运营条件下，运营索力受温度的影响最大，决定了静态索力变化的总体趋势和幅度。日温度变化对索力的影响显著，而在一年的不同季节年温度变化对索力的影响幅度非常大，远远超出其他因素的影响。车辆荷载的影响对索力产生短时的突变，属于运营索力的动态变化。采用较高灵敏度的压力式锚索计可以准确地反映重型车辆产生的索力变化的基本特征以及不同时段车辆密度和组成上的显著差异。在此基础上，监测的索力中还包含其他一些微小的作用因素和噪声。

对结构正常运营状态的深入理解，是基于健康监测对结构状态做出评价的前提[8]。因此，要根据索力来评价斜拉桥运营状态，就必须要掌握运营状态下影响索力的主要因素和噪声的基本特征和规律，从而可从监测的运营索力中获取反映斜拉桥结构本身的状态信息。文献［9］以南京长江三桥健康监测系统采集的索力传感器信息为依托，为减小汽车活载和温度的影响，选择因大雾天气桥梁封闭时段的监测数据为例进行分析。使用不同统计方法逐级剔除各类因素的影响，采用线性拟合剔除温度的影响，采用小波基函数为DB8 的 5 级小波降噪方法剔除噪声，采用极值Ⅲ型分布拟合检验，取拟合的位置参数作为恒载索力。分析表明索力和温度呈线性关系，有时温度效应较显著，噪声影响量较小。

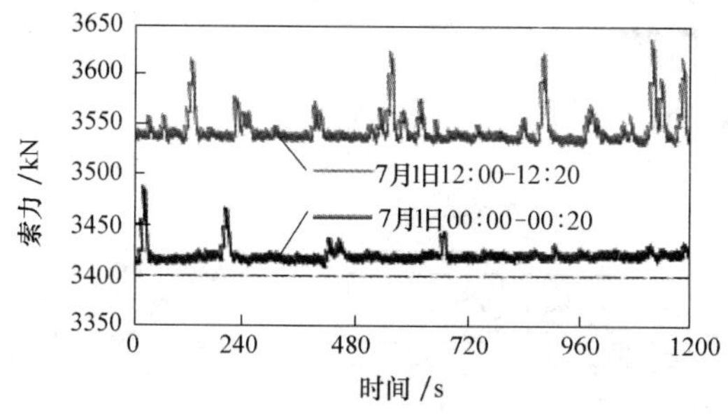

图 8.12 同日不同时段索力变化

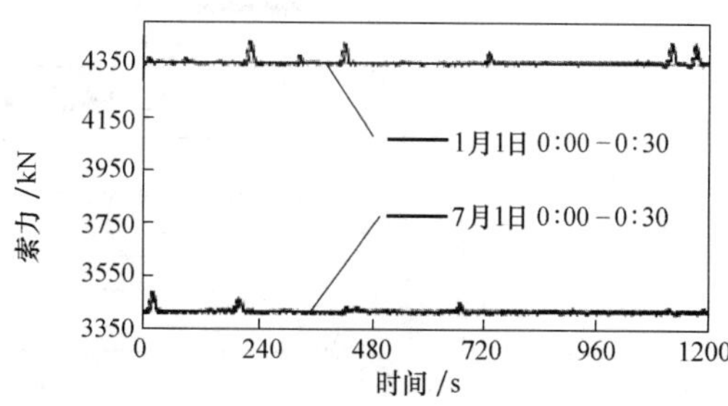

图 8.13 不同季节同时段索力变化

为深入了解和揭示正常运营状态下索力的基本构成和影响因素，下面采用经验模态分解法（EMD）[10]对运营索力的基本构成进行分析。以沧口斜拉桥 2012 年 8 月 1 日外侧WZ5 索 0 时索力为例（图 8.14），取 300 秒数据进行经验模态分解，获得 11 阶分量如图8.15 所示。

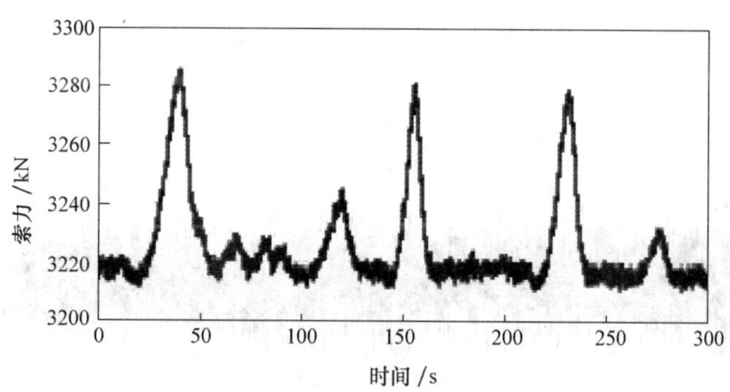

图 8.14 索力监测值（0 时起 300 秒）

通过上述分析，我们看到通常情况下，运营索力可分为三大组成成分。第一组成部分由 1～5 阶固有模态函数组成（图 8.16），属于索力的随机干扰部分。这部分近似于平稳随机过程，其包含所有小幅振动与噪声。相对静态索力，这部分带来的索力变化在±0.2%左右。第二组成部分由 6～10 阶固有模态函数组成（图 8.17），具有短时的突变特性，代表了重车车辆作用导致的索力变化。就本例而言，相对静态索力，车辆带来的索力变化大约在 2%～3%左右。第三组成部分为残余函数 r（图 8.18），代表信号的平均趋势，正常运营条件下反映了恒载和温度变化对索力的影响。

温度对索力的影响具有长期性，要在年周期内才能对温度的影响做出定量分析。通过对第三组成部分的索力与温度关系的分析，可以获得恒载索力的分布规律。恒载索力的分

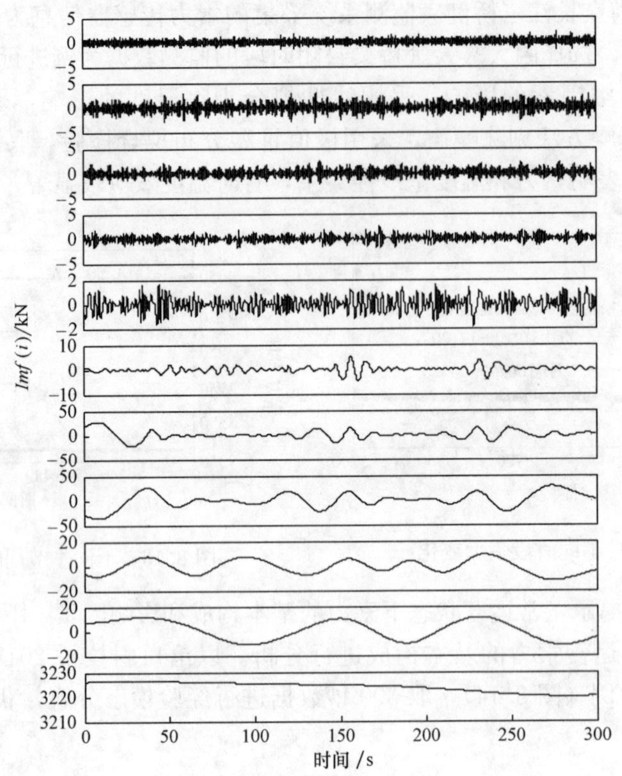

图 8.15　索力信号的分解

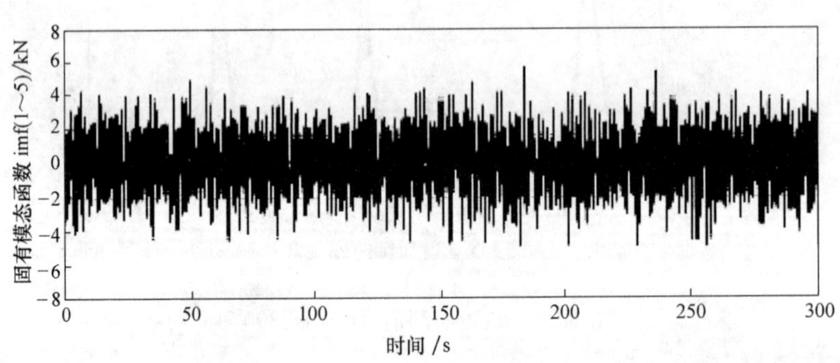

图 8.16　1～5 阶固有模态函数之和

布和桥梁工作状态紧密联系，因此，可通过恒载索力的分析对桥梁结构做出状态评价。第二组成部分的索力主要由重型车辆等荷载产生，带来索力的短时变幅，正常运营情况下是导致拉索系统疲劳的重要因素。因此，是拉索系统疲劳寿命分析和评估中重点考虑的因素。监测索力的第一组成部分主要由索的小幅振动与噪声构成，具有小幅高频的特点。对这部分信号的分析，可以认识监测索力的噪声特点，建立模式，为监测数据处理分析和动态响应的数值模拟提供有关噪声的依据。而对于在一般的索力评价中发挥的作用不大的场合，可在数据处理中作为噪声给予剔除。

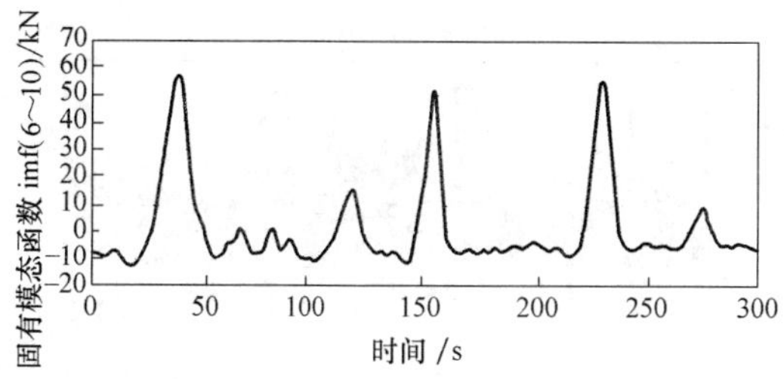

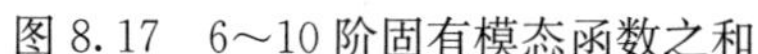
图 8.17　6～10 阶固有模态函数之和

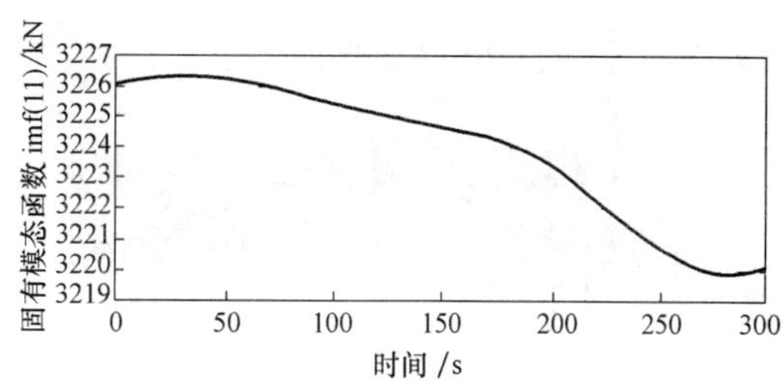

图 8.18　残余函数 r

8.2.2　运营索力的随机干扰特性

监测索力的随机干扰部分近似于零均值的平稳随机过程，对上例的这部分索力进行FFT 变换，从频域信息（图 8.19）我们看到，存在一个主要频率 $f=0.5322$Hz，其余具有显著地噪声特性。根据该桥梁成桥荷载试验测得的整桥竖弯模态频率为 0.537Hz。因此可见，索力伴随整桥竖向弯曲振动模态而发生着微小的振动。对这部分索力信号的分析，有助于了解和掌握运营索力在运营环境下的噪声特性，从而提高索力的检测识别与评价的精度。

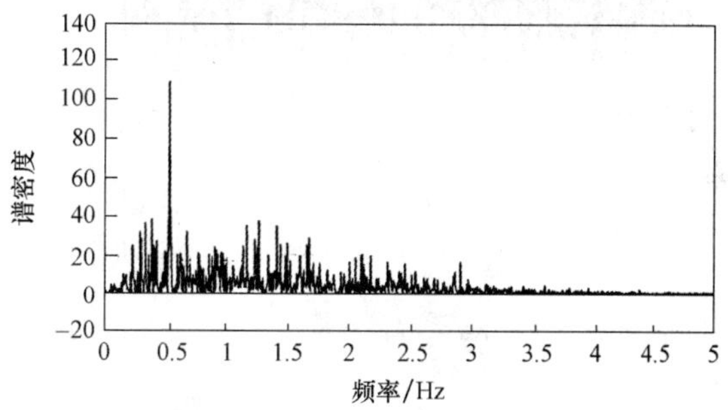

图 8.19　前 5 阶固有模态函数的功率谱密度

1. 气候因素的影响

这部分索力信号中有较大的噪声成分，同时可能受气温和风等气候因素的影响。选取2012 年不同季节的四天零点的索力监测数据的随机干扰部分进行对比，其时域、频域和幅域特征如图 8.20～图 8.22 所示。不同天气条件下随机干扰索力呈现了基本相同的平稳特性，均值和方差十分接近（见表 8.1），功率谱形态亦十分相似。可见，这部分索力信号的特征受气候因素的影响很小，具有相对稳定模式。随机干扰索力的基本特性和模式也基本上代表了运营索力监测数据的噪声特性和模式。

天气因素与随机干扰索力的数字特征　　**表 8.1**

	2012.1.1	2012.5.1	2012.8.1	2012.10.15
气温(℃)	0.57	16.65	27.27	17.95
风速(m/s)	6.29	4.80	8.00	3.98
脉动索力均值(kN)	0.013	0.037	0.008	−0.005
脉动索力方差	2.02	2.12	2.29	2.00

2. 传感器类型的影响

不同的传感器类型，由于测量原理不同，测量的索力其噪声水平和模式通常是有差异的。如图 8.23～图 8.25 所示为某斜拉桥采用振动式索力计测量的运营索力的随机干扰部

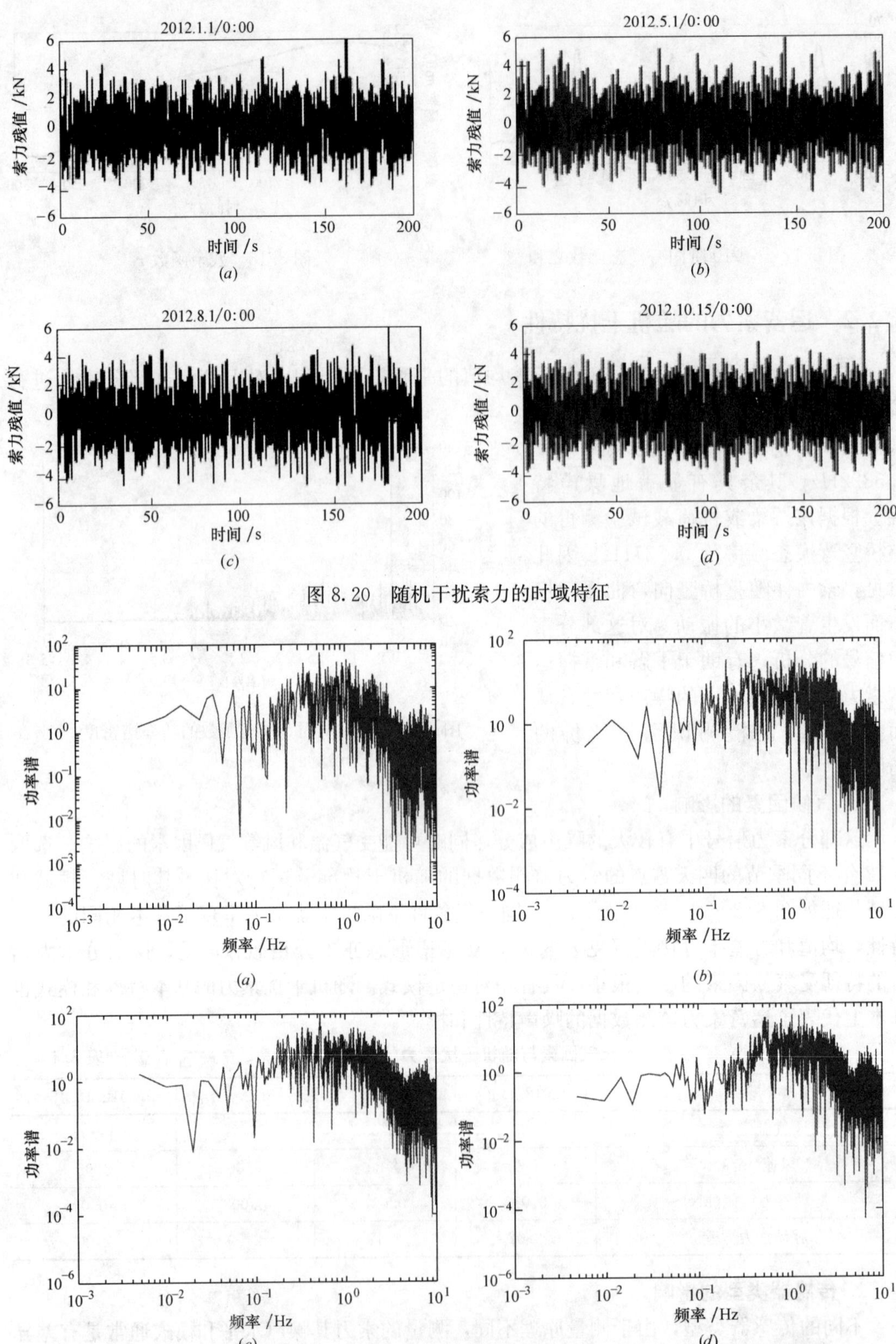

图 8.20　随机干扰索力的时域特征

图 8.21　随机干扰索力的频域特征

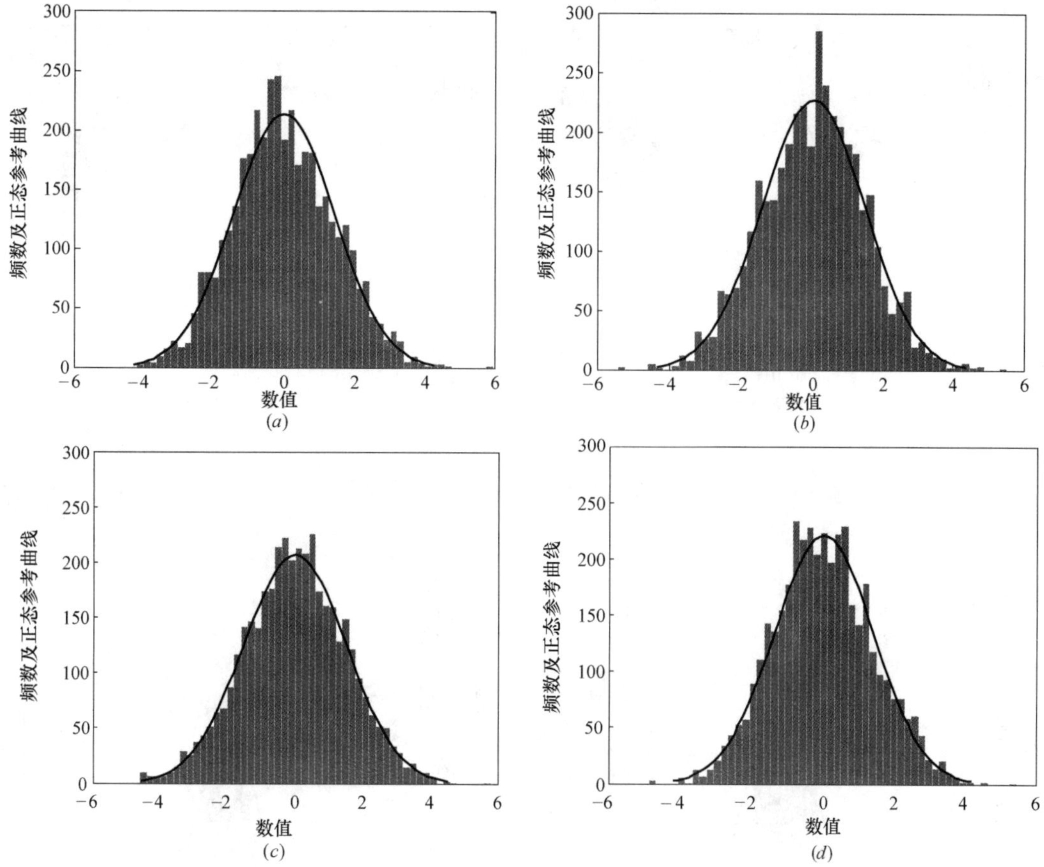

图 8.22 随机干扰索力的幅域特征

分的分析结果。与上述光纤光栅式索力计测量的结果相比，其随机干扰索力的平稳性有所下降，幅值分布范围显著增大，但对于不同季节其特性变化不大。振动式索力计与光纤光栅锚索计在运营索力监测数据上的不同特点，在图 8.4 和图 8.11 的对比中就可以清楚地看到。此外，二者之间的差异也有索力分解上的因素。由于光纤光栅锚索计可以直接对索力实现较高的采样频率，所以可以较为准确地捕捉重车荷载对索力的瞬间影响。因此，在

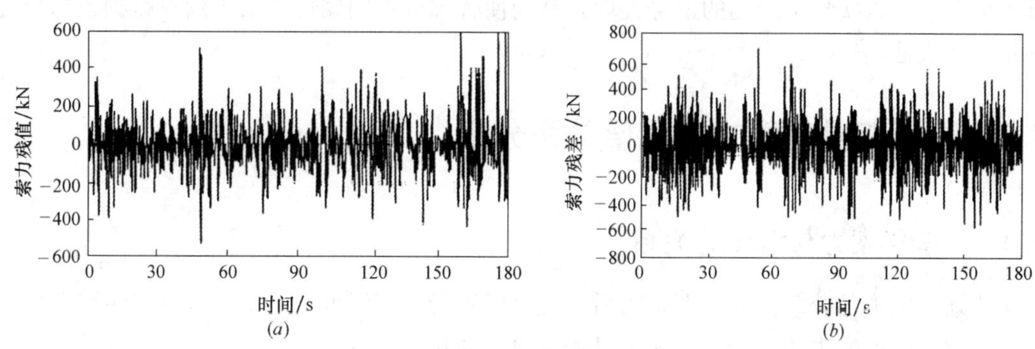

图 8.23 随机干扰索力的时域特征

(a) 1 月 1 日；(b) 5 月 1 日

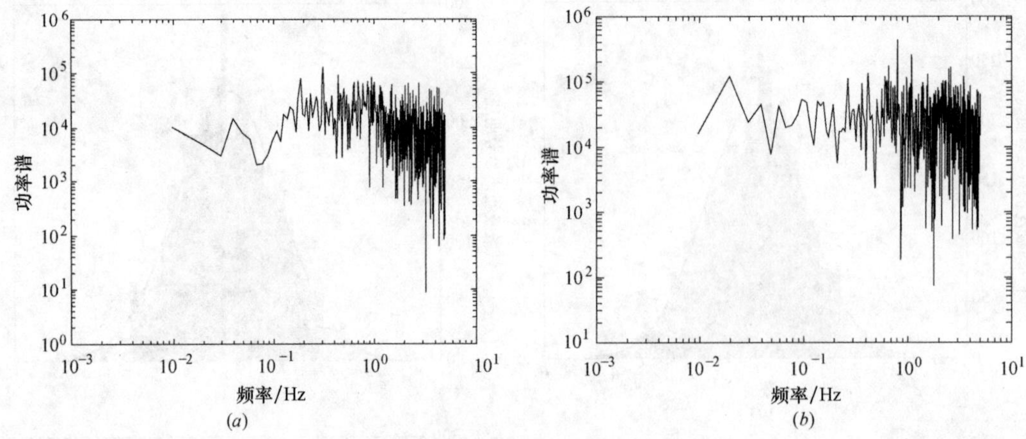

图 8.24　随机干扰索力的频域特征

(a) 1 月 1 日；(b) 5 月 1 日

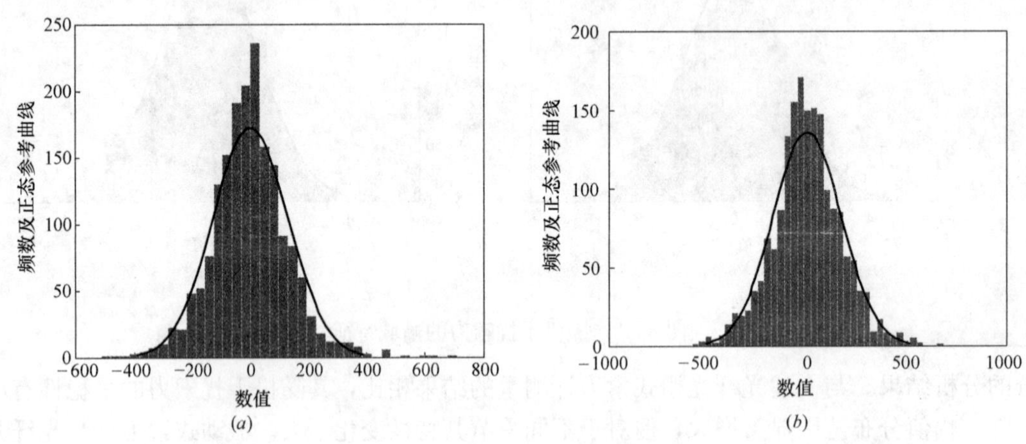

图 8.25　随机干扰索力的幅域特征

(a) 1 月 1 日；(b) 5 月 1 日

索力分解上可以实现更准确的信号提取，从而使各部分不同属性的索力信号得到较为合理的划分和表达。

8.3　基于监测的索力与温度关系分析

8.3.1　全年索力与温度的关系

当通过索力的分解提取静态索力后，就可以进行考察温度地影响了。这里主要考虑年温度变化对静态索力的影响，不考虑日照温度的影响。以 2012 年为基准，分析考察沧口桥全年运营索力的变化规律。选取 WZ5 和 WZ1 索为代表，首先采用 EMD 方法分离车辆对索力的影响，然后提取每日 0 时索力和温度的 10min 均值。提取的结果表明二索索力与温度的变化规律具有完全相同的特征。图 8.26 所示为 WZ5 索的索力与气温的全年变化情况，表 8.2 所列为全年索力的变异情况，表 8.3 所列为全年索力与温度之间的相关性。可见索力受年变温影响显著，最大值是最小值的 1.6 倍，变异系数高达 11%～12%。

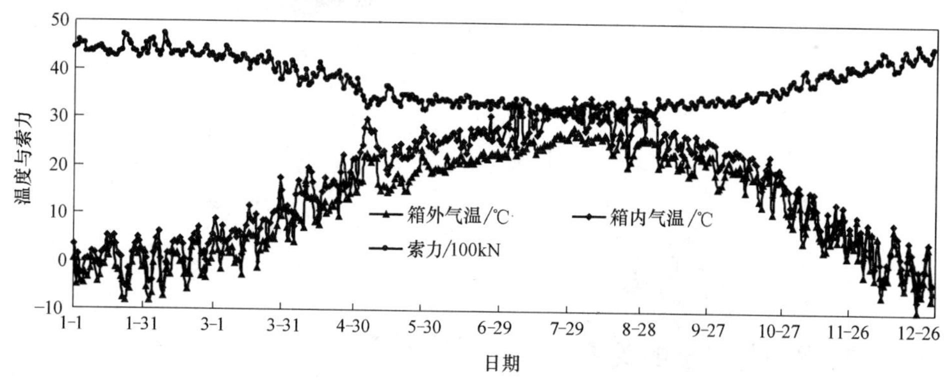

图 8.26 全年（2012）每日零时 WZ5 索力和温度

从图 8.26 看到，年索力-温度之间负相关。无论升温还是降温过程，索温的变化速度都大于箱梁内外气温，即升温阶段，索温相对上升得快，从而拉索松弛索力下降。降温阶段，索温相对下降得快，从而拉索张紧索力回升。全年索力与各温度的相关系数均较高（−0.86～−0.98）。而全年各部分温度之间的相关系数都在 0.99 左右，表明就长期变温周期，整体反应具有较高的一致性。

2012 年全年索力（kN）的变异性 **表 8.2**

	最大值	最小值	平均值	标准差	变异系数(%)
WZ5	4725	2943	3744	469	12.53
WZ1	3838	2663	3152	348	11.06

2012 全年索力与温度的相关性（相关系数） **表 8.3**

	索力-箱外气温	索力-箱内气温	索力-索温	箱外、内气温	箱外气温-索温	箱内气温-索温
WZ5	−0.9705	−0.9848	−0.9846	0.9888	0.9927	0.9938
WZ1	−0.8624	−0.8992	−0.8659	0.9899	0.9938	0.9935

图 8.27 为根据上述 WZ5 索全年数据做出的索力与温度（这里取箱外气温）的散点图。可见全年索力 F 与温度 T 之间具有较高的线性相关性，因此，采用一元线性回归模型，两者关系表达为：

$$F(T)=F_0+kT+\varepsilon \tag{8.3}$$

其中 k，F_0 为回归系数，ε 为模型随机误差，根据回归理论，ε 服从均值为零的正态分布，即 $\varepsilon \sim N(0, \sigma^2)$。

对索力与温度样本采用最小二乘法，求得 $F_0=4284.5$，$k=-43.833$。可决系数 $R^2=0.9419$，表明回归模型对样本观测值拟合优度较高。

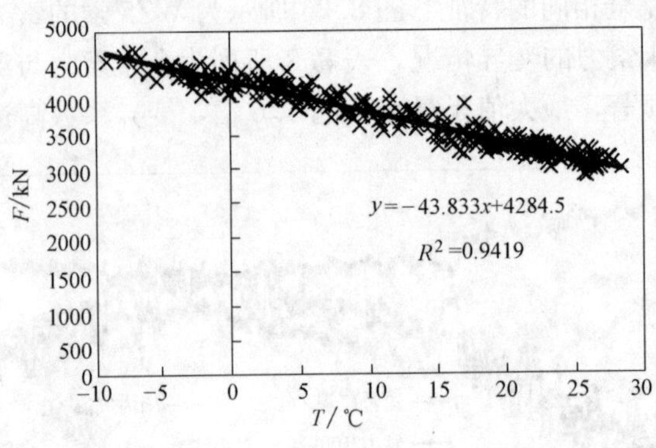

图 8.27　WZ5 全年索力与温度关系

8.3.2　单日索力与温度的关系

仍以 WZ5 和 WZ1 索为代表，分析考察单日运营索力的变化规律。图 8.28 所示的温度与索力数据是从 10 月 1 日单日中每小时整点抽取 10 分钟所计算的平均值。表 8.4 所列为单日索力的变异情况，表 8.5 所列为单日索力与温度以及各温度之间的相关性。

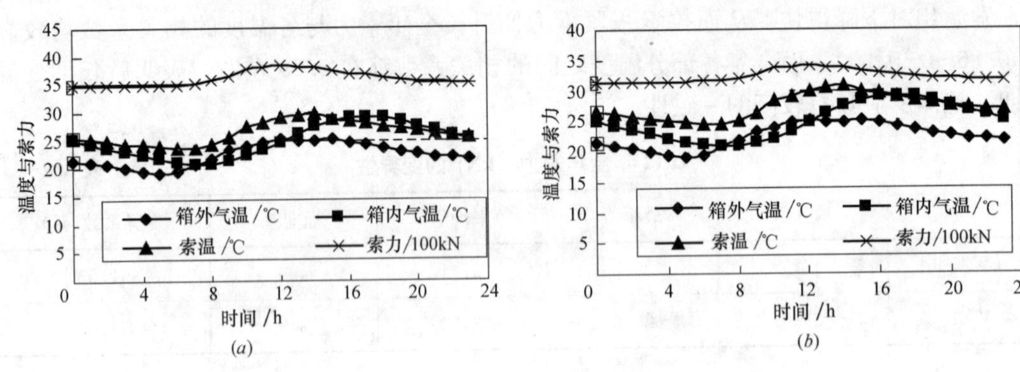

图 8.28　单日索力和温度变化

(a) WZ5；(b) WZ1

单日索力（kN）的变异性　　**表 8.4**

	最大值	最小值	平均值	标准差	变异系数(%)
WZ5	3811	3474	3602.8	123.15	3.42
WZ1	3394	3140	3228.9	89.48	2.77

单日索力、温度的相关性（相关系数）　　**表 8.5**

	索力-箱外气温	索力-箱内气温	索力-索温	箱外、内气温	箱外气温-索温	箱内气温-索温
WZ5	0.9048	0.3036	0.8830	0.6068	0.9510	0.7057
WZ1	0.8827	0.2557	0.8368	0.6068	0.9443	0.7301

可见索力受日温变化影响的最大最小之间相差在 10%以内，变异系数 3%上下。从图 8.28 中看到，单日索力-温度之间正相关。无论升温还是降温过程，箱内气温的变化速度

都大于箱外气温和索温，即升温阶段，箱内气温上升相对较快，从而拉索张紧索力上升。降温阶段，箱内气温下降相对较快，从而拉索松弛索力回落。这一点与年索力温度关系恰恰相反。图 8.29 显示，索力与日温度之间的关系比较复杂，索力的日温度的敏感性会随着温度的提高而增大。二者之间基本符合二次抛物线关系。

单日索力与各温度的相关系数有较大变化，尤其是索力与箱内气温的相关系数很低，表明箱内气温变化快，索力对箱内气温变化反应滞后。此外，箱内与箱外气温、箱内气温与索温之间的相关性也显著下降。表明对于日温度变化，箱内气温与索温变化具有显著地不同步。

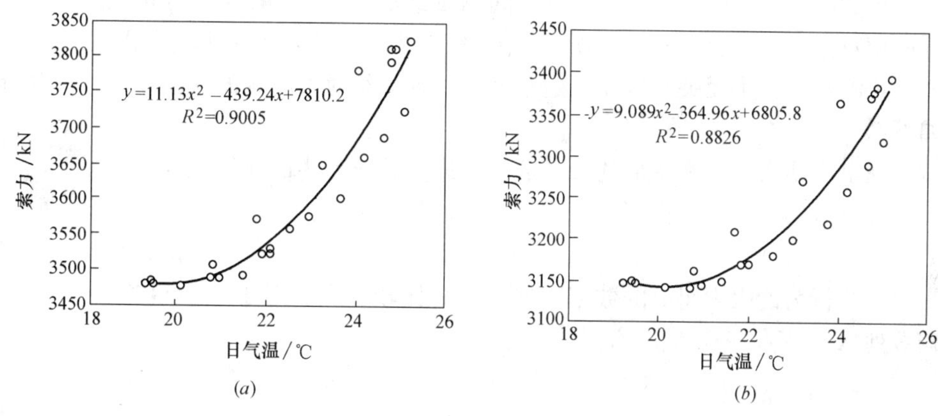

图 8.29 单日索力与温度关系

(*a*) WZ5；(*b*) WZ1

8.4 整体索力评价方法概述

在现代大型桥梁结构中，斜拉桥是主要桥型之一。斜拉索是斜拉桥的主要受力构件，索力的分布直接影响了整桥结构的受力和变形状态。因此，在斜拉桥结构的试验检测和健康监测中，索力的测试、监测和识别都是重要内容。当桥梁结构的工作状态发生改变时，通常将导致相关索力的变化。因此，有理由期望根据斜拉索索力变化来识别和评价桥梁结构的状态。有关研究表明，索力变化与结构损伤及其程度呈现良好的相关性[11]。因此，深入探讨运营状态下索力的变化特点和规律，建立相关的评价基准和方法，对斜拉桥结构的健康监测和状态评价具有重要的实用价值。

恒载索力是斜拉桥结构的一个重要静态特性。斜拉索在结构空间上布置范围广，拉索体系本身和结构的其他相关部位的性能改变均可能导致恒载索力的改变和重分配。因此，其恒载索力数值大小和分布特点直接反映了斜拉桥结构的工作状态。为此，国内外很多学者对斜拉索索力的评价给予了充分关注和探讨。

8.4.1 灰色关联分析

灰色关联分析（Grey Relational Analysis，GRA）是指对一个系统发展变化态势的定量描述和比较的方法，其基本思想是通过确定参考数据列和若干个比较数据列的几何形状相似程度来判断其联系是否紧密，它反映了曲线间的关联程度。

此方法通过对动态过程发展态势的量化分析，完成对系统内时间序列有关统计数据几何关系的比较，求出参考数列与各比较数列之间的灰色关联度。与参考数列关联度越大的比较数列，其发展方向和速率与参考数列越接近，与参考数列的关系越紧密。其基本内容包括将评价指标的原始观测数据进行无量纲化处理，计算关联系数、关联度以及根据关联度的大小对评价指标进行排序。灰色关联度的应用涉及社会科学和自然科学的各个领域。

关联度有绝对关联度和相对关联度之分，绝对关联度采用初始点零化法进行初值化处理，当分析的因素差异较大时，由于变量间的量纲不一致，往往影响分析难以得出合理的结果。而相对关联度用相对量进行分析，计算结果仅与序列相对于初始点的变化速率有关，与各观测数据大小无关，这在一定程度上弥补了绝对关联度的缺陷。灰色关联分析的步骤如下：

(1) 确定反映系统行为特征的参考数列和影响系统行为的比较数列

反映系统行为特征的数据序列，称为参考数列，记为：

$$X_0=\{x_0(1),x_0(2),\cdots,x_0(n)\} \tag{8.4}$$

影响系统行为的因素组成的数据序列，称为比较数列。对于一个参考数列 X_0 有若干个比较数列 X_1，X_2，…，X_m，记为：

$$\left.\begin{array}{l} X_1=\{x_1(1),x_1(2),\cdots,x_1(n)\} \\ X_2=\{x_2(1),x_2(2),\cdots,x_2(n)\} \\ \cdots\cdots\cdots\cdots\cdots\cdots\cdots\cdots \\ X_m=\{x_m(1),x_m(2),\cdots,x_m(n)\} \end{array}\right\} \tag{8.5}$$

其中，$x_i(k)$ 表示X_i在 k 点的值，$k=1$，2，…n；$i=1$，2 …m。

(2) 对参考数列和比较数列进行无量纲化处理

由于系统中各因素的物理意义不同，导致数据的量纲也不一定相同，不便于比较或在比较时难以得到正确的结论。因此在进行灰色关联度分析时，一般都要进行无量纲化的数据处理。可将每个数列的各项被该数列的第一项除。

(3) 求参考数列X_0与比较数列X_i的灰色关联系数

各比较数列与参考数列在各个时刻（即曲线中的各点）的关联系数可由下列公式算出：

$$\xi_i(k)=\frac{\min\limits_{l}\{\min\limits_{k}|x_0(k)-x_i(k)|\}+\rho\max\limits_{l}\{\max\limits_{k}|x_0(k)-x_i(k)|\}}{|x_0(k)-x_i(k)|+\rho\max\limits_{i}\{\max\limits_{k}|x_0(k)-x_i(k)|\}} \tag{8.6}$$

记 $\Delta_i(k)=|x_0(k)-x_i(k)|$，则

$$\xi_i(k)=\frac{\min\limits_{i}\{\min\limits_{k}\Delta_i(k)\}+\rho\max\limits_{i}\{\max\limits_{k}\Delta_i(k)\}}{\Delta_i(k)+\rho\max\limits_{i}\{\max\limits_{k}\Delta_i(k)\}} \tag{8.7}$$

其中 ρ 为分辨系数，一般在 0～1 之间，通常可取 0.5。

(4) 求关联度 r_i

因为关联系数是比较数列与参考数列在各个时刻（即曲线中的各点）的关联程度值，所以它的数不止一个，而信息过于分散不便于进行整体性比较。因此有必要将各个时刻

（即曲线中的各点）的关联系数集中为一个值，即求其平均值，作为比较数列与参考数列间关联程度的数量表示，关联度 r_i 公式如下：

$$r_i = \frac{1}{n}\sum_{k=1}^{n} \xi_i(k) \qquad (i=1, 2 \cdots m) \tag{8.8}$$

r_i 为比较数列 x_i 对参考数列 x_0 的灰关联度，或称为序列关联度、平均关联度、线关联度。r_i 值越接近 1，说明相关性越好。

式（8.8）在计算关联度时采用了平权处理方法，认为所有样本具有同等重要性。这在某些情况下可能忽略了一些样本更为重要的情况，得到的结果可能不够客观。这种情况下，可采用如下的加权平均方法计算关联度：

$$r_i = \frac{1}{n}\sum_{k=1}^{n} \beta(k)\, \xi_i(k) \quad (i=1, 2 \cdots m) \tag{8.9}$$

（5）关联度排序

因素间的关联程度，主要是用关联度的大小次序描述，而不仅是关联度的大小。将 m 个子序列对同一母序列的关联度按大小顺序排列起来，便组成了关联序，记为 $\{x\}$，它反映了对于母序列来说各子序列的“优劣”关系。

8.4.2 变权综合原理

对于桥梁状态评估通常是先通过某种方法得出各评价指标在本评估中的权重，然后通过一定的综合计算方法得到桥梁工作状态的评价。这些评估模式中，各评估因素的权重一经确定后，在评估过程中不再改变，均属于常权综合模式[12]。

常规状态下的常权综合模式为：

$$V_0 = \sum_{j=1}^{m} w_j^{(0)} x_j \tag{8.10}$$

其中 m 为评价指标个数，$w_j^{(0)}$ 为第 j 个指标的权重，x_j 为第 j 个指标的评价值。

在常权综合模式中，对于桥梁整体使用功能而言，由于影响因素众多，当个别构件出现严重缺陷时，最终的评价结果 V_0 不会出现太大的变化，不能反映出结构的真实状况。因此，常权综合在很多情况下是不适宜的，应修正为变权综合模式[13]。变权综合原理是重要的建模原理之一，它反映了综合决策中诸要素状态的均衡性。

变权综合模式为：

$$V = \sum_{j=1}^{m} w_j(x_1, x_2 \cdots x_m, w_1^{(0)}, w_2^{(0)} \cdots w_m^{(0)}) x_j \tag{8.11}$$

其中 w_j 为变权权重，$w_j^{(0)}$ 为初始权重，当采用均衡函数 $\sum_{\alpha}(x_1, x_2 \cdots x_m) = \sum_{j=1}^{m} x_j^{\alpha} (0 < \alpha \leqslant 1)$ 时，得到变权公式

$$w_j(x_1, x_2 \cdots x_m) = w_j^{(0)} x_j^{\alpha-1} / \sum_{k-1}^{m} w_k^{(0)} x_k^{\alpha-1} (j = 1, 2 \cdots m) \tag{8.12}$$

对应的变权综合模式为

$$V(x_1, x_2 \cdots x_m) = \sum_{j=1}^{m} w_j^{(0)} x_j^{\alpha} / \sum_{k=1}^{m} w_k^{(0)} x_k^{\alpha-1} \tag{8.13}$$

其中 $0<\alpha\leqslant 1$。当对各指标的均衡问题考虑较多时取 $\alpha<1/2$，当比较能容忍某方面缺陷时取 $\alpha>1/2$，当 $\alpha=1$ 时，即等同于常权综合模式[12, 13, 14]。

8.4.3　灰色关联与变权综合法的应用

灰色关联分析与变权综合法在桥梁评估中具有较好的应用价值。相关研究[12] 指出（1）灰色关联分析方法在桥梁工作状态评估中底层评价指标评语的确定方面有一定的适用性，对于如斜拉索索力等指标的定量检测数据变化的不均匀性有较好地反映。实际应用中通过对多种灰色关联度计算方法的结果分析比较，建议采用斜率关联度方法进行单项评价指标的非均匀性变化系数的计算；（2）对于大型桥梁结构工作状态评估这样一个复杂问题，采用变权综合方法更能突出指标体系中个别指标的明显变化，比之常权综合方法更接近专家评估的思维模式，具有更广泛的适用性。

文献［15］以上海杨浦大桥一个索面拉索评估为例，阐述了灰色加权关联度和灰色变权聚类分析对一个索面的 32 根拉索总体评价的计算方法。以较接近桥梁竣工状态的 1995 年索力实测值为参考数列，对后续三年（1996～1998）的实测索力（比较数列）进行评价。即 $X_0=$｛1995 年索力实测值｝，$X_1=$｛1996 年索力实测值｝，$X_2=$｛1997 年索力实测值｝，$X_3=$｛1998 年索力实测值｝，（$n=32$，$m=3$）。计算得到三年索力与参考索力的关联度分别为 0.76417，0.71646，0.70349。结果表明，若以 1995 年实测值为标准，该索面索力整体性能以 1996 年最好，1997 年、1998 年次之，与实际情况比较相符。

索力状态评估是基于设计索力对一组实测索力进行评价的过程。但对于运营多年的大跨度预应力钢筋混凝土斜拉桥，由于其复杂的收缩徐变以及空间效应，将使结构的受力状态与成桥相比有一定的偏差。斜拉桥运营若干年后，由于塔顶偏位、基础沉降、收缩徐变等影响，设计索力已经不可能是当前的最优索力了。文献［16］在恒载索力优化模型基础上，以荷载组合作用下的弯矩包络图正负绝对值相等时的恒载弯矩分布作为优化目标，通过约束主梁线形及索力不均匀系数，最终确定斜拉桥的合理恒载索力，建立了斜拉桥索力状态评估模型。并以优化的恒载索力为索力评估的基准值，引入索力上下限以及斜率关联度，利用层次分析法和变权综合原理，根据一组实测数据对索力性能进行评估。计算结果表明，实测索力与标准索力之间具有较高的关联度，随着均衡系数的减小，索力评估结果是一个退化的过程。从实测数据统计出，在 152 个测点索力中，共有 5 根拉索索力在标准值的基础上摄动超过 40%。在拉索基准值基础上摄动达到 40 %或以上时，拉索受力状态不满足规范要求，应该进行调索处理。因此，常权综合评估出来的索力状态并不符合实际情况，而变权综合评估却能较好地反映出该斜拉桥的索力状态。

基于变权综合原理，文献［13］建立了斜拉桥索力、线形状态评估模型。以约束优化索力值为基准值，引入索力上下限；以成桥线形作为基准值，以控制点的竖向允许位移高次插值形成线形评估的上下限。编制状态评估算法，利用变权综合原理和斜率关联度，以适度指标模型进行线性插值，并根据一组实测数据，对索力、线形状态进行评估。计算结果表明，随着均衡系数的减小，桥梁构件评估结果是一个加速退化的过程。变权模式作用下的变权权重越发散，评估结果的退化过程越剧烈，均衡系数-评分曲线的曲率越大。对于每个测点评分状态完全一致的桥梁构件，其均衡系数-评分曲线的曲率恒等于 0，即评估结果将与均衡系数的取值无关，数值模拟结果与预测基本吻合。

基于灰色系统的灰色关联分析理论，文献［17］建立了斜拉桥索面索力状态评估方法，并以某斜拉桥索力实测值为例进行计算分析。计算中将三种不同情况下的索力值作为灰色关联分析中的参考序列进行对比分析。指出灰色关联分析方法可以较好地反映索力指标定量检测数据变化的不均匀性。同时若能考虑混凝土收缩徐变等影响，则以优化索力作为灰色关联分析参考序列的评估结果能更好地反映索力实际状态。

文献［18］以南京长江第三大桥的监测数据为基础，在无活载作用下对斜拉桥恒载索力长期变化趋势进行了分析与评估。为获取恒载索力，以斜拉桥封闭交通时的索力监测数据为研究对象，通过温度与索力的相关性分析，得到索力与温度呈线性关系的结论，并通过有限元模型计算结果进行验证。通过有限元模型对不同斜拉索索力的温度敏感性进行分析，得出温度对塔两侧较短索、边跨辅助墩附近较长索以及中跨长索索力影响较大的结论。利用斜率关联度和变权综合原理，根据成桥后 9 年内的数次封桥时段监测数据，对索力状态进行评估。结果显示，提出的索力评估模型能有效反映索力的均匀变化和非均匀变化趋势。

一般的健康监测系统只对斜拉索中部分拉索索力进行监测，如何通过监测数据获得全部拉索的工作状态是一个需要研究的问题。文献［19］基于灰色关联度分析理论，提出了一种改进的灰色关联度计算方法。以实际桥梁为背景，制作了缩尺斜拉桥模型，采用有限元分析与试验研究，获得了某根拉索状态变化时其余拉索的灰色关联度和斜拉桥拉索的关联矩阵。提出了根据拉索关联度、关联度矩阵和拉索关联度曲线进行索力状态评估的方法。该方法通过对部分拉索索力监测实现对全部拉索的受力状态的评估。有限元分析和试验研究明，提出的拉索索力状态评估方法是可行的。

8.4.4 其他方法

还有其他一些方法用来对索力的评估。文献［20］采用动测法对南京长江二桥进行了索力测试，讨论了车辆荷载、阻尼器以及环境温度对索力测试的影响，并对运营状态下的索力测试结果进行了分析。根据 160 根拉索的实测索力，对比了上下游索力的对称性和分布规律。通过将当前实测索力与成桥状态的实测索力值以及与设计值的对比分析，对现行索力进行了评价。实测索力和竣工试验测试索力的相对差值，大多数处在 10% 以内，个别索力的相对差值超过 15%。实测索力和设计索力的相对差值绝大多数在 10% 以内，个别索力的相对差值超过 30%。文献［21］采用振动频率法，在正常运营状态下对某跨海斜拉桥进行全部索力测试。然后将测试结果与交工荷载试验时实测恒载索力进行比较，来评价斜拉桥的当前工作状态。实测索力与荷载试验实测恒载索力之间的相对差异介于－9.5%～26.6%，其中 47 根索力两次实测结果差异介于－10%～10% 之间，25 根索力两次实测结果相差介于 10%～20% 之间，其余 8 根斜拉索两次实测结果相差介于 20%～30% 之间，55% 的斜拉索上下游两侧实测索力相差在 10% 以内，45%的斜拉索上下游两侧实测索力相差介于 10% ～20%之间。其结论为总体上与 2008 年交工实测索力相比较索力变化幅度不大，分布较为均匀，且上下游两侧实测索力比较对称，均小于设计索力值。

文献［22］指出通常认为索力评估主要是基于设计索力对一组实测索力进行评估的过程。但这种仅针对当前索力与设计索力相对差值进行评估的方法显然缺乏足够的合理性，是一种较为粗糙的评估方法。现阶段可靠度理论、灰色系统理论以及专家系统在索力评估过程中开始尝试应用，但基于这些理论的大部分评估方法仅根据当前一组观测数据进行，无法与前期观测数据对应分析，索力发展趋势也无法纳入考虑，且无法考虑每根拉索的特殊性。作者为充分应用不同时期索力监测数据，提出一种基于变异系数与趋势因子的索力评估方法，并详细阐述了该评估方法的思路与步骤。该方法以索力基本评估值为初始值，赋予每一根拉索具有物理意义的权重，提出并引入两个修正系数：变异系数与趋势因子。利用斜率灰色关联度计算的变异系数反映索力监测值与目标值之间的整体变异性。利用时间序列分析计算的趋势因子，体现索力（结构）变化的趋势性，反映其安全性能。该方法简单实用，考虑因素合理充分，理论依据完备，在整个评估过程中可充分利用每一个不同时期的监测数据。评估结果不仅针对某一时间点，更加针对整个运营阶段的索力发展过程。通过宁波招宝山大桥实例检验了该方法的优越性。

文献［23，24］基于群索索力的相异测度，提出一套可用于斜拉索索缆承重体系内力状态评估的指标体系。利用桥梁的有限元分析及影响矩阵法，定义了基于极限状态的相异测度指标阈值，并通过蒙特卡罗方法获得这套指标阈值的合理取值。通过该套指标与其阈值体系的比较，建立了斜拉桥整体内力状态的评判方法。利用国内某斜拉桥建成后十年内的斜拉索索力实测资料，用上述方法对该桥进行了健康评估，检验了方法的有效性。同时指出群索索力分布和结构整体行为之间的关系很大程度上是受交通荷载、不均匀沉降、温度作用等因素的影响。风荷载、非线性因素的影响对群索内力分布的影响可以忽略不计[25，26]。

8.4.5　索力评价分析实例

某双塔双索面钢箱梁斜拉桥（图 8.30）主跨 730m，共 4 个索面，每个索面 24 根拉索。2009 年竣工通车后，自 2011 年起每年由专业机构进行索力检测。图 8.31 为跨中侧一个索面的 24 根斜拉索（由桥塔向跨中编号 0～23）竣工索力值和 2011～2015 历年索力检测值的分布情况。24 根斜拉索索力分布范围大约在 3000～8000kN。

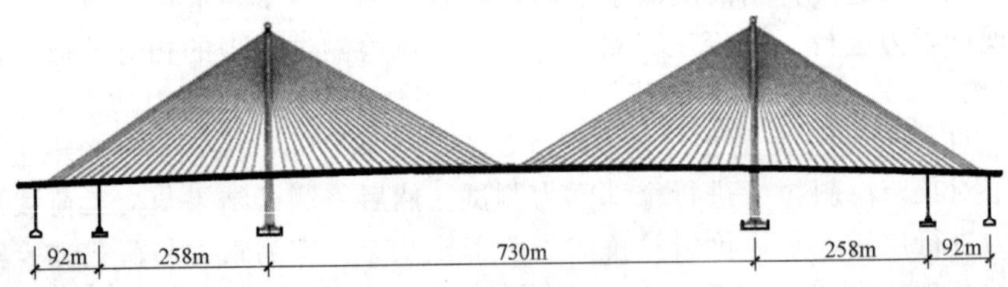

图 8.30　某双索面钢箱梁斜拉桥立面图

历年单索索力变化程度的分析比较表明，各组索力数据之间具有较大的相似性。所有索力测试值较竣工值相对变化均在±10％以内，如表 8.6 所列。其中 67.5％的拉索索力相对变化在±5％以内，变化大于±8％的占 10％。历年测试索力相对竣工值的误差分布情况见表 8.7 所列。从桥梁真实运营状况来看，群索索力状态良好，大体上满足桥梁正常运营要求。

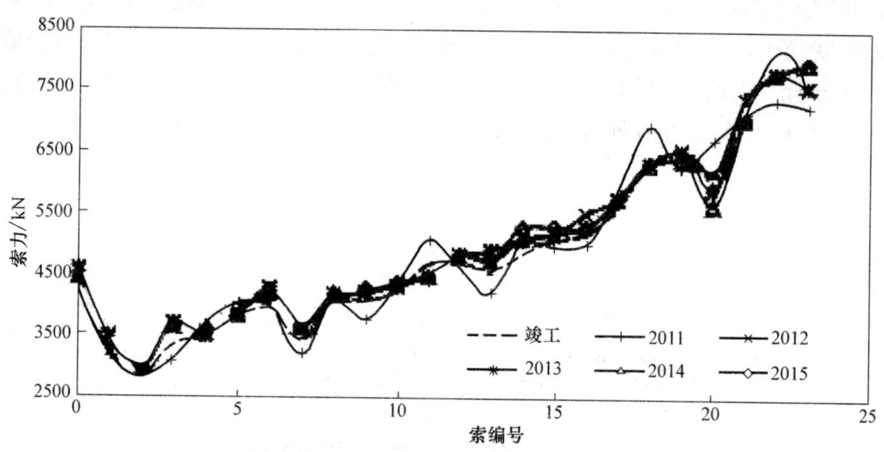

图 8.31 所选索面内 24 根斜拉索历年索力分布

索力测试值较竣工值相对变化（%） **表 8.6**

索号	2011	2012	2013	2014	2015
0	6.60	7.62	9.04	5.88	6.79
1	−3.06	6.56	5.21	4.84	4.04
2	0.57	6.92	6.92	7.13	5.12
3	−8.82	8.53	8.53	8.32	7.99
4	6.14	3.19	1.37	2.37	2.19
5	6.60	2.85	0.95	1.33	1.33
6	2.16	7.18	9.39	6.95	7.69
7	−7.08	9.48	6.96	5.24	5.70
8	−0.76	−0.41	2.06	2.47	0.31
9	−7.68	3.53	3.53	2.61	5.23
10	2.68	2.14	2.14	3.78	3.47
11	8.13	−4.10	−4.10	−4.32	−4.62
12	−2.76	2.21	2.21	2.21	2.21
13	−7.85	7.00	7.00	3.42	4.12
14	3.58	4.61	4.61	4.47	8.18
15	−2.07	1.92	1.92	2.07	4.37
16	−3.34	6.57	2.27	2.27	2.27
17	2.58	2.61	2.61	2.45	2.45
18	9.26	−0.71	−0.71	−1.01	−0.36
19	−3.83	0.32	0.32	−2.21	−2.21
20	9.77	1.08	−3.78	−7.94	−3.40
21	−0.11	3.60	3.60	−0.98	−0.98
22	−9.78	−4.80	−4.80	−4.80	−4.80
23	−4.36	−0.29	−0.29	4.79	4.79

图 8.32 所示为所选索面内 24 根斜拉索索力竣工后数年变化情况。从索力逐年演变情

况可见，和竣工索力相比，2011年索力的测试值有较大变化，2012年及以后的4年测试值的变化幅度变小，并走势稳定。为考察几年来整体索力系统的运行状态，对拉索索力进行灰色关联分析。以所选取的索面24根斜拉索索力作为分析样本，以竣工索力为参考，对2011～2015年五次索力检测数据进行关联分析。

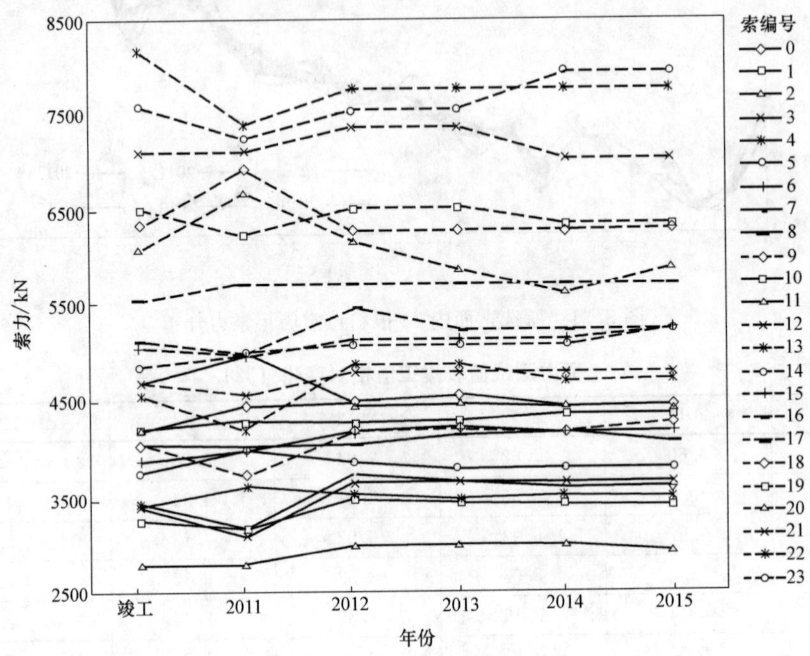

图8.32 所选索面内24根斜拉索索力演变

本例中，按式（8.4）和式（8.5）组建参考数列和比较数列，其中 $n=24$，$m=5$。对索力样本进行无量纲化后，按式（8.6）计算关联系数，其中取分辨系数 $\rho=0.5$。24根斜拉索索力关联系数如图8.33所示。视所有拉索索力具有同等重要性，按式（8.8）平权处理计算历年的索力灰色关联度，一并列入表8.7。本例中，随着编号增大（由桥塔向跨中

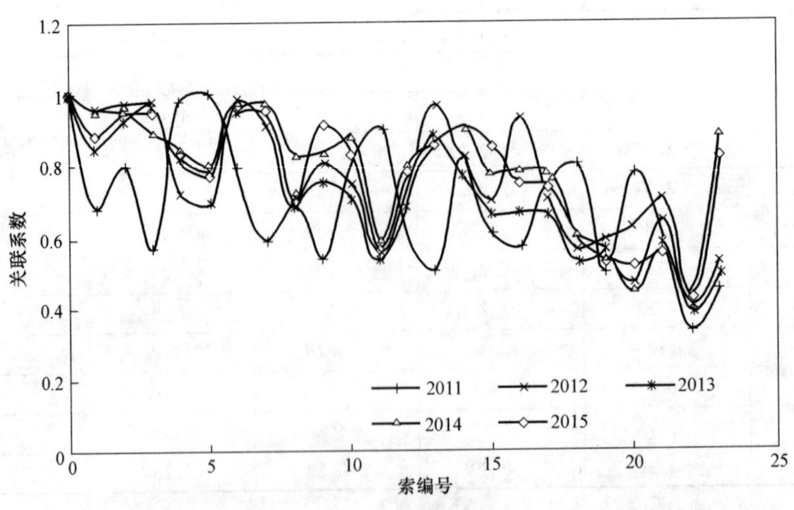

图8.33 所选索面内24根斜拉索索力关联系数

编号）索逐渐变长、索力逐渐增大，测试索力的关联系数总体呈减小趋势。根据计算的索力灰色关联度，得到关联序｛2014年，2015年，2012年，2013年，2011年｝，该关联序与图8.32所示以及与表8.7所列的误差分布情况相吻合，较好地反映了实际情况。

历年测试索力相对竣工值的相对误差绝对值分布与关联度 **表8.7**

年份		2011	2012	2013	2014	2015
各相对误差范围内的拉索数	0%～5%	13	16	17	18	17
	5%～8%	6	6	4	5	6
	8%～10%	5	2	3	1	1
	10%	0	0	0	0	0
关联度		0.6923	0.7666	0.7116	0.7858	0.7714

8.5 基于统计分析的索力评价

桥梁结构长期健康监测系统的重要特点之一就是可以提供大量的桥梁运营状态实测数据，这是以往其他试验检测方法难以做到的。这为桥梁结构的评价既提供了丰富资料，也同时对评价理论与方法提出了新的研究需求。

实际运营状态下的响应信号具有很大的随机性，仅仅根据少数几次的特征分析结果较难给出正确的结论。基于统计分析理论的模式识别方法，对结构的工作状态给予概率描述，可以有效地减小随机因素和噪声的干扰，提高状态描述的稳定性和可靠性，是更为科学与实用的方法[27, 28]。桥梁结构长期健康监测系统，为实现统计分析提供了丰富的数据保证。这一方向的研究从理论基础看具有比较好的发展前景[29]。文献［28］利用桥梁结构长期健康监测系统获取的大量数据，结合大跨度铁路桥梁的结构受力特点，提出了一套基于静力识别的统计对比诊断桥梁结构整体性能的评估方法。其基本思路是先根据桥梁结构完好状态下监测系统所采集到的环境变量（包括环境温度、湿度及荷载等）与结构响应变量的大量样本，采用统计分析的方法建立环境变量与结构响应变量之间的函数关系。在诊断和识别桥梁结构是否异常时，将实测环境变量代入以上函数，预测结构的响应量值，并计算出实测响应量与预测响应量的差值。再将这个差值与事先拟定的诊断标准进行比较，判别桥梁结构是否发生异常。这种方法可以综合考虑多种因素对结构响应量的影响，有望实现对桥梁结构健康状态的实时评估。文献［30］从概率可靠度的角度出发，提出并发展了基于参数识别和假设检验的斜拉桥结构损伤识别方法。将正则化理论引入参数识别过程，综合利用蒙特卡罗方法和最优化理论识别结构的主要参数并获得其概率分布特性，进而采用假设检验确定损伤的位置和程度，实现损伤的概率诊断。为验证方法的准确性和有效性，将其应用于斜拉桥的损伤识别问题，提出了损伤识别的斜拉索索力指标，得出了有益的结论。

以下我们将专门针对基于统计分析的单索索力评价做简要和初步的探讨。

8.5.1 索力分布特性

索力是一个随机变量，通过统计分析和检验方法更具有较好的科学性和可靠性。由于索力在白天受天气因素的影响较大，因此，应该通过选择夜间同一时段的索力，以年周期为基础建立静态索力评价标准。同时，每一根索力的变化情况也是不同的，应对于每一根被监测的拉索采用相同的方法建立各自独立的评价标准。索力评价最基本的问题，就是根据获得的运营条件下的索力和温度后，如何判断索力是否正常的问题。下面以沧口斜拉桥 WZ5 索为例，以 2012 年全年索力为基准，简述索力的评价方法。

分别对全年每日零时温度和索力分布进行拟合，如图 8.34 和图 8.35 所示。通过 K-S 检验根据拟合优度选取双峰正态分布形式，可采用式 8.14～式 8.16 表示。温度与索力的最优拟合分布参数见表 8.8。

$$f_{\mathrm{x}}(x)=pf_1(x)+(1-p)f_2(x) \tag{8.14}$$

$$f_1(x)=\frac{1}{\sqrt{2\pi\sigma_1}}e^{-\frac{(x-\mu_1)^2}{2\sigma_1^2}} \tag{8.15}$$

$$f_2(x)=\frac{1}{\sqrt{2\pi\sigma_2}}e^{-\frac{(x-\mu_2)^2}{2\sigma_2^2}} \tag{8.16}$$

其中：μ 为分布均值，σ 为分布方差。

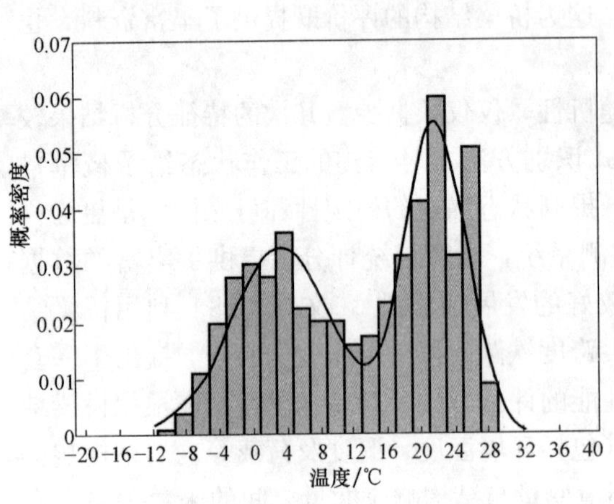

图 8.34　全年每日零时环境温度分布

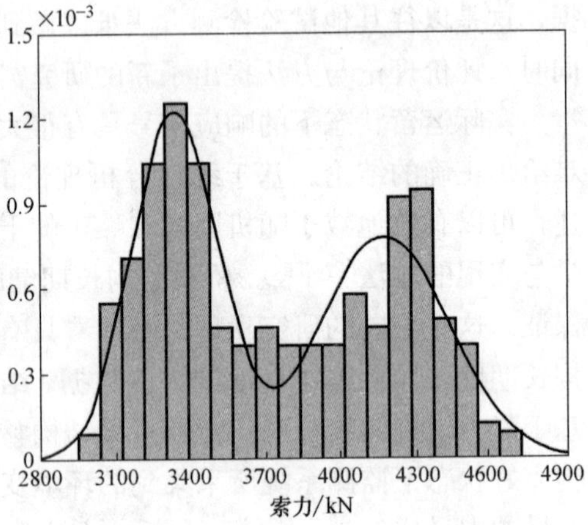

图 8.35　全年每日零时 WZ5 静态索力分布

温度与索力双峰正态分布参数　　表 8.8

参数	p	μ_1	σ_1	μ_2	σ_2
WZ5 索力	0.5092	3344.8	116.64	4172.9	252.215
温度	0.5010	3.23	6.02	21.46	3.61

8.5.2　标准索力及其分布特性

根据前述分析得到的图 8.27 所示的 WZ5 索全年零点数据做出的索力与温度（这里取箱外气温）的散点图，我们看到全年索力 F 与温度 T 之间具有较高的线性相关性，并采用一元线性回归模型将两者关系表达为式（8.3），即 $F(T)=F_0+kT+\varepsilon$。

桥梁设计温度是 15C°，不妨以 $T_{\mathrm{b}}=15$C°为基准温度。将索力 F 以 $T_{\mathrm{b}}=15$C°为基准消除温度的影响，得到标准索力 F_{s}：

$$F_s = F - k(T - T_b) \tag{8.17}$$

将式（8.3）代入式（8.17），得：

$$F_s = F_0 + kT_b + \varepsilon \tag{8.18}$$

由式（8.18）可见标准索力 F_s与温度无关。记 $F_b = F_0 + kT_b$，为基准温度下的索力回归值，称为基准索力。于是，标准索力（式 8.18）可表达为基准索力 F_b与随机误差 ε 之和：

$$F_s = F_b + \varepsilon \tag{8.19}$$

2012 全年 WZ5 索力换算的标准索力如图 8.36 所示，反映了运营条件下全年标准索力围绕基准索力值（3627kN）随机分布的情况。由于 $\varepsilon \sim N(0, \sigma^2)$，因此，全年标准索力服从以 F_b为均值，以 σ 为标准差的正态分布，即 $F_s \sim N(F_b, \sigma^2)$。

2012 全年 WZ5 索标准索力的分布情况如图 8.37 所示，其正态分布检验结果如图 8.38 所示。进一步验证了标准索力的正态性，表明标准索力较好的服从正态分布。采用最大似然法进行参数估计，得均值 $F_b = 3627$，标准差 $\sigma = 113$，即 2012 年全年 WZ5 索标准索力服从 $F_s \sim N$（3627，113^2），可以作为未来该索力评价的基准指标。

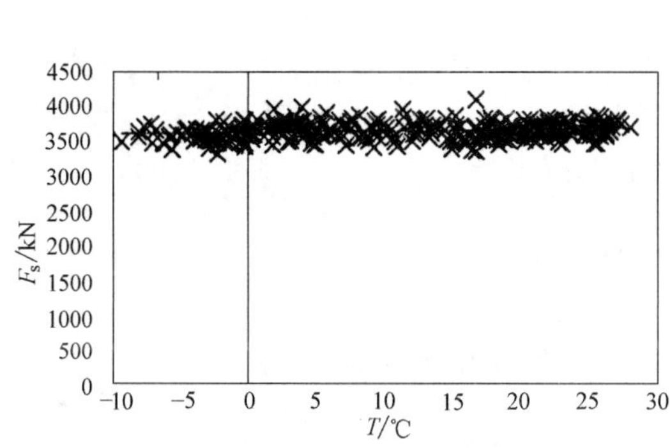

图 8.36 WZ5 全年索力标准值

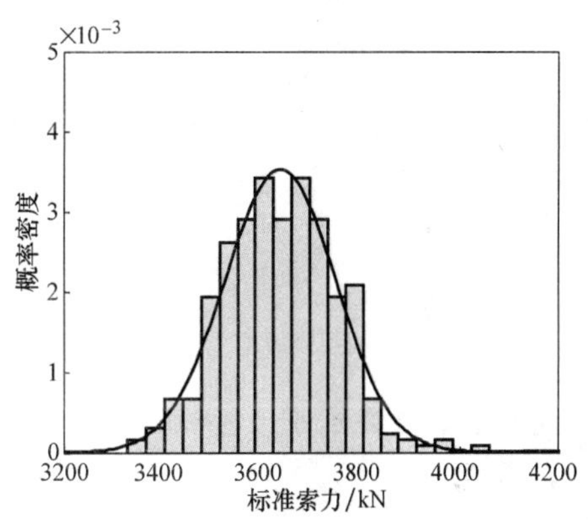

图 8.37 标准索力分布（2012）

8.5.3 标准索力个别值抽样检验

索力个别值抽样检验属于例行监测。首先假设结构的运行是正常的，然后每隔一段时间随机抽查相应指标，如果没有发现异常情况，就认为结构运行是正常的。如果发现相应指标有较大波动，超出了允许限度，则认为结构运行有可能不正常而需要进一步检查诊断。

当已知为正态分布 $X \sim N(\mu, \sigma^2)$ 后，在给定显著性水平 α 下，可以直接计算出该显著性水平下的拒绝域：

$$W = (-\infty, a] \cup [b, +\infty) \tag{8.20}$$

其中 a，b 由下式确定，设概率密度为 $f(x)$：

$$\int_{-\infty}^{a} f(x)\mathrm{d}x = \alpha/2 \tag{8.21}$$

$$\int_{-\infty}^{b} f(x)\mathrm{d}x = 1 - \alpha/2 \text{ 或} \int_{b}^{\infty} f(x)\mathrm{d}x = \alpha/2 \tag{8.22}$$

根据给定的 $N(\mu, \sigma^2)$，可由 MATLAB 直接计算拒绝域临界值：

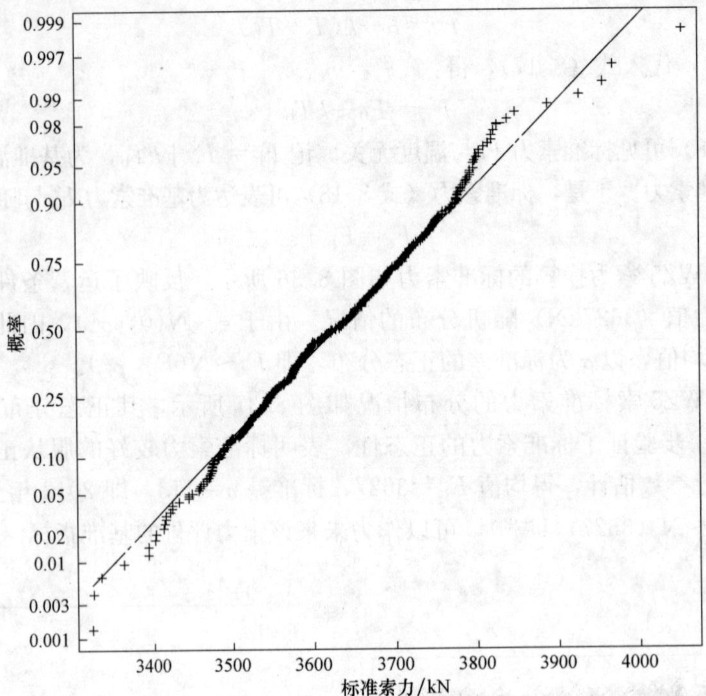

图 8.38　标准索力正态分布检验

$$a = \text{norminv}(\alpha/2, \mu, \sigma)$$
$$b = \text{norminv}(1-\alpha/2, \mu, \sigma)$$

通常取显著性水平 $\alpha=0.05$，那么，对 2102 标准索力分布基准（$\mu=3627\text{kN}$，$\sigma=113$），得：

$$a = \text{norminv}(0.025, 3627, 113) = 3406\text{kN}$$
$$b = \text{norminv}(0.975, 3627, 113) = 3848\text{kN}$$

即，拒绝域为：

$$W = (-\infty, 3406] \cup [3848, +\infty) \tag{8.23}$$

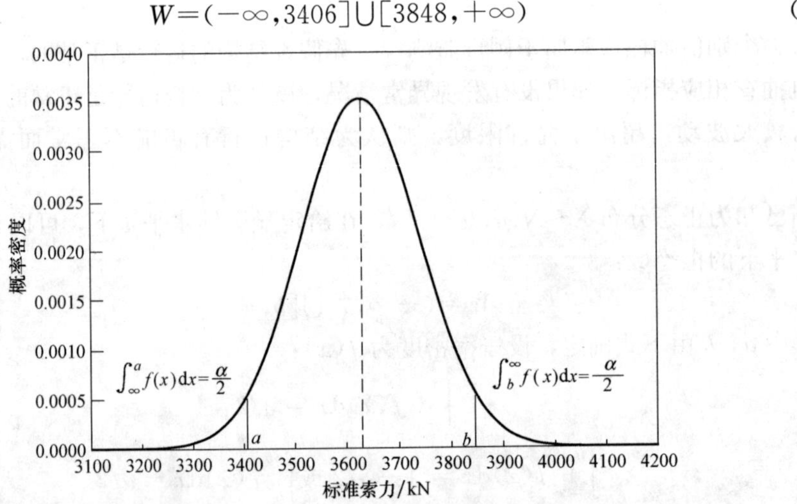

图 8.39　标准索力拒绝域和接受域

选取2013年典型3d（分别代表全年气温高、中、低三天）0：00时10min监测索力（WZ5）和对应气温。采用上述方法，以2012年为基准对2013年WZ5索进行评价。3d相关数据与换算的索力标准值、相对基准值的偏离误差一并列入表8.9和示于图8.40。可见，抽查的索力标准值均不在上述拒绝域，即，在0.05的显著性水平上，2013年WZ5索三次索力抽检结果良好。

2013年典型3d WZ5索力观测数据及标准索力、偏离误差 **表8.9**

2013年	箱外气温(℃)	箱内气温(℃)	索温(℃)	WZ5索力(kN)	索力标准值 F_s (kN)	偏离误差 (%)
1月6日	−5.4	−3.6	−6.1	4491	3597	−0.8
4月16日	12.7	16.8	18.9	3830	3729	2.8
8月6日	29.3	35.4	39.7	3082	3709	2.3

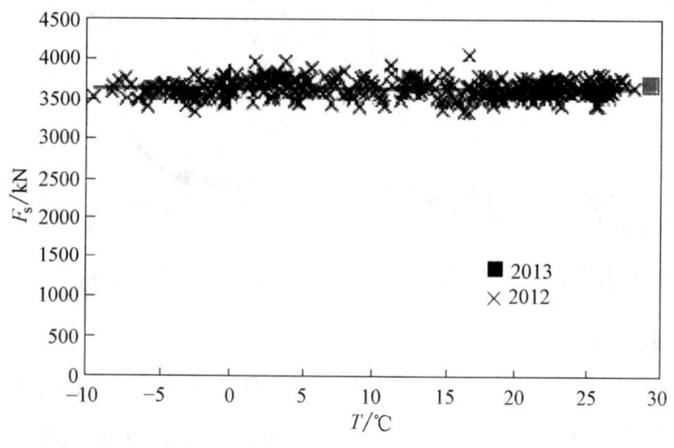

图8.40 2013年典型3d索力评价

8.5.4 标准索力分布检验与评价

上述索力例行监测评价方法，使用上较为简单。但是，具有很大局限，它无法检验索力的分布规律是否正常。如果结构发生显著改变，必然会导致索力分布特性发生显著改变，但是索力个别值仍然可能处于正常值域，这时，上述评价就会失效。因此，更为可靠和科学的方法是基于分布特性的索力状态评价。

在结构经历长时间运行或经历重大灾害后，需要判断结构的运行是否符合正常状态要求。这不仅涉及上述的例行监测，更要对结构响应控制指标的概率分布是否符合要求做出判断。用统计语言描述就是，对变量的分布形态有先验知识，如变量曾经或者应该服从正态分布、威布尔分布等，判断目前的分布情况是否为真、分布参数的一些已知信息是否为真。

1. 索力分布类型检验

这里，以2012年WZ5索力分布特性为基准，对2013年上半年该索索力进行检验评价。首先要检验分布类型是否发生变化。如果分布类型没有发生变化，那么目前分布参数是否发生显著改变。

在2013年上半年，均匀抽取43d零时索力和温度，换算为标准索力样本。首先，做正态分布检验。由图 8.41 可见，标准索力样本较好地符合正态分布，并得到其均值为 3644kN，标准差 104。图 8.42 为标准索力当前分布（2013）与基准分布（2012）的对比情况。和基准分布相比，正态分布的基本特征保持良好。均值相对变化 0.47%，标准差相对变化 7.9%。这种基于分布特性的差异性水平，是评价当前索力乃至整个结构的重要指标和依据。

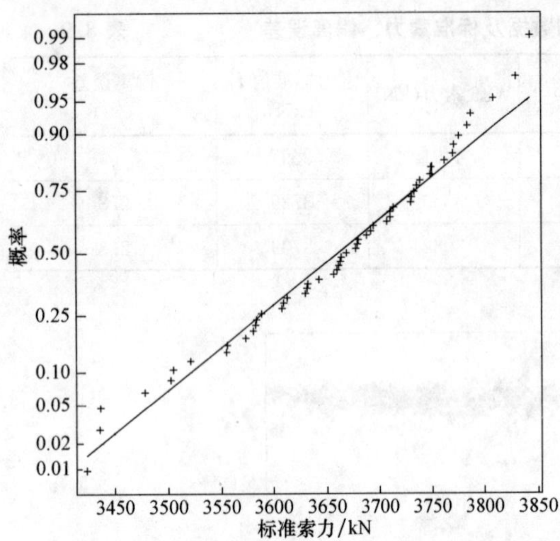

图 8.41　2013 年标准索力正态分布检验

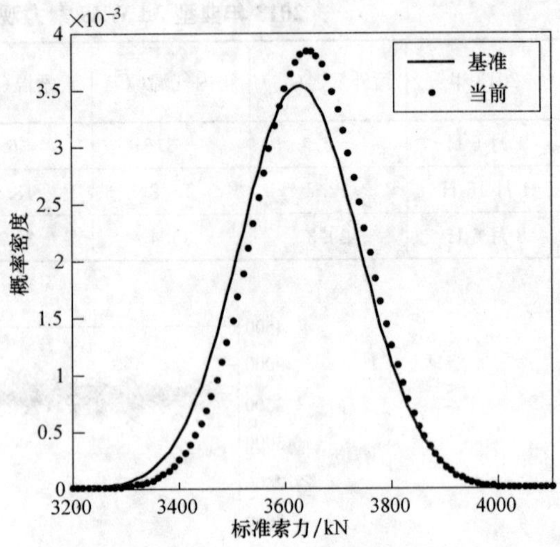

图 8.42　2012 年和 2013 年标准索力分布对照

2. 标准索力均值检验

我们已经知道，2013 年上半年的 43 个标准索力样本服从正态分布，进一步想知道的是，这个 2013 年的样本均值 $\overline{F}_{13}$ 是否符合依据 2012 年数据所建立的标准 F_b=3627kN。

问题的提出：已知在正常运行情况下（以 2012 年为标准），WZ5 索力标准值服从正态分布 N（3627，113^2）。2013 年上半年对该索力标准值抽取 43 个样本，问样本均值 $\overline{F}_{13}$ 是否正常？（取显著性水平 $\alpha=0.05$）

这是个正态分布的均值检验问题，即 H_0：$\mu=3627$。检验统计量选样本均值 $\overline{X}$，双侧检验准则为：

$$P\{|\overline{X}-\mu|\geqslant\delta\}\leqslant\alpha \tag{8.24}$$

根据 $\overline{F}_{13}$ 的分布和显著性水平要求 α，确定 δ，便可得方差的拒绝域。为此，需首先确定 $\overline{F}_{13}$ 的概率分布。

首先假设 2013 年 WZ5 索的标准索力 F_{13} 符合 2012 的标准，即 $F_{13}\sim N$（3627，113^2）。由数理统计理论知道，当 X 服从正态分布 N（μ，σ^2）时，其样本均值 $\overline{X}$ 也是随机变量，且服从正态分布 $\overline{X}\sim N\left(\mu,\ \dfrac{\sigma^2}{n}\right)$（$n$ 为样本容量）。注意到 $\overline{X}$ 的方差，则在前述假设为真时，$\overline{X}$ 的观测值不应该过于偏离 μ=3627kN。在给定显著性水平 α 下，可以由 $\overline{X}\sim N\left(\mu,\ \dfrac{\sigma^2}{n}\right)$计算出 $\overline{X}$ 在该显著性水平下的拒绝域：

$$W=(-\infty,a]\cup[b,+\infty) \tag{8.25}$$

这里取显著性水平 $\alpha=0.05$，$\mu=3627\text{kN}$，$\sigma=113$，$n=43$，由 MATLAB 计算拒绝域临界值：

$$a=\text{norminv}(\alpha/2,\ \mu,\frac{\sigma}{\sqrt{n}}),b=\text{norminv}(1-\alpha/2,\ \mu,\frac{\sigma}{\sqrt{n}}) \tag{8.26}$$

得 $a=\text{norminv}(0.025,\ 3627,\ 17.2)=3593\text{kN}$，$b=\text{norminv}(0.975,\ 3627,\ 17.2)=3661\text{kN}$。即，拒绝域为：$W=(-\infty,\ 3593]\cup[3661,\ +\infty)$。

2013 年上半年的 WZ5 标准索力抽样均值 3644kN，不在拒绝域内，因此，标准索力抽样均值符合正常标准。

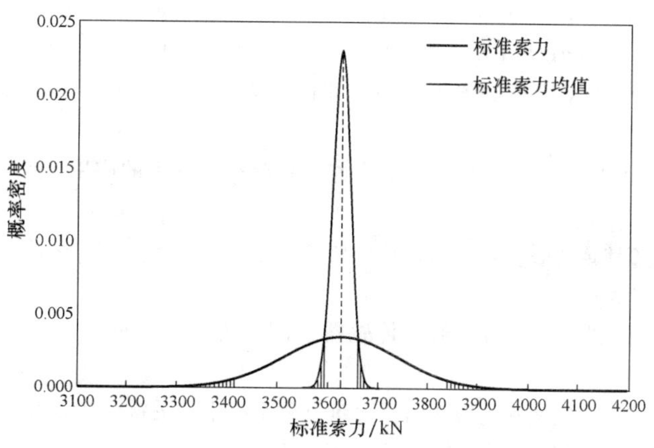

图 8.43 标准索力均值拒绝域

3. 标准索力的方差检验

问题的提出：已知在正常运行情况下（以 2012 年为标准），WZ5 索力标准值服从正态分布 $N(3627,\ 113^2)$。2013 年上半年对该索力标准值抽取 43 个样本，问样本方差 S^2 是否正常？（取显著性水平 $\alpha=0.05$）

这是个正态分布的方差检验问题。即 H_0：$\sigma=113$。检验统计量选样本方差 S^2，双侧检验准则为：

$$P\{S^2\leqslant\delta_1\mid\sigma=113\}\leqslant\alpha/2 \text{ 或 } P\{S^2\geqslant\delta_2\mid\sigma=113\}\leqslant\alpha/2 \tag{8.27}$$

根据 S^2 的分布和显著性水平要求 α，确定 δ_1 和 δ_2，便可得方差的拒绝域。为此，需首先确定样本方差 S^2 的概率分布。由抽样分布理论，对来自正态总体 $N(\mu,\ \sigma^2)$ 的样本方差 S^2，$(n-1)S^2/\sigma^2$ 服从自由度为 $(n-1)$ 的 χ^2 分布，即：

$$\chi^2=(n-1)S^2/\sigma^2\sim\chi^2(n-1) \tag{8.28}$$

其中 n 样本容量，故在本例中，$\chi^2=42S^2/113^2\sim\chi^2(42)$。于是在显著水平 $\alpha=0.05$ 下，方差拒绝域临界值 δ_1 和 δ_2，可由下列双侧检验准则确定：

$$P\{\chi^2\leqslant42\delta_1/113^2\}\leqslant\alpha/2,\ P\{\chi^2\geqslant42\delta_2/113^2\}\leqslant\alpha/2 \tag{8.29}$$

由 MATLAB 函数 chi2inv 计算如下：

$$\delta_1=\text{chi2inv}(0.025,42)\times113^2/42=7904$$

$$\delta_2=\text{chi2inv}(0.975,42)\times113^2/42=18782$$

2013 年上半年的 WZ5 标准索力抽样方差 $S^2=104^2=10816$，不在拒绝域内，因此，该标准索力抽样方差正常。通过以上分布特性、均值和方差的检验结果，可以得到结论：

2013年上半年WZ5索力运行状态良好。由于监测索力的随机性，基于索力概率分布特性的评价方法更为可靠和科学。消除车辆和温度影响的标准索力分布具有良好的正态性，从而可建立基于均值与方差检验的索力评价基准与方法。

参考文献

[1] Byeong H K, Taehyo P, Hyunyang S. A comparation Study of tension estimation the methods for cable supported Bridges [J]. Steel Structures, 2007, 7 (1): 77-84.

[2] Byeong H K, Taehyo P. Estimation of cable tension force using the frequency-based system identification Method [J]. Journal of Sound and Vibration, 2007, 304 (3): 660-676.

[3] 查利权，基于拉索振动特征的索力检测与评估方法 [J]. 振动、测试与诊断，2014，34 (5): 967-969.

[4] 周庠天，涂慧，王晓琳. 磁通量传感器索力监测系统在工程中的应用，预应力技术，2011，(5): 35～40.

[5] 何利，邓年春，磁通量传感器在宜宾长江大桥斜拉索监测中的应用，公路交通技术，2010，(1): 95～97.

[6] 邓年春，龙 跃，孙利民，应用磁通量传感器监测体内预应力研究，预应力技术，2010，(3): 3～7.

[7] 郭健，陈勇，孙炳楠，楼文娟，钱江四桥健康监测系统中的关键性问题及损伤识别方法研究，第十七届全国桥梁学术会议论文集，2006.5，671-679，重庆.

[8] E. J. Cross, K. Y. Koo, J. M. W. Brownjohn, K. Worden, Long-term monitoring and data analysis of the Tamar Bridge [J]. Mechanical SystemsandSignalProcessing 2013, 35 (1-2): 16-3.

[9] Liu Xiaoling, Huang Qiao, Ren Yuan, Fan Yehua, Chen Ping, Extraction of cable forces due to dead load in cable-stayed bridges under random vehicle loads [J]. Journal of Southeast University (English Edition) 2015, 31 (3): 407-411.

[10] Huang N E, Zheng S, Long S R, et al. The Empirical Mode Decomposition and Hilbert Spectrum for Nonlinear and Non-stationary Time Series Analysis [C]. Proceedings of the Royal Society of London, Series A, 1998, 454: 903-995.

[11] 孙宗光、倪一清、高赞明、丁皓江，基于斜拉索振动测量与神经网络技术的斜拉桥损伤位置识别方法 [J]. 工程力学，2003，20 (3): 26-30.

[12] 兰海，史家钧，灰色关联分析与变权综合法在桥梁评估中的应用 [J]. 同济大学学报，2001，29 (1): 50-54.

[13] 伍华成，项贻强，基于变权综合原理的斜拉桥索力、线形状态评估 [J]. 中国铁道科学，2006，27 (6): 42-48.

[14] 刘文奇，均衡函数及其在变权综合中的应用 [J]. 系统工程理论与实践，1997，17 (4): 58-64.

[15] 尚鑫，徐岳，基于灰色理论的斜拉桥拉索安全性评价 [J]. 长安大学学报（自然科学版），2004，24 (1): 52-55.

[16] 伍华成，汪劲丰，项贻强，翁沙羚，基于优化索力的斜拉桥索力状态评估研究 [J]. 浙江大学学报（工学版），2006，40 (10): 1773-1778.

[17] 李晓钟，王根会，灰色理论在斜拉桥索力状态评估中的应用 [J]. 城市道桥与防洪，2008，4: 82-85.

[18] 任远，刘小玲，黄侨，斜拉桥恒载索力长期变化趋势分析与评估 [J]. 哈尔滨工业大学学报，

2015，47（6）：103-108.

［19］ 王修勇，韩骞子，钟桔，孙洪鑫，基于灰色关联度的拉索状态评估理论与试验研究［J］. 第25届全国结构工程学术会议论文集，2016.8，Ⅱ：183-189.

［20］ 李枝军，李爱群，缪长青，丁幼亮，运营状态下南京长江二桥拉索索力测试与分析［J］. 东南大学学报（自然科学版）2007，37（6）：1057-1060.

［21］ 吕聪儒，跨海斜拉桥检测与评价，公路交通科技（应用技术版），2011，（4）：62-64.

［22］ 熊文，涂雪，肖汝诚. 基于变异系数与趋势因子的斜拉桥索力评估［J］. 同济大学学报：自然科学版，2011，39（11）：1575-1580.

［23］ 淡丹辉，赵一鸣，杨通，闫兴非，基于群索索力相异测度的斜拉桥健康状态评估［J］. 同济大学学报（自然科学版），2013，41（6）：826-833.

［24］ Dan D H，Zhao Y M，Yang T，et al. Health condition evaluation of cable-stayed bridge driven by dissimilarity measures of grouped cable forces［J］. International Journal of Distributed Sensor Networks，2013，(818967)：1-12.

［25］ 徐光辉，华孝良. 桥梁结构非线性分析［M］. 北京：人民交通出版社，1997.

［26］ 肖汝诚，项海帆. 斜拉桥索力优化的影响矩阵法［J］. 同济大学学报（自然科学版），1998，26（3）：235.

［27］ 张启伟，桥梁健康监测中的损伤特征提取与异常诊断［J］. 同济大学学报，2003，31（3）：258-262.

［28］ 辛学忠，苏木标，陈树礼，夏禾，大跨度铁路桥梁健康状态评估的统计对比诊断方法研究［J］. 铁道学报，2006，28（2）：116-121.

［29］ 宗周红，任伟新，阮毅，土木工程结构损伤诊断研究进展［J］. 土木工程学报，2003，36（5）：105-110.

［30］ 张清华，李乔，斜拉桥结构损伤识别的概率可靠度法［J］. 东南大学学报（自然科学版），2005，35（增刊1）：80-93.

第 9 章　应变与变形的监测分析与评价

9.1　应变与变形监测

9.1.1　应变监测

应变监测是结构长期监测的重要内容之一。根据结构详细的计算分析和具体工程特点来选择受力较大或影响结构整体安全的关键构件、截面和部位，并结合结构易损性分析选择最易破坏的关键构件、截面和部位进行监测。通常对桥梁结构来说，应变监测重点一般为桥跨跨中截面，主缆或拉索锚固区截面，以及塔梁接合处截面等。桥塔的监测断面主要有截面最小处、塔柱根部等。主梁的控制截面主要受弯矩作用，因此在箱梁截面顶、底板上应布置纵向应变测点。考虑到货车车道下的活载作用，在相应车道下也是重点选择应变测点的部位。另外由于横向连接可能出现横向应力，也应适当布置横向应变测点。主缆或拉索锚固区、塔梁接合处往往受力状况复杂，所以需要进行应变监测。塔柱根部断面承受较大压力和较大弯矩作用，因此，也是应变监测的重点部位。测点的应力主方向已知时，就分别沿主方向布置应变传感器，直接测得主应变。受力复杂的构件、截面和部位，主方向未知时，就必须采用应变花测量一点的应变。然后，根据应变花的形式来计算分析该点的主应力。就安装方式而言，常用的应变传感器类型有表面安装应变传感器和埋入式应变传感器。

1. 表面安装应变传感器

表面安装应变传感器主要用于测量结构物表面应变。一般分钢结构表面应变传感器和混凝土结构表面应变传感器。钢结构表面应变传感器固定在相应的底座上，底座焊接在钢结构的表面。混凝土结构表面应变传感器，也可用于已产生微裂的混凝土结构裂缝变化的观测。图 9.1 所示为某型号的光纤光栅混凝土结构表面安装应变传感器，主要技术参数为：应变量/量程±2000$\mu\varepsilon$，分辨率 0.5$\mu\varepsilon$，精度±5$\mu\varepsilon$，规格尺寸（直径×长度）Φ12×142mm。图 9.2 所示为某型号的钢结构表面应变传感器。

图 9.1　混凝土结构表面应变传感器

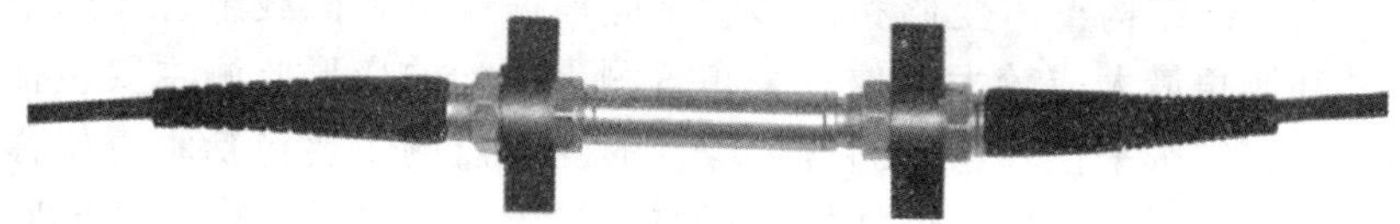

图 9.2 钢结构表面应变传感器

表面应变传感器安装要点：1）准确选择安装位置和方向，保证安装表面光滑平整；2）混凝土结构表面应变传感器需要在结构表面打孔安装；钢结构表面应变传感器需要焊接安装；3）安装后按要求调试合格；4）做好传感器的保护。

2. 埋入式应变传感器

埋入式应变传感器可以用于混凝土内部应变分布及恒载应力测试。图 9.3 所示为某型号的光纤光栅埋入式应变传感器，主要技术参数为：应变量/量程±2000$\mu\varepsilon$，分辨率≤1$\mu\varepsilon$，精度±1$\mu\varepsilon$，规格尺寸 140mm×12mm×35mm，适用温度 −30℃～100℃。

图 9.3 埋入式应变传感器

埋入式应变传感器安装要点：(1) 通常，传感器应用钢扎线绑扎在预固定钢筋上，再将预固定的钢筋捆绑或者焊接在测试点的钢筋上，如图 9.4 所示；(2) 在安装点的选择上，要注意避免由于混凝土的振捣作业使传感器受到损坏，一般可将传感器安装在钢筋下方。两端尾缆须沿着钢筋底部走线，并捆绑好。

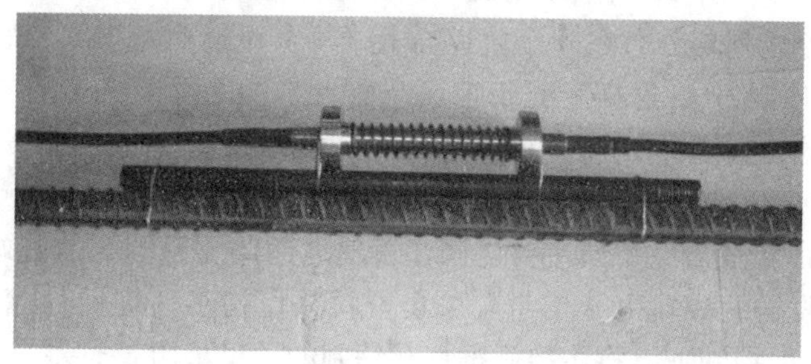

图 9.4 埋入式应变传感器的安装

9.1.2 变形监测

1. 监测内容与方法

各种桥型均应进行变形监测，大型桥梁的变形监测部位主要包括主梁、塔柱、主缆、主拱、墩台等。结构整体变形和位移监测应根据最不利荷载组合作用下关键构件的挠度、位移和倾角最大或较大的位置来布置测点。梁的变形监测主要包括桥跨的竖向和侧向位移，梁端水平位移与倾斜等。墩台的变形监测主要包括垂直位移和水平位移。在斜拉桥、悬索桥结构中，塔柱的变形监测是十分重要的。塔柱变形监测主要包括顶部的水平位移和整体倾斜。桥梁变形监测要求具有较高精度，并且很多变形的连续监测是十分必要的。桥梁变形监测需要综合应用各种监测技术和方法，以及数据处理方法。

大型结构变形观测技术和方法很多，有常规大地测量方法，摄影测量方法等，也有以 GPS 技术、雷达干涉技术、三维激光扫描、计算机成像技术等为代表的新型变形监测技术。目前，这些新型监测技术得到了十分广泛的应用，推动着变形监测技术不断向动态、实时、自动化、智能化的方向发展。

传统的变形监测方法尽管具有十分成熟的理论基础和技术，还是存在一定的缺陷，在很多方面常常达不到实时监测的要求。针对桥梁结构变形长期监测的特点，采用 GPS 与其他传感器结合的技术将成为必然的趋势。首先 GPS 技术结合平面测量、高程测量，可以实现结构的垂直位移、水平位移和挠度的同步观测。其次，GPS 测量具有全天候、实时动态等优点。尽管在实际应用中还存在一些需不断完善和改进的地方，但是与传统测量手段相比，其优越性是十分突出的。

2. 全球定位系统（GPS）

全球定位系统（GPS）是 20 世纪 70 年代，由美国陆海空三军联合研制的，具有在海陆空进行全方位实时三维导航与定位能力的新一代卫星导航与定位系统。经过 20 余年的研制和实验，到 1994 年全面建成。GPS 的显著特点是全天候、高精度、自动化、高效益等。目前已成功地应用于大地测量、工程测量、航空摄影测量、运载工具导航和管制、地壳运动监测、工程变形监测、资源勘察、地球动力学等多种学科，给测绘领域带来一场深刻的技术革命，产生了重大的经济效益。近年来被用于大型水坝、桥梁等重大结构的实时安全及形变监测。

GPS 定位系统主要由空间部分、地面控制系统和用户设备三部分组成：(1) 空间部分，GPS 的空间部分是由 24 颗卫星组成（21 颗工作卫星；3 颗备用卫星），它位于距地表 20200km 的上空，均匀分布在 6 个轨道面上（每个轨道面 4 颗），轨道倾角为 55°，运行周期约为 11 小时 58 分。这样，对于地面观测者来说，每天将提前 4 分钟见到同一颗 GPS 卫星。卫星的分布使得在全球任何地方、任何时间都可观测到 4 颗以上的卫星；(2) 地面控制系统，地面控制系统由主控制站（Master Monitor Station）、监测站（Monitor Station）、注入站所组成。主控站主要协调和管理地面监测系统；监测站的主要任务是自动接受 GPS 卫星发送的导航电子信息，采集资料并作初步处理后存储和传送到主控站；注入站是在主控站的控制下，将主控站推算和编制的卫星星历、时差、导航电文和其他控制指令等，发送到 GPS 卫星；(3) 用户设备部分，用户设备部分即 GPS 信号接收机。其主要功能是能够捕获到按一定卫星截止角所选择的待测卫星，并跟踪这些卫星的运行。当接收机捕获到跟踪的卫星信号后，就可测量出接收天线至卫星的伪距离和距离的变化率，解调出卫星轨道参数等数据。根据这些数据，接收机中的微处理计算机就可按定位解算方法进行定位计算，计算出用户所在地理位置的经纬度、高度、速度、时间等信息。

3. GPS定位系统基本原理

GPS导航系统的基本原理是利用三颗以上卫星的已知位置（x_i，y_i，z_i），交会出用户接收机的位置（x_u，y_u，z_u）。因此，在GPS定位中，要解决的问题就是两个：一是观测瞬间GPS卫星的位置（x_i，y_i，z_i），卫星的位置可以根据星载时钟所记录的时间在卫星星历中查出。二是计算瞬间测站点（接收机）至GPS卫星之间的真实距离R_{iu}。这样，只要通过观测三颗卫星，就可以建立如下方程组，并由此解算得到测点的位置（x_u，y_u，z_u）。

$$\left.\begin{aligned} R_{1u}&=\sqrt{(x_1-x_u)^2+(y_1-y_u)^2+(z_1-z_u)^2}\\ R_{2u}&=\sqrt{(x_2-x_u)^2+(y_2-y_u)^2+(z_2-z_u)^2}\\ R_{3u}&=\sqrt{(x_3-x_u)^2+(y_3-y_u)^2+(z_3-z_u)^2}\end{aligned}\right\} \tag{9.1}$$

理论上，站星之间的距离可通过卫星信号在卫星和测站点之间的传播时间和速度来确定。但是，由于大气层电离层的干扰、时钟偏差以及其他环境效应的影响，这样计算的距离ρ_i并不是用户与卫星之间的真实距离R_{iu}，因此称ρ_i为伪距。只有综合考虑这些误差效应后，才能得到真实距离。

利用GPS进行定位的方法有很多种。若按照参考点的位置不同，则定位方法可分为（1）绝对定位，即在协议地球坐标系中，利用一台接收机来测定该点相对于协议地球质心的位置，也叫单点定位。绝对定位的坐标最初成果为WGS-84坐标。绝对定位优点是只需一台接收机即可独立定位，外业观测的组织及实施较为方便，数据处理也较为简单。缺点是受卫星轨道误差、时钟同步误差及信号传播误差等因素的影响，定位精度较低；（2）相对定位，即在协议地球坐标系中，利用两台以上的接收机测定观测点至某一地面参考点（已知的基准点）之间的相对位置。也就是测定地面参考点到未知点的坐标增量。由于星历误差和大气折射误差有相关性，所以通过观测量求差可消除这些误差，因此相对定位的精度远高于绝对定位的精度。两种定位方式如图9.5所示。

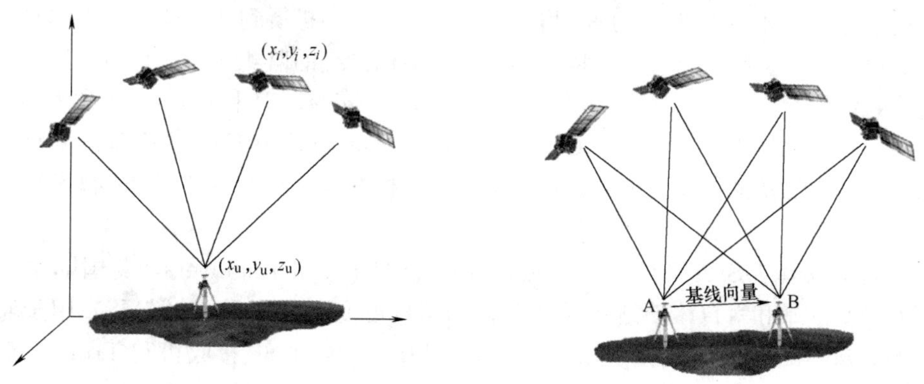

图9.5 GPS定位原理示意图

按用户接收机在作业中的运动状态不同，则定位方法可分为（1）静态定位，即在定位过程中，将接收机安置在测站点上并固定不动；（2）动态定位，即在定位过程中，接收机处于运动状态。

在动态相对定位中，由卫星星历确定的卫星位置（x_i，y_i，z_i）和已知的基准站坐标（x_b，y_b，z_b），可以计算得到卫星与基准站之间的真实距离 R_{ib}。于是，基准站与卫星的伪距 ρ_{ib} 可表达为：

$$\rho_{ib}=R_{ib}+d\rho_{ib} \tag{9.2}$$

式中：$d\rho_{ib}$ 为伪距误差，来源包括与卫星相关的星历误差、卫星时钟偏差、电离层、对流层等效应，以及与卫星无关的基站的时钟偏差、接收机噪声、多路径效应等。

同样，对于流动站（用户接收机），其伪距为：

$$\rho_{iu}=R_{iu}+d\rho_{iu} \tag{9.3}$$

当基准站与流动站相距较近时，上述与卫星相关的伪距误差可认为是相同的。这样流动站与基准站伪距误差之差 $\Delta d\rho=d\rho_{iu}-d\rho_{ib}$ 与具体卫星无关，将其代入式（9.3）：

$$\rho_{iu}-d\rho_{ib}=R_{iu}+\Delta d\rho \tag{9.4}$$

由于基准站的准确位置是已知的，因此 $d\rho_{ib}$ 是已知的。如果基准站和流动站同时观测4颗卫星，由式（9.4）可以得到4个联立方程，从而求解出流动站的坐标（x_u，y_u，z_u）和 $\Delta d\rho$，即：

$$\rho_{iu}-d\rho_{ib}=\sqrt{(x_i-x_u)^2+(y_i-y_u)^2+(z_i-z_u)^2}+\Delta d\rho \quad (i=1,\ 2,\ 3,\ 4) \tag{9.5}$$

在工程测量中应用较多的是实时动态定位方法（RTK）。高精度的GPS测量必须采用载波相位观测值，RTK定位技术就是基于载波相位观测值的实时动态定位技术。它能够实时地提供测站点在指定坐标系中的三维定位结果。这种方法与动态相对定位方法相比，定位模式相同，仅需在基准站和流动站间增加一套数据链，基准站通过数据链将其观测值和测站坐标信息一起传送给流动站。流动站不仅通过数据链接收来自基准站的数据，还要采集GPS观测数据，并在系统内组成差分观测值进行实时处理，同时给出定位结果。

4. GPS-RTK技术在结构监测中的应用

国际上将RTK技术用于大型土木工程健康监测的时间并不长。早期的GPS监测主要是静态或者准静态的监测，直到近几年随着OTF[1]问题的解决和RTK技术的诞生，长期的实时动态监测才得以迅速发展。目前已经从大坝监测扩展到地震监测、山体滑坡、地面沉降、海洋平台、高层建筑、大型桥梁等复杂结构系统的监测[2,3]。目前世界上几十家厂家生产各种用途广泛的GPS接收机。其中美国Trimble、瑞士Leica、加拿大NovAtel等系列接收机应用较为广泛。现在GPS技术测量采样率可达10Hz，完全可以满足大跨度桥梁结构的动态测试的需要。因此，在大型桥梁结构健康监测中GPS TRK技术得到广泛应用。

1989年，美国USACE（United States Army Corps of Engineers，美国陆军工程兵团）用两台基准站和六台移动站建成了全自动高精度变形监测系统（CMS）用于监测爱达荷州的Dworshak大坝。采用的是10通道的Trimble 4000SL接收机和Trimvec后处理软件，垂直和水平精度均达到3mm。1993年加拿大的Loves等用NovAtel公司的GPS Card™951型接收机，对艾伯塔省（Alberta）西部高160m的卡尔加里塔进行了强风作用下的振动测量，测得0.3Hz的振动频率，进一步验证了GPS可作为一种建筑物振动测量的有效方法。1995年Eric Leroy[4]等对法国诺曼底大桥（Normandy Bridge，主跨跨度856m）进行了测试，证明了GPS能够以厘米级精度进行实时水平位移监测。与其他几种方法的精密跟踪比较其实时结果是可靠的，即使在工作条件极其恶劣的情况下也是如此。

1997 年 Ashkenazi 等对主跨 1410m 的英国亨伯尔大桥（Humber Bridge）运用 GPS 进行振动位移测试，但由于天线安置较低，GPS 信号受到过往汽车的遮挡且天线支架不稳定，实验结果不理想。Brown 等于 1998 年进行了第二次 GPS 振动测试，FFT 分析结果显示，大桥垂直振动频率为 0.116Hz 水平振动频率 0.052Hz，与有限元结果吻合很好。世界最大跨径（主跨 1991m）的日本明石海峡（Akashi Kaikyo）大桥的监测系统采用了 GPS 技术[5]。对明石海峡大桥风振测量和温度变形测量结果表明[6]，6 个月的桥塔顶端主缆温度与 GPS 实测的加劲梁跨中挠度具有高度相关性。

我国对 GPS-RTK 在土木工程结构测试和监测上的研究及应用也取得丰富成果。过静珺[7]于 1996 年在国内第一次对高达 325m 的深圳地王商业大厦应用两台加拿大 NovAtel 3151GPS 单频接收机进行实测，得到东西和南北方向的主振频率与脉动测试结果极其相近。黄丁发[8]研究了深圳地王大厦常荷载条件下结构振动 GPS 测试的有关问题，采用小波分析法进行处理，有效地识别和提取振幅只有 1～2mm 的微小振动，取得很好的效果。我国内地在桥梁上应用 GPS 较早的是虎门大桥，广东虎门大桥有限公司、清华大学土木工程系和广州大地科技仪器有限公司研究开发了“虎门大桥三维位移 GPS 实时动态监测系统”。在桥面中点、东 1/4 和 1/8 处安装了 GPS 监测站，数据传输采用光纤局域网技术，最高采样频率 5Hz。实践证明，该系统在台风作用下可测得 7 阶频率，与有限元结果十分接近[9, 10]。黄声享[11]为研究 GPS 测定桥梁结构自振特性的可行性，结合武汉长江二桥开展了 GPS 动态监测试验，通过应用频谱分析法，有效地获取了斜拉桥跨中的振动特征，其结果与竣工时采用加速度计实测结果十分吻合。研究表明，应用高采样率的 GPS 接收机和合理的数据处理方法，完全可以高精度地实现桥梁结构自振特性的确定。

中国香港特别行政区路政署为青马管制区三座大桥安装了 GPS 监测系统。首先在青马大桥上进行了 GPS 三维动态监测试验，表明 GPS 精度可以达到水平方向 1cm，竖直方向 2cm。之后完成 GPS 系统的实施安装，分 5 个子系统（如图 9.6 所示）：GPS 传感器系统，局部数据获取系统，整体数据获取系统，GPS 计算机系统，光纤网络通信与数据传输系统。这套系统主要用于对三座索桥的桥身和桥塔的瞬时位移作实时监测，可达到厘米级精度。根据这些位移可以进一步导出其他一些结构参数。GPS 系统与原有的监测系统 WASHMS 相配合，实现对大桥的全方位健康监测[12,13]（如图 9.7 和图 9.8 所示）。

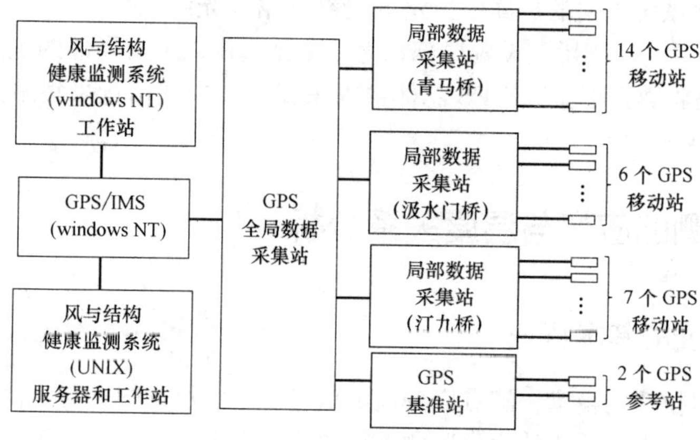

图 9.6 中国香港特别行政区三座大桥的 GPS 系统总体布置

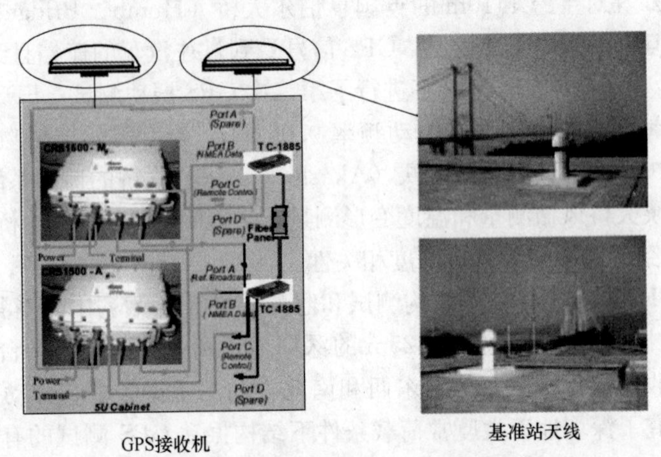

图 9.7　GPS基准站的传感器系统

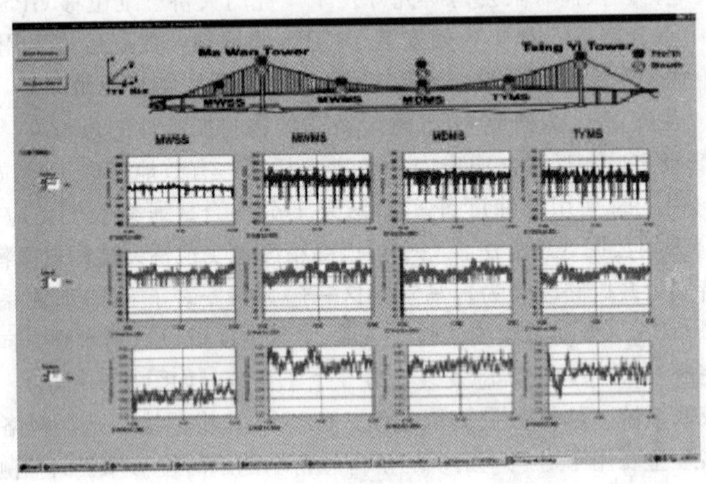

图 9.8　青马大桥桥面位移时程的屏幕显示

GPS信息传输系统采用的是高效稳定的光纤网络，光纤网络包括 6.5km 的单模光纤和 18km 的多模光纤。每座桥上设置局部信息采集站，用以采集局部的定点测量数据。然后，通过光纤网络将数据汇集到 GPS 总体数据采集站。局部信息采集站到总体数据采集站的最长距离约 3km。

9.2　基于监测的应变与温度关系分析

9.2.1　监测应变的基本特征

图 9.9 为某斜拉桥钢箱梁一测点应变监测信号的分解示意图。与运营索力等桥梁监测数据一样，运营状态下，桥梁的应变监测数据也包含着恒载、温度、车辆、风以及噪声等作用因素。相关研究表明[14]即使把温度补偿放到硬件或软件里面，也很可能无法将温度

变形消除，有必要直接从工作应变的数据中将温度变形提取并扣除。桥梁健康监测系统所监测到的动态应变响应主要是由结构的荷载响应、构件的温度变形和测试环境中的随机干扰组成。结构上作用的载荷产生的应变（应力）是导致材料和构件疲劳、损伤、破坏的主要原因，也是结构健康监测和状态评估所关注的重点。温度变形是由材料的热胀冷缩产生的形变，随机干扰部分需要在测试数据分析过程中去除或尽量减少其影响。若直接利用监测数据进行结构损伤识别和状态评估，会产生较大的分析误差。

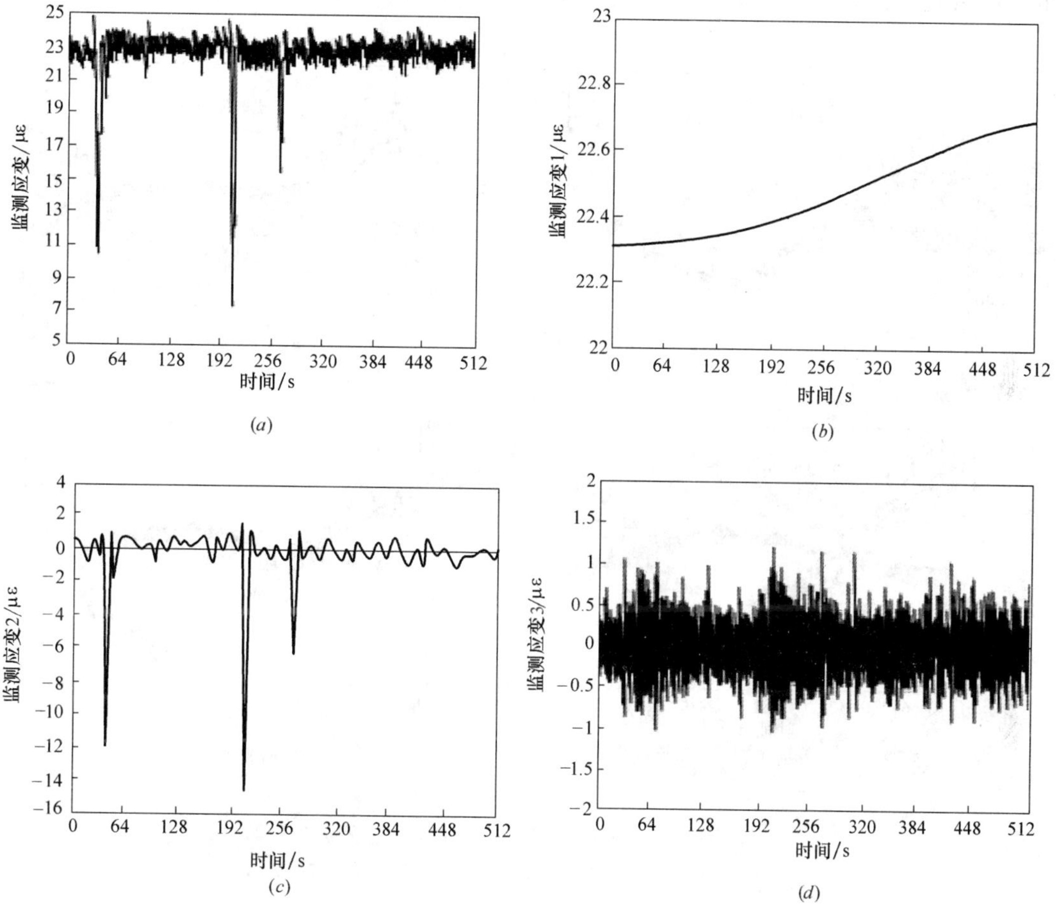

图 9.9　应变数据信号的分解示意图

(*a*) 原始信号；(*b*) 恒载及温度相关部分；(*c*) 车辆等相关部分；(*d*) 随机干扰部分

这里，我们将以斜拉桥钢箱梁的实际监测应变为例，对温度的影响规律做一些初步的分析，供进一步研究参考。

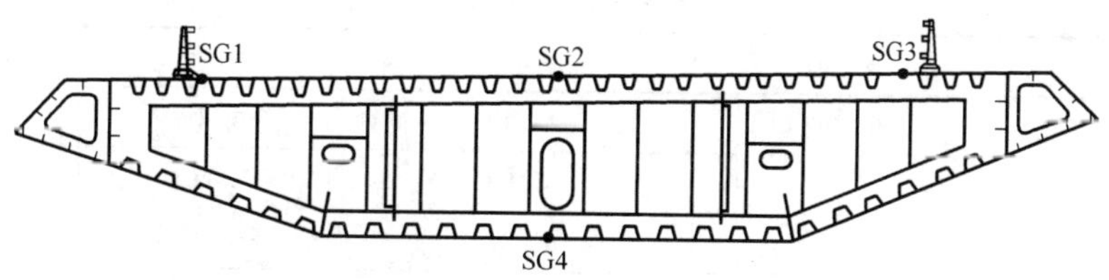

图 9.10　钢箱梁截面的四个应变监测点

9.2.2　全年应变与温度的关系

这里首先考虑年温度变化对应变的影响。选择沧口斜拉桥钢箱梁跨中截面的四个应变监测点 SG1-SG4 的 2012 年数据为例，通过选择每日零点的数据作为探讨监测应变的年变化规律的分析样本。通过将应变的原始监测数据进行分解，分理出车辆荷载和随机干扰的影响，然后考察温度对钢箱梁恒载应变的影响。为处理方便，采用每日零时的应变和气温的 10min 均值作为每天的代表值，四测点应变与气温的全年时程如图 9.11 所示。

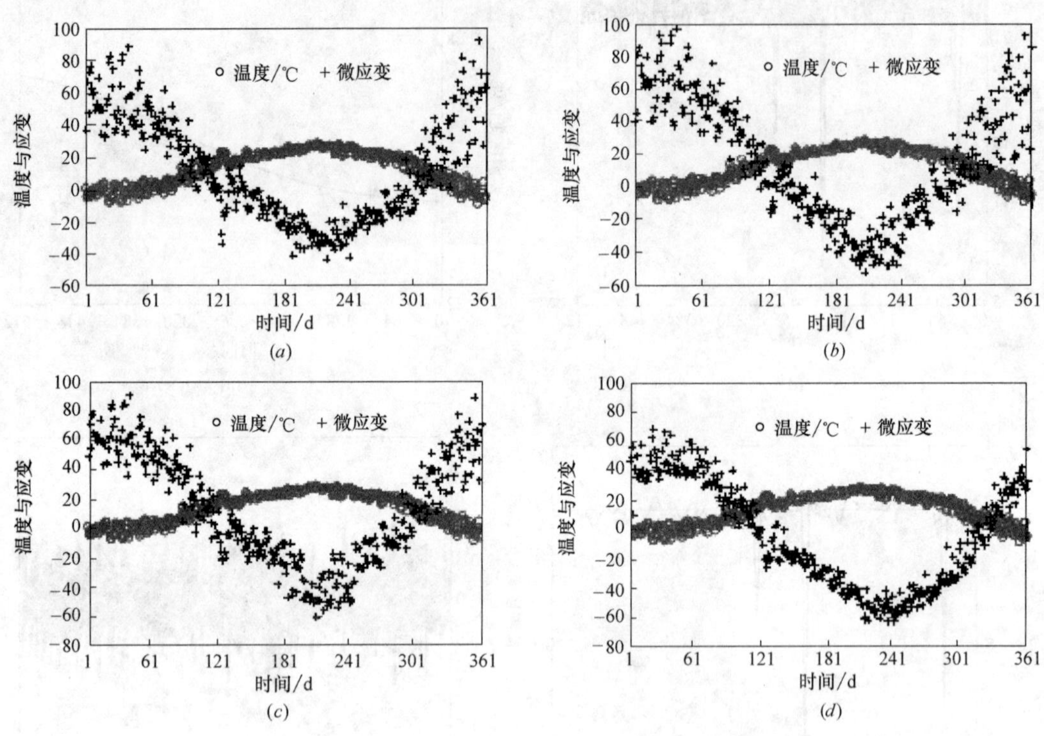

图 9.11　全年每日零时主梁应变与温度变化

(*a*) 顶板 SG1；(*b*) 顶板 SG2；(*c*) 顶板 SG3；(*d*) 底板 SG4

表 9.1 所列为全年应变数值特征，表 9.2 所列为全年应变与温度之间的相关性。主梁上顶板纵向应变与温度的相关系数均相对较高，对于下底板来说相关性低于顶板。从图 9.12 的应变与温度散点图可见，分离车辆荷载后的监测应变与气温具有较高的相关性，并近似于线性关系。

全年主梁应变数字特征（με）　　　　**表 9.1**

应变测点	最大值	最小值	平均值	标准差
SG1	92.36	−43.46	11.01	32.12
SG2	96.87	−51.98	15.09	37.01
SG3	90.45	−61.31	11.27	37.17
SG4	69.15	−63.33	−5.48	36.24

全年应变与温度的相关性（相关系数） 表 9.2

应变测点	应变-箱外气温	应变-箱内气温	梁温-应变
SG1	−0.981	−0.971	−0.983
SG2	−0.97	−0.97	−0.982
SG3	−0.982	−0.988	−0.991
SG4	−0.931	−0.909	−0.939

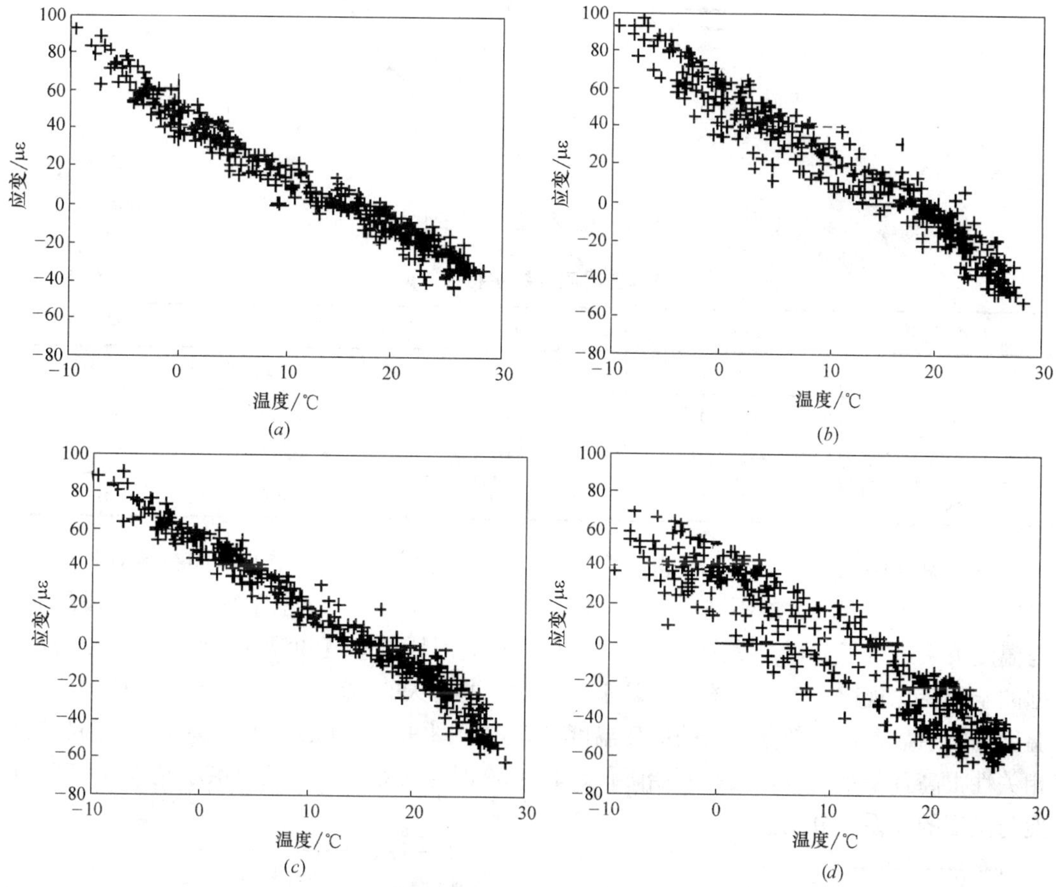

图 9.12 全年每日零时应变与温度散点图

(*a*) 顶板 SG1；(*b*) 顶板 SG2；(*c*) 顶板 SG3；(*d*) 底板 SG4

9.2.3 日照温度对监测应变的影响

为探讨日照温度对应变的影响，首先选取某一天的应变监测数据考察其 24h 的变化特征。仍以主梁跨中截面应变传感器 SG1－SG4 所采集的应变与温度数据（箱外气温 TA 和箱内气温 TI）作为例，选取 2012 年 8 月 6 日数据，分离车辆荷载的影响后，每小时提取 10min 均值，获得的应变、温度日变化情况如图 9.13 所示。表 9.3 所列为单日应变数值特征，可见，一天的不同时段，各测点应变相对变化显著，且与温度之间的关系变得复杂。

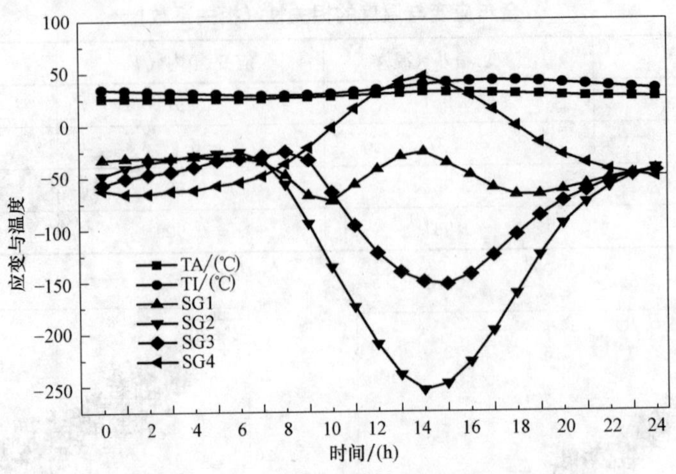

图 9.13　应变、温度日变化情况

单日主梁应变数字特征（με）　　**表 9.3**

应变测点	最大值	最小值	平均值	标准差
SG1	−25.83	−74.52	−46.01	14.79
SG2	−24.61	−256.96	−110.98	79.98
SG3	−25.11	−154.26	−75.58	42.03
SG4	46.03	−65.91	−20.97	37.8

日照温度影响的复杂性，使得应变数据的随机性加大。一年中的不同季节其日照温度对应变的影响具有较大的不同。为此，以 SG1 点为例，对 2012 全年每天不同时段的应变与温度关系进行了分析。从全年每一天中提取相同时段的应变和温度数据，分析该时段数据的全年变化规律。表 9.4 给出了基于全年数据的每天 0：00～14：00 时各时段的应变一温度相关系数。选取部分时段的应变温度关系示于图 9.14。可见 0：00～8：00 的各时段相关性很高且基本一致，之后开始降低，14：00 时相关系数绝对值已减小到 0.69652，应变与温度的关系十分离散。

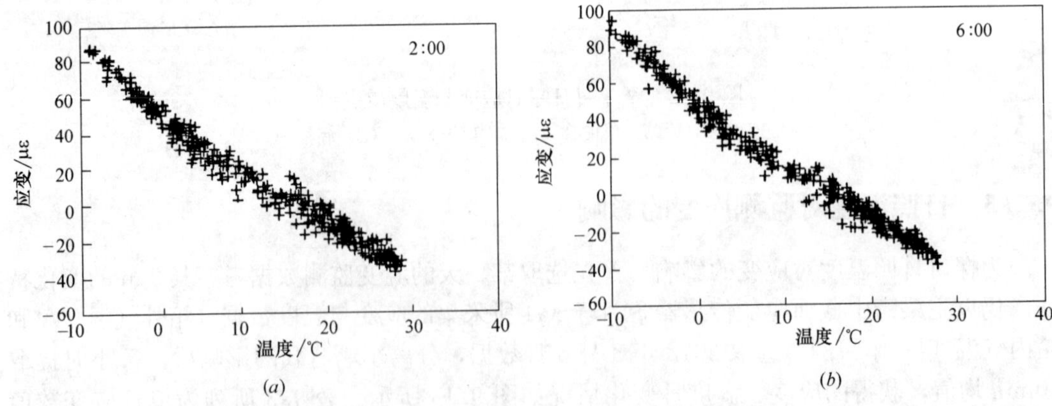

图 9.14　SG1 点全年每日不同时段应变与温度散点图（一）

(*a*) 2：00；(*b*) 6：00

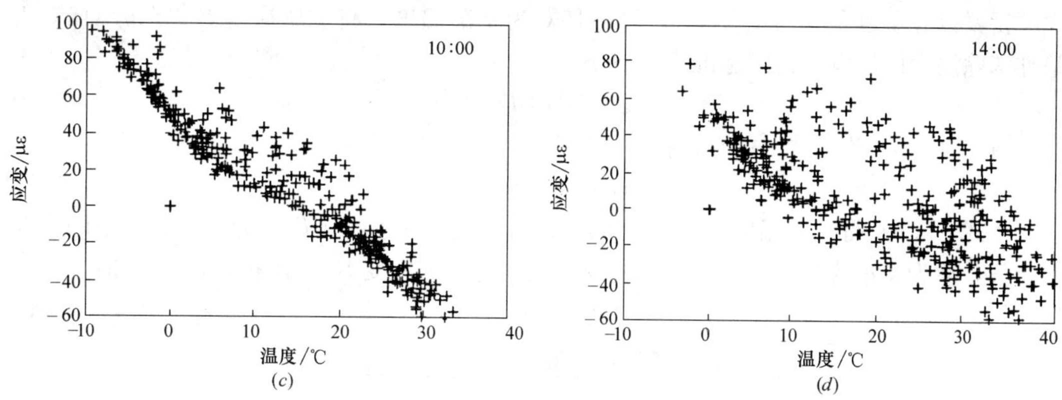

图 9.14 SG1 点全年每日不同时段应变与温度散点图（二）
(c) 10：00；(d) 14：00

全年每日不同时段测点应变与温度相关性 **表 9.4**

每日时段	0：00	2：00	4：00	6：00	8：00	10：00	12：00	14：00
相关系数	−0.98251	−0.98566	−0.98714	−0.98858	−0.98702	−0.96219	−0.85544	−0.69652

9.2.4 标准应变及其分布特性

通常情况下，为基于应变统计分析来评价结构状态，以统一的标准消除温度的影响是十分必要的。以下以 SG2 测点应变为例，以 SG2 测点全年每日零时应变与温度数据为样本，将应变换算为桥梁设计温度下的应变，称为 SG2 测点标准应变。基于 SG2 全年每日零时应变与温度数据，采用一元线性回归模型，两者关系表达为：

$$S(T)=S_0+kT+\varepsilon \tag{9.6}$$

其中 k，S_0 为回归系数，ε 为模型随机误差，根据回归理论，ε 服从均值为零的正态分布，即 $\varepsilon \sim N(0, \sigma^2)$。

对应变与温度样本采用最小二乘法拟合，求得 $S_0=57.74$，$k=-3.461$。可决系数 $R^2=0.9417$，拟合结果如图 9.15 所示。

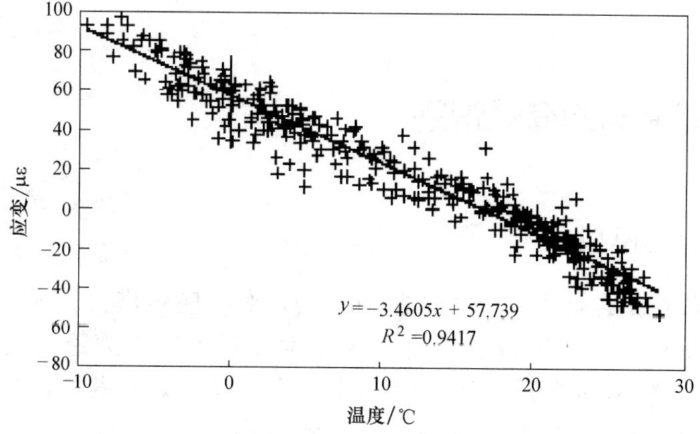

图 9.15 全年每日主梁顶板 SG2 测点应变与温度关系

桥梁设计温度是 15℃，不妨以 $T_b=15℃$ 为基准温度。将主梁应变 S 以 $T_b=15℃$ 为基准消除温度的影响，得到标准应变 S_s：

$$S_s=S-k(T-T_b) \tag{9.7}$$

将式（9.6）代入式（9.7），得：

$$S_s=S_0+kT_b+\varepsilon \tag{9.8}$$

由式（9.8）得到与温度无关的标准应变 S_s。记 $S_b=S_0+kT_b$，为基准温度下的应变回归值，称为基准应变。于是，标准应变可表达为基准应变 S_b 与随机误差 ε 之和：

$$S_s=S_b+\varepsilon \tag{9.9}$$

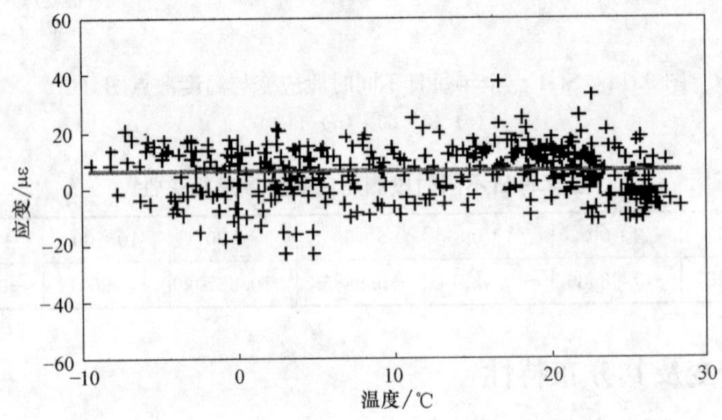

图 9.16　全年主梁应变标准值

2012 全年应变换算的应变标准值如图 9.16 所示，反映了运营条件下全年标准应变围绕基准应变值的随机分布的情况。由于 $\varepsilon \sim N(0,\sigma^2)$，因此，全年标准应变服从以 S_b 为均值，以 σ 为标准差的正态分布，即

$$S_s \sim N(S_b,\sigma^2) \tag{9.10}$$

采用最大似然法进行参数估计，得均值 $S_b=5.825$，标准差 $\sigma=8.952$，即 2012 全年 SG2 测点标准应变服从 $S_s \sim N(5.825, 8.9522)$。结构中测点的标准应变的统计特性，与结构的运行状态是密切相关的。结构本身状态的改变所导致的内力分布改变，将可能致使相关测点标准应变的改变。其变化规律在其统计特性达到一定显著性水平时，可以对结构的状态做出表征。

9.3　基于应变监测的荷载识别

9.3.1　结构概况与模型

基于健康监测系统的应变（应力）监测数据，对一座单塔自锚式悬索桥在不同施工阶段的塔侧支撑反力识别进行了探讨。该悬索桥属于胶州湾跨海大桥结构集群中的一座航道桥[15]。结构形式为四跨连续独塔自锚式钢箱梁悬索桥，加劲梁采用分离式双箱断面，主跨 260m，半漂浮体系，独柱型塔高 149m。两根主缆，平行钢丝吊索。为提高全桥结构的抗扭刚度、改善全桥的动力特性，在主塔两侧布置三角形支撑结构。每侧三角撑通过单一支座对加劲梁提供支承反力。塔侧支撑结构与部分应变测点布置如图 9.17 所示。

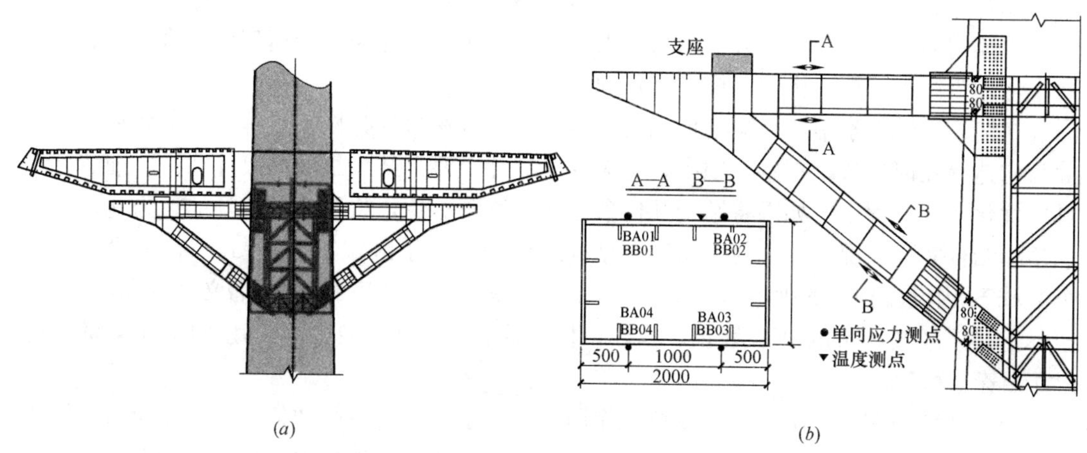

图 9.17 塔侧支撑结构与部分应变测点布置

(a) 塔侧支撑结构；(b) 部分应变测点布置

大桥设计实施了相对完善的健康监测系统[16]。鉴于索塔侧三角撑结构的重要性，在健康监测系统中布设了三角撑的应变/应力监测子系统。该子系统在大桥施工阶段完成调试并开始试运行，获得了相对完整的各主要施工阶段的应变监测数据。

钢箱梁施工采用临时墩支架配合浮吊大节段安装施工工艺[17]。随着箱梁的装配、吊杆的张拉和支架的拆除，在整个施工阶段三角撑受力情况复杂多变。因此，无论是施工的不同阶段还是成桥以后，三角撑这一关键支撑构件的受力（支座反力）都具有较大的模糊性。根据应力监测结果分析识别三角撑反力，是进一步分析钢箱梁、吊杆等部分的受力状态的关键环节。因此，三角撑反力识别不仅对其本身的结构评估，更对评价大桥结构设计、配合监测系统的结构状态评估等具有重要意义。同时，也是对健康监测系统功能的一种检验和评价[18,19]。

9.3.2 基于应变的模型修正

三角撑为相对独立的子结构，边界条件明确，结构布置及受力都关于索塔对称，因此，仅对单侧三角撑进行独立建模，并将三角撑与索塔的连接处理为刚性支撑。该三角撑虽然外观结构简单，但是内部却包含大量的肋板和复杂的构造细节。三角撑结构主要由钢板组成，选择弹性壳单元进行模拟。尽管上述模型相对简单明确，但是在边界条件、加劲构件、连接构造等方面的模糊性，对于结构识别问题来说，常常还是会带来不可接受的误差[20,21]。为此，在基本模型的基础上，基于部分主要测点的监测应力及其相对关系，对主要模型参数进行简单的模型修正。

(1) 初始模型的建立

根据三角撑结构施工图纸确定构件尺寸，建立三角撑初始模型。钢材为低合金高强度结构钢 Q345，初始模型弹性模量取值 2.1×10^5MPa，泊松比为 0.3。由于三角形加劲板、加劲钢筋、埋入钢板及三角撑端部内注混凝土的存在，三角撑结构与主塔的连接刚度都远远高于其余部位，因此将与塔柱连接截面简化为固定端。不同厚度的钢板采用弹性壳单元模拟，该单元允许面内和法向荷载，每节点可单独定义厚度以实现变截面壳。

(2) 模型修正的目标函数

以模型的刚度为修正参数，以监测点的应变（应力）与相应的模型计算值之间的误差最小化作为修正目标，构建了模型修正的优化问题。

在诸多建模因素中，影响结构刚度的因素主要有材料的弹性模量等物理参数和结构尺寸与构造等几何参数。在本问题中，更大的模糊性主要是结构细部的尺寸和构造细节。在具体优化计算过程中，如果将结构几何参数作为修正对象，将是比较麻烦的。为此，根据三角撑结构实际情况，在几何上将整个结构划分为 n 个子区域 S_i（$i=1, 2, \cdots n$），在每个区域 S_i 内设置独立的弹性模量 E_i 作为模型修正参数。这里的 E_i 是名义上的弹性模量，实际上是该区域 S_i 的刚度代表值。这样，模型修正问题不至于因为模型的单元数量大而过于复杂。

线弹性结构在方向不变的单点荷载作用下，对于荷载的不同数值，各测点应力应保持不变的比例协同变化。为了方便处理荷载大小不同的各个工况，将关注的 4 个测点（A_1，A_2，B_1，B_2）应力相对 B_2 点归一。如果要使有限元模型的相对刚度的分布与实际结构接近，那么计算的各个测点的归一化应力与监测结果之间的误差就应该尽可能小。确定了合理的相对刚度分布，就可以根据个别的已知荷载工况确定实际刚度。为此构造下列目标函数：

$$f(E)=\sum_{k=1}^{l}\sum_{j=1}^{m}[\sigma'_{kj}(E)-\sigma_{kj}]^2 \tag{9.11}$$

其中，k 工况号，j 测点号，$\sigma'_{kj}(E)$ 和 σ_{kj} 分别为工况 k 下监测点 j 的模型计算的归一化应力和监测的归一化应力。

(3) 优化求解

为使优化计算过程顺利实施，这里采用具有两次优化过程的多层优化法。算法分别为随机数优化法和零阶优化法。

第一阶段随机数优化法会随机选取变量值进行运算，最终输出符合状态变量要求的最小目标函数的自变量值。由于随机数优化法的算法覆盖整个自变量区域随机取值，该算法可有效防止程序进入局部最优问题。但受计算资源所限，难以得到拥有足够精度的优化结果，需要对优化结果进行二次优化。将随机数优化法得到的最优结果作为第二阶段优化的初始条件进行进一步优化设计，第二阶段优化使用零阶优化法。

优化结果对比如表 9.5 与图 9.18 所示。可看出修正后的优化模型和实际结构符合程度远比原始模型高。通过零阶优化以后的模型明显比随机数优化的模型更加接近实际结构。

优化前后模型归一化应力对比 **表 9.5**

	A1	A2	B1	B2
实测均值	0.4300	0.5155	0.5190	1
修正前	0.3558	1	0.5280	0.7130
随机数优化	0.5009	0.7171	0.5516	1
零阶优化	0.5099	0.6222	0.5321	1

9.3.3 施工阶段的荷载识别

施工采用临时墩支架配合浮吊大节段安装施工工艺，施工阶段支架布置、梁段划分如图 9.19 所示[22]，施工工况情况如表 9.6 所列。三角撑施工完成后，钢箱梁开始吊装前，对监测测点应变进行了初读数，初读数时的温度为 29℃。此后，在各施工阶段，陆续对监测点应变进行读数，并记录当时温度。计算中，计入了对应实测时间的温度效应[23]。根据上述监测数据整理的各阶段测点应力如图 9.20 所示。

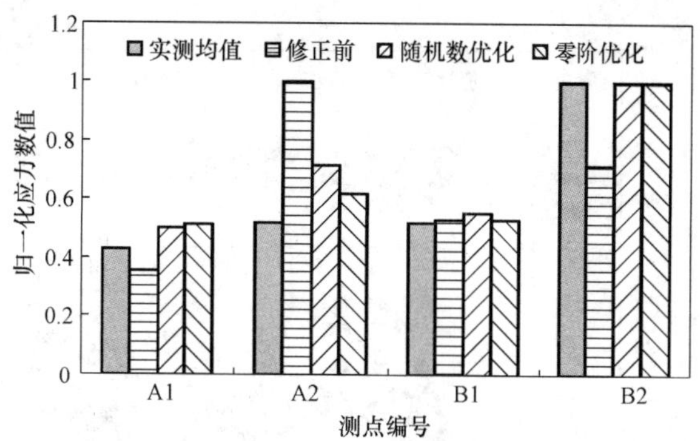

图 9.18　优化前后模型应力对比

各施工阶段工况　　表 9.6

施工阶段	施工工况	重量(MN)
1	1 吊	4.57
	2 吊	4.59
	3 吊	10.26
	4 吊	10.25
2	5 吊	9.51
	6 吊	9.48
3	7 吊	/
	13 吊	10.27
	14 吊	10.25
4	剩余主梁均吊装完成	
5	安装吊杆及张拉，箱梁压重	
6	拆除钢箱梁下方的钢支撑	

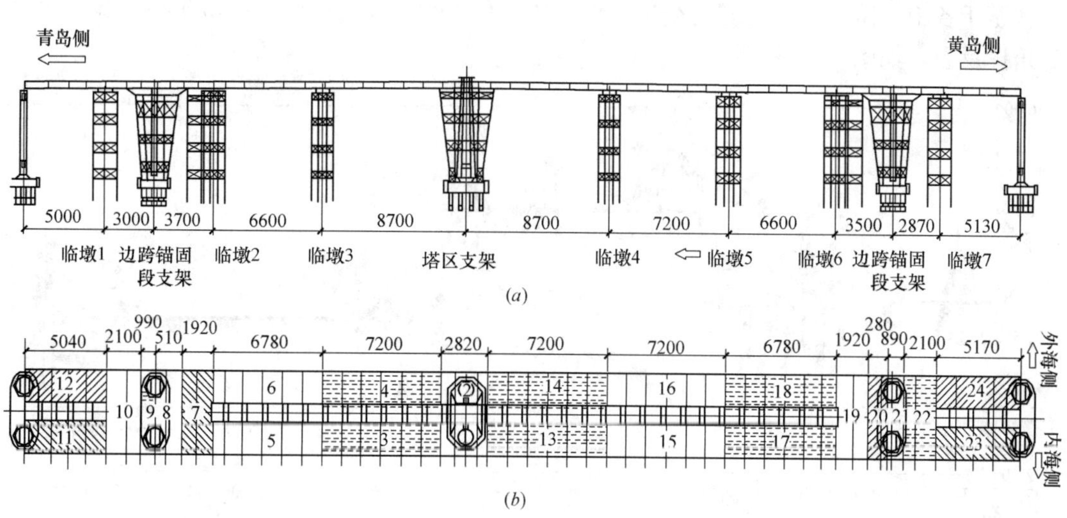

图 9.19　支架布置及梁段划分

(a) 临时墩支架布置；(b) 梁段划分

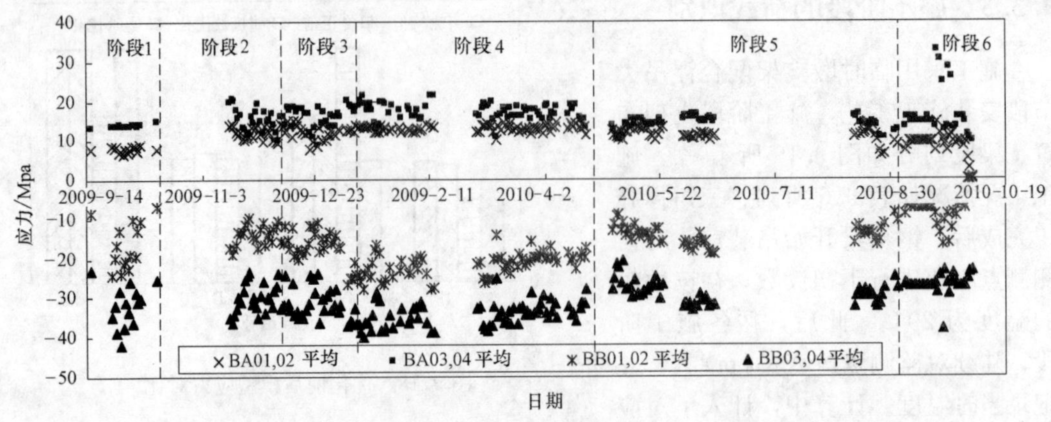

图 9.20　各施工阶段的监测应力

三角撑是通过单支座承接箱梁的，荷载作用点和作用方向直观明确。设三角撑在指定荷载（如单位荷载）p 作用下，由计算模型计算得到 n 个测点的应力为 x_i（$i=1, 2, 3\cdots n$），那么，基于线性假定，实际荷载 $P=\lambda p$，对应的测点计算应力为 $X_i=x_i\lambda$（$i=1, 2, 3\cdots n$），其中 λ 为常数。λ 的最优值通过使计算值 X_i（$i=1, 2, 3\cdots n$）与现场监测值 Y_i（$i=1, 2, 3\cdots n$）综合误差最小来确定。

这里采用最小二乘法来确定 λ，即 λ 使下式最小化：

$$\phi=\sum(Y_i-X_i)^2=\sum(Y_i-x_i\lambda)^2 \tag{9.12}$$

由 $\frac{\mathrm{d}\phi}{\mathrm{d}\lambda}=-2\sum(Y_i-x_i\lambda)x_i=0$ 得：

$$\lambda=\frac{\sum Y_i x_i}{\sum x_i^2} \tag{9.13}$$

于是，得到一个荷载的近似解 $P=\lambda p$。

基于各施工阶段的应力监测结果，识别的三角撑结构在各个施工阶段所受荷载（亦即三角撑反力）如图 9.21 所示。

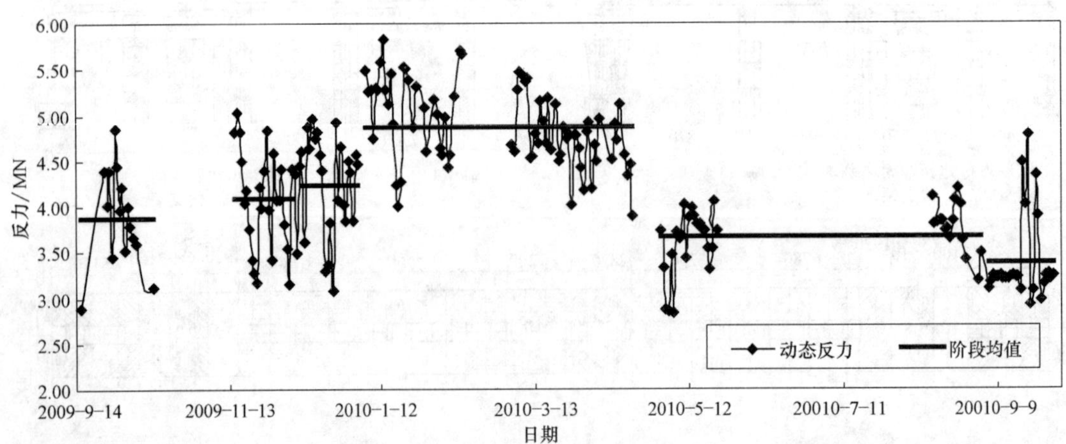

图 9.21　识别的各个施工阶段所受荷载

由图 9.21 可见，在 1～4 施工阶段，随着钢箱梁的吊装就位，三角撑反力逐步增大，但此时的主要荷载是由临时支架承担。施工阶段 5 张拉吊杆，钢箱梁恒载通过吊杆向主缆转移，三角撑反力明显减小。施工阶段 6 拆除支架，三角撑反力波动较大，并且后期有明显增加。可见，三角撑应变/应力监测子系统较好地发挥了其应有的功能。基于监测数据，可以对相关结构做出有效的识别和评价。所获得的荷载识别结果，较好地反映了不同施工阶段的实际工况。在三角撑反力识别的基础上，结合吊杆、钢箱梁等其他部位的监测数据，可进一步实现对钢箱梁、吊杆的受力和工作状态的分析和评价。

9.4 应变/应力监测在疲劳评估中的应用

基于应变的钢结构疲劳分析和寿命评估，已进行了大量的研究和取得丰富的成果，很多方法被得到广泛应用。因此，有关钢结构疲劳分析理论和方法此处不再赘述。这里简要介绍一下基于长期监测的应变数据在桥梁钢结构疲劳分析中的应用概况。

桥梁钢结构的原始应力监测数据由车辆荷载引起的变幅应变、温度变化引起的平均应变和测试过程中的随机干扰三种成分构成。温度变化引起的平均应变对结构应力谱的影响很小，因此在进行疲劳评估时可以不考虑温度变化的影响，这样可以节省应变监测数据的处理时间。随机干扰应变数据量极大，但幅值较小，实际造成的结构疲劳损伤也很小，结构的疲劳损伤基本还是来自于车辆荷载所引起的中、高水平应力循环[24]。

在桥梁钢构件的疲劳寿命评估中，获取疲劳应力谱至关重要。为了准确评估大跨桥梁结构中的疲劳损伤状态和结构剩余疲劳寿命，首先需要保证用于桥梁构件疲劳评估的应力谱是准确和有效的。传统的做法是通过调查统计桥梁交通荷载，建立代表桥梁运营状况的车辆交通荷载谱，从而实现荷载历程的模拟和疲劳应力谱的计算。但是这种交通载荷的模拟实际上很难准确再现随时间变化的桥梁实际的工作状态[25]。

随着结构长期健康监测技术的兴起，利用桥梁结构关键受力部位的应变传感器，在运营状态下的长期直接采集的应变（应力）时程，已成为更便捷、更科学的桥梁结构疲劳应力谱的获取方式[26, 27]。传统的建立在经验以及车辆荷载调查统计基础上的原始资料获取方式已经逐步被桥梁结构健康监测系统实时采集的应变-时程所替代，由此得到的疲劳应力谱更加真实和准确。桥梁结构长期健康监测成果的应用大大促进了桥梁结构疲劳寿命评估的发展，进一步提高了疲劳寿命评估的准确性和可靠性[28]。

如何充分使用健康监测系统的实时监测数据进行分析，以获取被监测桥梁结构的疲劳应力特征和健康状态已经成为当前的重要课题[29-32]。文献［27］采用短期应变监测数据对青马大桥的钢桁架主梁的焊缝进行疲劳评估。由于青马大桥是公铁两用桥，铁路列车荷载在结构疲劳荷载效应中所占比重较大，且列车荷载的变化较小，因此，采用短期的应变监测数据可以获得较为准确的疲劳评估结果。

疲劳应力监测是大跨桥梁结构健康监测和安全评估的关键环节。为了对桥梁实际运营状态和应力水平有总体而全面的认识，就需要对采集的大量数据进行统计分析获取其概率分布函数。文献［25］以润扬大桥结构健康监测系统记录的悬索桥钢箱梁应变时程数据为基础，分析了润扬悬索桥半年内疲劳应力谱的特征。对于监测得到的应变时程数据，按照桥梁结构中工作应力一般处于弹性状态的假设计算得到应力时程，然后采用雨流计数法得到相应的应力幅谱。该应力幅谱对应的是传感器处的名义应力幅谱。进一步依据相关构件上最靠近的焊接细节特性获得其应力集中参数，修正得到易于发生疲劳的焊趾处的实际应力幅谱。然后计算等效应力幅，根据各个焊趾处的等效应力幅的大小来确定重点考察的部位。针对重点考察的部位，采用各种疲劳累积损伤模型来进行疲劳状态及其疲劳可靠性的评估。基于监测得到的应力谱样本进行了疲劳应力幅概率密度函数的参数估计和检验，拟合得到疲劳损伤增量的概率密度函数。半年应变样本的相对疲劳损伤增量服从对数正态分布或者 Weibull 分布。计算得到钢箱梁主要构件的疲劳可靠度指标较高，失效概率较低，与钢箱梁结构当前工作应力状态较低的现状相吻合。文献［33］分析了润扬大桥钢箱梁在各种环境及荷载条件下的疲劳应力谱特征，得到了钢箱梁结构应变时程和温度时程之间的关联性，在此基础上采用 200d 的长期监测数据开展了疲劳应力谱与损伤的统计分析。文献［34］利用江阴长江大桥钢箱梁 5d 的应变数据提取出日应力谱，在此基础上采用取平均值的方法获得标准日应力谱，给出了焊缝细节的疲劳寿命评估结果。文献［35］利用长期应变监测数据对润扬大桥钢箱梁焊缝开展了疲劳评估，重点分析了车辆荷载和环境温度的变化对于桥面焊缝细节疲劳损伤的影响。

车辆荷载作用下正交异性桥面板焊缝的疲劳开裂问题较为突出。文献［36］联合结构长期应变监测数据和线弹性断裂力学提出正交异性钢桥面板的疲劳寿命评估方法，以坝陵河大桥钢桥面板的焊接细节为对象开展了应用研究。采用 Paris 方程建立了疲劳极限状态方程，并基于应变监测数据建立桥梁应力幅谱 $\Delta\sigma_i \sim n_i$，计算等效应力幅 $\Delta\sigma_e$，对正交异性钢桥面板疲劳寿命进行评估。首先，将实测应变数据换算成应力，并根据应力时程采用雨流计数法提取应力循环，其中应力幅按 5MPa 为一级统计循环次数 n_i；其次，由于低于 2MPa 的应力幅对钢桥面板焊缝疲劳损伤或裂纹扩展的影响不大，故设置 2MPa 的“门槛值”去除小循环，最后得到应力幅谱 $\Delta\sigma_i \sim n_i$。

海量监测数据的分析与评估已成为桥梁结构健康监测研究能否真正面向工程应用的关键问题之一[37]。文献［24］以润扬大桥钢箱梁的长期应变监测数据为研究对象，研究了海量应变监测数据分析与疲劳评估方法。首先，基于 Eurocode3 规范的 S-N 曲线和 Palmgren-Miner 准则建立了焊缝疲劳损伤分析及寿命预测方法。其次，研究了应力循环的快速提取及应变数据中随机干扰成分的剔除方法。在此基础上，讨论了对公路钢箱梁桥开展长期持续疲劳监测的必要性，并给出了润扬大桥钢箱梁焊缝的疲劳寿命预测值。根据对焊缝疲劳损伤的贡献可确定有效应力循环阀值，从而剔除由随机干扰引起的数量极多但幅值较小的应力循环。焊缝疲劳损伤在一年内会发生大幅度的变化，短期应变监测数据可能导致焊缝疲劳寿命评估值出现较大的偏差。对于具体焊缝的分析表明，采用全年数据的寿命评估值是仅采用 6、7 月数据计算结果的 2.7 倍。说明了长期持续的疲劳应力监测的必要性。

参考文献

［1］ 陈小明，刘基余，李德仁，OTF 方法及其在 GPS 辅助航空摄影测量数据处理中的应用［J］. 测绘学报，1997. 5，26（2）：101-108.

［2］ Meng X，Real-time Deformation Monitoring of Bridges Using GPS/Accelerometers. PhD Thesis，The

University of Nottingham, 2002, 239-248.

[3] 李宏男，伊廷华，王国新. GPS在结构健康监测中的研究与应用进展，自然灾害学报，2004，13（6）：122-130.

[4] Eric Leroy（郝建忠译）. 用GPS实时监测世界上最长的悬索桥［J］. 测绘通报，1996，6：46-48.

[5] Fujino, Y., Murata, M., Okano, S., and Takeguchi, M, Monitoring system of the Akashi Kaikyo bridge and displacement measurement using GPS, Nondestructive Evaluation of Highway, Utilities, and Pipelines IV, A. E. Aktan and S. R. Gosselin (eds.), SPIE2000 Vol 3995, 229-236.

[6] Kashima, S., Yanaka, Y., Suzuki, S., and Mori, K., Monitoring of the Akashi Kaikyo bridge: first experience, Structural Engineering International, 2000, 11 (2), 120-123.

[7] 过静珺，商瑞斌，葛胜杰，谢宝童，白涛. 利用GPS监测高大建筑物动态位移法研究［J］. 工程勘察，1997，3：48-50.

[8] 黄丁发，陈永，丁晓利，朱建军，杨喜中，刘国祥. GPS高层建筑物常荷载振动测试的小波分析［J］. 振动与冲击，2001，20（1）：12-15.

[9] 过静珺，戴连君，卢云川. 虎门大桥GPS（RTK）实时位移监测方法研究［J］. 测绘通报，2000，12：4-5.

[10] 朱桂新，陈旭东，王迎军等. GPS RTK技术在虎门大桥运营安全监测中的应用［J］. 公路，2002，7：55-58.

[11] 黄声享，刘星，杨永波，张毅. 利用GPS测定大型桥梁动态特性的试验及结果［J］. 武汉大学学报（信息科学版）. 2004，29（3）：198-201.

[12] Wong K. Y., Lau C. K., Filing A. R. Planning and implementation of the structural health monitoring system of cable-supported bridges in Hong Kong. Proceeding of SPIE. 2000, (3395): 266-276.

[13] 黄启远. 大跨度桥梁的结构健康监测和结构安全评估［C］. 香港公路学会：二省二特区特大型桥梁学术交流会. 中国香港，2009. 6. 6，110-117.

[14] 吴佰建，李兆霞，王滢，T. H. T. Chan，桥梁结构动态应变监测信息的分离与提取［J］. 东南大学学报（自然科学版），2008，38（5）：767-773.

[15] 张革军. 青岛海湾大桥大沽河航道桥设计［J］. 公路，2009，7：203-208.

[16] 邵新鹏，钱宇音，倪一清. 结构健康监测系统与巡检养护管理系统在青岛海湾大桥上的一体化设计［J］. 公路，2009，9：210-205.

[17] 蔡建军，季辉，沈锐利. 青岛海湾大沽河航道桥钢箱梁大节段安装架设关键技术研究［J］. 施工技术，2011，40（352）：66-71.

[18] J. M. Ndambi, J. Vantomme, K. Harri. Damage assessment in reinforced concrete beams using eigenfrequencies and mode shape derivatives [J]. Engineering Structures. 2002, 24 (4): 501-515.

[19] 方圣恩. 基于有限元模型修正的结构损伤识别方法研究［D］. 长沙：中南大学，2010.

[20] 朱劲松，肖汝诚. 桥梁损伤识别的实用模型修正方法研究［J］. 工业建筑，2006，36（增）：219-224.

[21] R. J. Westgate, J. M. W. Brownjohn. Development of a Tamar Bridge Finite Element Model [R]. Jacksonville, Florida USA. Society for Experimental Mechanics. 2010.

[22] 李鹏，朴清，蔡堂. 青岛海湾大桥大沽河航道桥钢箱梁架设施工技术［J］. 施工技术，2011，40（3）：5-7.

[23] 丁隆. 青岛市主要气象因子变化统计分析研究［D］. 青岛：中国海洋大学，2008.

[24] 邓扬，李爱群，丁幼亮. 钢箱梁桥海量应变监测数据分析与疲劳评估方法研究［J］. 工程力学，2014，31（7）：69-77.

[25] 王滢，李兆霞. 基于监测样本的大跨索桥疲劳应力概率分布函数的参数估计和检验［J］. 现代交通技术，2008，5（6）：17-21.

[26] Chan Tommy H T，Ko Jan Ming，LI Zhaoxia. Fatigue Analysis for Steel Bridge Deck Section sunder Blocked Cycles of Traffic Loading［C］// Nondestructive Evaluation Of Highways，Utilities，and Pipelines Ⅳ，Proceedings Of SPIE，2000，(2000)：7-9.

[27] Chan T H T，Li Z X，Ko J M. Fatigue analysis and life prediction of bridges with structural health monitoring data-Part II：application［J］. International Journal of Fatigue，2001，23（1）：55-64.

[28] Z X. Li，T H T Chan，J M Ko. Fatigue Analysis and Life Prediction of the Bridges with Health Monitoring Data-Part I：Methodology and Strategy［J］. International Journal of Fatigue，2001，23（1）：45-53.

[29] 荣振环，张玉玲，刘晓光. 芜湖长江大桥主桥长期实时监控疲劳损伤及寿命评估系统研究［J］. 钢结构，2005，20（2）：25-27.

[30] 辛学忠，苏木标，陈树礼，等. 大跨度铁路桥梁健康状态评估的统计对比诊断方法研究［J］. 铁道学报，2006，28（2）：116-121.

[31] 何旭辉，陈政清，黄方林，等. 南京长江大桥安全监测和状态评估的初步研究［J］. 振动与冲击，2003，22（1）：75-78.

[32] 朱永，符欲梅，陈伟民. 大佛寺长江大桥健康监测系统［J］. 土木工程学报，2005，38（10）：66-71.

[33] 王莹，吴佰建，李兆霞. 特大跨缆索桥钢箱梁疲劳应力特性对比性研究［J］. 振动与冲击，2009，28（2）：86-91.

[34] 余波，邱洪兴，王浩，等. 江阴长江大桥钢箱梁疲劳应力监测及寿命分析［J］. 公路交通科技，2009，26（6）：69-73.

[35] 郭彤，李爱群. 基于长期监测数据的桥面板焊接细节疲劳寿命评估［J］. 土木工程学报，2009，42（6）：66-72.

[36] 王金霞，肖本林，王鹏，汪正兴. 基于应变监测数据的钢桥面板疲劳寿命评估研究［J］. 世界桥梁，2013，41（2）：58-61.

[37] Li Aiqun，Ding Youliang，Wang Hao，et al. Analysis and assessment of bridge health monitoring mass data-progress in research/development of "Structural Health Monitoring"［J］. Science China Technological Sciences，2012，55（8）：2212-2224.

第 10 章　面向监测与评价的桥梁动态响应模拟

10.1　概述

就桥梁结构的状态分析与评价，获取数据样本的渠道主要有（1）实桥检测和监测；（2）模型实验；（3）数值模拟。充分借助实际监测数据，研究实际运营条件下结构动态响应信号的特点、噪声模式、变异特性，是掌握结构运营响应规律和建立评价体系的最重要手段。但是，因为不可能在实际桥梁上做损伤性试验研究，只能得到具体桥梁结构既有状态的数据样本，而难以得到各种不同健康状态下的数据样本。另外自然损伤一般具有未知或不可控性，很难仅通过实际监测数据而将其与结构实际状态准确联系起来。更何况损伤诊断的“预案研究”需要提前进行。因此，获得各种已知结构状态下的数据样本的可能途径，主要要通过模型实验和数值模拟。然而，模型试验除了成本问题外，在模拟各种不同健康状态上也存在较大局限性。尤其是大跨度桥梁为细长型结构，试验模型在纵向尺寸合适的情况下，其横向结构往往很难保证精度。另一方面，在试验模型上对损伤的模拟也受到材料和构造的制约而不易实现和重复进行。

因此，数值方法是损伤模拟与诊断研究不可或缺的手段。面向健康监测与评价的数值模拟分析，在结构评价和损伤识别方面已开展了深入研究。但研究和应用较多的还不是从监测系统的第一手资料出发，例如，一种常见的应用是对结构直接进行模态分析，得到模态参数，并通过模态参数及其导出量构造评价指标或用于神经网络等方法。基于监测系统的结构状态分析与评价，所依据的第一手资料是实际结构的运营响应。因此，所探讨的方法应该尽可能以通过监测手段可获得的结构运营响应为前提。这就要求在探讨分析和评价方法时，要充分考虑监测系统的数据获取能力和获取精度。首先，相对于结构本身复杂性和庞大的自由度数量，监测系统的监测参数类型和测点数量都是十分有限的；其次，受运营环境和数据采集传输技术的影响，监测数据的噪声水平常常是较高的。

温度和车辆作用是桥梁结构正常运营条件下的两个重要荷载形式。根据前述相关章节的分析，我们看到，正常运营条件下，桥梁的响应可粗略分为三个主要部分。其一，是恒载和温度荷载响应。温度荷载响应的特点是变幅大，但变化速度缓慢。这部分响应虽然对结构的疲劳影响较小，但是它反映了结构本身的状态。其响应大小和变化规律会随结构的状态而改变，因此，对结构状态演变的长期评价具有重要意义；其二是车辆荷载响应，该响应具有突变性，作用时间短但加卸载频繁的特点。对结构的关键构件和部位会产生疲劳作用；其三，随机干扰部分，这部分近似于平稳随机过程。本章将主要探讨面向结构监测与评价的复杂桥梁结构（如拱桥和索桥）的车辆和温度荷载作用下的响应模拟。基于实际监测的温度和车辆数据样本，建立温度和车辆荷载模型。通过模型校正建立桥梁的高精度有限元模型，进而实现对车辆和温度荷载的随机响应进行模拟。这里仅限于对健康结构在正常条件下的车辆和年温度响应的初步模拟分析，其分析方法可直接应用于结构动态易损性分析和损伤工况下的响应分析与评价。

10.2　动力分析的数值方法简介

10.2.1　动力学数值方法概述

结构动力学问题，归结为下列微分方程：

$$[M]\{\ddot{y}(t)\}+[C]\{\dot{y}(t)\}+[K]\{y(t)\}=\{P(t)\} \tag{10.1}$$

通常初始条件为：

$$\begin{aligned}\{y(t)\}|_{t=0}&=\{y_0\}\\ \{\dot{y}(t)\}|_{t=0}&=\{\dot{y}_0\}\end{aligned} \tag{10.2}$$

其中，$[M]$、$[C]$、$[K]$ 分别为系统的质量、阻尼和刚度矩阵；$\{\ddot{y}(t)\}$、$\{\dot{y}(t)\}$、$\{y(t)\}$ 和 $\{P(t)\}$ 分别为加速度、速度、位移和荷载向量。

对于一些简单的非耦合问题，可直接从上述方程出发，寻求用解析表达式表示的精确解。而对于一般问题，就要寻求数值解法。对结构动力学问题的数值解法一般有两大类，即模态叠加法和直接积分法（如图 10.1 所示）。模态叠加法以无阻尼振型（模态）为空间基底，通过坐标变换使原动力方程解耦，求解 n 个相互独立的方程，而获得模态位移，进而通过叠加各阶模态的贡献而求得系统的响应。该方法仅适用于线性系统，且阻尼为比例阻尼的情况。如果通过变换不能消除耦合，以及任意阻尼、非线性等问题，则需要借助直接积分方法进行响应分析。

直接积分法按照是否需要联立求解耦联方程组，又可分为显式和隐式方法两大类：

显式方法：该方法直接求解耦联的方程组，工作量至少与自由度数成正比，不需每一个增量步结束时都要求解一组方程计算整个刚度矩阵，但是要求步长很小，而且求解的刚度矩阵不是对角矩阵，当结构自由度特大时，采用这种方法，可以节省很多时间。采用的方法有中心差分法等。

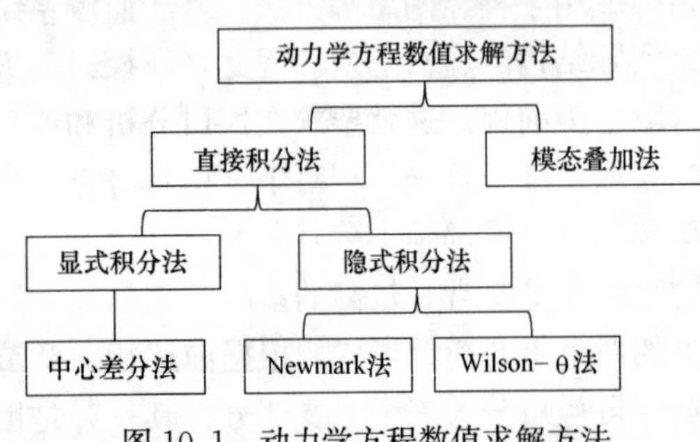

图 10.1　动力学方程数值求解方法

隐式方法：该方法需迭代求解耦联的方程组，增加的工作量至少与自由度的平方成正比，刚度矩阵是对角矩阵，但是积分步长可以取得较大，如有 Newmark 法、Wilson-θ 法等。其中 Newmark 法也是 ANSYS 软件中采用的默认方法。

10.2.2　几种常用的直接积分法

1. 中心差分法（Central of difference method）

如果用差分公式表示位移向量对时间的导数，即（用位移表示速度、加速度）

$$\{\dot{y}\}_t=\frac{1}{2\Delta t}(\{y\}_{t+\Delta t}-\{y\}_{t-\Delta t}) \tag{10.3}$$

$$\{\ddot{y}\}_t=\frac{1}{(\Delta t)^2}(\{y\}_{t+\Delta t}-2\{y\}_t+\{y\}_{t-\Delta t}) \tag{10.4}$$

代入方程（10.1），则以中心时刻 t 的差分表示方程的近似表达式为

$$\begin{aligned}&\left(\frac{1}{(\Delta t)^2}[M]+\frac{1}{2\Delta t}[C]\right)\{y\}_{t+\Delta t}\\&=\{P\}_t-\left([K]-\frac{2}{(\Delta t)^2}[M]\right)\{y\}_t-\left(\frac{1}{(\Delta t)^2}[M]-\frac{1}{2\Delta t}[C]\right)\{y\}_{t-\Delta t}\end{aligned} \tag{10.5}$$

记：$a_0=\frac{1}{(\Delta t)^2}$；$a_1=\frac{1}{2\Delta t}$；$a_2=2a_0$。

将上述方程写为：

$$[\overline{M}]\{y\}_{t+\Delta t}=\{\overline{P}\}_t \tag{10.6}$$

其中：$[\overline{M}]=a_0[M]+a_1[C]$，$\{\overline{P}\}=\{P\}_t-([K]-a_2[M])\{y\}_t-(a_0[M]-a_1[C])\{y\}_{t-\Delta t}$

求解方程（10.6），可得到在 $t+\Delta t$ 时刻的位移响应 $\{y\}_{t+\Delta t}$。再利用式（10.3）和式（10.4），可进一步得到计算 t 时刻的速度和加速度响应。

在上述计算中，初始条件只给出了 $\{y\}_0$ 和 $\{\dot{y}\}_0$ 的值，而计算时需要知道 $\{y\}_{-\Delta t}$ 的值，由式（10.3）和式（10.4）消掉 $\{y\}_{t+\Delta t}$ 得：

$$\{y\}_{-\Delta t}=\{y\}_0-\frac{1}{2a_1}\{\dot{y}\}_0+\frac{1}{2a_0}\{\ddot{y}\}_0 \tag{10.7}$$

其中的加速度的初始值 $\{\ddot{y}\}_0$，可由初始时刻的平衡条件确定：

$$[M]\{\ddot{y}\}_0+[C]\{\dot{y}\}_0+[K]\{y\}_0=\{P\}_0 \tag{10.8}$$

于是，基于上述过程，可以逐步解得各个时刻的 $\{y\}_{0+i\Delta t}$，$\{\dot{y}\}_{0+i\Delta t}$ 和 $\{\ddot{y}\}_{0+i\Delta t}(i=1, 2, \cdots)$。

为了保证中心差分法的计算稳定性，时间步长 Δt 需满足以下条件：

$$\Delta t\leqslant\Delta t_{cr}=\frac{T_n}{\pi} \tag{10.9}$$

Δt_{cr} 为时间步长的临界值，T_n 为体系的最小周期，n 为体系的自由度数。T_n 是保证计算收敛的关键，可通过解自由振动问题，求体系最小周期。

中心差分法的计算步骤归纳如下：

（1）初始值计算

1）形成刚度矩阵 $[K]$、质量矩阵 $[M]$ 和阻尼矩阵 $[C]$；

2）确定初始位移 $\{y\}_0$，速度 $\{\dot{y}\}_0$ 和加速度 $\{\ddot{y}\}_0$；

3）选择时间步长 Δt，使 $\Delta t<\Delta t_{cr}$，并计算 a_0、a_1 和 a_2 的值；

4）计算 $\{y\}_{-\Delta t}$：$\{y\}_{-\Delta t}=\{y\}_0-\frac{1}{2u_1}\{\dot{y}\}_0+\frac{1}{2a_0}\{\ddot{y}\}_0$；

5）形成等效质量矩阵 $[\overline{M}]$：$[\overline{M}]=a_0[M]+a_1[C]$。

（2）每一时刻的响应计算

1）计算时刻 t 的等效荷载：

$$\{\overline{P}\}=\{P\}_t-([K]-a_2[M])\{y\}_t-(a_0[M]-a_1[C])\{y\}_{t-\Delta t}$$

2）求解时刻 $t+\Delta t$ 的位移 $\{y\}_{t+\Delta t}$：$[\overline{M}]\ \{y\}_{t+\Delta t}=\{\overline{P}\}_t$

3）由差分公式计算时刻 t 的速度 $\{\dot{y}\}_t$ 和加速度 $\{\ddot{y}\}_t$：

$$\{\dot{y}\}_t=\frac{1}{2\Delta t}(\{y\}_{t+\Delta t}-\{y\}_{t-\Delta t}),\quad \{\ddot{y}\}_t=\frac{1}{(\Delta t)^2}(\{y\}_{t+\Delta t}-2\{y\}_t+\{y\}_{t-\Delta t})$$

2. 纽马克法（Newmark method）

时刻 t 的响应 $\{y\}_t$、$\{\dot{y}\}_t$、$\{\ddot{y}\}_t$，满足微分方程：

$$[M]\{\ddot{y}\}_t+[C]\{\dot{y}\}_t+[K]\{y\}_t=\{P\}_t \tag{10.10}$$

进一步求得在时刻 $t+\Delta t$ 的响应，$\{y\}_{t+\Delta t}$、$\{\dot{y}\}_{t+\Delta t}$、$\{\ddot{y}\}_{t+\Delta t}$，也应满足微分方程：

$$[M]\{\ddot{y}\}_{t+\Delta t}+[C]\{\dot{y}\}_{t+\Delta t}+[K]\{y\}_{t+\Delta t}=\{P\}_{t+\Delta t} \tag{10.11}$$

纽马克法的思路是假定在时刻 t 和时刻 $t+\Delta t$ 间的加速度值 $\{\ddot{y}\}$ 介于 $\{\ddot{y}\}_t$ 和 $\{\ddot{y}\}_{t+\Delta t}$之间，即有：

$$\{\ddot{y}\}=\{\ddot{y}\}_t+\gamma(\{\ddot{y}\}_{t+\Delta t}-\{\ddot{y}\})_t\quad(0\leqslant\gamma\leqslant 1) \tag{10.12}$$

Δt 足够小时，$\gamma\in(0,1)$ 可以取任意值。取 $\gamma=0.5$，则在此时段内的加速度为：

$$\{\ddot{y}\}=\frac{1}{2}(\{\ddot{y}\}_t+\{\ddot{y}\}_{t+\Delta t}) \tag{10.13}$$

对一般情况，将 $\{\dot{y}\}_{t+\Delta t}$ 以时刻 t 为原点按一阶泰勒级数展开：

$$\{\dot{y}\}_{t+\Delta t}=\{\dot{y}\}_t+\{\ddot{y}\}\Delta t \tag{10.14}$$

将式（10.12）代入式（10.14），得：

$$\{\dot{y}\}_{t+\Delta t}=\{\dot{y}\}_t+(1-\gamma)\{\ddot{y}\}_t\Delta t+\gamma\{\ddot{y}\}_{t+\Delta t}\Delta t \tag{10.15}$$

选取不同的控制参数 δ，使

$$\{\ddot{y}\}=\{\ddot{y}\}_t+2\delta(\{\ddot{y}\}_{t+\Delta t}-\{\ddot{y}\}_t)\quad(0\leqslant\delta\leqslant 0.5) \tag{10.16}$$

将其代入下式

$$\{y\}_{t+\Delta t}=\{y\}_t+\{\dot{y}\}_t\Delta t+\frac{1}{2}\{\ddot{y}\}\Delta t^2 \tag{10.17}$$

得：

$$\{y\}_{t+\Delta t}=\{y\}_t+\{\dot{y}\}_t\Delta t+(0.5-\delta)\{\ddot{y}\}_t\Delta t^2+\delta\{\ddot{y}\}_{t+\Delta t}\Delta t^2 \tag{10.18}$$

于是：

$$\{\ddot{y}\}_{t+\Delta t}=\frac{1}{\delta\Delta t^2}(\{y\}_{t+\Delta t}-\{y\}_t)-\frac{1}{\delta\Delta t}\{\dot{y}\}_t-\left(\frac{1}{2\delta}-1\right)\{\ddot{y}\}_t \tag{10.19}$$

将式（10.15）和式（10.19）代入式（10.11）得：

$$[\overline{K}]\{y\}_{t+\Delta t}=\{\overline{P}\}_{t+\Delta t} \tag{10.20}$$

其中：$[\overline{K}]=[K]+\frac{1}{\delta\Delta t^2}[M]+\frac{\gamma}{\delta\Delta t}[C]$

$$\{\overline{P}\}_{t+\Delta t}=\{P\}_{t+\Delta t}+[M]\left[\frac{1}{\delta\Delta t^2}\{y\}_t+\frac{1}{\delta\Delta t}\{\dot{y}\}_t+\left(\frac{1}{2\delta}-1\right)\{\ddot{y}\}_t\right]$$

$$+[C]\left[\frac{\gamma}{\delta\Delta t}\{y\}_t+\left(\frac{\gamma}{\delta}-1\right)\{\dot{y}\}_t+\frac{\Delta t}{2}\left(\frac{\gamma}{\delta}-2\right)\{\ddot{y}\}_t\right]$$

通过解方程（10.20）得到位移响应 $\{y\}_{t+\Delta t}$。代回式（10.15）和式（10.19）可得到相应的速度响应 $\{\dot{y}\}_{t+\Delta t}$ 和加速度响应 $\{\ddot{y}\}_{t+\Delta t}$。然后，从时刻 $t+\Delta t$ 的响应出发，重复上述计算过程，就能求出以后各时刻的动力响应。可以证明，当 $\gamma\geqslant0.5$，且 $\delta\geqslant0.25(0.5+\gamma)^2$ 时，纽马克算法无条件稳定（计算收敛），但计算精度与所选定的时间步长有关，当然也和荷载时间历程、体系固有特性等有关。

纽马克法计算步骤：

（1）初始值计算

1）形成刚度矩阵 $[K]$、质量矩阵 $[M]$ 和阻尼矩阵 $[C]$；

2）确定初始位移 $\{y\}_0$，速度 $\{\dot{y}\}_0$ 和加速度 $\{\ddot{y}\}_0$；

3）选择时间步长 Δt，以及参数 γ，δ，使得 $\gamma\geqslant0.5$，$\delta\geqslant0.25(0.5+\gamma)^2$；

4）计算下列积分常数的值

$$a_0=\frac{1}{\delta\Delta t^2};\ a_1=\frac{\gamma}{\delta\Delta t};\ a_2=\frac{1}{\delta\Delta t};\ a_3=\frac{1}{2\delta}-1;\ a_4=\frac{\gamma}{\delta}-1;$$

$$a_5=\frac{\Delta t}{2}\left(\frac{\gamma}{\delta}-2\right);\ a_6=(1-\gamma)\Delta t;a_7=\gamma\Delta t$$

形成等效刚度矩阵

$[\overline{K}]=[K]+\frac{1}{\delta\Delta t^2}[M]+\frac{\gamma}{\delta\Delta t}[C]$ 即为 $[\overline{K}]=[K]+a_0[M]+a_1[C]$。

（2）每一时刻的响应计算

1）计算时刻 $t+\Delta t$ 的等效荷载

$$\begin{aligned}\{\overline{P}\}_{t+\Delta t}=&\{\overline{P}\}_{t+\Delta t}+[M]\left[\frac{1}{\delta\Delta t^2}\{y\}_t+\frac{1}{\delta\Delta t}\{\dot{y}\}_t+\left(\frac{1}{2\delta}-1\right)\{\ddot{y}\}_t\right]\\&+[C]\left[\frac{\gamma}{\delta\Delta t}\{y\}_t+\left(\frac{\gamma}{\delta}-1\right)\{\dot{y}\}_t+\frac{\Delta t}{2}\left(\frac{\gamma}{\delta}-2\right)\{\ddot{y}\}_t\right]\end{aligned}$$

即为

$$\{\overline{P}\}_{t+\Delta t}=\{P\}_{t+\Delta t}+[M][a_0\{y\}_t+a_2\{\dot{y}\}_t+a_3\{\ddot{y}\}_t]+[C[a_1\{y\}_t+a_4\{\dot{y}\}_t+a_5\{\ddot{y}\}_t];$$

2）求解时刻 $t+\Delta t$ 的位移响应 $\{y\}_{t+\Delta t}$，即由 $[\overline{K}]\ \{y\}_{t+\Delta t}=\ \{\overline{P}\}_{t+\Delta t}$ 解出 $\{y\}_{t+\Delta t}$

3）计算速度响应 $\{\dot{y}\}_{t+\Delta t}$ 和加速度响应 $\{\ddot{y}\}_{t+\Delta t}$，即由（10.15）、（10.19）求出 $\{\dot{y}\}_{t+\Delta t}$ 和 $\{\ddot{y}\}_{t+\Delta t}$：

$$\{\ddot{y}\}_{t+\Delta t}=\frac{1}{\delta\Delta t^2}(\{y\}_{t+\Delta t}-\{y\}_t)-\frac{1}{\delta\Delta t}\{\dot{y}\}_t-\left(\frac{1}{2\delta}-1\right)\{\ddot{y}\}_t$$

$$\{\dot{y}\}_{t+\Delta t}=\{\dot{y}\}_t+(1-\gamma)\{\ddot{y}\}_t\Delta t+\gamma\{\ddot{y}\}_{t+\Delta t}\Delta t。$$

3. 威尔逊-θ 法（Wilson-θ method）

威尔逊-θ 法，是假设在 t 到 $t+\theta\Delta t$ 时间内加速度线性变化，即

$$\{\ddot{y}\}_{t+\tau}=\{\ddot{y}\}_t+\frac{\tau}{\theta\Delta t}(\{\ddot{y}\}_{t+\theta\Delta t}-\{\ddot{y}\}_t)\qquad(\theta\geqslant1)\tag{10.21}$$

τ 表示时间的增量，且有 $0\leqslant\tau\leqslant\theta\Delta t$。

由算法稳定性分析知，当 $\theta \geqslant 1.37$ 时，威尔逊-θ 法无条件稳定。参数 θ 的最优值是 1.40815，一般取 $\theta = 1.42$。

将式（10.21）积分两次，可以得到在 $t+\theta\Delta t$ 时间段内任意时刻的位移和速度向量为：

$$\{\dot{y}\}_{t+\tau}=\{\dot{y}\}_t+\{\ddot{y}\}_t\tau+\frac{\tau^2}{2\theta\Delta t}(\{\ddot{y}\}_{t+\theta\Delta t}-\{\ddot{y}\}_t) \tag{10.22}$$

$$\{y\}_{t+\tau}=\{y\}_t+\{\dot{y}\}_t\tau+\frac{1}{2}\{\ddot{y}\}_t\tau^2+\frac{\tau^3}{6\theta\Delta t}(\{\ddot{y}\}_{t+\theta\Delta t}-\{\ddot{y}\}_t) \tag{10.23}$$

当 $\tau=\theta\Delta t$，即在 $t+\theta\Delta t$ 时，有

$$\{\dot{y}\}_{t+\theta\Delta t}=\{\dot{y}\}_t+\frac{\theta\Delta t}{2}(\{\ddot{y}\}_{t+\theta\Delta t}+\{\ddot{y}\}_t) \tag{10.24}$$

$$\begin{aligned}\{\dot{y}\}_{t+\theta\Delta t}&=\{y\}_t+\theta\Delta t\{\dot{y}\}_t+\frac{1}{2}(\theta\Delta t)^2\{\ddot{y}\}_t+\frac{\theta^2\Delta t^2}{6}(\{\ddot{y}\}_{t+\theta\Delta t}-\{\ddot{y}\}_t)\\&=\{y\}_t+\theta\Delta t\{\dot{y}\}_t+\frac{\theta^2\Delta t^2}{6}(\{\ddot{y}\}_{t+\theta\Delta t}+2\{\ddot{y}\}_t)\end{aligned} \tag{10.25}$$

用位移向量 $\{y\}_{t+\theta\Delta t}$ 表示速度向量 $\{\dot{y}\}_{t+\theta\Delta t}$ 和加速度向量 $\{\ddot{y}\}_{t+\theta\Delta t}$，有

$$\{\dot{y}\}_{t+\theta\Delta t}=\frac{3}{\theta\Delta t}(\{y\}_{t+\theta\Delta t}-\{y\}_t)-2\{\dot{y}\}_t-\frac{\theta\Delta t}{2}\{\ddot{y}\}_t \tag{10.26}$$

$$\{\ddot{y}\}_{t+\theta\Delta t}=\frac{6}{\theta^2\Delta t^2}(\{y\}_{t+\theta\Delta t}-\{y\}_t)-\frac{6}{\theta\Delta t}\{\dot{y}\}_t-2\{\ddot{y}\}_t \tag{10.27}$$

荷载采用线性变化假设，即

$$\{P\}_{t+\theta\Delta t}=\{P\}_t+\theta(\{P\}_{t+\theta\Delta t}-\{P\}_t) \tag{10.28}$$

体系在时刻 $t+\theta\Delta t$ 的平衡方程为

$$[M]\{\ddot{y}\}_{t+\theta\Delta t}+[C]\{\dot{y}\}_{t+\theta\Delta t}+[K]\{y\}_{t+\theta\Delta t}=\{P\}_{t+\theta\Delta t} \tag{10.29}$$

将式（10.26）、式（10.27）和式（10.28）代入上式，得：

$$[\overline{K}]\{y\}_{t+\theta\Delta t}=\{\overline{P}\}_{t+\theta\Delta t} \tag{10.30}$$

其中：$[\overline{K}]=[K]+\dfrac{6}{(\theta\Delta t)^2}[M]+\dfrac{3}{\theta\Delta t}[C]$

$$\begin{aligned}\{\overline{P}\}_{t+\theta\Delta t}=&\{P\}_t+\theta(\{P\}_{t+\Delta t}-\{P\}_t)+[M]\left[\frac{6}{(\theta\Delta t)^2}\{y\}_t+\frac{6}{\theta\Delta t}\{\dot{y}\}_t+2\{\ddot{y}\}_t\right]\\&+[C]\left[\frac{3}{\theta\Delta t}\{y\}_t+2\{\dot{y}\}_t+\frac{\theta\Delta t}{2}\{\ddot{y}\}_t\right]\end{aligned}$$

解出 $\{y\}_{t+\theta\Delta t}$，代入式（10.27）即可得到 $\{\ddot{y}\}_{t+\theta\Delta t}$。求得 $t+\Delta t$ 时刻的动力响应：

$$\{\ddot{y}\}_{t+\Delta t}=(1-\frac{1}{\theta})\{\ddot{y}\}_t+\frac{1}{\theta}\{\ddot{y}\}_{t+\theta\Delta t}=\frac{6}{\theta(\theta\Delta t)^2}(\{y\}_{t+\theta\Delta t}-\{y\}_t)-\frac{6}{\theta(\theta\Delta t)}\{\dot{y}\}_t+(1-\frac{3}{\theta})\{\ddot{y}\}_t \tag{10.31}$$

$$\{\dot{y}\}_{t+\Delta t}=\{\dot{y}\}_t+\frac{\Delta t}{2}(\{\ddot{y}\}_{t+\Delta t}+\{\ddot{y}\}_t) \tag{10.32}$$

$$\{y\}_{t+\Delta t}=\{y\}_t+\Delta t\{\dot{y}\}_t+\frac{\Delta t^2}{6}(\{\ddot{y}\}_{t+\Delta t}+2\{\ddot{y}\}_t) \tag{10.33}$$

威尔逊-θ 法的计算步骤如下：

(1) 初始值计算

1) 形成刚度矩阵 $[K]$、质量矩阵 $[M]$ 和阻尼矩阵 $[C]$;

2) 确定初始位移 $\{y\}_0$、速度 $\{\dot{y}\}_0$ 和加速度 $\{\ddot{y}\}_0$;

3) 选择时间步长,取 $\theta=1.42$,并计算下列积分常数的值

$$a_0=\frac{6}{(\theta\Delta t)^2};\ a_1=\frac{3}{\theta\Delta t};\ a_2=2a_1;\ a_3=\frac{\theta\Delta t}{2};\ a_4=\frac{a_0}{\theta};$$

$$a_5=-\frac{a_2}{\theta};\ a_6=1-\frac{3}{\theta};\ a_7=\frac{\Delta t}{2};\ a_8=\frac{\Delta t^2}{6};$$

4) 形成等效刚度矩阵 $[\overline{K}]$,即 $[\overline{K}]=[K]+a_0[M]+a_1[C]$。

(2) 每一时刻的响应计算

1) 计算时刻 $t+\theta\Delta t$ 的等效荷载 $\{\overline{P}\}_{t+\theta\Delta t}$ 即

$$\{\overline{P}\}_{t+\theta\Delta t}=\{P\}_t+\theta(\{\overline{P}\}_{t+\Delta t}-\{P\}_t)+[M][a_0\{y\}_t+a_2\{\dot{y}\}_t+2\{\ddot{y}\}_t]$$
$$+[C][a_1\{y\}_t+2\{\dot{y}\}_t+a_3\{\ddot{y}\}_t];$$

2) 求解时刻 $t+\theta\Delta t$ 的位移响应 $\{y\}_{t+\theta\Delta t}$;

3) 计算时刻 $t+\Delta t$ 的加速度、速度和位移响应(即 10.31,10.32,10.33 式)。

$$\{\ddot{y}\}_{t+\Delta t}=a_4(\{y\}_{t+\theta\Delta t}-\{y\}_t)+a_5\{\dot{y}\}_t+a_6\{\ddot{y}\}_t$$

$$\{\dot{y}\}_{t+\Delta t}=\{\dot{y}\}_t+a_7(\{\ddot{y}\}_{t+\Delta t}+\{\ddot{y}\}_t)$$

$$\{y\}_{t+\Delta t}=\{y\}_t+\Delta t\{\dot{y}\}_t+a_8(\{\ddot{y}\}_{t+\Delta t}+2\{\ddot{y}\}_t)。$$

10.3 车桥耦合分析方法

10.3.1 车辆模型

铁路等轨道交通桥梁的车桥耦合振动研究在国内外起步较早,初期对于车桥耦合振动的研究主要集中在简单移动荷载作用下的解析方法。计算技术的发展和有限元法在工程上的应用,使得建立复杂的车桥耦合振动分析模型成为可能。由于公路桥梁结构形式的多样化、复杂性和汽车荷载的复杂性及不确定性,使得公路桥梁因车辆过桥而引起的耦合振动分析更加复杂。

通常情况可将车辆模型简化为质量、弹簧、阻尼系统组成的三维有限元模型体系。图 10.2 (*a*),(*b*) 所示分别代表了一种三轴和两轴车辆三维模型。在这个三轴车辆模型中将车辆划分为 7 个集中质量,包括一个车体质量,6 个车轮及车悬挂质量。车体与车轮,车轮与桥面之间均采用弹簧-阻尼系统进行模拟。其中 M 为车体质量;$m_1 \sim m_6$ 为车轮及车悬挂质量;$k_{s1} \sim k_{s6}$、$c_{s1} \sim c_{s6}$ 为车悬架刚度和阻尼;$k_{t1} \sim k_{t6}$、$c_{t1} \sim c_{t6}$ 为车轮胎刚度和阻尼。模型考虑了车轮的竖向位移 $z_1 \sim z_6$、车体的竖向位移 z_v、车体的横向及纵向转动位移 θ_v、φ_v 共 9 个自由度。

可根据具体问题适当选用不同的车辆简化模型。图 10.3 和图 10.4 所示分别为由上述三维模型进一步简化的 4 自由度 1/2 车辆模型和 2 自由度 1/4 车辆模型。

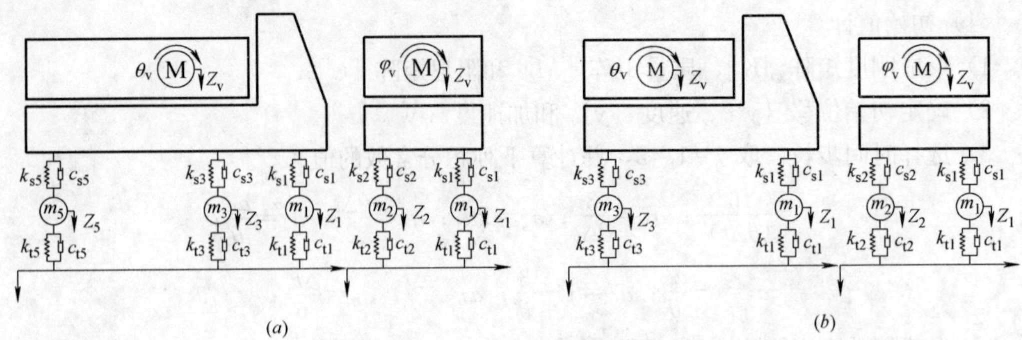

图 10.2　三维车辆模型

(*a*) 三轴车模型；(*b*) 两轴车模型

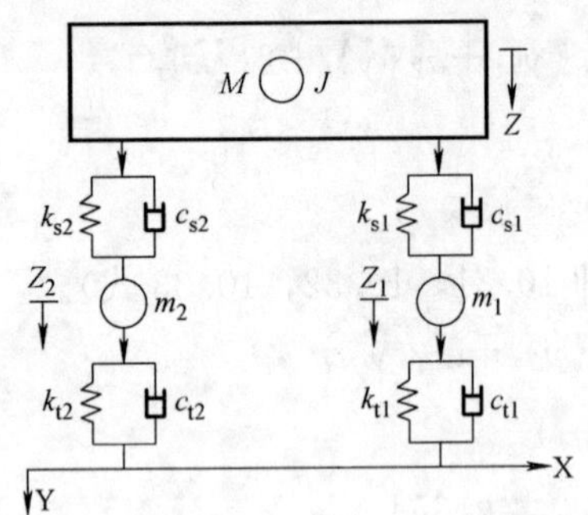

图 10.3　4 自由度 1/2 车辆模型示意图

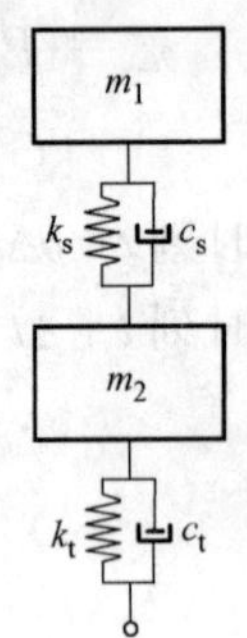

图 10.4　2 自由度 1/4 车辆模型示意图

10.3.2　桥面不平度

桥面不平度一般可根据相关标准生成，例如我国国家标准 GB7031－86《车辆振动输入路面平度表示方法》[1] 所给定的不平度位移功率谱密度函数为：

$$G_{\mathrm{d}}(n)=G_{\mathrm{d}}(n_0)\left(\frac{n}{n_0}\right)^{-\omega} \tag{10.34}$$

式中，$G_{\mathrm{d}}(n)$ 为位移功率谱密度；n 为空间频率，单位为 m^{-1}；n_0 为参考空间频率，可取值为 0.1 m^{-1}；ω 为频率指数，取值 2；$G_{\mathrm{d}}(n_0)$ 为参考空间频率下的路面谱值，根据不同的路面等级的取值范围及其几何平均值取得（见表 10.1）。按表 10.1 中取 $G_{\mathrm{d}}(n_0)$ 的上线（如 A 级上线与 B 级上线之间为 B 级区域），计算得到路面平度分级图如图 10.5 所示。

路面等级的取值范围及其几何平均值（GB7031－86[1]）　表 10.1

路面等级	路面平度系数 $G_{\mathrm{d}}(n_0)$ $10^{-6}\mathrm{m}^2/\mathrm{m}^{-1}$　$n_0=0.1\mathrm{m}^{-1}$		
	下限	几何平均	上限
A	8	16	32
B	32	64	128
C	128	256	512

续表

路面等级	路面平度系数 $G_d(n_0)$ $10^{-6}\text{m}^2/\text{m}^{-1}$ $n_0=0.1\text{m}^{-1}$		
	下限	几何平均	上限
D	512	1024	2048
E	2048	4096	8192
F	8192	16384	32768
G	32768	65536	131072
H	131072	262144	524288

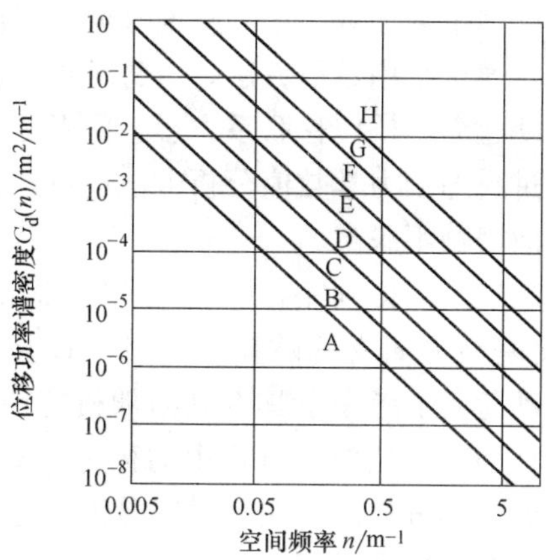

图 10.5 路面平度分级图

采用傅里叶变换对位移功率谱密度函数进行离散变换，即可得到路面不平度样本，图 10.6 所示为得到的一个 A～E 级不平度样本示例。

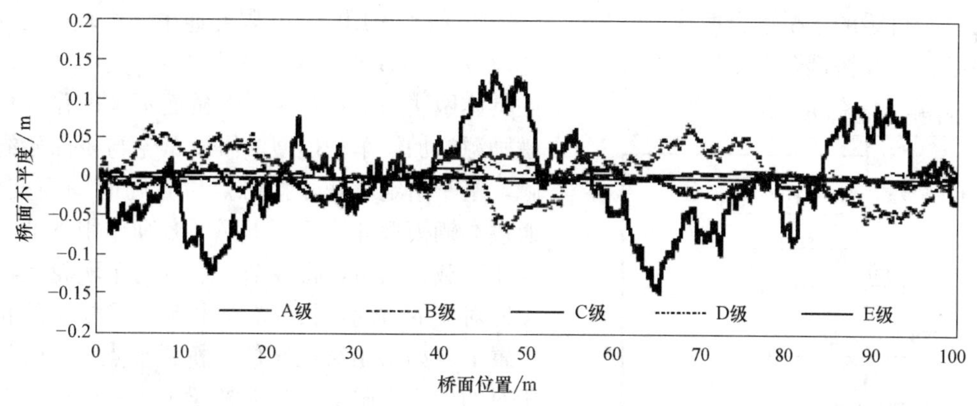

图 10.6 路面不平度示例

10.3.3 车桥耦合方程及求解方法

车辆的振动方程，可写作下列矩阵形式：

$$[M_v]\{\ddot{z}\}+[D_v]\{\dot{z}\}+[K_v]\{z\}=\{F_v\} \tag{10.35}$$

式中，$[M_v]$、$[C_v]$ 和 $[K_v]$ 分别为车辆模型的质量矩阵、阻尼矩阵和刚度矩阵；

$\{F_v\}$ 为车辆系统的荷载向量，一般由重力和车轮与桥面接触点的瞬时耦合荷载组成；$\{\ddot{z}\}$，$\{\dot{z}\}$ 和 $\{z\}$ 分别为车辆系统的广义加速度、广义速度和广义位移向量。

桥梁的动力方程为：

$$[M]\{\ddot{\delta}\}+[D]\{\dot{\delta}\}+[K]\{\delta\}=\{F\} \tag{10.36}$$

式中，$[M]$、$[D]$、$[K]$ 分别为质量矩阵、阻尼矩阵及刚度矩阵；$\{\ddot{\delta}\}$、$\{\dot{\delta}\}$、$\{\delta\}$ 分别为节点加速度、速度及位移向量；$\{F\}$ 为车辆作用于桥梁结构的荷载向量，随车辆在桥梁上的移动而不断变化。通常结构可采用瑞利阻尼[2]：

$$[D]=\alpha[M]+\beta[K] \tag{10.37}$$

车辆在桥梁上运行时的移动重力加载作用和路面竖向不平度是系统竖向振动的主要激励。车桥耦合具体计算分析，通常采用数值方法。可将车辆和桥梁视为两个分离系统，分别建立分析模型。考虑不平度建立车桥位移联系方程，两者之间耦合作用通过车轮与桥面间的相互作用联系起来。通过瞬态动力学数值分析方法进行迭代求解。分析中一般假设车轮在运行的过程中始终与桥面密贴不脱离。

近年来车桥耦合分析方法也不断得到完善。文献［3］提出了包含不确定性的车桥耦合动态分析的新方法。桥梁模型为简支的欧拉伯努利（Euler Bernoulli）梁，在弹性模量、材料密度和桥上多个移动荷载上考虑了具有高斯随机特性。文献［4］采用车桥耦合数值模拟方法分析铁路桥梁在列车突然刹车过程中的行为。文献［5］更为全面地描述了桥面不平度，以及对桥梁车致振动分析的影响。采用多体动力学模型，分析了在车桥耦合作用中发生跳车情况。总之，车桥耦合分析方法在国内外得到快速发展，为桥梁监测和评价分析提供了有力支撑。

各种方法的基本原理是一致的，在具体实现细节上可能有所不同。一些车桥耦合数值分析方法需编制专用的分析程序来求解，因此，对于一些复杂桥梁结构很是不便。因此，针对复杂桥梁的车桥耦合振动数值分析，逐步发展了采用既有有限元通用分析软件实现公路复杂桥梁车桥耦合振动的计算方法，如基于 ANSYS 的求解方法[6, 7, 8]。其中文献［8］的具体做法如下：首先，将桥面不平度作为位移激励源施加给车辆模型。假设车轮与桥面始终接触，基于给定车速，接触点位置随时间而变化。通过车辆模型计算桥面不平顺激励作用下的车辆轮压荷载；然后，将各个接触点的车辆轮压荷载按照对应的时间步长依次加载到桥梁模型的相应位置上（如果轮对正好位于桥梁节点上，则将该轮对的作用力施加给对应桥梁节点；如果轮对位于桥梁两个节点之间，则采用简支梁分配的方式将其输入给两侧的桥梁节点），计算桥面的竖向位移，完成一次迭代。将上次迭代得到的桥面位移再次加入不平度作为车辆的位移激励进行新一轮迭代，直到前后两次迭代计算的桥面位移误差满足精度要求。具体流程见图 10.7。

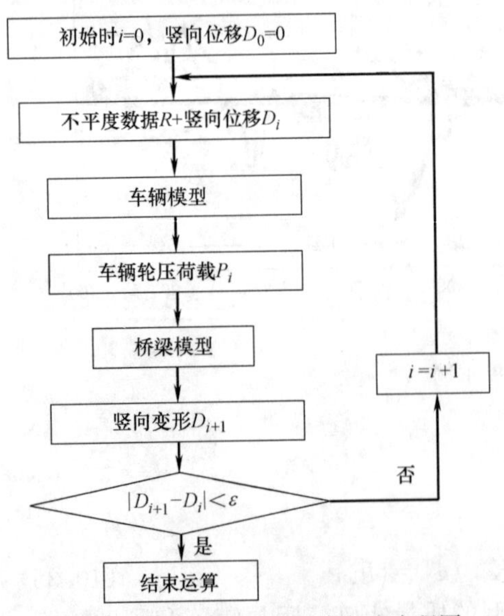

图 10.7　车桥耦合迭代方法流程图

10.4 拱桥吊杆体系的车桥耦合响应分析

10.4.1 吊杆体系的破坏特征

中承式拱桥因其简洁明快的曲线、较大的桥梁跨径和通航能力，在近几十年内得到了广泛使用。在这类桥梁结构中，吊杆体系是重要的承重构件之一，其运行状况直接关系到桥面系的安全。然而，吊杆体系恰恰又是这类桥梁结构中耐久性较为薄弱的部分。近年来中承式拱桥发生的一些破坏事故中，多为吊杆体系的破坏所导致。如2001年的宜宾南门大桥［图10.8（*a*）］、2011年的新疆库尔勒孔雀河大桥［图10.8（*b*）］、2011年武夷山公馆大桥等，都是因为吊杆的断裂导致桥面系的坍塌。其中，孔雀河大桥于2008年做过试验检测[9]，而吊杆的断裂却发生在仅仅三年后。针对这些事故发生的原因，桥梁工作者做出了许多研究分析。

(*a*)

(*b*)

图10.8 拱桥吊杆的断裂导致桥面系的坍塌

（*a*）南门大桥；（*b*）孔雀河大桥

这些事故有一个共同特点，都是短吊杆发生或首先发生断裂。文献［10］通过对南门大桥短吊杆断裂事故的研究，认为温度、腐蚀和疲劳是导致短吊杆断裂的主要因素。文献［11］分析认为南门大桥北端短吊杆在长期交变荷载作用下达到了一定的疲劳损伤程度，在偶然扰力作用下发生断裂引起桥面垮塌。有关专家在对武夷山公馆大桥垮塌事故的分析后给出的结论是长期超载造成吊杆疲劳断裂。吊杆作为中承式拱桥的关键受力构件，一旦失效轻则引起吊杆张力重分布[12]，重则引起桥面坍塌造成恶性事故。

而引起吊杆疲劳甚至失效破坏的原因是复杂的，吊杆普遍存在护套开裂、进水、锚固端腐蚀等问题[13]。而车辆通过桥梁时产生的汽车冲击作用易导致吊杆护套断裂，加剧了吊杆的应力疲劳腐蚀程度。与长吊杆相比，更靠近拱脚的短吊杆处刚度较大，其下锚固端处于反复弯剪状态，受到的汽车冲击作用更大，更容易开裂破坏[14,15]。所以车辆荷载作用对短吊杆的冲击效应是影响短吊杆应力疲劳腐蚀速率的一个不容忽视的因素。Malm[16]对铁路拱桥研究的结论是列车过桥时吊杆截面应力不均匀分布较明显，吊杆约60%的变幅循环应力源自车桥振动。显然，只有考虑车桥动力耦合作用，才能对这种冲击效应给出合理的分析结果。文献［17］以某大跨钢管混凝土拱桥为例，从理论上分析了桥面粗糙度、车速、结构阻尼对桥梁主梁、拱肋挠度和吊杆内力冲击效应的影响。文献［18］通过对结构频率及冲击系数的计算分析，阐述了中下承式拱桥短吊杆受力行为以及破坏机理，并提出改进意见。文献［19］对中下承式拱桥吊杆应力冲击系数的不均匀性进行了研究，分析结构阻尼、桥上路面不平度、车重及车速对吊杆应力冲击系数的影响。大部分研究都集中在各种不同因素下移动车辆对吊杆的冲击作用，而对不同长度（位置）的吊杆在不同车速下的冲击效应及其差异性还缺乏深入研究，尤其是定量的深入研究。而通过上述几例事故和相关研究中表明，对于不同位置的吊杆，车辆荷载所产生的冲击效应是不一致的[20]。

10.4.2　车桥耦合振动模型及校正

以下结合中承式钢管混凝土拱桥实例，对吊杆体系的车桥耦合响应进行简要模拟分析。以 G203 国道某三跨中承式钢管混凝土拱桥（图 10.9）为例，根据施工图建立三维有限元模型，采用换算截面方法模拟钢管与混凝土间的协同作用。由于结构构造具有复杂性及较大模糊性，为保证模型精度，详细分析了主要建模因素对结构静动态响应的影响，并对比分析了主要静动态响应的计算结果与实桥现场试验检测结果，以校正和修改有限元模型。

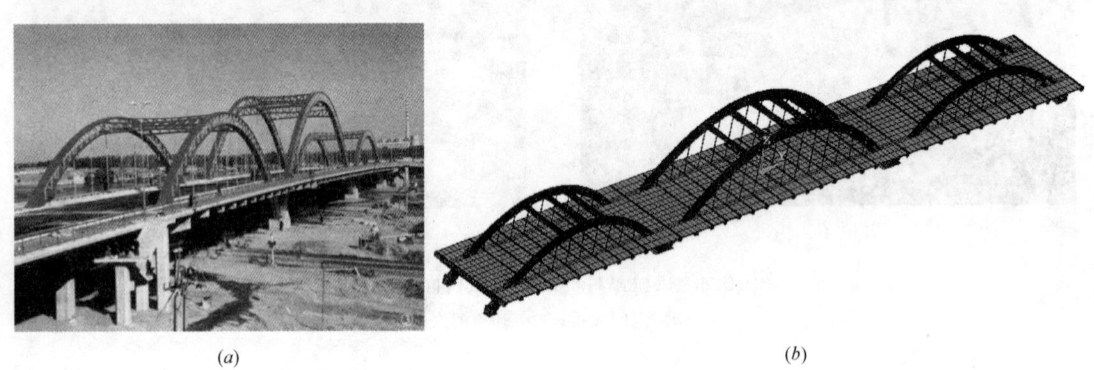

图 10.9　拱桥照片与有限元模型图

（a）拱桥照片；（b）有限元模型

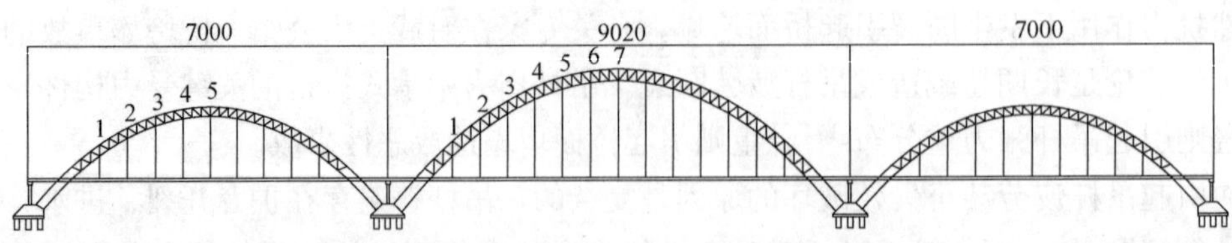

图 10.10　拱桥总体布置立面图（单位：cm）

关于车辆模型等因素对车桥耦合分析中冲击效应的影响，相关研究指出[21]几种车辆模型的计算结果总体上均能反映车桥耦合振动的响应规律。针对主要研究目标，采用不同简化模型试算后，选用三轴 9 自由度（如图 10.2（a）所示）车辆模型，具体参数如表 10.2 所列。

车辆参数 表 10.2

参数名称（单位）	参数值
轴数	3
车辆总重（t）	22
车体质量 M（t）	20
俯仰转动惯量（$kg \cdot m^2$）	338336
侧翻转动惯量（$kg \cdot m^2$）	92432
1 轴悬挂质量 m（t）	0.3
上部弹簧刚度 k_s($kN \cdot m^{-1}$)	300
上部阻尼系数 c_s($kN \cdot s \cdot m^{-1}$)	240
下部弹簧刚度 k_t($kN \cdot m^{-1}$)	800
下部阻尼系数 c_t($kN \cdot s \cdot m^{-1}$)	2.34
2 轴悬挂质量 m（t）	0.6
上部弹簧刚度 k_s($kN \cdot m^{-1}$)	600
上部阻尼系数 c_s($kN \cdot s \cdot m^{-1}$)	240
下部弹簧刚度 k_t($kN \cdot m^{-1}$)	1600
下部阻尼系数 c_t($kN \cdot s \cdot m^{-1}$)	2.34
3 轴悬挂质量 m（t）	0.6
上部弹簧刚度 k_s($kN \cdot m^{-1}$)	600
上部阻尼系数 c_s($kN \cdot s \cdot m^{-1}$)	240
下部弹簧刚度 k_t($kN \cdot m^{-1}$)	1600
下部阻尼系数 c_t($kN \cdot s \cdot m^{-1}$)	2.34

采用图 10.7 所示方法进行车桥耦合动力计算，通过跑车试验的实测结构挠度响应的相对值对计算模型进行了校正。通过校正的车桥耦合响应的模拟结构与实测结果在形态上具有较好地吻合。10.11 所示为采用校正后计算模型计算的主跨跨中挠度时程曲线与跑车试验实测曲线的比较，其中采用的桥面不平度为 C 级，车速分别为 20km/h 和 30km/h。

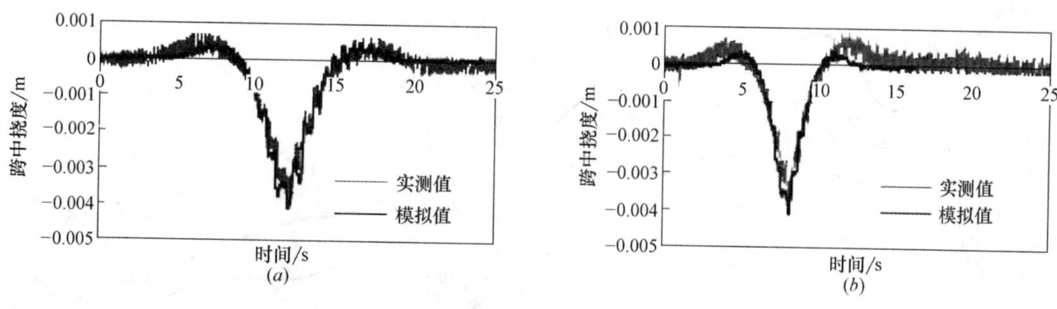

图 10.11 桥梁的跨中挠度

（a）车速 20km/h；（b）车速 30km/h

10.4.3 吊杆的冲击效应分析

采用上述车桥耦合模型对吊杆系统的动态受力进行了分析。图 10.12 所示为上述拱桥主跨的部分吊杆（吊杆编号如图 10.10 所示）在 C 级不平度和车速 20km/h 与 60km/h 情况下的动态轴向应力。可见，长吊杆与短吊杆的动态应力差别显著，最短吊杆在车辆荷载下的应力峰值明显大于其他吊杆。在时速 60km/h 时，随着吊杆长度的增加，应力峰值呈现规律性下降。因此，车辆冲击效应在不同吊杆间的差异是不容忽视的。下面分别探讨不平度和吊杆长度对吊杆冲击效应的影响。

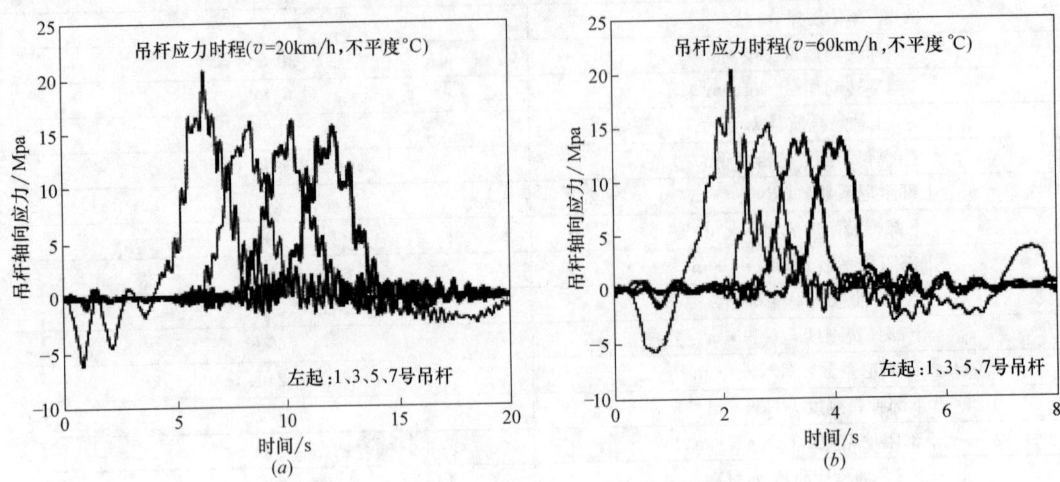

图 10.12　车辆荷载下的主跨吊杆动态轴向应力

(1) 桥面不平度影响

分别计算不同车速、三种不平度等级条件下的吊杆应力冲击系数。图 10.13 所示为主跨最短和最长吊杆在三种不平度下应力冲击系数随车速的变化情况。可见，随着不平度等级的增大，各个车速情况下的吊杆冲击系数显著增大。对于短吊杆，各不平度之间冲击系数随车速的变化规律十分相似，较大值出现在 40～60km/h 车速情况下。桥面的破损会进一步放大车辆荷载对吊杆体系的冲击作用，尤其是会显著加速短吊杆体系的疲劳损伤。所以及时对桥面养护维修对延长吊杆体系的使用寿命是十分重要的。

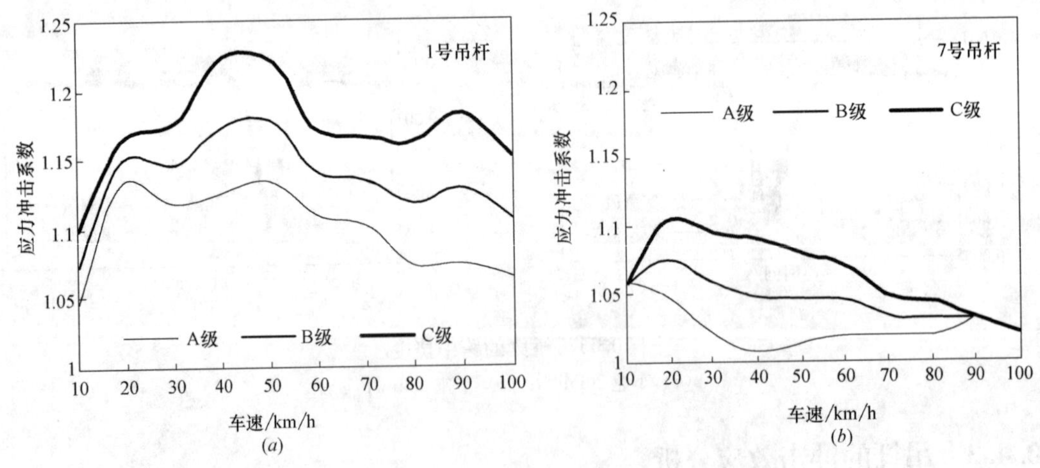

图 10.13　不平度对吊杆轴向平均应力冲击系数的影响

(2) 吊杆长度影响

在三种车速（40、60、80km/h）和两种桥面不平度（B、C 级）下对主跨 1～7 号吊杆的冲击效应进行了对比（如图 10.14 所示）。总体趋势上冲击效应随吊杆长度的增大而降低。短吊杆（1 号）的冲击系数明显大于其他吊杆，说明短吊杆在结构运营中受到更大的冲击作用，是更易发生疲劳破坏的部件。随着不平度的增大，冲击效应普遍增大。由于不平度对冲击效应的贡献加大，因此，不平度增大时长短吊杆之间所受冲击的差异有所缩小。

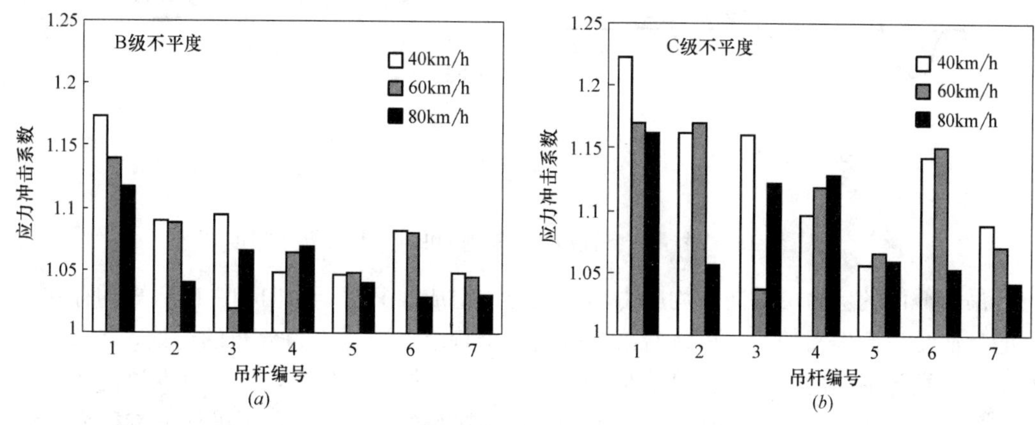

图 10.14 不同长度吊杆的轴向平均应力冲击系数

10.4.4 吊杆的弯曲效应分析

中下承式拱桥吊杆主要是通过受拉承接荷载，但在运营过程中不可避免地受到弯曲作用。弯曲作用的大小与吊杆所在位置有关。在前期车桥耦合模型的基础上，将吊杆修改为梁单元，进行车桥耦合分析。图 10.15 为 1 号吊杆在不同车速下截面横向和纵向弯矩时程。总体上随速度的减小弯矩峰值呈减小趋势。车辆经过吊杆时横向弯矩不改变符号，始终产生使吊杆内侧受拉的弯曲变形。车辆从吊杆左侧行驶到右侧（跨中侧）过程中，纵向弯矩发生变号。下面以车速 60km/h 与 C 级不平度的短吊杆（1 号）为例讨论其截面应力分布情况，其截面动态轴力和弯矩如图 10.16 所示。

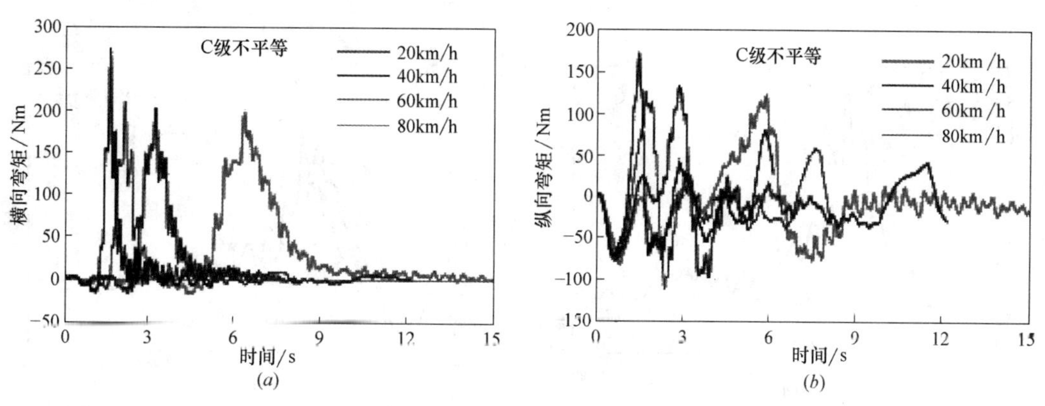

图 10.15 1 号吊杆弯矩

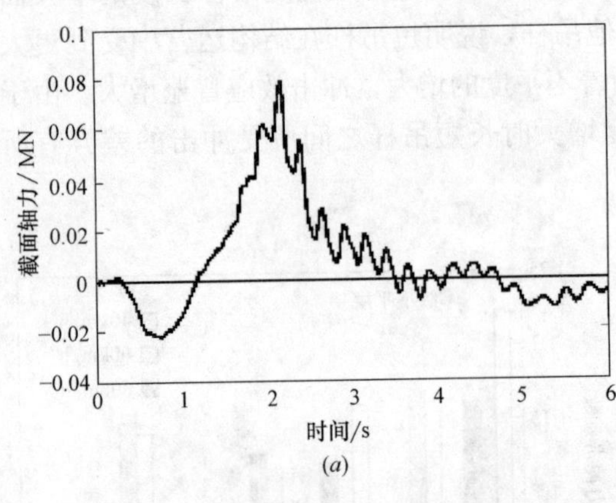

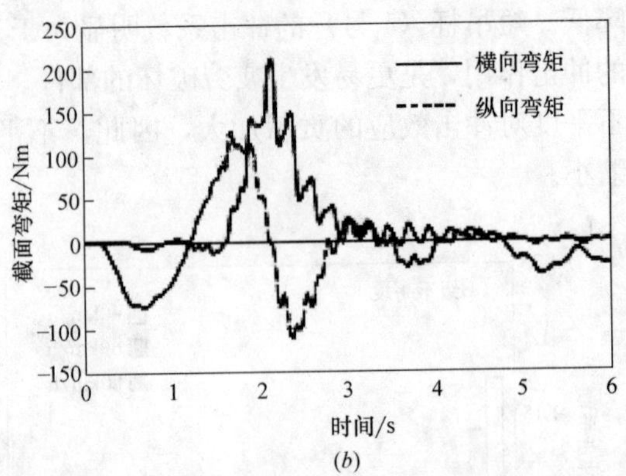

图 10.16　1 号吊杆截面应力（车速 60km/h 与 C 级不平度）

吊杆截面的应力由轴向平均应力和弯曲应力组成。又由于横向和纵向弯矩的存在，实际的弯曲是稍微偏斜的。这里将对吊杆截面四个特定点进行应力分布的讨论，如图 10.17 所示，分别为横向的 A、A′点和纵向的 B、B′点。根据上述分析，这里重点讨论在以时速 60km/h 行驶的车辆作用下，短吊杆下端截面的动态应力，和弯曲应力所占比重。

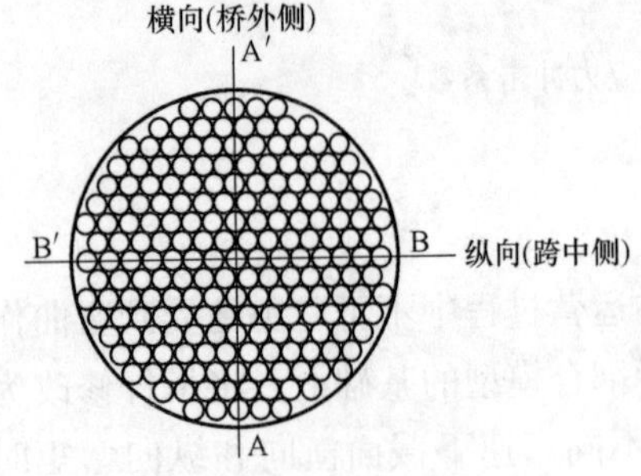

图 10.17　吊杆横截面示意图

车辆通过吊杆时，横向弯矩基本不改变符号，始终在 A 点产生最大弯曲拉应力，在 A′点产生最大弯曲压应力；车辆通过吊杆时，纵向弯矩将改变符号，因此，最大拉应力和压应力在 B 和 B′点交替产生。按上述计算弯矩所定义的正负值，吊杆内四点的动态应力可按式（10.38）分别计算，其中 N 为轴力；M 为弯矩，分横向和纵向；$A=0.0039\text{m}^2$ 为吊杆横截面面积，$W=3.356\times10^{-5}\,\text{m}^3$ 为截面抗弯模量。图 10.18 为四点动态应力时程。

$$\sigma(t)=\frac{N(t)}{A}\pm\frac{M(t)}{W} \tag{10.38}$$

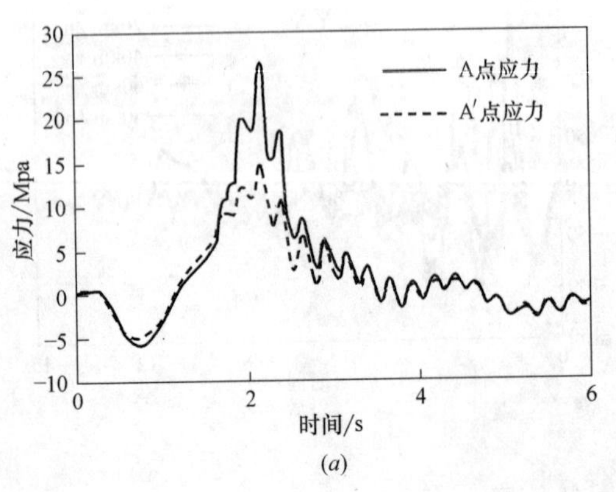

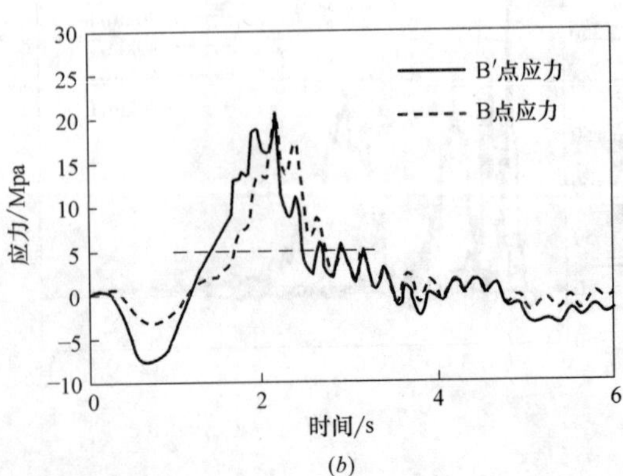

图 10.18　1 号吊杆截面动态应力

可见，车辆引起的吊杆下端截面的应力变幅在 A 点达到 26MPa 左右，其余三点在 15～20MPa 左右。应力在截面内分布的不均匀性十分显著，A 点应力接近 A′点的 2 倍。由于横向弯矩大于纵向弯矩，因此，在轴向拉应力和纵向、横向弯曲应力综合作用下，吊杆截面最大拉应力将出现在边缘的 AB 段，并偏向 A 点一侧。也就是说，截面内应力的实际不均匀性要比 A 和 A′点之间的差异还要大些。因此，车辆引起的应力变幅和应力不均匀性均是十分显著的。

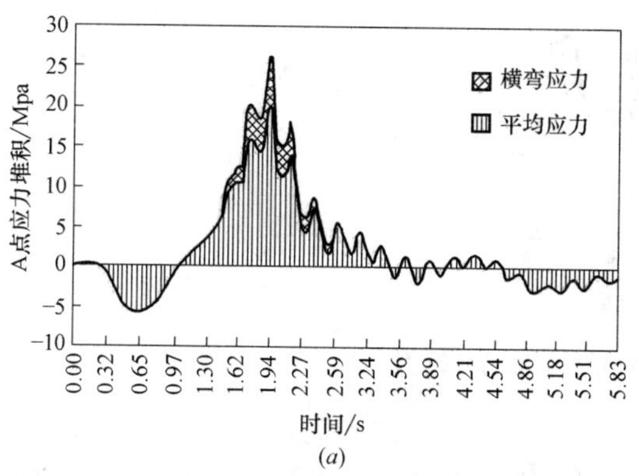

(a)

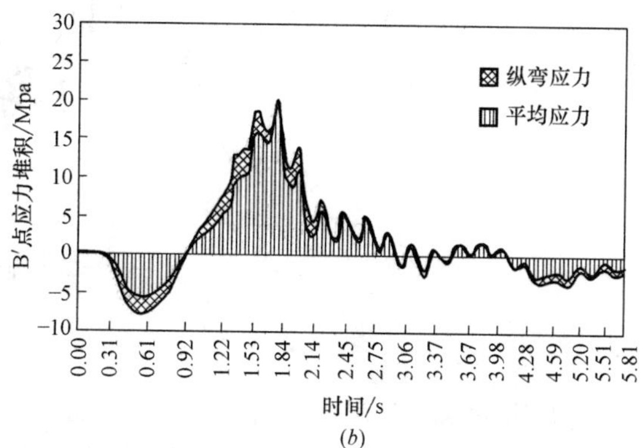

(b)

图 10.19 1 号吊杆截面动态应力堆积图

在上述车辆荷载引起的吊杆截面应力构成中，弯曲应力占有可观的比例。就车辆以 60km/h 匀速经过吊杆的情况，绘制如图 10.19 所示的应力堆积图，它反映了吊杆内 A、B′两点的应力由轴向应力和弯曲应力的构成情况。就 A 点而言，横向弯曲应力峰值占总应力峰值的 23%。因此，在车辆荷载作用下对吊杆进行应力和疲劳分析时，考虑弯曲作用是十分必要的，甚至是不容忽视的。

10.4.5 匀变速车辆下吊杆动态应力

车辆常常是变速行驶，尤其是刹车过程还会产生很大的变速。很多学者探讨了变速车辆与桥梁结构的耦合振动问题[22-25]，如变速移动荷载作用下简支梁动力响应，加速移动集中质量在简支梁上产生的动态响应，匀变速车辆与随机路面车桥梁耦合系统的振动理论等。文献 [26] 等提出了以实验数据为基础的静刹车模型，分析了路面不平度与刹车作用下桥梁的动态响应。文献 [27] 基于 1/2 车辆模型，提出了考虑刹车和加速的车桥耦合有限元模型。这些研究都给出了有价值的研究成果，但是在车辆和桥梁模型方面还不够完善。

下面进一步针对大型拱桥研究变速车辆作用下吊杆截面的动态内力及其不均匀分布特性。采用三维 9 自由度车辆模型，考虑路面 C 级不平度。

1. 吊杆截面内力

一般车辆行驶中加速度常在 0～3m/s^2，急刹车时加速度大约为 8m/s^2。以主跨左端短吊杆（1 号）为研究对象，并假设车辆沿着靠近吊杆的车道上行驶。分别计算车辆模型按不同加速度匀变速通过全桥情况。图 10.20 所示为初速度为 60km/h 时，吊杆内的动态轴力。可见加速度导致更大的冲击效应。

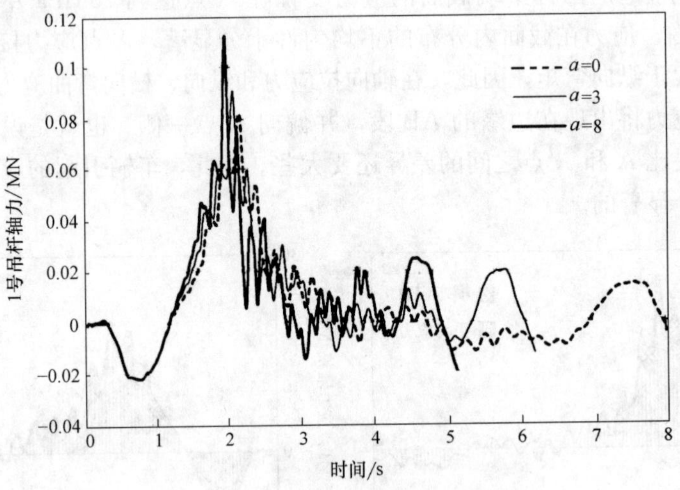

图 10.20　匀变速车辆作用下 1 号吊杆轴力

提取 60km/h 车速下的吊杆下端截面动态弯矩，如图 10.21 所示。横向弯矩对车辆变速较敏感，冲击效应显著。车辆从吊杆左侧行驶到右侧（跨中侧）过程中，纵向弯矩发生变号，但绝对值大小受变速影响不明显。

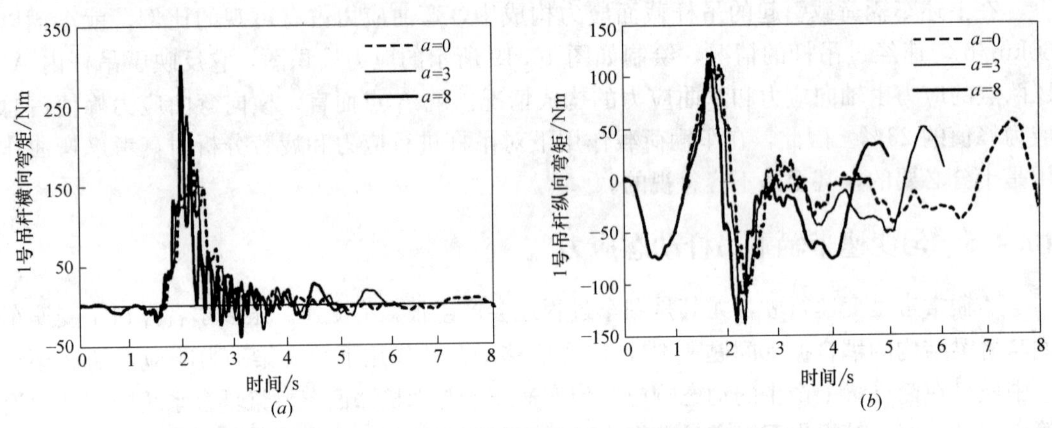

图 10.21　匀变速车辆作用下 1 号吊杆横向和纵向弯矩

2. 吊杆截面应力

图 10.22 所示为 1 号吊杆下端截面内四点动态应力时程。可见，随着加速度的增大，产生的冲击效应也显著增大。车辆的加速度将显著增大车辆对桥梁的冲击作用，从而会导致不同吊杆动态内力之间产生更大的差异，以及吊杆截面内动态应力分布具有更大的不均匀性。因此，在对车辆荷载作用下的吊杆进行应力和疲劳分析时，适当考虑加速度的影响在有些情况下是必要的。

10.4.6　等刚度设计下动态响应分析

在车辆荷载作用下，拱桥短吊杆的动态应力水平要明显高于长吊杆。这也是短吊杆更

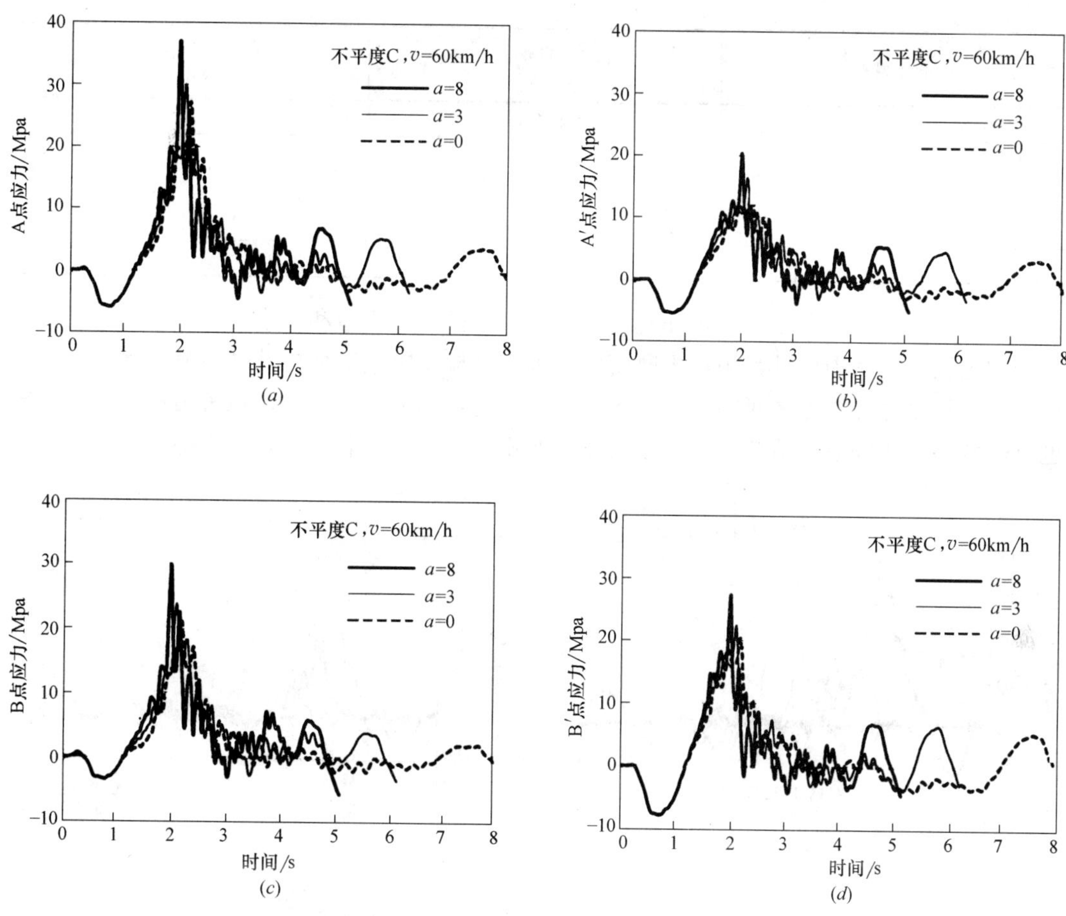

图 10.22 匀变速车辆作用下 1 号吊杆截面动态应力

易发生疲劳破坏的重要原因之一。针对这一现象，就目前的初步分析结果而言，在设计中调整短吊杆的局部刚度是一个改善短吊杆抗冲击性能的可能途径。

中下承式拱桥的竖向刚度沿纵向有较大变化。首先，在拱脚附近由于拱肋靠近支座具有较强的刚度；其次，在截面相同的情况下，拱脚附近的短吊杆竖向刚度也大于长吊杆。因此，随着吊杆位置的变化，竖向刚度差异性很大。这是导致在同样的车辆荷载作用下不同位置的吊杆所受到的冲击作用不同的主要原因。

为改善上述情况，可在设计中采取技术措施尽量减小不同位置处的吊杆体系的竖向刚度之间的差异。这里仅就通过减小竖向刚度差异对减小车辆对短吊杆动态作用效果做初步的模拟分析。在数值模型中，仅通过改变吊杆弹性模量的方法来模拟竖向刚度的调整。基于初步的理论分析，对各吊杆刚度做表 10.3 所示的调整。

各吊杆刚度的调整 **表 10.3**

吊杆编号	原弹性模量（MPa）	调整后弹性模量（MPa）
1	1.9×10^5	0.568×10^5
2	1.9×10^5	0.956×10^5

续表

吊杆编号	原弹性模量 (MPa)	调整后弹性模量 (MPa)
3	1.9×10^5	1.277×10^5
4	1.9×10^5	1.532×10^5
5	1.9×10^5	1.722×10^5
6	1.9×10^5	1.845×10^5
7	1.9×10^5	1.9×10^5

图 10.23 所示为C级不平度车速 60km/h 下，拱桥原模型和等刚度模型的主跨部分吊杆的动态轴力。从中可见，相对于原模型，等刚度模型中最短吊杆的轴力显著下降，明显地缩小了长短吊杆轴力之间差异。从图 10.24 可见，等刚度设计后，最短吊杆的横向弯矩也显著减小。车辆通过吊杆前后，正负纵向弯矩绝对值有显著变化，但变幅基本没变。

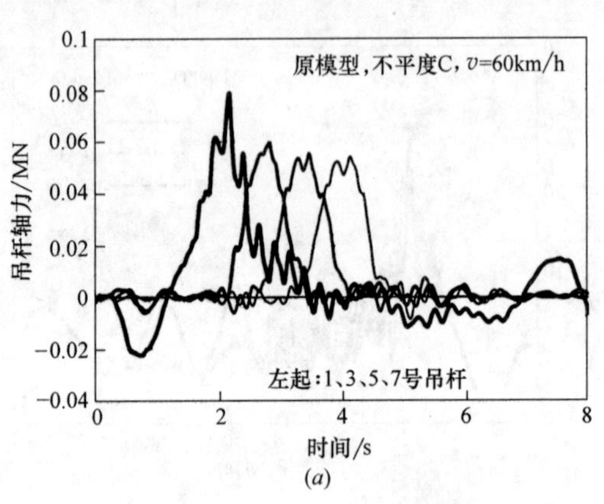

(a)

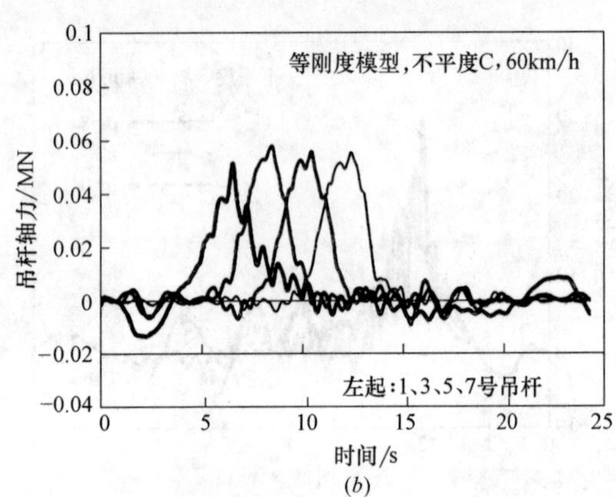

(b)

图 10.23 车辆荷载下的主跨吊杆动态轴力

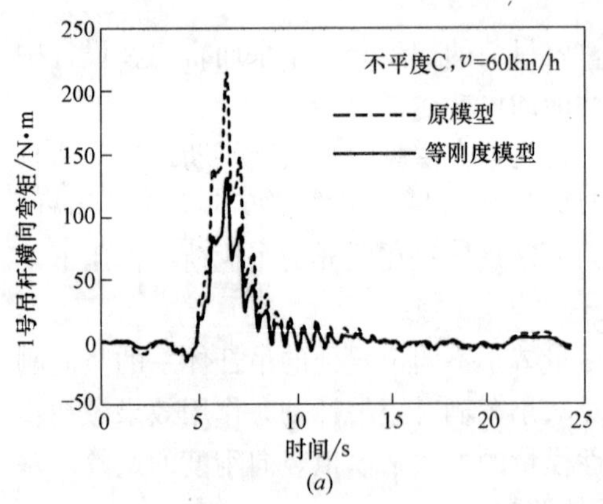

(a)

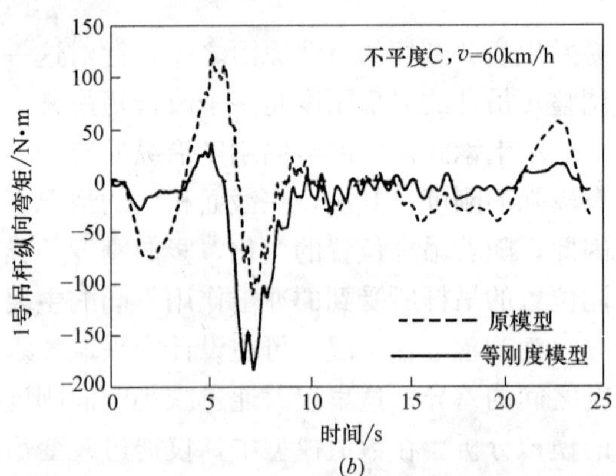

(b)

图 10.24 车辆荷载下 1 号吊杆截面弯矩

(a) 横向弯矩时程；(b) 纵向弯矩

从吊杆截面的应力分布看（如图 10.25 所示），很明显做刚度调整后各点应力峰值都有减少，其中 A 和 B′点有大幅度减小。说明刚度调整对吊杆受力的不均匀性有明显改善作用。

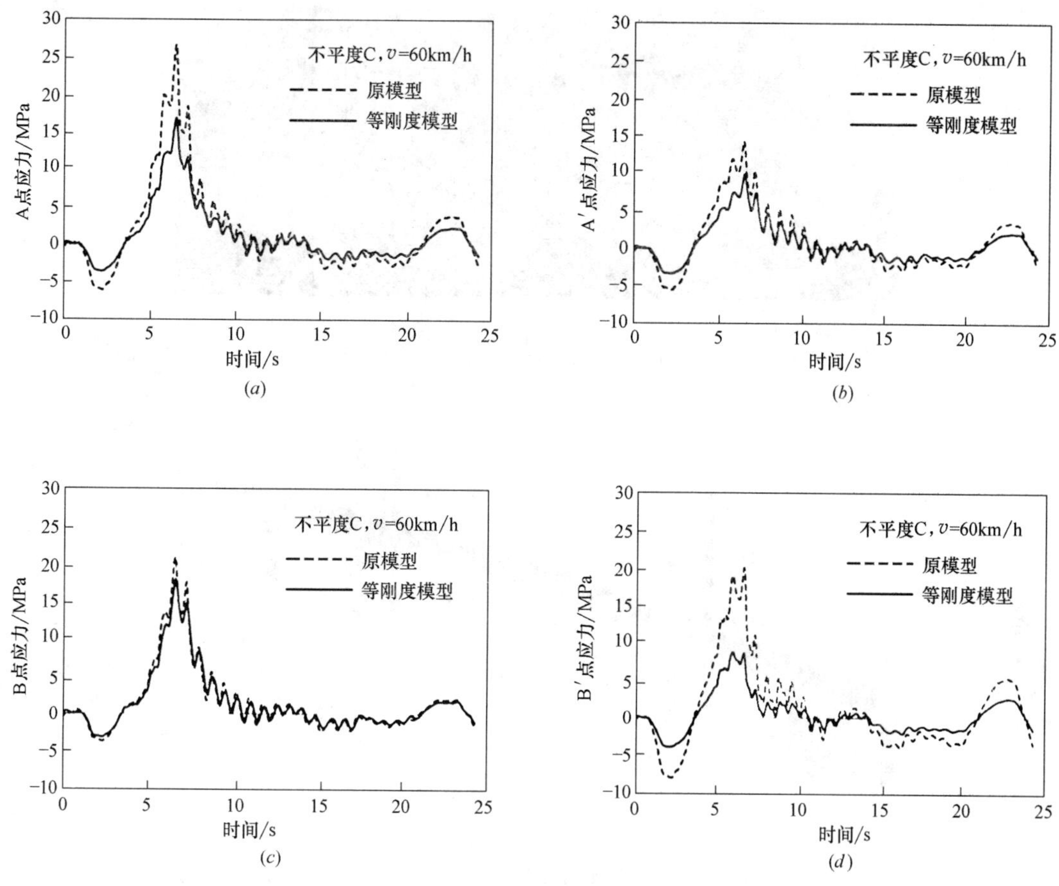

图 10.25 等刚度设计 1 号吊杆截面动态应力

10.5 斜拉桥的车桥耦合响应分析

10.5.1 车桥模型与分析方法

1. 桥梁模型

本节以胶州湾大桥沧口斜拉桥（如图 10.26 和图 10.27 所示）及其健康监测系统为背景，对随机车队作用下的结构响应进行车桥耦合分析。首先参考桥梁的实际监测响应对桥梁有限元模型进行校正。包括恒载和温度作用下的静态响应对比较正，基于模态分析的动力特性校正，以及单车荷载下的结构响应形态校正。以索力为例，由于索力与温度具有良好的线性相关性，因此，对有限元模型进行修正的目标主要是索力-温度的趋势线斜率和截距。斜率修正主要变量是桥梁结构的材料参数和约束条件，截距修正主要变量是成桥状态索力。这里以与成桥相似条件下（气温 15℃）的实际监测响应为目标，对斜拉桥有限元模型进行模型修正。由修正后模型计算的部分动力特性和静态索力与对应条件下的实测结果的对比如表 10.4 所列。

(a)

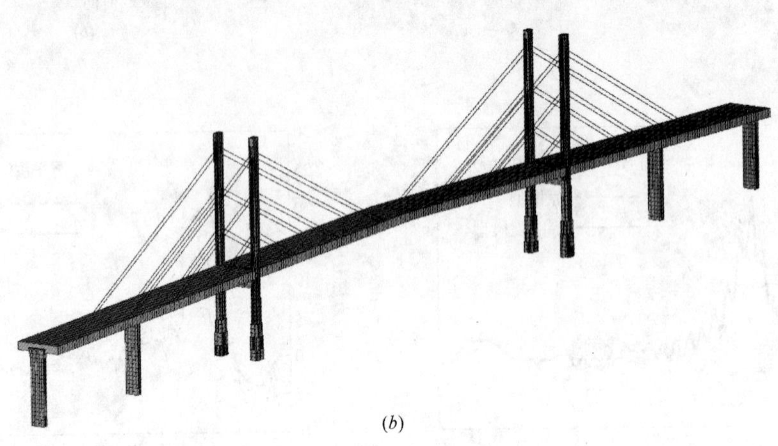

(b)

图 10.26　实桥照片与有限元模型图

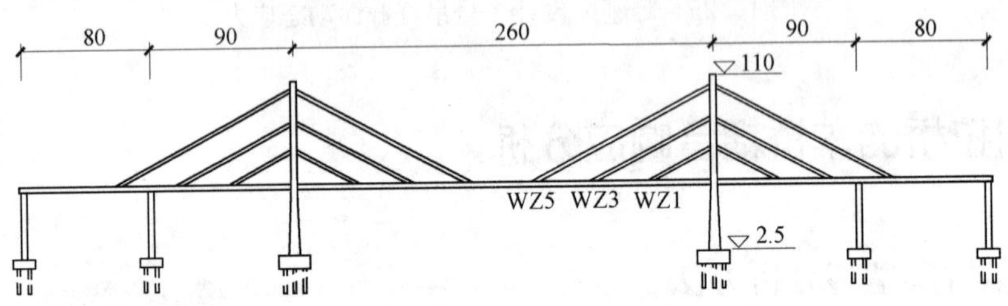

图 10.27　斜拉桥基本布置立面图

基于修正后模型的模拟结果与实测结果的比较　　**表 10.4**

模态频率(Hz)				成桥索力(kN)					
主导模态	监测	试验	模拟	索号	监测	模拟	索号	监测	模拟
主梁 1 阶纵漂	—	—	0.337	WB5	3800	3803	NZ1	3088	3085
主梁 1 阶竖弯	0.55	0.537	0.536	NB5	4116	4119	WZ1	3134	3131
主梁 1 阶侧弯	0.80	0.78	0.789	WB3	3559	3563	NZ3	3907	3904
主梁 2 阶竖弯	0.93	0.894	0.953	NB3	3658	3662	WZ3	3693	3690
主梁 2 阶侧弯	1.05	1.049	1.059	WB1	2569	2575	NZ5	3439	3436
主梁 3 阶竖弯	1.43	1.406	1.445	NB1	2325	2332	WZ5	3524	3521

2. 车辆模型

考虑到车队加载计算的计算量和计算程序的相对复杂性，在满足精度要求的前提下，宜采用尽可能简单的车辆模型。这里对 1/2 和 1/4 两种车辆模型的单车加载的车桥耦合响应进行对比。1/2 车辆模型采用如图 10.3 所示的双轴模型，模型参数按相关文献取值[28]。1/4车辆模型采用如图 10.4 所示的单轴模型，总质量与上述 1/2 车辆模型相同，上下弹簧刚度与阻尼分别等效。车速选取 80km/h，路面不平度等级 B 级。计算得到的主要结构响应如图 10.28 所示。可见，对两种车辆模型的结构响应几乎是相同的。因此，在车队加载时，将选用更为简单的 1/4 车辆模型组织车队。

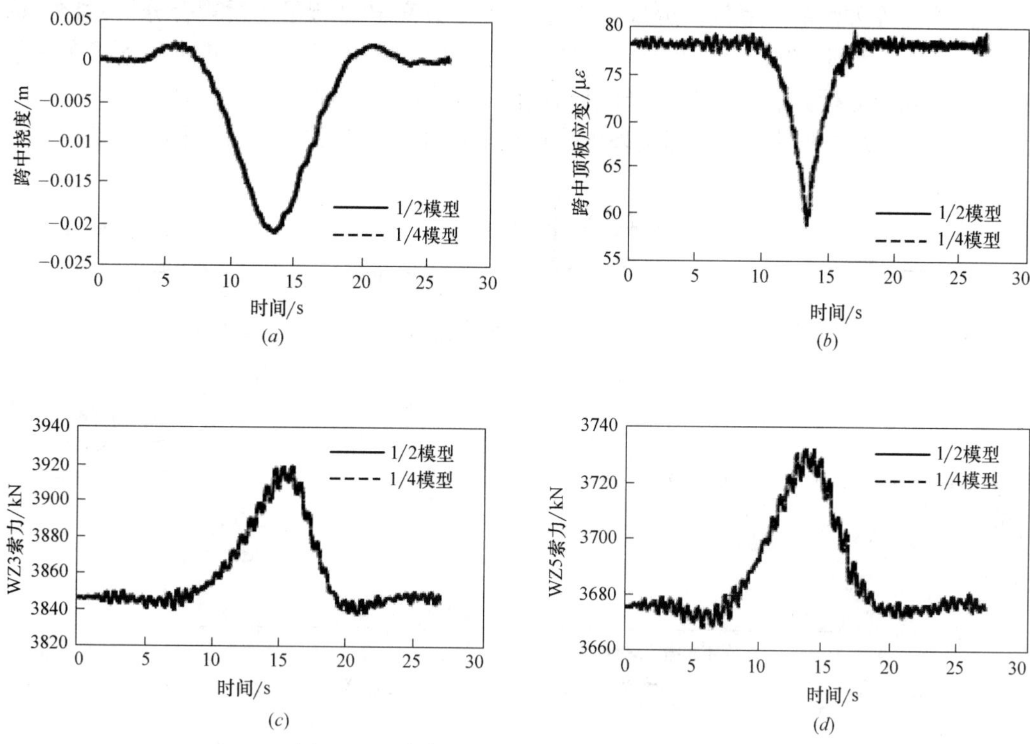

图 10.28 斜拉桥对两种车辆模型的响应比较

(a) 箱梁跨中挠度；(b) 箱梁跨中顶板应变；

(c) WZ3 索力；(d) WZ5 索力

3. 计算方法

为便于考虑车队模型中的超车等情况的处理，开发了图 10.29 所示的车桥耦合分析方法，称为方案 B，此前方法称为方案 A。在方案 B 中，在每一个计算时刻，首先根据车队中每辆车的车速计算当前位置，确定桥上车辆后通过

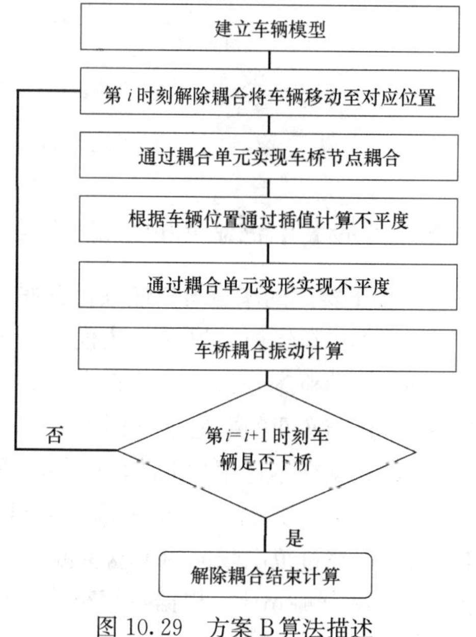

图 10.29 方案 B算法描述

耦合单元实现车桥节点耦合；然后根据车辆位置通过插值计算当前位置的不平度值，并通过耦合单元变形实现不平度；对所有桥上车辆，进行车桥耦合振动计算；解除车桥节点耦合，重复上述过程直到所有车辆下桥。

为检验计算方法的可靠性，分别采用方案 A 和方案 B 进行了车桥耦合分析对比。取车重 20t、30t，车速 60km/h、80km/h 进行组合，采用 B 级不平度，共四种车重车速组合进行车桥耦合分析。取主跨跨中竖向位移作为对照点，两种计算方案的结果对比如图 10.30 所示。可见，两种算法计算结果十分接近，因此，在以下分析中将采用方案 B。

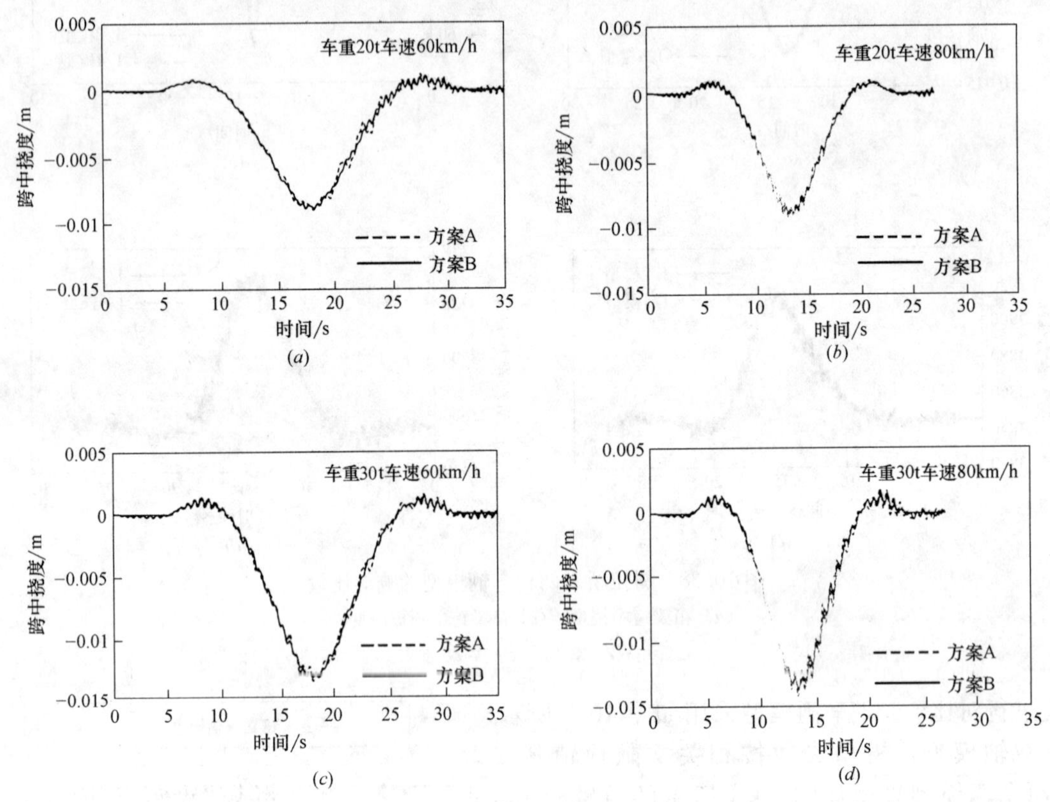

图 10.30　车桥耦合计算方法比较

10.5.2　基于车辆监测的车队模型

1. 基于实测的车重与车速联合分布

采用 1/4 车辆模型建立车队模型，主要车流参数包含以下三项：车速、车重、车间距。车间距的概率分布呈对数正态分布形式，并假定分布参数与时段有关与车重车速无关。而车速与车重需要通过车辆车速与车重的联合分布模型来确定。

车辆数据样本选用相似路段的某车辆监测系统连续 11 日的车辆监测数据，有效车辆数总计 252078。统计车重与车速的联合分布，设车重范围为 1～100t，车速范围为 4～160km/h，超过范围限值的车辆参数调整为范围内极值。车重分布统计间隔为 1t，车速分布统计间隔为 4km/h，根据各车车重与车速建立联合分布如图 10.31 所示。

2. 车队参数的生成

上述车重车速联合分布模型是基于相似路段实际监测数据而建立的。基于该模型可通过下列方法建立车队模型参数。

将车重车速的分布范围分别划分为 k 和 l 个子区间，子区间长度分别记为 Δm_i （$i=1, 2, \cdots k$）和 Δv_j （$j=1, 2, \cdots l$）。记该二维子区间内车辆数的平均概率密度为 f_{ij} ，则当欲生成的总车辆数为 n，并 Δm 与 Δv 足够小时，该区间的车辆数为：

$$n_{ij}=nf_{ij}\Delta m_i\Delta v_j \quad (i=1,2,\cdots k;j=1,2,\cdots l) \tag{10.39}$$

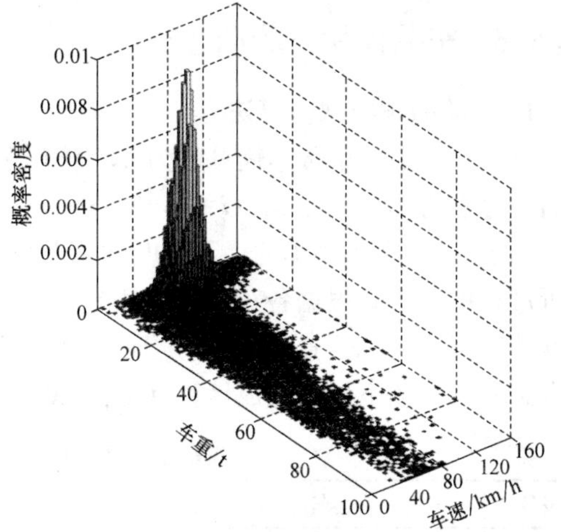

图 10.31 车速车重联合分布概率密度

子区间内的车重车速参数按均匀随机分布取值。表 10.5 所列为生成的连续 50 辆车的车队参数。其中，车重车速数据基于上述方法生成，车间距数据按实际监测数据的概率分布独立生成，为初始时刻与前车距离。

基于车重车速联合分布的 50 辆车辆参数 **表 10.5**

序号	车重(t)	车速(km/h)	距前车(m)	序号	车重(t)	车速(km/h)	距前车(m)
1	2.55	68	—	26	5.89	48	44.83
2	17.52	52	84.62	27	5.33	104	17.36
3	26.23	52	60.93	28	5.70	32	38.21
4	4.49	80	24.74	29	3.20	116	47.36
5	4.62	80	107.66	30	4.03	92	65.28
6	3.68	92	66.8	31	3.74	84	43.79
7	16.40	68	58.79	32	5.50	116	73.93
8	3.37	96	77.98	33	2.48	100	71.15
9	2.99	84	64.58	34	5.91	88	20.99
10	6.04	92	26.42	35	2.61	100	26.29
11	3.89	96	47.13	36	3.62	96	30.66
12	3.91	76	47.71	37	4.86	108	36.46
13	3.80	100	35.81	38	6.81	92	41.9
14	2.10	84	185.6	39	2.58	80	53.67
15	2.26	88	27.74	40	22.18	72	5.6
16	25.34	72	37.12	41	6.24	88	37.86
17	28.68	84	31.33	42	4.89	80	133.87
18	4.14	96	22.22	43	3.03	108	24.07
19	2.72	72	46.1	44	3.49	112	106.43
20	3.11	72	43.38	45	3.17	88	68.99
21	3.65	92	165.77	46	4.98	84	52.04
22	7.49	92	44.19	47	4.71	84	60.9
23	1.78	84	24.11	48	7.50	88	16.62
24	2.72	56	175.06	49	6.47	108	49.94
25	2.90	96	133.1	50	4.06	124	175.12

10.5.3　车队作用下的动态响应

1. 车队的车桥耦合算法

设桥长为 L，车队车辆总数为 n，第 i 辆车的车重、车速、车间距（初始时刻与前车距离）分别为 m_i、v_i、d_i（i=1，2，… n），车辆上桥后保持匀速行驶。如果第一辆车上桥时间为 T_1，则每辆车的上下桥时间以及任意时刻所在位置如表 10.6 所列。在车桥耦合分析过程中，首先根据各车的上下桥时间，判断当前时刻哪些车辆位于桥上，并对桥上各车辆计算当前时刻位置。然后对当前状态下的车队-桥梁系统进行动力分析，重复上述过程直到所有车辆下桥，完成计算（如图 10.32 所示）。

车辆上下桥时间以及任意时刻所在位置　　表 10.6

序号	车重	车速	距离前车	上桥时刻	下桥时刻	t 时刻位置
1	m_1	v_1	—	T_1	$T_1'=T_1+L/v_1$	$x_1=v_1(t-T_1)$
2	m_2	v_2	d_2	$T_2=T_1+d_2/v_2$	$T_2'=T_2+L/v_2$	$x_2=v_2(t-T_2)$
…	…	…	…	…	…	…
i	m_i	v_i	d_i	$T_i=T_{i-1}+d_i/v_i$	$T_i'=T_i+L/v_i$	$x_i=v_i(t-T_i)$
…	…	…	…	…	…	…
n	m_n	v_n	d_n	$T_n=T_{n-1}+d_n/v_n$	$T_n'=T_n+L/v_n$	$x_n=v_n(t-T_n)$

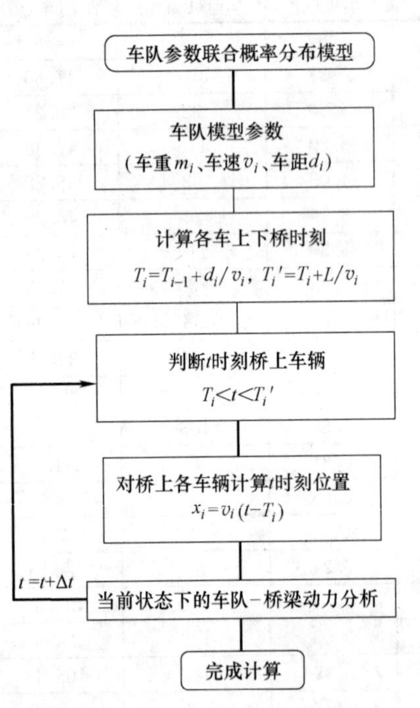

图 10.32　车队的车桥耦合算法示意图

2. 部分模拟响应与监测结果的对比

采用上述方法，采用 B 级桥面不平度，计算了 50 车车队对沧口斜拉桥的车桥耦合响应。分别提取的部分索力、箱梁应变、主梁跨中竖向位移和塔顶水平位移等响应，示于图 10.33～图 10.37。其中，选取了部分对应部位相似条件下的实桥监测数据作为对比。由于实际车队参数与桥梁之间的耦合关系具有较大随机性，这里所做的是指模拟响应与实际监测响应形态之间的比较。桥梁的有限元模型是基于成桥状态的参数建立的，并结合相似条件下的实际监测数据进行的模型修正。由于实桥监测数据是与温度等环境因素密切相关的，因此，以下为与计算结果比较所提取的实际监测数据，充分考虑了条件的相似性。

在 50 辆车中，15t 以上的 6 辆，7t 以上 8 辆，6t 以上的 12 辆，5t 以上车辆 16 辆。从结构对车队的响应状况看，箱梁应变对车重最为敏感，对 5t 以上车辆有明确响应。灵敏度最低的是箱梁挠度和塔顶位移，对 7t 以上车辆能够给出响应。索力对车重的敏感度介于上述二者之间。对 5t 以下车辆，则没有明确响应。对车桥耦合响应的模拟分析，有助于对大型桥梁结构的车辆响应特性的认识，为进一步的结构疲劳分析、车辆荷载识别等奠定基础。

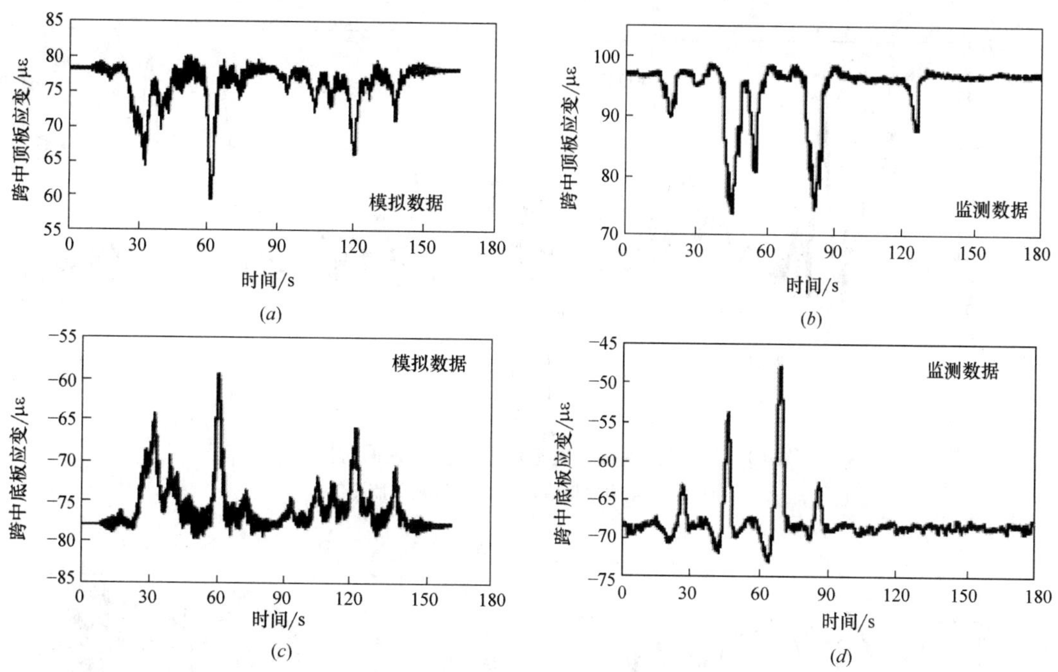

图 10.33 箱梁跨中截面纵向应变模拟数据与监测数据对比

(a) 顶板应变模拟值；(b) 顶板应变监测值；(c) 底板应变模拟值；(d) 底板应变监测值

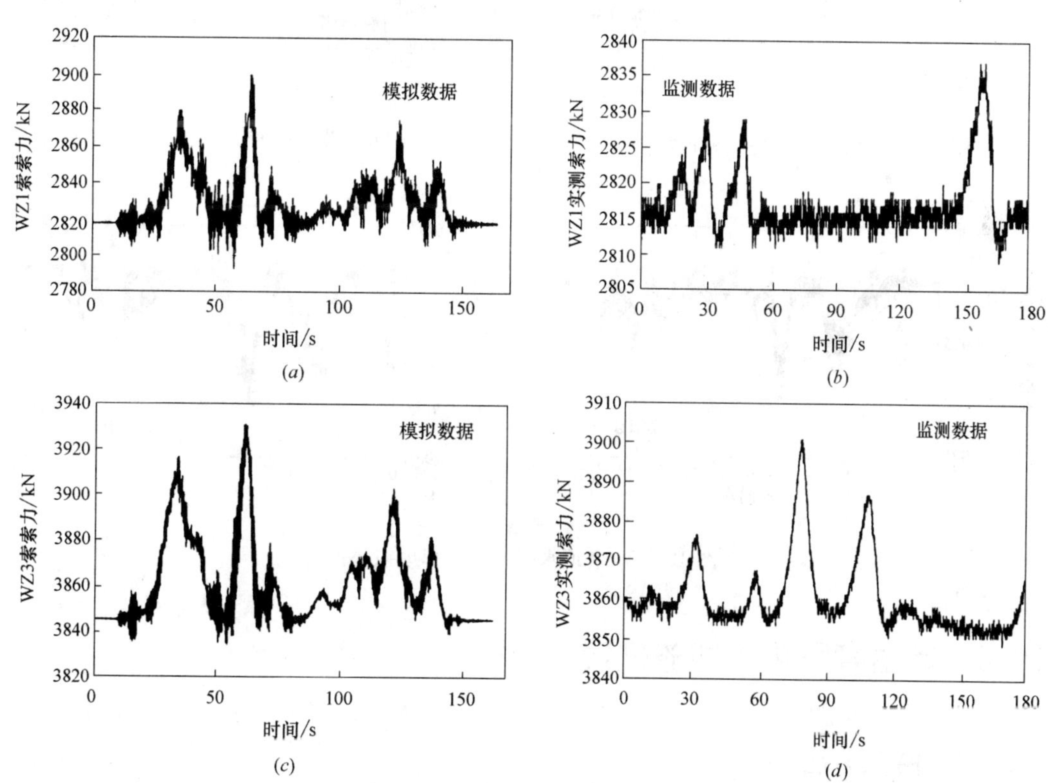

图 10.34 斜拉索索力模拟数据与监测数据对比（一）

(a) WZ1 索力模拟值；(b) WZ1 索力监测值；(c) WZ3 索力模拟值；(d) WZ3 索力监测值

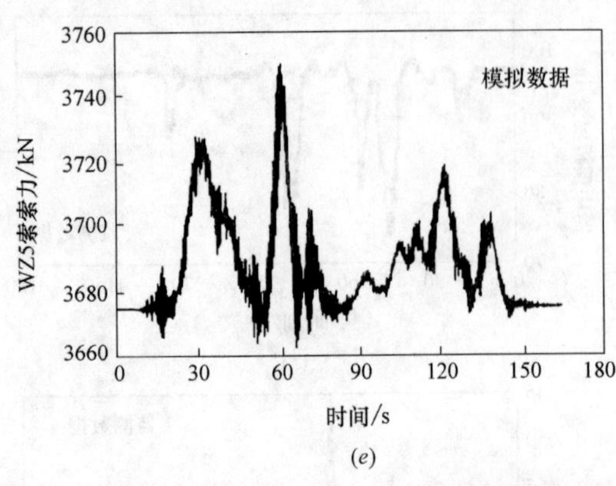

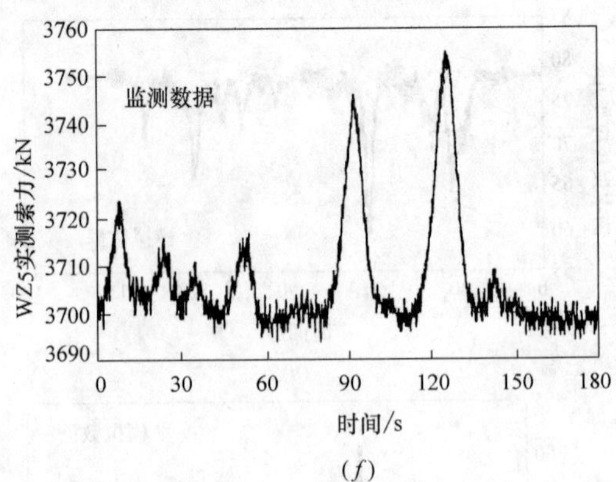

图 10.34　斜拉索索力模拟数据与监测数据对比（二）

（e）WZ5 索力模拟值；（f）WZ5 索力监测值

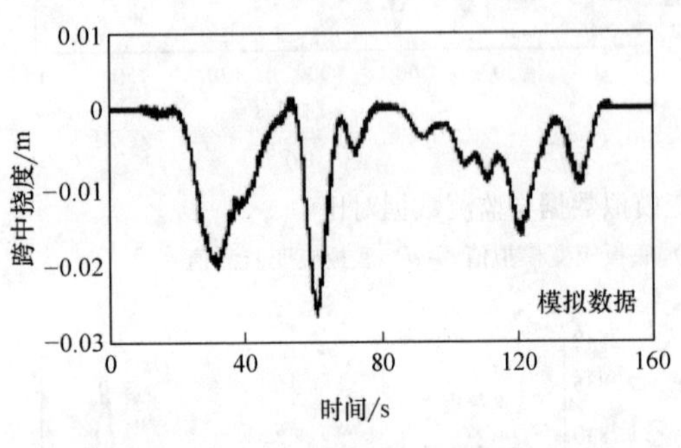

图 10.35　跨中竖向挠度模拟数据

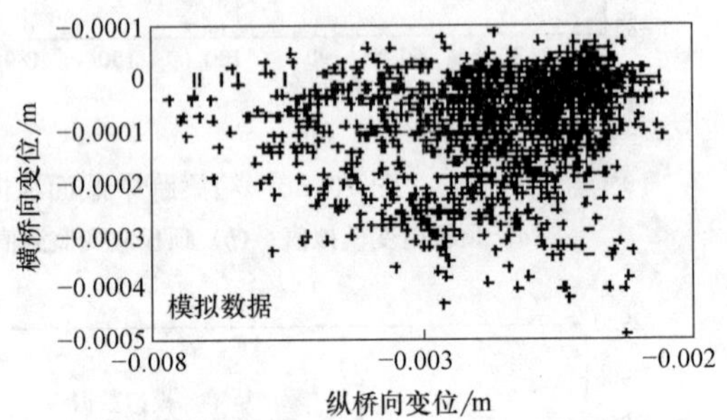

图 10.36　塔顶水平变位模拟数据散点图

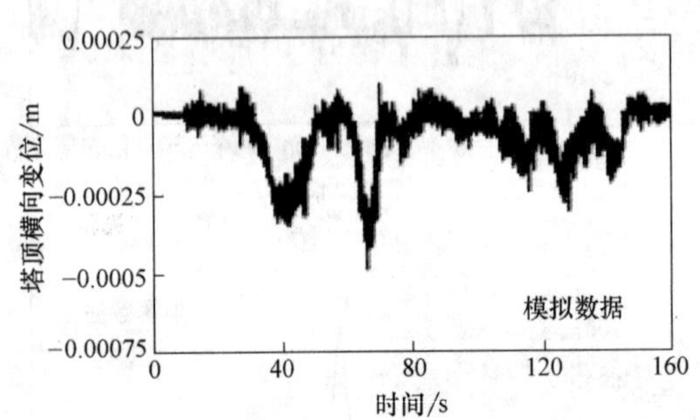

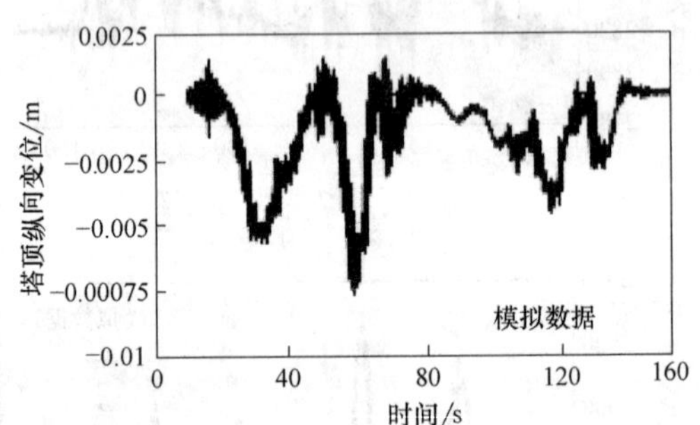

图 10.37　塔顶水平变位时程模拟数据

10.6　年温度影响下的随机索力分析

10.6.1　模拟方法

温度荷载是桥梁主要荷载之一，通常，其产生的结构响应比车辆、风产生的响应都大。另一方面温度荷载是每时每刻对结构产生作用的。温度的作用周期主要有两个，一个是年周期，一个是日周期。年温度变化主要是季节变化引起，而日温度变化主要是日照等因素引起的。

结构状态评价和损伤识别过程中，通常应尽可能选择受温度影响较小的监测数据。因此，可选用夜间（比如 0：00 点）监测数据，以便避开日间天气多变的影响。采用夜间数据无论对模拟分析还是对基于检测和监测的结构评价都是非常必要的。这样，也对我们的数值模拟带来便利。

面向结构状态评价和损伤识别的温度响应的模拟，可如下进行（如图 10.38）：

（1）从监测数据中，选取气温和结构温度年数据样本；

（2）根据温度样本，分别建立环境温度的年统计分布模型和结构-环境温度相关性模型；

（3）基于（2）中获得的环境温度的年统计分布模型，生成年环境温度模拟数据，进而由年环境温度模拟数据和（2）中获得的结构温度与环境温度的相关性模型，生成符合实际分布特征的结构温度。这样，只有环境温度作为基本变量，计算时便于对不同子结构温度的一致性取值；

（4）将生成的结构温度数据施加在有限元模型上，计算得到模拟的结构响应（如索力）。其中的有限元模型，一般需要预先进行修正，修正方法可将实际监测的结构响应作为初步模拟的结构响应的目标，对有限元模型进行调整修正。

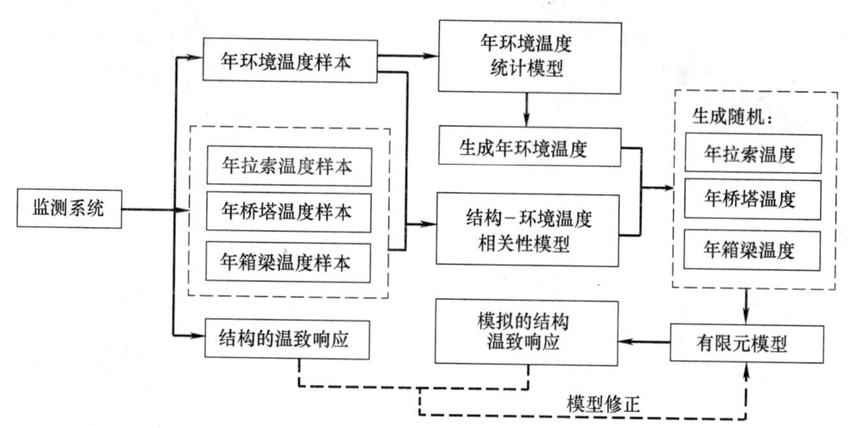

图 10.38 结构温度响应模拟流程

10.6.2 结构的年温度模型

以下分析和数值模拟，基于沧口斜拉桥及其监测系统。

从环境温度和结构温度的监测数据中，选取连续 4 年的每日零时 10 分钟温度均值作为温度样本。根据温度样本，分别建立环境温度的年统计分布模型和结构-环境温度相关性模型。在第 4 章中，根据 4 年的环境温度数据样本，建立了环境温度概率分布模型（见表 4.2 和图 4.2），此处不再赘述。

根据环境温度和结构温度的监测数据，主要结构的结构温度与环境温度之间的关系如图 10.39 所示。我们看到（1）箱梁、桥塔和拉索三部分的结构温度 T_s 与环境温度 T 之间呈现良好的线性相关性；（2）箱梁的顶底板之间、桥塔的上下之间、不同拉索之间的温度

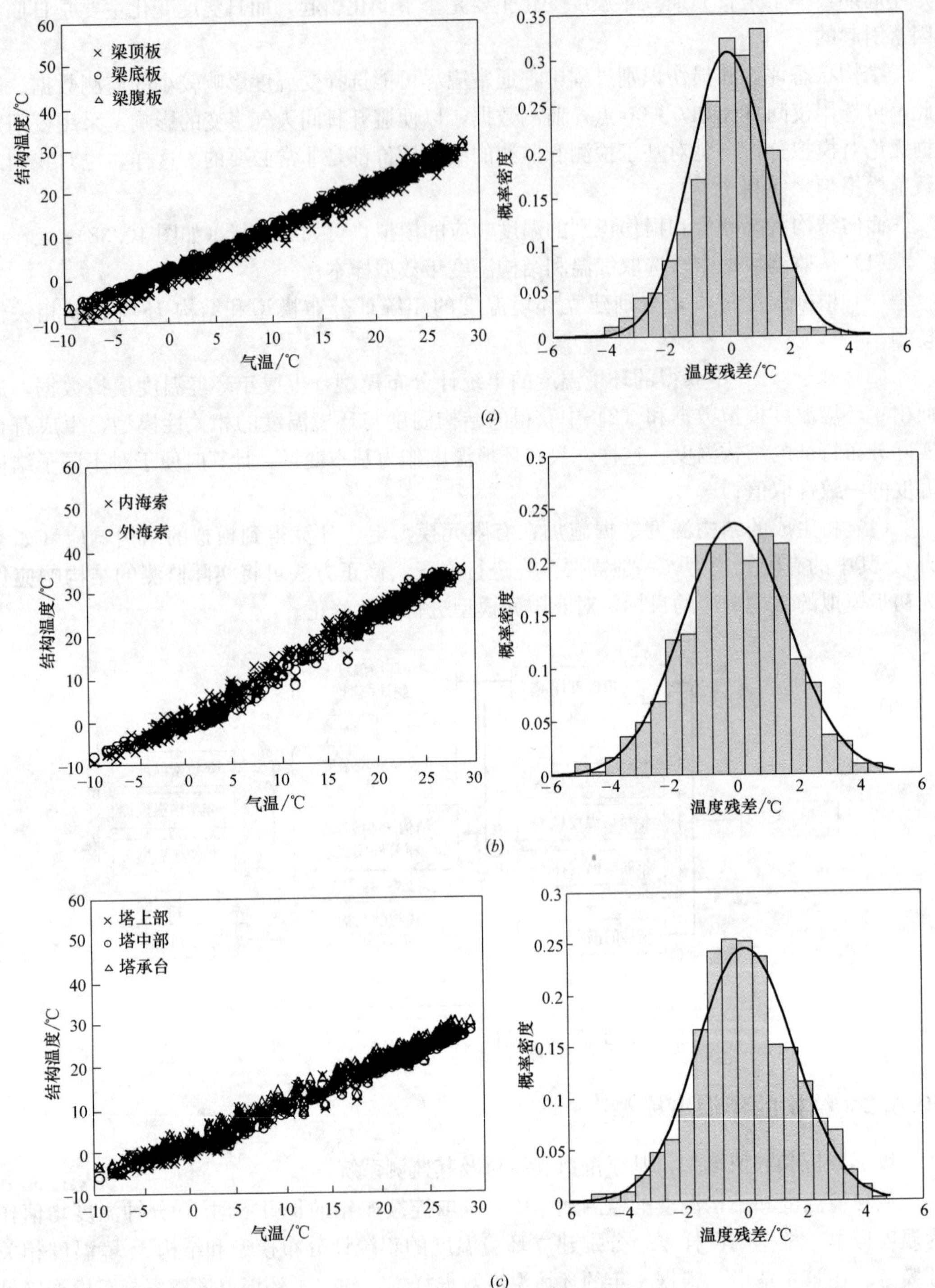

图 10.39　全年结构温度与环境温度关系

(a) 箱梁；(b) 斜拉索；(c) 桥塔

差异很小。这些特点主要是因为数据来自每天零点。因此，对于通常的温度响应模拟，对结构施加的温度荷载模式就得到大大简化。例如，可对箱梁、桥塔和拉索分别施加相同的温度荷载，而不必区分其不同部位的差异。

将各子结构测点温度综合后与环境温度采用一元线性方程 $y=kx+a$ 进行拟合，拟合结果良好（见表 10.7），残差分布符合正态分布 $\varepsilon \sim N(\mu, \sigma^2)$。

全桥三部分温度拟合与残差分布参数表 **表 10.7**

结构部分	结构温度与环境温度拟合参数		可决系数	残差分布参数	
	k	a		μ	σ
主梁	1.017	0.9086	0.9917	0.0003	1.2938
拉索	1.2234	0.0781	0.9843	−0.0005	1.6973
主塔	0.9559	1.4955	0.9819	−0.0005	1.6287

基于上述获得的环境温度的年统计分布模型，生成年环境温度模拟数据 $T(i)$，进而由年环境温度模拟数据和上述结构温度与环境温度的相关性模型，生成符合实际分布特征的结构温度 $T_s(i)=kT(i)+a+\varepsilon$。各模拟结果见图 10.40～图 10.43。

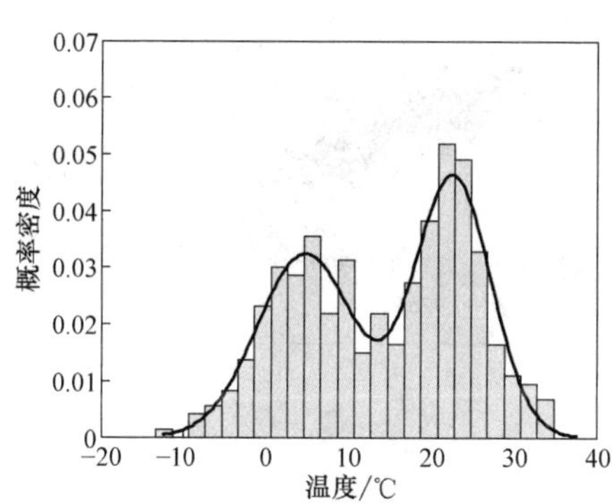

图 10.40 模拟的环境温度概率分布

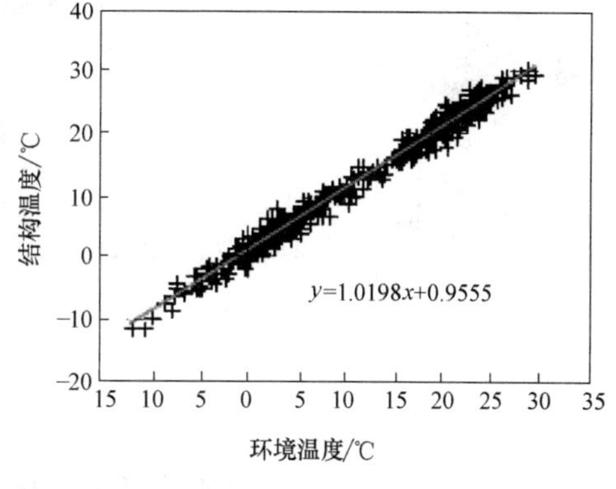

图 10.41 模拟的梁温度与环境温度关系

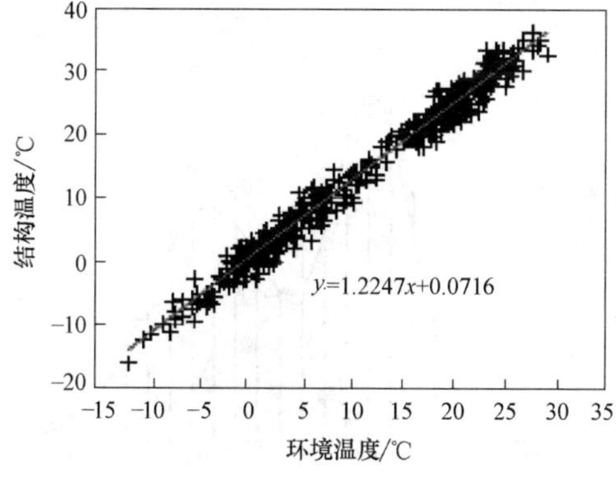

图 10.42 模拟的索温度与环境温度关系

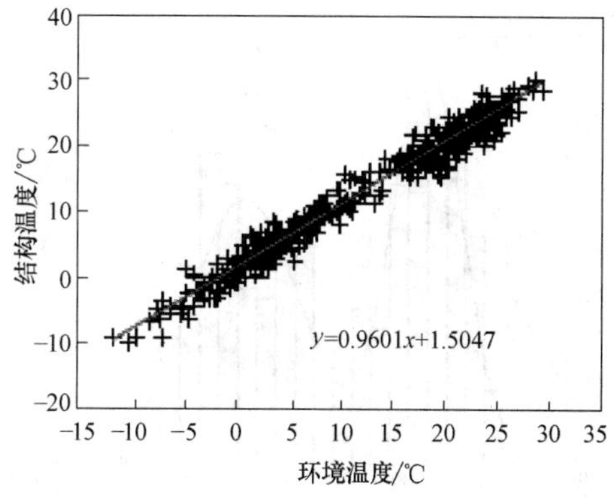

图 10.43 模拟的塔温度与环境温度关系

10.6.3 年温度影响下的索力模拟

下面仅面向第 8 章的索力分析与评价相关内容，对年温度影响下的随机索力模拟做简要探讨。模拟分析的重点是静态索力与年温度之间的关系，以及索力和标准索力的统计特性。

前述生成的各子结构（梁、塔、索）温度值，与环境温度序列具有一一对应关系。以每一个环境温度值 $T(i)$ 为依据，组成一组结构温度 $T_s(i)=\{T_b(i), T_t(i), T_c(i)\}$，将该结构温度序列施加到结构有限元模型上，计算得到模拟的结构响应。

以索力的模拟为例，进行温度荷载加载，并计入实测索力的噪声模式，得到模拟的年索力－温度关系，与 2012 年实测数据的对比结果如图 10.44～图 10.51 所示。可见通过修正的有限元模型模拟的索力值与实测结果吻合很好。可以使用该方法通过对不同结构健康状态下的结构静态响应进行模拟，从而进一步探讨结构健康诊断和评价的方法。

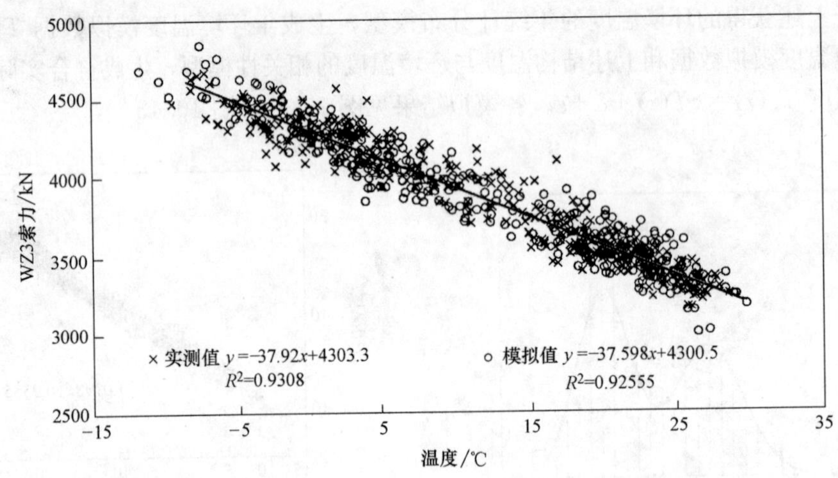

图 10.44　实测与模拟的 WZ3 索力与温度关系比较

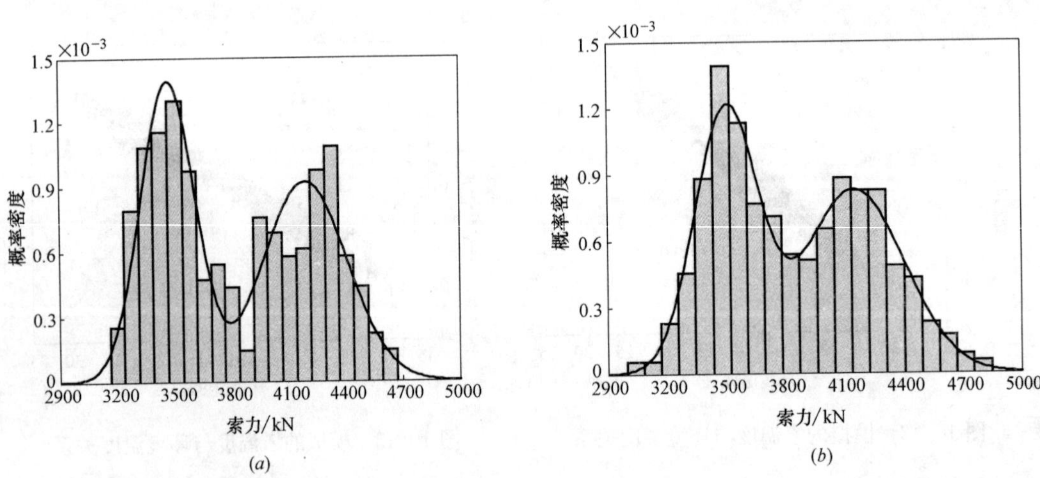

图 10.45　实测与模拟的 WZ3 索力的概率分布比较

(a) WZ3 实测值；(b) WZ3 模拟值

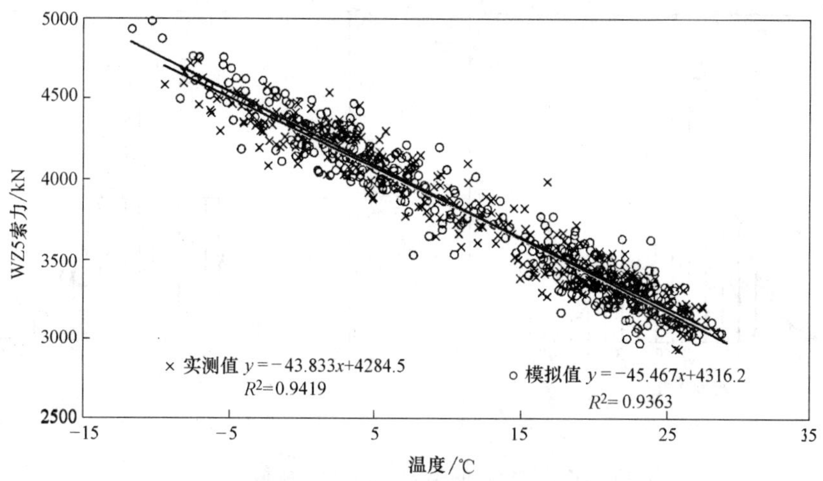

图 10.46 实测与模拟的 WZ5 索力与温度关系比较

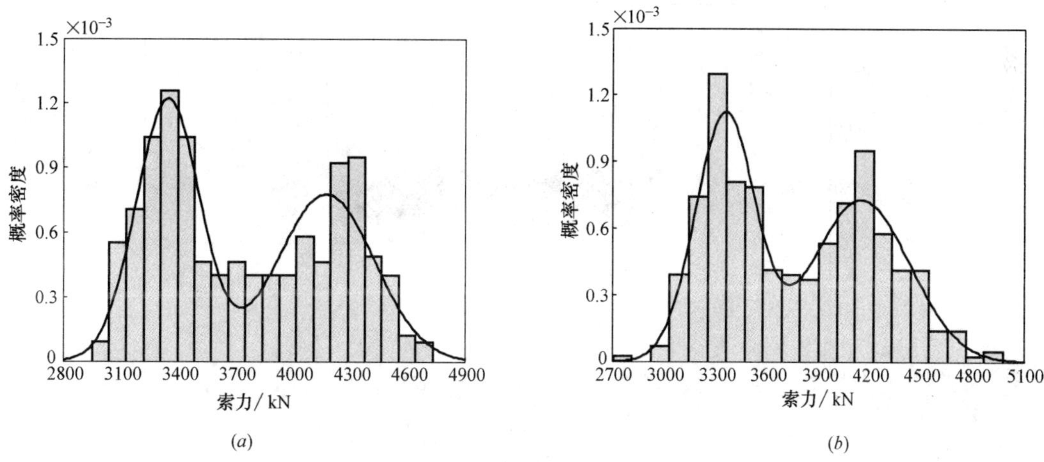

图 10.47 实测与模拟的 WZ5 索力的概率分布比较

(a) WZ5 实测值；(b) WZ5 模拟值

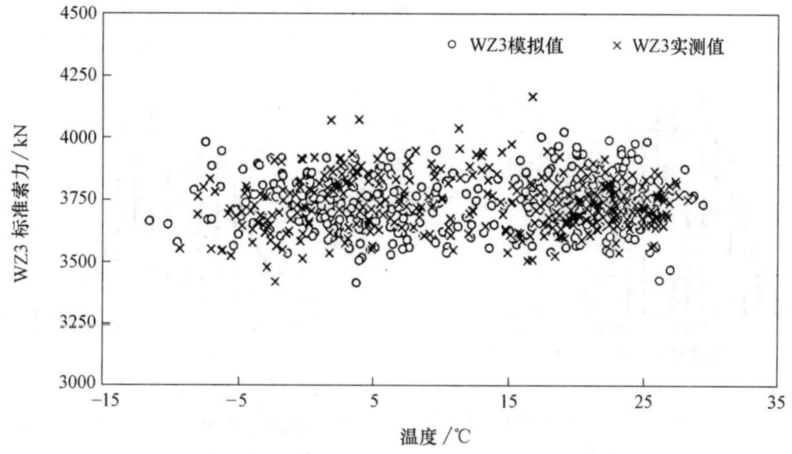

图 10.48 实测与模拟的 WZ3 标准索力与温度关系比较

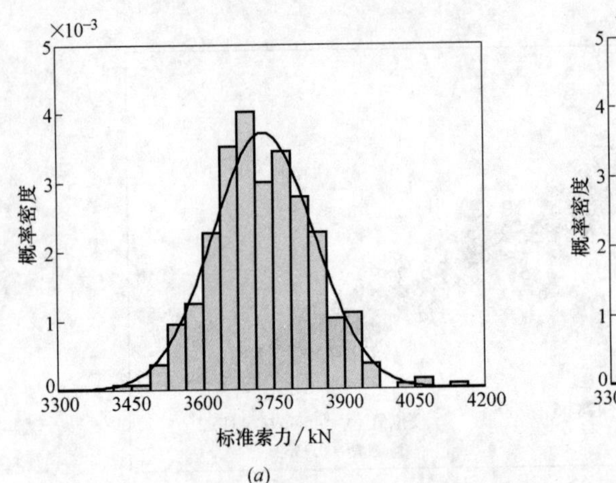

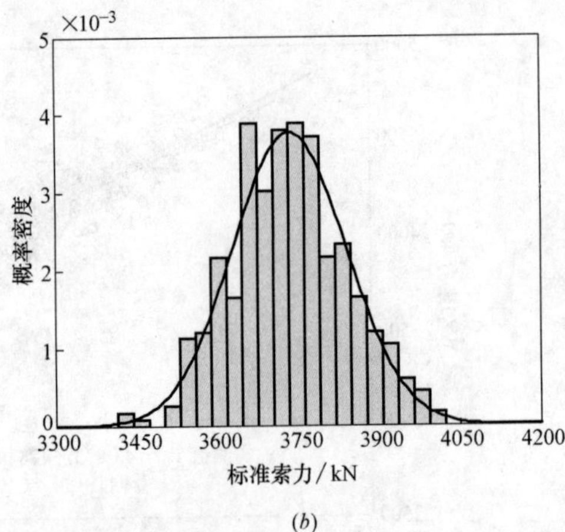

图 10.49　实测与模拟的 WZ3 标准索力的概率分布比较

(a) 实测 WZ3 索力标准值分布；(b) 模拟 WZ3 索力标准值分布

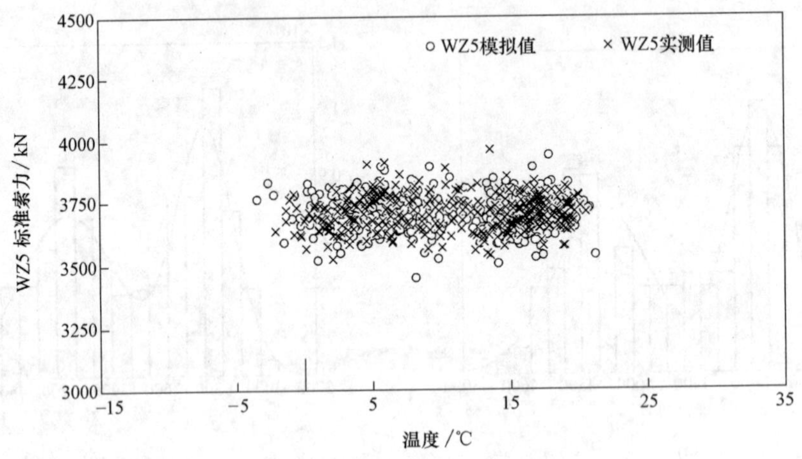

图 10.50　实测与模拟的 WZ5 标准索力与温度关系比较

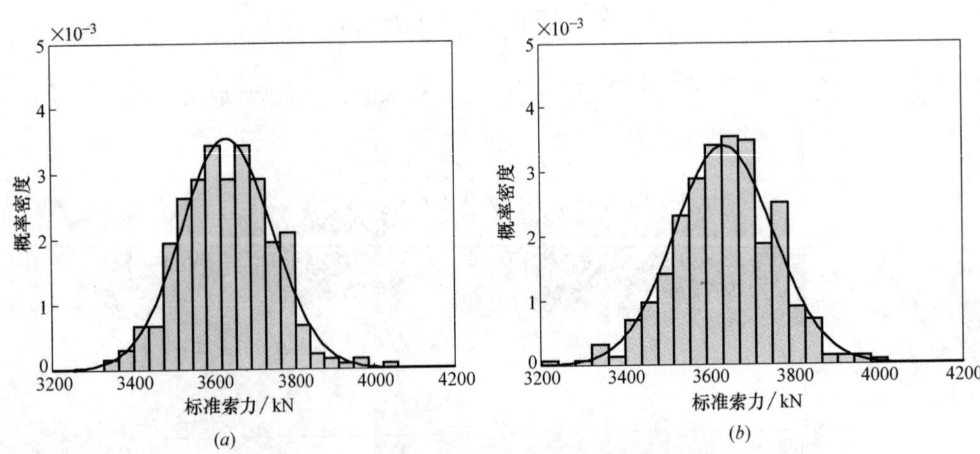

图 10.51　实测与模拟的 WZ5 标准索力的概率分布比较

(a) 实测 WZ5 索力标准值分布；(b) 模拟 WZ5 索力标准值分布

标准索力模拟值与实测值的分布对比 表 10.8

数据类型	WZ3 分布参数		WZ5 分布参数	
	μ	σ	μ	σ
实测值(kN)	3734.5	107.474	3627.4	112.975
模拟值(kN)	3734.0	105.964	3635.6	117.4959

通过以上对比可见，模拟结果较好地反映了实际索力与年温度之间的关系。索力的概率密度保持了典型的双峰特征，标准索力的分布规律与实测结果充分吻合。静态索力分布反映了斜拉桥结构的基本受力状态，当结构本身发生状态改变时，静态索力将发生调整，其与温度之间的回归特性将发生变化，其统计特性也可能发生改变。因此，通过数值模拟分析，可以对各种不同的结构状态做出模拟，分析不同状态下索力等结构响应的变化特征，从而对结构的状态评价做出预案研究。

参考文献

[1] 中华人民共和国标准，车辆振动输入路面平度表示方法（GB 7031—1986）. 中国标准出版社，1986.

[2] Leitão P N，Silva J G S，Vellasco P C G D，et，al. Composite (steel-concrete) highway bridge fatigue assessment [J]. Journal of Constructional Steel Research，2011，67 (1)：14-24.

[3] S. Q. Wu，S. S. Law. Dynamic analysis of bridge-vehicle system with uncertainties based on the finite element model [J]. Probabilistic Engineering Mechanics，2010，25 (4)：425-432.

[4] Hossein Azimi，Khaled Galal，Oscar A. Pekau，A numerical element for vehicle-bridge interaction analysis of vehicles experiencing sudden deceleration [J]. Engineering Structures 49 (2013) 792-805.

[5] Javier Oliva，José M. Goicolea，et，al. Relevance of a complete road surface description in vehicle—bridge interaction dynamics [J]. Engineering Structures，56 (2013) 466-476.

[6] 蒋培文，基于 ANSYS 的高墩大跨连续刚构桥车桥耦合振动有限元数值分析方法 [D]. 长安大学学位论文，2009.

[7] 施颖，宋一凡，孙慧，周新平，基于 ANSYS 的公路复杂桥梁车桥耦合动力分析方法 [J]. 天津大学学报，2010，43 (6)：537-543.

[8] 张高明，颜峰，钱基宏，基于车桥耦合振动原理的列车激励计算方法 [C]. 第十四届空间结构学术会议论文集，2012，483-487.

[9] 蒋新亭，再努拉・库尔班. 国道 314 线库尔勒孔雀河大桥检测与荷载试验 [J]. 山西建筑，2008，34 (11)：299-300.

[10] 孔庆凯. 大跨中承式拱桥短吊杆结构行为研究 [C]. 成都：西南交通大学土木工程学院，2003.

[11] 姚志强，阮小平，邓清. 拱桥吊杆变形差异引发桥面断裂及类似事故的预防措施 [J]. 公路，2002 (7)：73-75.

[12] 朱劲松，邑强. 拱桥新型吊杆安全性及其静动力影响研究 [J]. 桥梁建设，2011 (1)：39-42，51.

[13] 龙跃，左毅，吴秋凡，等. 拱桥拉索病害研究与对策 [J]. 桥梁建设，2005 (3)：70-72.

[14] 李文琪，贺立新. 对宜宾小南门桥事故的思考 [J]. 中国公路，2002 (22)：47-48.

[15] 杨建喜，陈惟珍，古锐. 拱桥短吊杆动力特性分析 [J]. 桥梁建设，2014，44 (3)：13-18.

[16]　Malm R，Andersson A. Field testing and simulation of dynamic properties of a tied arch railway bridge [J]. Engineering structures，2006 (28)：143-152.

[17]　李岩，陈彦江，黄新艺. 大跨异性钢管混凝土拱桥车载冲击效应分析 [J]. 哈尔滨工业大学学报，2010 (1)：109-114.

[18]　顾安邦，徐君兰. 中、下承式拱桥短吊杆结构行为分析 [J]. 重庆交通学院学报，2002 (12)：1-3.

[19]　朱劲松，邑强. 中下承式拱桥吊杆应力冲击系数不均匀性研究 [J]. 振动与冲击，2012 (13)：5-10.

[20]　Li D-S，Zhou Z，Ou J-P. Dynamic behavior monitoring and damage valuation for arch bridge suspender using GFRP optical fiber Bragg grating sensors [J]. Optics and Laser Technology，2012，44：1031-1038.

[21]　黄新艺，卓卫东，盛洪飞，李立云. 车桥耦合振动系统模型下桥梁冲击效应研究 [J]. 公路交通科技，2010 (3)：59-63.

[22]　Michaltsos G T. Dynamic behavior of a single-span beam subjected to loads moving with variable speeds [J]. J. of Sound and Vibration，2002，258 (2)：359～372.

[23]　方志，殷新峰，彭献. 非匀速车辆与随机路面桥梁的耦合振动分析 [J]. 振动与冲击. 2008 (27)：30-36.

[24]　彭献，刘子建，洪家旺. 匀变速移动质量与简支梁耦合系统的振动分析 [J]. 工程力学. 2006. 23 (6)：25-29.

[25]　彭献，殷新峰，方志. 变速车辆与路面不平弹性支撑桥梁的耦合振动分析 [J]. 振动与冲击. 2007. 26 (5)：19-21，37.

[26]　S. S. Law，X. Q. Zhu. Bridge dynamic responses due to road surface roughness and braking of vehicle [J]. Journal of Sound and Vibration，2005，282：805-830.

[27]　Shen-Haw Ju，Hung-Ta Lin. A finite element model of vehicle-bridge interaction considering braking and acceleration [J]. Journal of Sound and Vibration，2007，303：46-57.

[28]　施颖，田清勇，宋一凡，周新平，基于 ANSYS 的公路桥梁车桥耦合振动响应数值分析方法 [J]，公路，2010，(3)：66-70.

第 11 章　结构识别方法

11.1　概述

结构的一些不确定因素或发生损伤，都可能使结构系统在不同程度上变得未知。结构识别就是应用测试信息，确定结构未知状态或参数的过程。结构损伤主要为构件或构件间连接的损坏。在工程结构中，裂纹、腐蚀、混凝土剥落等都是典型的损伤情况，通常都表现为结构刚度的降低。对于很多结构，损伤还将引起结构的非线性和非稳态响应。

结构建成服役后，就开始了一个老化和损伤积累的过程。微小的损伤会不断积累，而形成更大的损伤。损伤达到一定程度可能会导致结构丧失实用价值，甚至造成安全事故。及时发现早期的损伤，有利于及早采取修复和安全措施，从而以较小的代价保证结构的安全运行，延长使用寿命（如图 11.1 所示）。

发生损伤后，结构的某些参数就变为未知或部分未知。损伤识别的目标就是通过对结构行为的理论和试验测试分析，对未知参数做出有效估计。损伤识别的基本思想是，损伤将导致结构物理特性的变化，结构物理特性的变化进而将导致结构静动态响应特性的变化。因此，理论上，根据结构静动态响应的分析能够检测到结构的损伤。广义的损伤识别是一个诊断决策过程，一般可分为如下层次：

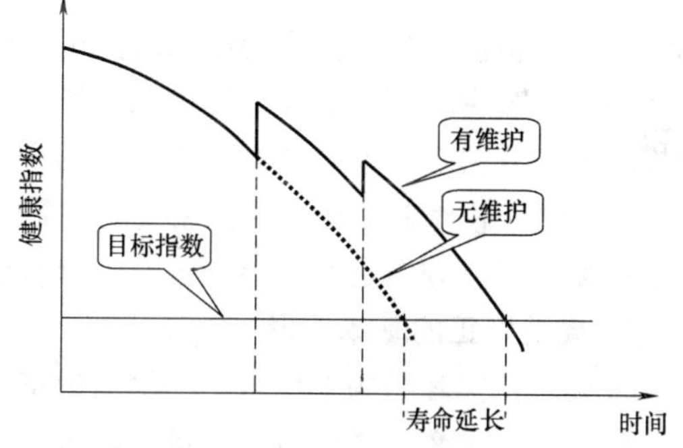

图 11.1　通过维护保证安全运行或延长使用寿命

1. 报告损伤的发生；
2. 确定损伤的位置；
3. 量化损伤的程度；
4. 评价结构的状态和剩余寿命；
5. 制定维修加固方案。

大型结构的损伤识别问题，通常将导致求解一个大量未知数的反问题。无论是长期监测系统还是临时进行的测量，能够提供的测量数据相对结构的自由度数都是极少的，不完全测量是一个普遍存在的问题。用传统的系统识别方法常常会导致方程的病态和结果的不唯一。此外，实测数据受噪声的侵蚀严重，大大增加了侦测早期损伤的难度。因此，对大型结构的损伤识别，必须充分考虑上述因素的影响。

目前，结构识别（损伤识别）主要方法有模型修正法，动力指纹法（如频率、振型、模态曲率、模态柔度），黑箱系统辨识法（如神经网络）等。下面对部分代表性方法简要介绍。

11.2　模型修正法

11.2.1　模型修正的基本原理

1. 模型修正的概念

结构识别方法中，通常情况下都离不开一个高精度有限元模型。然而，在多数情况下通过有限元数值分析得到的结果与实验得到的结果并不能很好地吻合。原因是通过有限元离散化建立的模型与实际对象相比总是存在一定的差异。如何提高有限元模型的精度，除了建模过程中尽可能准确合理的描述原型结构之外，模型建立之后，借助实验结果分析和模型修正（model updating）技术对有限元模型进行修正，是一个必要而有效的手段。

有限元模型误差产生的原因和方式，可归为 3 类[1]：

（1）模型结构误差，由影响模型控制方程的一些不确定因素引起，通常与所选择的数学模型有关。数学模型通常是对实际模型所做的一种简化，略去了次要因素的影响。例如将结构模型取为线性数学模型就忽略了非线性因素对实际结构的影响；

（2）模型参数的误差，如模型物理参数（密度、弹性模量、截面积等）因环境的变化和生产制作等原因存在误差，边界条件和连接条件的简化、几何尺寸和本构关系不准确，系统阻尼必须人为引入等等；

（3）模型阶次的误差，即有限元离散化所带来的误差。实际的结构模型是连续的，有无限个自由度。而离散化的模型自由度数是有限的，两者之间必然存在模型阶次的误差。

一般情况下，进行模型修正前必须要先确定合理的数学模型。否则，一个完全脱离实际结构主要特征的数学模型无论如何修正，也不能得到正确的结果。其次，有限元离散方案和网格的疏密程度可根据需要进行选择，使得第 3 项误差可以最大限度地缩小。因而多数模型修正方法实际上归结为设法缩小第 2 项误差，即各种模型参数误差。当然，除了上述误差以外，模型修正中有时还必须考虑数据测量。要解决此问题，一方面是设法提高测量的精度，另一方面是发展能有效滤除测量误差且稳定高效的修正算法。

2. 模型修正的基本原理

假设，在实际结构上获得了一组测量特征量 y_i（$i=1,2,3\cdots n$），它们可以是模态参数，频率响应函数或者时域响应量。同时，利用创建的有限元模型，计算得到一组与测量相对应的计算特征量 $\widetilde{y}_i$（$i=1,2,3\cdots n$）。通常，$\widetilde{y}_i$ 和 y_i 之间存在差异。如果确信 y_i 是可靠的，那么，这个差异就是来自 $\widetilde{y}_i$ 的计算误差，即有限元模型误差。假设这个模型误差主要是模型参数的误差，那么，$\widetilde{y}_i$ 便是模型参数 x 的函数 $\widetilde{y}_i(x)$。

如果采用一种规则和方法，通过修改模型参数 x，使模型计算的 $\widetilde{y}_i(x)$ 和实际测量的 y_i 之间的误差最小化，那么，就会使计算模型与实际结构更为接近。可见，模型修正可以归结为一个优化问题，通常由 $\widetilde{y}_i(x)$ 和 y_i 构造一个误差函数来作为优化问题的目标函数。有时，可能还要引入一些约束条件，这些约束条件与误差函数一起构成优化问题的目标泛函。构造目标泛函的途径有最小二乘方法、基于概率统计理论的最大似然法和贝叶斯法等等，其中最小二乘法的应用最为广泛。

例如，可以采用最小二乘方法来使计算量 $\widetilde{y}_i(x)$ 和实测量 y_i 之间的误差最小化，即最小化如下目标函数：

$$f(x)=\sum_{i=1}^{n} w_i\left[\widetilde{y}_i(x)-y_i\right]^2 \tag{11.1}$$

其中 w_i 为权值。

当目标泛函选定后，就可以采用适当的优化算法进行求解，寻求合适的 x 使目标函数取得极小值。目前大部分传统模型修正方法均是基于上述原理进行的，所不同之处在于修正的侧重点不一样，对实测数据的处理不同，构造误差函数和目标泛函的途径不同，以及求解算法的多样性。

一般地，传统的模型修正技术按其修正对象可分为两类。一类以系统的总体矩阵或子结构的总体矩阵为修正对象，称为直接修正方法或矩阵型修正方法。另一类以总体矩阵中的部分元素或者系统的设计参数如密度、弹性模量、截面积、惯性矩和约束等作为修正对象，称为间接修正方法或参数型修正方法。

矩阵型修正方法以有限元模型的刚度矩阵与质量矩阵作为修正对象，使模型的计算结果和实际测试结果趋于吻合，从而达到模型修正的目的。修正方法通常是利用最小二乘原理构造目标函数，通过 Lagrange 乘子法加入一定约束条件，来实现对参数矩阵的摄动。这个方法有它的不足，被修改的矩阵，其物理力学意义变得模糊。

参数型修正方法将结构的总体矩阵中的部分元素或设计参数（如几何参数、材料参数、边界条件等）作为修正对象，基本思路与结构优化理论相似。主要利用现场测试的特征量（如模态频率、模态振型等信息），首先构造计算与实测特征量误差，作为目标函数（如理论模型与实际模型之间在同一激励下的动力特性的误差）。然后通过选择一定的设计参数修正量使该误差最小化来达到模型修正的目的。参数型修正方法修正后的模型物理意义明确。

11.2.2 模型修正方法

1. 静力模型修正

通常，通过静力法获得的实测数据具有准确性高、抗干扰性强、适应性好等优点。位移、应变（应力）、索力等通常是桥梁结构静力响应的主要参数。结构的静力特性主要由材料的物理参数、结构构件的几何参数、边界条件等决定。根据静力方法的结构有限元模型修正技术，就是通过结构的静力响应实测结果与理论模型的计算结果进行比较，从而对理论模型参数进行修正，使得修正过的模型计算结果与实测结果尽可能接近。

2. 动力模型修正

基于静力方法的有限元模型修正技术有其优势，但也存在一些缺陷。例如，桥梁结构静载试验有时可能比较困难，加载方式单一，实测数据有限，还常常需要中断交通。通常，在实际工程中基于动力特性的模型修正方法应用得更为广泛。一般来说，采用哪种修正方法，更要考虑模型修正的目的和模型的应用场合。用于静力分析的模型，通过静力模型修正应该更为有效。而用于动力计算的模型，通过动力修正更为重要。

（1）模态匹配

结构的模态参数常被作为构造误差函数的特征量。因为，模态参数是结构的固有特性，集中反映了结构刚度、质量等主要物理量的分布特性。在计算时只通过模态分析即可得到，而与具体的荷载工况无关，避免了荷载工况所带来的误差。

在进行动力模型修正之前，数值分析和试验实测得到的模态数据必须进行配对，因为数值和试验模型中本应一一对应的模态阶数可能会由于模态估计误差或者建模误差而不同。一种最常使用的检验两个模态相关性的指标是“模态置信准则”（MAC-Modal Assurance Criterion），计算公式如下：

$$MAC(\phi_i,\ \widetilde{\phi}_j)=\frac{|\phi_i^{\mathrm{T}}\cdot\widetilde{\phi}_j|^2}{(\phi_i^{\mathrm{T}}\cdot\phi_i)(\widetilde{\phi}_j^{\mathrm{T}}\cdot\widetilde{\phi}_j)} \tag{11.2}$$

MAC 矩阵考虑的是两个模态向量 ϕ_i，$\widetilde{\phi}_j$ 的正交性，可用来衡量振型之间的相关性。其中 ϕ_i，$\widetilde{\phi}_j$ 是归一化振型，上标 T 表示向量转置。MAC 值总是在［0，1］区间内变化，越靠近 1 就表示 ϕ_i，$\widetilde{\phi}_j$ 的关联性越好。当把式中 $\widetilde{\phi}_i$ 和 ϕ_i 分别用计算模态和试验模态振型向量代入时，就可以对计算模态和试验模态进行匹配和检验。

尽管 MAC 准则的有效性和易用性在许多理论和实际应用中得到了验证，但在测点很少的情况下，考虑到多个近似的 MAC 值可能在配对同一模态振型中出现，因此要谨慎区分“虚假”的 MAC 值[2]。

（2）模型缩聚和模态扩展

在基于模态参数的模型修正中，实测模态的自由度数要求与分析模型的自由度数一致。对于大型结构而言，测点数、实测的固有频率和模态数均远小于由有限元法离散得到的模型自由度数，即使在测得的同一阶模态向量中，数据也远不是完整的。解决此问题有两条途径：一是减缩原分析模型的自由度数，称为模型缩聚。二是设法扩充实测振型的自由度数，称为模态扩展。采用模型缩聚方法，缩聚后的模型一般要根据原模型修正，并与原模型进行模态的匹配检验。

3. 基于模型修正的结构识别

模型修正方法在损伤识别中具有重要应用。首先，损伤识别需要一个高精度有限元模型。通常我们在建立结构的有限元模型时，总是存在模型误差。当有实验数据可参考时，便可通过模型修正方法，对模型的建模参数（如材料属性、结构连接特性、边界条件等）进行修改和校正，从而使限元模型的精度得到提高。

另一方面，如果我们有了一个经过校正的高精度计算模型，应用模型修正可以进行结构的损伤识别。这个损伤识别过程，就是一个从精准的有限元模型出发，以损伤结构的实测响应特征为修正目标的模型修正过程。一种常用方法是基于模态参数的模型修正的损伤识别。当结构发生了损伤并达到一定程度时，实测模态参数与计算结果就可能会产生可观的差异。通过修正计算模型的相关参数（主要是结构刚度等）使上述差异最小化，那么，对结构相关参数的修正量，便可以视为对结构损伤的一次识别结果（包括损伤位置或构件，以及损伤程度）。

11.2.3　实例：基于实测频率的斜拉桥模型修正

本例基于几个主要频率的实测值，采用响应面法对沧口斜拉桥的有限元模型进行修正。

使用中心复合设计（Central Composite Designs）确定试验方案，及使用蒙特卡罗算法寻找最优解，方案流程如图 11.2 所示。

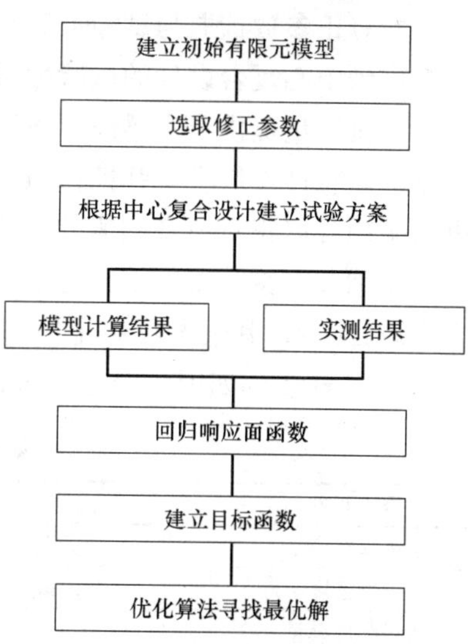

图 11.2　响应面法模型修正流程

（1）响应面法简介

响应面法的基本思想是通过建立响应面方程（Response Surface Function）近似模拟真实情况下通常难以表达的隐式状态方程。二次多项式是一种常用的响应面方程形式，如典型的四元二次响应面方程如下：

$$Y=b_0+b_1x_1+b_2x_2+b_3x_3+b_4x_4+b_5x_1x_2+b_6x_2x_3+b_7x_3x_1+b_8x_4x_1+b_9x_4x_2+b_{10}x_4x_3+b_{11}x_1^2+b_{12}x_2^2+b_{13}x_3^2+b_{14}x_4^2 \tag{11.3}$$

其中，Y 为响应，x_i 为修正参数，对于交叉项，当显著性水平较低时可以忽略。

在响应面法模型修正中，修正参数数量越多则修正模型越精确，但同时计算规模也越大，因此要选择数量合理的修正参数。响应面方程需要通过一系列试验来确定，本例中将使用中心复合设计确定试验方案。

（2）中心复合设计

中心复合设计是一种最常用的响应面试验设计方法。如图 11.3 所示为一个两因子中心复合设计，其中位于中央位置的点称为中心点，用于描述设计参数的中间值，其坐标为（0，0）。位于直线上的点称为轴向点（也称星点），其距离中心点的距离为 α，其坐标分别为（$\pm\alpha$，0）、（0，$\pm\alpha$）。位于各轴划分的区间内的点称为立方点（也称角点），其坐标分别为（±1，±1）。

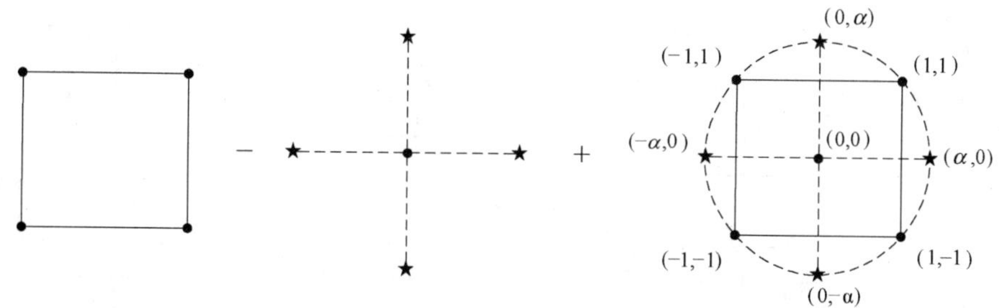

图 11.3　两因子中心复合设计

中心点的数量大于等于 1，可根据设计需要进行调整。不同因子数对应的各点数量与 α 取值如表 11.1 所示。

不同因子数对应的各点数量与 α 的取值　　**表 11.1**

因子数	2	3	4	5	6	7
立方点数	2^2	2^3	2^4	2^5	2^6	2^7
轴向点数	4	6	8	10	12	14
α 值	1.414	1.682	2.000	2.378	2.828	3.364

（3）修正参数选取与试验方案

考虑到中心复合设计的试验数量随设计因子数增加而显著增加，需要对修正参数进行筛选。实桥测量提供了主梁前 3 阶竖向弯曲振型频率及主梁前 2 阶横向弯曲振型频率，基于频率的敏感性选取主梁弹性模量、主梁密度、主塔弹性模量、主塔密度 4 个修正对象。这里将采用各修正对象基础值的变化倍率作为修正参数。主梁弹性模量和密度用于修正钢箱梁构造细节和钢箱梁配重，考虑到钢箱梁材料单一，其弹性模量变化倍率修正范围适当缩小，取±0.2，其余参数变化倍率修正范围取±0.4，修正对象及其中心复核设计如表 11.2 所列。建立的四因子中心复核设计试验方案如表 11.3 所示。

修正对象及其中心复核设计　**表 11.2**

修正对象	基础值	修正参数(倍率)	立方点坐标	轴向点坐标
主梁弹性模量	206GPa	x_1	1±0.2	1±0.2α
主梁密度	7850kg/m^3	x_2	1±0.4	1±0.4α
桥塔弹性模量	34.5GPa	x_3	1±0.4	1±0.4α
桥塔密度	2500kg/m^3	x_4	1±0.4	1±0.4α

四因子中心复核设计试验方案　**表 11.3**

点类型	试验序号	试验方案			
		k_1	k_2	k_3	k_4
立方点	1	−1	−1	−1	−1
	2	1	−1	−1	−1
	3	−1	1	−1	−1
	4	1	1	−1	−1
	5	−1	−1	1	−1
	6	1	−1	1	−1
	7	−1	1	1	−1
	8	1	1	1	−1
	9	−1	−1	−1	1
	10	1	−1	−1	1
	11	−1	1	−1	1
	12	1	1	−1	1
	13	−1	−1	1	1
	14	1	−1	1	1
	15	−1	1	1	1
	16	1	1	1	1
轴向点	17	$-\alpha$	0	0	0
	18	α	0	0	0
	19	0	$-\alpha$	0	0
	20	0	α	0	0
	21	0	0	$-\alpha$	0
	22	0	0	α	0
	23	0	0	0	$-\alpha$
	24	0	0	0	α
中心点	25	0	0	0	0
	26	0	0	0	0
	27	0	0	0	0
	28	0	0	0	0

(4) 建立响应面方程

根据表 11.3 建立各试验方案，将修正参数代入有限元模型，计算结果如表 11.4 所示。其中 f_1、f_2、f_3为主梁竖向前三阶振型频率，f_4、f_5为主梁横向前两阶振型频率。

各试验方案的有限元计算结果　　表 11.4

试验序号	修正参数(倍率)				有限元模型计算结果(Hz)				
	x_1	x_2	x_3	x_4	f_1	f_2	f_3	f_4	f_5
1	0.8	0.6	0.6	0.6	0.6585	1.0623	1.6531	0.8258	0.9871
2	1.2	0.6	0.6	0.6	0.7033	1.2084	1.8739	0.9204	1.0453
3	0.8	1.4	0.6	0.6	0.5032	0.8331	1.3270	0.6319	0.8505
4	1.2	1.4	0.6	0.6	0.5375	0.9569	1.5631	0.7220	0.9092
5	0.8	0.6	1.4	0.6	0.6719	1.1039	1.7820	0.8608	1.1495
6	1.2	0.6	1.4	0.6	0.7163	1.2481	1.9696	1.0282	1.2892
7	0.8	1.4	1.4	0.6	0.5125	0.8608	1.4048	0.6631	0.9691
8	1.2	1.4	1.4	0.6	0.5465	0.9832	1.6445	0.7905	1.0927
9	0.8	0.6	0.6	1.4	0.6049	0.8838	1.3072	0.7529	0.8289
10	1.2	0.6	0.6	1.4	0.6447	0.9725	1.3956	0.7780	0.8505
11	0.8	1.4	0.6	1.4	0.4811	0.7605	1.1705	0.6099	0.7551
12	1.2	1.4	0.6	1.4	0.5137	0.8583	1.2922	0.6656	0.7821
13	0.8	0.6	1.4	1.4	0.6202	0.9246	1.4147	0.8572	1.0999
14	1.2	0.6	1.4	1.4	0.6596	1.0089	1.4611	1.0150	1.1834
15	0.8	1.4	1.4	1.4	0.4915	0.7923	1.2652	0.6577	0.9452
16	1.2	1.4	1.4	1.4	0.5238	0.8886	1.3470	0.7825	1.0405
17	0.6	1	1	1	0.5345	0.8270	1.3102	0.6440	0.9069
18	1.4	1	1	1	0.6097	1.0585	1.5837	0.9039	1.0802
19	1	0.2	1	1	0.7960	1.1578	1.7462	1.1440	1.1972
20	1	1.8	1	1	0.4699	0.8077	1.3238	0.6507	0.9067
21	1	1	0.2	1	0.5593	0.8900	1.1881	0.4742	0.5668
22	1	1	1.8	1	0.5851	0.9823	1.5481	0.8221	1.1349
23	1	1	1	0.2	0.6071	1.0692	1.7489	0.7619	1.1128
24	1	1	1	1.8	0.5416	0.8298	1.2435	0.7807	0.9212
25	1	1	1	1	0.5748	0.9569	1.5082	0.8018	1.0272
26	1	1	1	1	0.5748	0.9569	1.5082	0.8018	1.0272
27	1	1	1	1	0.5748	0.9569	1.5082	0.8018	1.0272
28	1	1	1	1	0.5748	0.9569	1.5082	0.8018	1.0272

根据上述计算结果，采用最小二乘法回归得到各振型频率响应面方程如式 (11.4) ～ (11.8) 所示：

$$
\begin{aligned}
Y_1 = {} & 0.7699 + 0.1757x_1 - 0.3861x_2 + 0.0316x_3 - 0.0853x_4 - 0.0275x_1x_2 - \\
& 0.0070x_2x_3 - 0.0013x_3x_1 - 0.0105x_4x_1 + 0.0512x_4x_2 + 0.0023x_4x_3 - \\
& 0.0211x_1^2 + 0.0898x_2^2 - 0.0051x_3^2 - 0.0018x_4^2
\end{aligned}
\tag{11.4}
$$

$$Y_2 = 0.9991 + 0.5663x_1 - 0.4812x_2 + 0.1217x_3 - 0.2253x_4 - 0.0179x_1x_2 - 0.0165x_2x_3 - 0.0072x_3x_1 - 0.1324x_4x_1 + 0.1947x_4x_2 + 0.0016x_4x_3 - 0.0620x_1^2 + 0.0470x_2^2 - 0.0259x_3^2 - 0.0050x_4^2 \quad (11.5)$$

$$Y_3 = 1.1473 + 1.2877x_1 - 0.8252x_2 + 0.6687x_3 - 0.2742x_4 + 0.1065x_1x_2 - 0.0347x_2x_3 - 0.0870x_3x_1 - 0.4265x_4x_1 + 0.3264x_4x_2 - 0.0240x_4x_3 - 0.2560x_1^2 + 0.0735x_2^2 - 0.1872x_3^2 + 0.0130x_4^2 \quad (11.6)$$

$$Y_4 = 0.6242 + 0.4121x_1 - 0.5175x_2 + 0.3442x_3 - 0.0274x_4 - 0.0366x_1x_2 - 0.0858x_2x_3 + 0.2435x_3x_1 - 0.0907x_4x_1 + 0.0548x_4x_2 + 0.1030x_4x_3 - 0.1222x_1^2 + 0.1622x_2^2 - 0.2272x_3^2 - 0.0347x_4^2 \quad (11.7)$$

$$Y_5 = 0.6319 + 0.4554x_1 - 0.2494x_2 + 0.5875x_3 - 0.2055x_4 + 0.0012x_1x_2 - 0.1014x_2x_3 + 0.2162x_3x_1 - 0.1193x_4x_1 + 0.0819x_4x_2 + 0.1344x_4x_3 - 0.1774x_1^2 + 0.0468x_2^2 - 0.2674x_3^2 - 0.0078x_4^2 \quad (11.8)$$

（5）目标函数与求解

采用最小二乘法，利用响应面方程计算值与实际桥梁测量值建立目标函数如下：

$$F_{obj} = \sqrt{c_1(Y_1 - y_1)^2 + c_2(Y_2 - y_2)^2 + c_3(Y_3 - y_3)^2 + c_4(Y_4 - y_4)^2 + c_5(Y_5 - y_5)^2} \quad (11.9)$$

其中，Y_i 为响应面方程计算值，y_i 为实际桥梁测量值，c_i 为权重，考虑到低阶频率的重要性，权值分配见表 11.5。

各阶实测频率与权重分配　　表 11.5

振型	竖向一阶	竖向二阶	竖向三阶	横向一阶	横向二阶
实测频率(Hz)	0.537	0.894	1.406	0.78	1.049
权重	5	3	1	3	1

由蒙特卡罗算法可知，随机数数量越大，得到最优解的概率越高。如表 11.6 所示为随机数数量与目标函数优化值的变化趋势，可见，当随机数数量为 10^7 时，目标函数值趋于收敛。得到优化结果 $\{X\}=\{1.0029,\ 1.1928,\ 1.3817,\ 1.2550\}$，可见其中主塔弹性模量增幅最大。

目标函数优化值与修正参数值　　表 11.6

随机数数量	目标函数	x_1	x_2	x_3	x_4
10^1	0.0587	1.183	1.2338	1.1244	1.3602
10^2	0.0586	0.9522	1.2242	1.2444	1.0673
10^3	0.0253	0.939	1.0882	1.3506	1.3025
10^4	0.009	1.0207	1.2008	1.381	1.2601
10^5	0.0067	1.003	1.1831	1.346	1.2473
10^6	0.0027	1.0069	1.1966	1.3527	1.2541
10^7	0.0025	1.0029	1.1928	1.3817	1.2550

（6）修正前后模型精度对比

根据上述优化结果修正有限元模型，修正后模型的各阶频率计算值与实测值对比如表11.7所示。可见通过模型修正显著提高了有限元模型的精度。

模型修正前后各阶频率的计算值与实测值对比 **表 11.7**

数据类型		竖向1阶	竖向2阶	竖向3阶	横向1阶	横向2阶
实测值(Hz)		0.537	0.894	1.406	0.78	1.049
修正前计算值(Hz)		0.5748	0.9569	1.5082	0.8018	1.0272
修正后计算值(Hz)		0.5398	0.8948	1.3935	0.7686	1.0437
变化率(%)	修正前	7.03	7.04	7.27	2.79	−2.08
	修正后	0.52	0.09	−0.8	−1.46	−0.51

11.3 动力指纹法

结构动力指纹是指能够通过结构动力测试得到的，并且能够反映出结构固有特性的那些指标。结构动力指纹与结构固有特性具有一定的映射关系，因此可以通过动力测试结果得到的动力指纹来反求结构的实际状态。当结构发生损伤后，其结构参数，如刚度、质量、阻尼等会发生改变，从而导致相应的动力特性的变化。这些动力指纹的变化是结构发生损伤的表征，理论上可通过动力测试给予描述，这就是结构动力指纹分析方法的理论基础。以此建立的损伤诊断方法称为动力指纹法。目前所用到的动力指纹种类繁多，常用的动力指纹有频率、振型、模态曲率、模态柔度、应变模态、模态置信准则（MAC）等。由于绝大多数动力指纹都是在结构模态参数的基础上衍生而来，因此模态参数识别是动力指纹分析方法的基础。对于结构损伤识别而言，各种结构动力指纹都有其特定的适用条件。动力指纹的优劣主要应该从抗噪性、损伤灵敏度和损伤区分度等多方面进行综合评价。这里仅结合桥梁结构的特点，对部分方法做简要介绍。

11.3.1 基于固有频率的方法

基于频率的损伤识别方法，提出的较早，发展的方法也最多。一般来说，基于频率的对比分析，发现损伤的存在是最基本的应用。而基于频率的损伤定位，除了一些特殊场合，通常还存在某些理论上的困难。

Adams 等较早地探讨了仅用测量的固有频率进行结构评估的方法[3,4]。证明了在单一损伤工况下，两模态的频率变化之比只是损伤位置的函数，而与损伤程度无关。他们还导出了特征值（$\lambda=\omega^2$）对刚度矩阵变化（δK）的灵敏度。根据所做的假设，上述方法只适用于单一损伤工况。而且，对于对称结构，该方法对单一损伤工况的损伤位置也难以唯一地确定。

Hearn 等[5]用不同的方法证明了对单一小损伤工况，两模态固有频率变化之比仅依赖于损伤位置，而与损伤程度无关。众所周知，当略去二阶项时，由结构刚度变化引起的第 i 阶固有频率的变化可表示为：

$$\Delta\omega_i^2=\frac{\{\phi\}_i^{\mathrm{T}}[\Delta K]\{\phi\}_i}{\{\phi\}_i^{\mathrm{T}}[M]\{\phi\}_i} \tag{11.10}$$

其中［ΔK］由损伤引起的结构整体刚度矩阵的改变。为得到单个构件的损伤与整体振动响应之间的关系，将整体刚度矩阵［K］分解为单个的单元刚度矩阵［k_N］，并通过振型 ϕ 计算单元变形 $\{\varepsilon_N(\phi)\}$。从而：

$$\{\phi\}_i^T[\Delta K]\{\phi\}_i=\sum_N\{\varepsilon_N(\phi_i)\}^T[\Delta k_N]\{\varepsilon_N(\phi_i)\} \tag{11.11}$$

将式（11.11）代入式（11.10），得：

$$\Delta\omega_i^2=\frac{\sum_N\{\varepsilon_N(\phi_i)\}^T[\Delta k_N]\{\varepsilon_N(\phi_i)\}}{\{\phi\}_i^T[M]\{\phi\}_i} \tag{11.12}$$

对单个构件 N 的损伤，式（11.12）简化为：

$$\Delta\omega_i^2=\frac{\{\varepsilon_N(\phi_i)\}^T[\Delta k_N]\{\varepsilon_N(\phi_i)\}}{\{\phi\}_i^T[M]\{\phi\}_i} \tag{11.13}$$

由于第 N 个构件损伤引起的固有频率的变化由式（11.13）计算，当把一个构件的刚度矩阵的变化表示下式时：

$$[\Delta k_N]=\alpha_N[k_N] \tag{11.14}$$

式（11.13）可以重新写为：

$$\Delta\omega_i^2=\frac{\alpha_N\{\varepsilon_N(\phi_i)\}^T[k_N]\{\varepsilon_N(\phi_i)\}}{\{\phi\}_i^T[M]\{\phi\}_i} \tag{11.15}$$

其中 α_N 为第 N 个构件的损伤指标。在式（11.15）中，固有频率的变化是损伤程度和损伤位置的函数。然而，如果对两个振动模态 i 和 j 分别应用式（11.15），则二者的频率改变之比将仅是损伤位置的函数：

$$\frac{\Delta\omega_i^2}{\Delta\omega_j^2}=\frac{\{\varepsilon_N(\phi_i)\}^T[k_N]\{\varepsilon_N(\phi_i)\}}{\{\varepsilon_N(\phi_j)\}^T[k_N]\{\varepsilon_N(\phi_j)\}}\cdot\frac{\{\phi\}_j^T[M]\{\phi\}_j}{\{\phi\}_i^T[M]\{\phi\}_i} \tag{11.16}$$

Richardson 等[6]也证明了如果振型没有发生显著的变化，那么，损伤可以只根据频率和阻尼的变化，再加上未损伤结构的振型来进行定位和定量。他们给出如下的刚度灵敏度方程：

$$\{\phi_i+\Delta\phi_i\}^T[\Delta K]\{\phi_i+\Delta\phi_i\}+2\{\Delta\phi_i\}^T[K]\{\phi_i\}+\{\Delta\phi_i\}^T[K]\{\Delta\phi_i\}=\Delta\omega_i^2 \tag{11.17}$$

其中模态向量按模态质量归一。如果结构损伤很小以至于振型没有明显的变化，即 $\{\Delta\phi_i\}=0$，则刚度灵敏度方程简化为：

$$\{\phi_i\}^T[\Delta K]\{\phi_i\}=\Delta\omega_i^2 \tag{11.18}$$

从而，由损伤引起的刚度矩阵的元素变化可以通过求解下列优化问题来进行识别：

$$\text{Min.}\sum_i(\{\phi_i\}^T[\Delta K]\{\phi_i\}-\Delta\omega_i^2)^2 \tag{11.19}$$

此式仅用到原结构（损伤前）的振型和损伤引起的频率的变化。原结构的模态参数可以通过模态试验或有限元分析获得。作者用一个 3 自由度的简单例子检验了这个刚度灵敏度方法。表明该方法对单一损伤工况能够进行正确的检测。但是，对于多损伤工况遇到一些困难。

Eggers 等[7]应用试验室试验数据对一个按 1∶3 比例制作的钢筋混凝土墩-板模型进行了损伤检测研究。建立了有限元模型并应用灵敏度方法来定位损伤。如果结构在 q 处发生损伤，那么，对 i 和 j 阶模态有如下关系：

$$\beta_{i,j}=\frac{\Delta\omega_i^2}{\Delta\omega_j^2}=\frac{F_{i,q}}{F_{j,q}} \tag{11.20}$$

其中 $\Delta\omega_i^2$ 和 $\Delta\omega_j^2$ 分别为由损伤引起的第 i 和第 j 阶频率变化。$F_{i,q}$和 $F_{j,q}$分别为第 i 和第 j 阶模态刚度对第 q 个单元灵敏度。由式（11.20），损伤位置 q 可以如下方式确定，即对任意两个模态，频率改变之比等于灵敏度之比。

Hassiotis 等[8]提出了一个作为带约束的优化问题的结构损伤识别算法。该优化问题是使损伤前后结构特征值方程之间差别最小化。导出结构的特征值对局部化的刚度变化的灵敏度形成一组非确定性方程，这些方程被用来作为优化问题的约束条件。损伤结构的特征方程可以写为：

$$[\boldsymbol{K}+\delta\boldsymbol{K}-(\lambda_i+\delta\lambda_i)\boldsymbol{M}](\phi_i+\delta\phi_i)=0 \tag{11.21}$$

模态向量按质量归一化，当振型无明显变化时，展开式（11.21）并略去高阶项，得：

$$\delta\lambda_i=\phi_i^T\delta\boldsymbol{K}\phi_i \tag{11.22}$$

为建立特征值改变与局部单元刚度改变之间的关系，刚度矩阵的改变由独立的结构单元刚度进行表达：

$$\delta\boldsymbol{K}=\sum_{j=1}^{n_e}\delta k_j\boldsymbol{K}_j \tag{11.23}$$

这里 n_e为单元数；$\boldsymbol{K}_j$为第 j 个单元的刚度矩阵；δk_j为第 j 个单元的刚度的变化比例。将式（11.23）代入式（11.22），得：

$$\delta\lambda_i=\sum_{j=1}^{n_e}\phi_i^T\boldsymbol{K}_j\phi_i\delta k_j \tag{11.24}$$

如果测得了 m 个特征值，则得到一组联立方程：

$$\boldsymbol{D}\,\delta k=\delta\lambda \tag{11.25}$$

其中 $\boldsymbol{D}$ 为以 $d_{ij}=\phi_i^T\boldsymbol{K}_j\phi_i$ 为元素的 $m\times n_e$矩阵；δk 为未知刚度改变δk_j组成的 n_e阶向量；$\delta\lambda$为特征值改变组成的 m 阶向量。方程组（式 11.25）建立了每一个单元刚度的变化与结构的频率变化之间的关系，该方程的解给出相应的单元刚度变化。但是，测量的频率数量通常都远小于单元的数量，即 $m<n_e$，从而，致使方程是不确定的。只有引进优化准则后，它们才有唯一解。

在建立优化准则中，假定损伤结构特征向量的一个较好的近似是未损伤结构的特征向量。损伤结构的特征方程（式 11.21）可以表述为：

$$(\boldsymbol{K}+\delta\boldsymbol{K})\phi_i-(\lambda_i+\delta\lambda_i)\boldsymbol{M}\phi_i=\boldsymbol{R}_i \tag{11.26}$$

此处 $\boldsymbol{R}_i$为残余向量。化简上式，得：

$$\boldsymbol{R}_i=\delta\boldsymbol{K}\phi_i-\delta\lambda_i\boldsymbol{M}\phi_i \tag{11.27}$$

作残值的平方和：

$$g=\sum_{i=1}^{m}\|\boldsymbol{R}_i\|^2=\delta\boldsymbol{k}^{\mathrm{T}}\boldsymbol{Q}\delta\boldsymbol{k}+2\delta\boldsymbol{k}^{\mathrm{T}}\boldsymbol{c}+C \tag{11.28}$$

其中 C 是不影响最小化过程的常数项。$\boldsymbol{Q}$ 是 $n_c\times n_e$矩阵，其元素为：

$$q_{ij}=\sum_{k=1}^{m}\phi_k^T\boldsymbol{K}_i\boldsymbol{K}_j\phi_k \tag{11.29}$$

$\boldsymbol{c}$ 为 n_e维向量，且：

$$c_i = -\sum_{k=1}^{m} \delta\lambda_k \phi_k^T \boldsymbol{K}_i \boldsymbol{M} \phi_k \tag{11.30}$$

现在优化问题可表述如下：最小化目标函数

$$g = \delta \boldsymbol{k}^{\mathrm{T}} \boldsymbol{Q} \delta \boldsymbol{k} + 2\delta \boldsymbol{k}^{\mathrm{T}} \boldsymbol{c} \tag{11.31}$$

约束条件：

$$\boldsymbol{D}\delta\boldsymbol{k} = \delta\lambda \tag{11.32}$$

和

$$\delta\boldsymbol{k} \leqslant 0 \tag{11.33}$$

式（11.31）至（11.33）所表述的优化问题是一个带有线性等式约束和不等式约束的二次规划问题，可以用标准算法求解。作者采用系统损伤前的有限元模型作为分析的基础，将提出的方法对悬臂梁和一个 10 层框架进行了数值模拟。总的来说，该方法对损伤位置和程度的识别是有效的。但是，当损伤程度在刚度折减 40% 的水平时，常常给出过分的预测。这可能是因为所提出的方法是一种线性分析。由于噪声的存在，由轻微损伤引起的特征值的变化有时会小于由噪声引起的变化，从而损伤不能被较好地识别。另外，那些不影响特征值的单元的损伤，在噪声的影响下难以准确识别。

Messina 等[9]和 Williams 等[10]提出了一个用若干模态频率变化来识别损伤位置的损伤定位准则 DLAC（Damage Location Assurance Criterion）。对位置 j，DLAC 是用类似于 MAC 的相关性准则来定义的：

$$DLAC(j) = \frac{|\{\Delta f\}^T \{\delta f_j\}|^2}{(\{\Delta f\}^T \{\Delta f\}) \cdot (\{\delta f_j\}^T \{\delta f_j\})} \tag{11.34}$$

其中 $\{\Delta f\}$ 为实测的固有频率的改变；$\{\delta f_j\}$ 为与假定损伤位置 j 相联系的频率改变理论值。给定一个有限元模型，$\{\delta f_j\}$ 以及 DLAC(j) 可以针对所有可能的损伤位置进行计算。DLAC 值在 0 和 1 之间，0 和 1 分别表示频率变化模式之间不相关和精确匹配。DLAC 值最大的位置 j 为预测的损伤位置。作者应用平面钢框架的模拟和试验数据检验了 DLAC 方法。首先，为结构建立了一个 40 个单元的有限元模型。通过对每一个单元的损伤计算结构频率的变化，建立了一个损伤数据库。通过将实测频率变化与损伤数据库进行匹配来确定 DLAC 值。

Morassi 等[11]应用测量的频率识别了在 5 层钢框架中的一个槽口（notch）。首先为未损伤结构建立了有限元模型，并应用实测结果进行了修正。结构的刚度矩阵表示为：

$$\boldsymbol{K} = \sum_{e=1}^{m} \alpha_{\mathrm{e}} \boldsymbol{K}_{\mathrm{e}} \tag{11.35}$$

这里 $\boldsymbol{K}_{\mathrm{e}}$ 为单元 e 的刚度矩阵；α_{e} 为单元 e 的刚度折减系数。通过最小化下列函数来确定损伤模型的刚度分布：

$$\text{Min.}\ J(\alpha_1, \alpha_2, \cdots, \alpha_m) = \sum_{j=1}^{M} [\bar{f}_j^2 - f_j^2(\alpha_1, \alpha_2, \cdots, \alpha_m)]^2 / \bar{f}_j^4 \tag{11.36}$$

上式由前 M 个实测频率（$\bar{f}_j$）和 计算频率（f_j）确定。应用少数几个频率，并以所

有单元的系数 α_e作为未知数，这将导致识别过程中具有不确定性。因此，引入一些实用性假设。这些假设包括确定的刚度不能大于参考模型的值，在模型的某些区域内刚度的分布是预先已知的。识别结果表明正确的参考模型和某些实用假设对于可靠的损伤识别是不可缺少的。

Salawu[12]评述了土木工程领域应用固有频率作为诊断参数的结构评估方法。对结构损伤与频率变化之间的关系进行了讨论。对那些限制振动监测在损伤检测和结构评估中成功应用的可能因素也进行了讨论。这些评述显示应用固有频率的损伤检测方法虽然存在一些局限，但对结构的常规评估还是有用的。文献指出，要对损伤进行较好的检测，固有频率变化达到大约 5%的水平是必要的。但是，单单是固有频率变化超过 5% 并不意味一定存在损伤。应用频率测量的损伤检测，当损伤发生在低应力区域时可能是不可靠的。另外，单独固有频率的变化对于唯一地确定结构损伤的位置可能是不充分的。

11.3.2 模态曲率法

结构某个截面发生损伤将导致结构的刚度下降。在振动过程中，振型曲率就会在损伤处发生变化。因此有理由期望通过比较结构损伤前后的模态曲率来识别损伤位置。假设健康结构的振型是已知的，当在未知结构（可能损伤也可能未损伤的结构）上测得相应的振型后，计算各点的振型曲率，然后同健康结构的振型曲率比较。二者差别最大的地方就是最可能发生损伤的地方。Pandey[13]将模态曲率法用于梁式结构的损伤识别，通过对适当的单元减小弹性模量来模拟损伤。就损伤和未损伤两种情况的固有频率和振型用有限元进行了分析。结果表明模态曲率的变化被局部化在损伤区域附近，在损伤区域之外变化很小，且模态曲率的改变随着损伤的增大而增加。模态曲率的这一特性对于定位损伤区域是十分有利的。

1. 模态曲率

假设在沿结构某纵向线的每个截面上获得测量数据，于是，对第 j 阶模态在截面 i 处的模态曲率定义为：

$$C_j(i)=\frac{\phi_j(i-1)+\phi_j(i+1)-2\phi_j(i)}{2l_i^2} \tag{11.37}$$

此处 $\phi_j(i-1)$，$\phi_j(i)$ 和 $\phi_j(i+1)$ 分别为结构第 j 阶模态向量在 $(i-1)$，i 和 $(i+1)$ 截面位置的代表值。l_i 为从 $(i-1)$ 截面到 i 截面的距离和从 i 截面到 $(i+1)$ 截面的距离的平均值。

2. 模态曲率指标

对第 j 阶模态，例如有关文献将模态曲率指标 I_C定义为：

$$I_{Cj}(i)=\frac{|C_j^d(i)-C_j^u(i)|}{\sum_i |C_j^d(i)-C_j^u(i)|} \tag{11.38}$$

其中，$C_j^u(i)$ 和 $C_j^d(i)$ 分别为损伤前后第 j 阶模态在第 i 截面位置的模态曲率。

$$C_j^u(i)=\frac{\phi_j^u(i-1)+\phi_j^u(i+1)-2\phi_j^u(i)}{2l_i^2} \tag{11.39}$$

$$C_j^{\mathrm{d}}(i)=\frac{\phi_j^{\mathrm{d}}(i-1)+\phi_j^{\mathrm{d}}(i+1)-2\phi_j^{\mathrm{d}}(i)}{2l_i^2} \tag{11.40}$$

此处 $\phi_j^{\mathrm{u}}(i-1)$，$\phi_j^{\mathrm{u}}(i)$ 和 $\phi_j^{\mathrm{u}}(i+1)$ 分别为健康结构第 j 阶模态向量在 $(i-1)$，i 和 $(i+1)$ 截面位置的代表值。$\phi_j^{\mathrm{d}}(i-1)$，$\phi_j^{\mathrm{d}}(i)$ 和 $\phi_j^{\mathrm{d}}(i+1)$ 为损伤结构的上述相应量。

损伤前后的两个模态是经过 MAC 检查而匹配的相关模态。对于特定位置的损伤，各阶模态曲率的灵敏度显然是不同的。当损伤发生在某阶振型的拐点处，则该阶振型的曲率一般说来就不会发生变化。因此，一般要同时选择多个模态来计算曲率指标。

通常将模态曲率指标按下式做标准化处理：

$$Z_i=\frac{I_{\mathrm{C}}(i)-M(I_{\mathrm{C}})}{\sigma(I_{\mathrm{C}})} \tag{11.41}$$

其中，M 和 σ 分别为模态曲率指标序列的均值和标准差。称 Z_i 为相应指标的 Z-value。模态曲率指标的 Z-value 反映的是各截面处模态曲率之间的相对差别。当某截面的 Z-value最大且大于某一数值时，可以认为该截面所在的区域是一个可能的损伤区域。通常根据 Neyman-Pearson 准则，取 Z-value 的最大值大于等于 3 为有效指示[14]。

如前所述，对不同的损伤位置，各阶模态的曲率指标的性能是不同的，很难选择单个模态来计算模态曲率指标以对所有的可能损伤工况给予较好的指示。为了能够适应各种可能的损伤工况，通常，模态曲率指标取由多个模态计算的平均值。另外，在计算曲率指标时，要尽可能选择结构纵向主导模态的主导分量，一般来说这些模态的曲率对发生在结构内的损伤比较敏感。同时，所选模态要尽量使波形具有互补性。

11.3.3　模态柔度法

当结构发生损伤时，通常结构的柔度就会相应地增大。因此，可以期望根据结构损伤前后柔度的变化来识别损伤发生的位置。结构的柔度可以由静力学概念描述，也可以由结构的动态参数（固有频率和振型）进行计算。基于振动测量方法的损伤检测，通常首先获得的是结构的模态参数，如固有频率和振型。因此，可以采用模态参数来计算结构的柔度，并进而定义损伤定位指标，称为模态柔度指标。假设健康结构的固有频率和振型是已知的，当在未知结构（可能损伤也可能未损伤的结构）上侧得相应的频率和振型后，计算相应的结构柔度。然后同健康结构的柔度比较，根据二者的差别来判断损伤位置。Pandey[15] 提出了用于损伤检测的模态柔度矩阵，并研究了简支梁、悬臂梁等例子，对损伤如何影响柔度矩阵进行了深入的探讨，通过试验结果展示了柔度矩阵法在损伤检测与定位上的有效性。还进一步改进了柔度矩阵法用以确定损伤位置和损伤程度。该方法已在许多结构损伤检测的实践中得到应用[16,17]。

1. 模态柔度

计算模态柔度的振型需要按质量归一化（$\Phi^T M\,\Phi= I$），对于按质量归一的振型，模态柔度矩阵 $[F]$ 可由固有频率矩阵 $[\Lambda]$ 和振型矩阵 $[\Phi]$ 定义如下：

$$[F]=[\Phi][\Lambda]^{-1}[\Phi]^{\mathrm{T}} \tag{11.42}$$

记 $\phi_i^{(j)}$ 为第 j 阶振型的第 i 个分量，为 $[\Phi]$ 的 i 行 j 列元素，则：

$$[F]=\begin{bmatrix}\phi_1^{(1)} & \phi_1^{(2)} & \cdots & \phi_1^{(n)}\\ \phi_2^{(1)} & \phi_2^{(2)} & \cdots & \phi_2^{(n)}\\ \cdots & \cdots & \cdots & \cdots\\ \phi_n^{(1)} & \phi_n^{(2)} & \cdots & \phi_n^{(n)}\end{bmatrix}\begin{bmatrix}\omega_1^2 & & & \\ & \omega_2^2 & & \\ & & \cdots & \\ & & & \omega_n^2\end{bmatrix}^{-1}\begin{bmatrix}\phi_1^{(1)} & \phi_2^{(1)} & \cdots & \phi_n^{(1)}\\ \phi_1^{(2)} & \phi_2^{(2)} & \cdots & \phi_n^{(2)}\\ \cdots & \cdots & \cdots & \cdots\\ \phi_1^{(n)} & \phi_2^{(n)} & \cdots & \phi_n^{(n)}\end{bmatrix} \tag{11.43}$$

$$[F]=\begin{bmatrix}\sum_{r=1}^{n}\frac{\phi_1^{(r)}\phi_1^{(r)}}{\omega_r^2} & \sum_{r=1}^{n}\frac{\phi_1^{(r)}\phi_2^{(r)}}{\omega_r^2} & \cdots & \sum_{r=1}^{n}\frac{\phi_1^{(r)}\phi_n^{(r)}}{\omega_r^2}\\ \sum_{r=1}^{n}\frac{\phi_2^{(r)}\phi_1^{(r)}}{\omega_r^2} & \sum_{r=1}^{n}\frac{\phi_2^{(r)}\phi_2^{(r)}}{\omega_r^2} & \cdots & \sum_{r=1}^{n}\frac{\phi_2^{(r)}\phi_n^{(r)}}{\omega_r^2}\\ \cdots & \cdots & \cdots & \cdots\\ \sum_{r=1}^{n}\frac{\phi_n^{(r)}\phi_1^{(r)}}{\omega_r^2} & \sum_{r=1}^{n}\frac{\phi_n^{(r)}\phi_2^{(r)}}{\omega_r^2} & \cdots & \sum_{r=1}^{n}\frac{\phi_n^{(r)}\phi_n^{(r)}}{\omega_r^2}\end{bmatrix} \tag{11.44}$$

模态柔度矩阵的元素为：

$$f_{ij}=\sum_{r=1}^{n}\frac{\phi_i^{(r)}\phi_j^{(r)}}{\omega_r^2} \tag{11.45}$$

对角线元素为：

$$f_{ii}=\sum_{r=1}^{n}\left(\frac{\phi_i^{(r)}}{\omega_r}\right)^2 \tag{11.46}$$

对于 n 自由度系统，具有 n 个独立的自振频率和模态向量。然而，在实践中，对一个复杂结构所能测得的模态数量是有限的。采用柔度指标代替刚度指标的优点之一就是用少数几个低阶模态就能对结构的柔度矩阵进行较准确的估算。因为模态对柔度的贡献随着频率的增大而迅速减小。于是，柔度矩阵可用不完整模态近似地表示为：

$$[F]_{\mathrm{p\times p}}\approx[\Phi]_{\mathrm{p\times m}}[\Lambda]_{\mathrm{m\times m}}^{-1}([\Phi]_{\mathrm{p\times m}})^{\mathrm{T}} \tag{11.47}$$

其中 m 为测量或选取的模态数目；p 为所关心的自由度的数目。通常 m 和 p 都远小于分析模型的总自由度数目 n。

2. 模态柔度指标

获得结构损伤前后的柔度矩阵 $[F]^{\mathrm{u}}$ 和 $[F]^{\mathrm{d}}$，而者之差可作为结构损伤前后柔度变化的一个量度：

$$[\Delta F]_{\mathrm{p\times p}}=[F]_{\mathrm{p\times p}}^{\mathrm{d}}-[F]_{\mathrm{p\times p}}^{\mathrm{u}} \tag{11.48}$$

$[\Delta F]_{\mathrm{p\times p}}$的对角元表示在一自由度上施加单位静载荷后在该自由度上损伤前后所产生的位移变化。一些研究者将$[\Delta F]_{\mathrm{p\times p}}$的对角元直接用来指示损伤。Pandey[15]用$[\Delta F]_{\mathrm{p\times p}}$的每一列中绝对值最大的元素来指示损伤。在这里我们将采用按下式所定义的模态柔度指标：

$$I_{\mathrm{F}}(i)=\frac{|f_{ii}^{\mathrm{d}}-f_{ii}^{\mathrm{u}}|}{f_{ii}^{\mathrm{u}}} \tag{11.49}$$

对损伤前后的每一相关模态对，模态柔度指标是截面位置的函数。和模态曲率指标类似，将模态柔度指标按下式做标准化处理：

$$Z_i = \frac{I_{\mathrm{F}}(i) - M(I_{\mathrm{F}})}{\sigma(I_{\mathrm{F}})} \tag{11.50}$$

其中，M 和 σ 分别为模态柔度指标序列的均值和标准差。

3. 不同模态组合对模态柔度指标的影响

对柔度的精确计算要用到全部的模态参数。然而，在实践中对大型工程结构能够测量到的模态是十分有限的。因此，结构的柔度只能由少数模态参数进行近似计算。由式(11.44) 知，各阶模态对柔度的贡献和固有频率的平方成反比，随着模态阶数的增加，模态参数对柔度的影响迅速减小。因此，可以期望应用少数的前若干阶模态参数来获得模态柔度较好的近似值。而低阶模态参数也是在实际中最容易测量的，这也是模态柔度计算同模态刚度计算相比的一个主要优点。对一个具体结构，采用多少模态，以及采用哪些模态来计算模态柔度可以获得足够的精度，要根据具体结构特点，通过检验分析而定。一般来说，对梁式结构以同类弯曲模态为主，选择 3～5 个模态，大多数问题可以得到较好的结果。使用模态数越多越精确，但是增加了测量和模态参数识别的难度。

11.4　神经网络法

11.4.1　神经网络的基本概念

反映真实系统的输入、输出和状态之间的定量关系的常见模型，一般可分为两种，即基本模型和黑箱模型。基本模型是根据现实系统的物理、化学定律为基础得到的关系明确的数学表达式。由于现实系统往往过于复杂，或存在不确定的参数等因素，常常导致建模失败或实用价值降低。黑箱模型是将现实系统视为“黑匣子”，仅借助输入和输出数据，通过回归分析等决定系统模式。神经网络理论就是一种黑箱建模工具。

根据神经科学的研究，生理神经网络由大量的神经元组成。基于神经元的工作原理，人们提出了人工神经元模型（如图 11.4）。它是一个多输入单输出的信息处理单元，一个神经元接受一组输入，这些输入是来自其他神经元的输出。每个输入乘上一个对应权值，这个权就是两个神经元间的连接强度。加权以后的这组值求和（时空综合），该值将决定神经元的激活水平和神经元的输出。从神经元的特性和功能可以知道，它对信息的处理是非线性的。

人工神经网络（Artificial Neural Network，ANN）就是由许多人工神经元互连在一起所组成的网络系统（如图 11.5 所示）。是一个在神经科学研究的基础之上，经过一定的抽象、简化与模拟的人工信息处理模型。它是一个高度非线性动力学系统。虽然，每个神经元的结构和功能都不复杂，但是神经网络的动态行为则是十分复杂的。因此，用神经网络可以在一定程度上表达实际物理世界的各种现象。

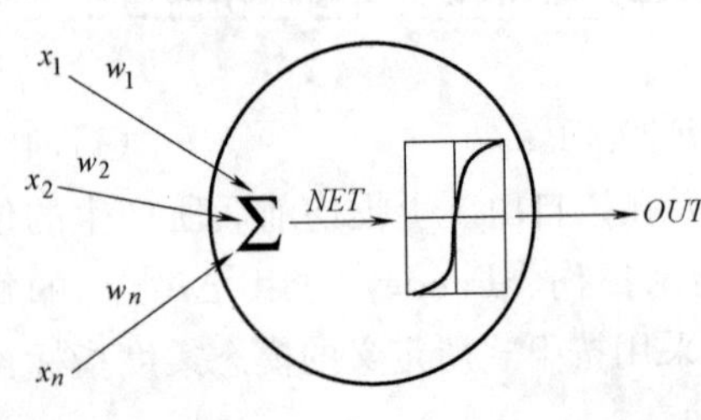

图 11.4　人工神经元模型

人工神经网络理论发展约经历了60多年的时间。迄今，人们提出了各种人工神经网络模型来模拟人脑的部分功能。主要应用领域包括模式识别和图像处理、控制和优化、预报和智能信息管理等。

当网络中的神经元和它们之间的连接结构确定以后，网络的性能就取决于神经元之间连接权值。初始的权值是随遇的，网络不具备预期的性能。要使具体网络具备预期的性能，必须按一定规则来调整这些权值。调整权值的过程，就是网络学习的过程。

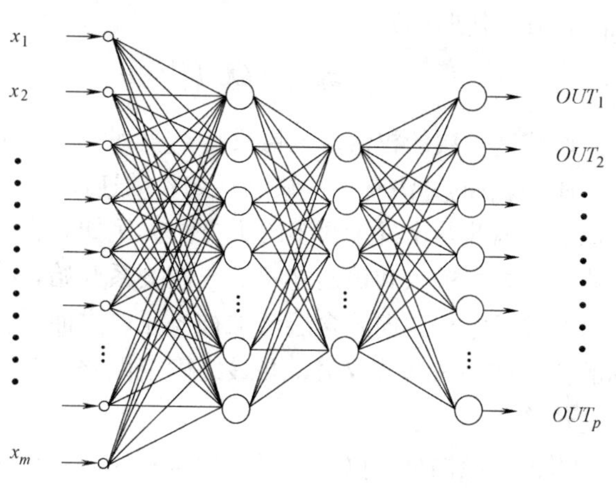

图 11.5 人工神经网络模型

ANN模型有很多类型，其中一种常用的类型就是反向传播（Back Propagation）网络，简称BP网络。它是一种多层前向网络，采用最小均方差学习方式。这是一种最广泛应用的网络之一，可用于语言综合、系统识别和自适应控制等领域。

BP网络采用有教师学习（训练）策略。有教师学习要求对每一个输入向量指定一个输出目标向量，输入向量和对应的目标向量组成一个训练对（Training Pair）。通常一个网络的训练（学习）需要许多这样的训练对。一个输入向量由网络输入层提供给网络后，网络便根据当前的权值计算输出向量，并与对应的目标向量比较，得到一个误差。然后根据一定的算法来调节权值，目标是使该误差最小。训练向量一个接一个地提供给网络，网络对每一个向量计算误差并调节权值，直到所有的训练对的总体误差达到某一可以接受的水平为止。一般BP网络的训练可归纳如下。

对神经元的加权和 NET，采用适当的激活函数，如以Sigmoid函数为例，得到该神经元的输出信号 OUT，即：

$$OUT = 1/(1 + e^{-NET}) \tag{11.51}$$

首先调节输出层的权值。输出层的一个神经元的目标值减去它的实际输出，再乘上激活函数的导数，得到该神经元的 δ 值：

$$\delta = OUT(1 - OUT)(T - OUT) \tag{11.52}$$

其中 T 为该神经元的目标值。

输出层的权值按下式进行调节：

$$\Delta W_{pq}^{(2)} = \eta\delta_q^{(2)} OUT_p^{(1)} \tag{11.53}$$

$$W_{pq}^{(2)}(n+1) = W_{pq}^{(2)}(n) + \Delta W_{pq}^{(2)} \tag{11.54}$$

其中 $W_{pq}^{(2)}(n)$ 和 $W_{pq}^{(2)}(n+1)$ 分别表示与输出层相邻的隐含层第 p 个神经元到输出层第 q 个神经元的连接权在第 n 步（调节前）和第（$n+1$）步（调节后）的值；$\delta_q^{(2)}$ 为输出层的第 q 个神经元的 δ 值；$OUT_p^{(1)}$ 为与输出层相邻的隐含层第 p 个神经元的 OUT 值；η 为训练速度系数，用来调节权值平均变化的大小。

按上述方式调节完输出层的权值后，再沿这些权值反传回去以产生上一层的每个神经

元的 δ 值，其形式为

$$\delta_p^{(1)} = OUT_p^{(1)}(1 - OUT_p^{(1)})(\sum_q \delta_q^{(2)} W_{pq}^{(2)}) \tag{11.55}$$

进而调节这一层的权值。逐层反传，直到完成对每一层权值的调节。

BP 网络的算法有一些缺点，如收敛速度慢、局部极值、难以确定隐含层和隐含节点个数等。因此，出现了很多改进方法。例如，在网络训练过程中动态地形成网络，其训练策略是从寻找输入和输出之间的线性关系开始，确定连接输入和输出神经元的权值。确定了这些关系之后，向隐含层增加神经元，进而寻找它们之间的非线性关系。根据输出与目标的比较结果来调节权值，并最终确定网络结构。再如，在网络的训练中引用智能算法，如遗传算法等[18]。

人工神经网络可以在众多领域得到应用，适用的问题类型也是十分广泛的。同时，即使是对完全相同的问题，应用神经网络进行解决的具体方案也是有多种形式的。这里仅就结构识别问题的部分应用做简要介绍。

11.4.2 异常状态预警

异常状态是指结构的响应显著偏离正常运行情况下的水平或规律。它可以由结构本身的损伤所引起，也可以由结构荷载环境发生突变所引起。异常状态预警是健康监测与损伤识别中最为基本的内容，既是在实际工程中较易于实现的，也是进一步进行结构识别诊断的前提[19]。因此，异常状态预警在大型工程结构的健康监测和诊断中占有重要地位。

新异检测（Novelty Detection）技术已被证明可以较好地检测结构中异常情况的发生[20]。新异检测是识别同已知的模式（Pattern）比较具有明显差别的新模式。一个新异检测器（Novelty Detector）是一个从输入数据中提取新的、非正常的或不熟悉的特性的系统。这个系统可以用前馈 BP 网络来实现，通常是一个含颈缩隐含层的多层网络。该方法避免了应用数值模型，只用到结构正常状态和当前状态的实际测量数据。这样，便避免了模型误差的影响，从而大大地提高了方法的实用价值。该方法可以很好地利用结构长期监测数据对结构的健康状态给予预警。

当应用前馈 BP 网络进行异常检测或损伤预警时，正常条件下健康结构的序列测量数据将既作为输入又作为输出（目标）来训练神经网络。训练过程不需要结构模型的任何信息。网络训练完成后，将训练时用的输入数据重新输入已训练好的网络，产生一组输出。这对输入和输出向量之间的差别采用某种形式的距离函数（Distance Function）进行度量，称为训练阶段的新异指标（Novelty Index）。在检测阶段，将从日后同一结构（损伤或未损伤）上测量得到的新的数据序列输入给上面已经训练好的神经网络。用类似于训练阶段方式，由输入与产生的输出获得检测阶段的新异指标。最后将检测阶段的新异指标与训练阶段的新异指标进行比较，如果二者存在较大的偏离，那么，可以认为结构发生了损伤或处于异常状态。

新异指标（Novelty Index）的构建如下：

训练阶段，输入向量 f 由健康结构的若干特征参数（如自振频率）组成，一般为由多次测量而获得的向量序列。输出目标向量 y 定义如下：

$$y_i = (f_i - m_i)\alpha + m_i \tag{11.56}$$

其中 α 为一正常数；m_i 为序列输入向量 f 中第 i 个元素 f_i 的平均值。

网络训练完成后，将训练用的输入向量 f 再次输入上面已训练好的网络，其输出记为 $\hat{y}$，于是训练阶段的新异指标 $\lambda(y)$ 定义如下：

$$\lambda(y)=\|\hat{y}-y\| \tag{11.57}$$

在检测阶段，检测数据 f_t 作为新的输入模式输入给训练好的网络，记产生的输出为 $\hat{y}_t$。相应地得到检测阶段的新异指标：

$$\lambda(y_t)=\|\hat{y}_t-y_t\| \tag{11.58}$$

其中 y_t 是由下式定义的元素所组成的向量：

$$y_{it}=(f_{it}-m_i)\alpha+m_i \tag{11.59}$$

将 $\lambda(y)$ 与 $\lambda(y_t)$ 二者比较，其差异可作为判断损伤是否发生的依据。为能够定量地判断损伤的发生，对新异指标引用下列门槛值：

$$\delta_\lambda=\bar{\lambda}+4\sigma_\lambda \tag{11.60}$$

其中 $\bar{\lambda}$ 和 σ_λ 分别为训练数据新异指标序列的均值和标准差。

结构的状态是根据训练阶段和检测阶段的新异指标之间的比较来指示的。如果结构的状态发生明显变化，则检测阶段的新异指标就会偏离训练阶段的新异指标。当这种偏离总体上超过由式（11.60）所定义的门槛值时，便可认为发生一次损伤或异常状态预警。为了直观地表现两阶段新异指标间的差别，将二指标序列连接为一个序列，在同一坐标系统中画出，如图 11.6（*a*）或（*b*）所示。在图 11.6（*a*）中，两阶段的新异指标之间没有明显的差别，表示结构处于正常状态范围。在图 11.6（*b*）中，检测阶段的新异指标明显超出训练阶段的新异指标水平，指示结构处于损伤或异常状态。由于噪声和测量误差的影响，新异检测不能仅根据少数几次测量结果进行，必须要基于多次大量的测量结果。显然，训练阶段和检测阶段对神经网络输入的数据结构是相同的，但序列的长度可以是不同的。

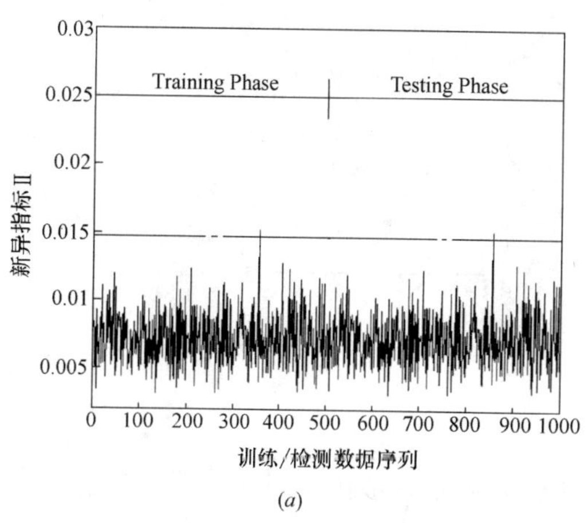

(*a*)

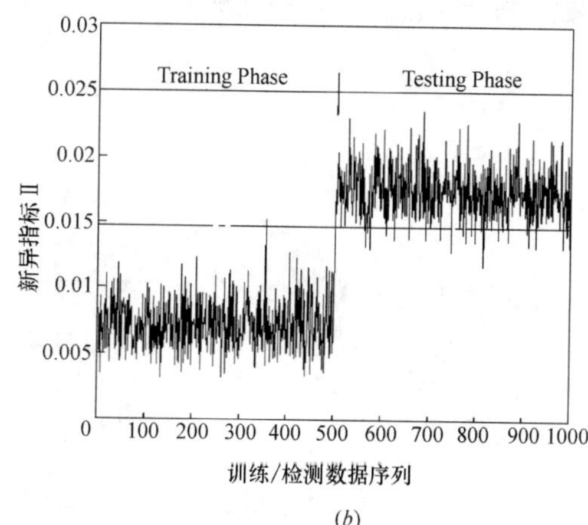

(*b*)

图 11.6　结构处于不同状态下的新异指标

（*a*）正常；（*b*）异常

11.4.3　损伤工况识别

大多数损伤识别问题，由于不能在实际结构上进行损伤模拟试验，用于神经网络的训练数据要通过数值模型模拟产生。其基本策略是，利用高精度数值模型进行结构损伤模拟，获得结构在各种可能损伤工况下的静动态响应，选取对损伤灵敏度高的响应参数构造用于网络训练的输入向量，对网络进行"预案"训练（如图 11.7 所示）。训练效果的好坏与网络结构、训练方法、模型精度、训练数据构造与数量等因素密切相关。经过各种可能损伤"预案"训练后，网络具备了一定的"预案"识别能力。当从实际结构上获得检测或监测的静动态响应后，可由实测参数构造用于网络识别的输入向量，它代表结构的一种未知状态。一个经"预案"训练有素的网络会对实测输入做出分类和判断，并通过输出向量指出实际发生了哪种情况。

在事前对各种可能损伤工况进行编码的基础上，应用神经网络的模式分类功能来区分发生了哪种损伤工况。这里所说的损伤工况实际上指的是一种损伤模式，它可以是单一损伤，也可以包含多重损伤。另外，它不区分损伤程度，也就是说，同一个损伤工况可以有任意的损伤程度。同一损伤工况的不同损伤程度下，结构的响应一般具有相似性但不是完全相同。因此，同一损伤工况下代表结构响应的训练样本必然不能是单一的。在训练阶段，对代表同一损伤模式的多个输入，规定了与该特定模式对应的一个目标输出（编码）。对同一模式经若干训练对输入输出训练后，神经网络便具备了对该损伤模式的识别能力。当对所有可能的损伤模式完成这样的训练后，神经网络便在一定程度上具备了对上述所有模式的识别能力。这样，一个训练好的神经网络便可以用于对未知损伤模式输入的模式归类和识别。这里所说的未知模式输入是指输入给训练好的网络的数据所属的损伤模式是未知的，通常这样的数据是实际测量数据。在损伤工况识别中，代表损伤模式（损伤区域、损伤类型或损伤工况等）的输入可以采用结构的静动态特征参数（如模态参数，或模态参数的导出量），输出就是区分各种损伤模式的分类向量（编码）。神经网络的输入层结点数等于所选输入参数的个数，如果分类向量的每一个元素对应一种损伤模式，其输出层的结点数就等于可能的损伤模式数。

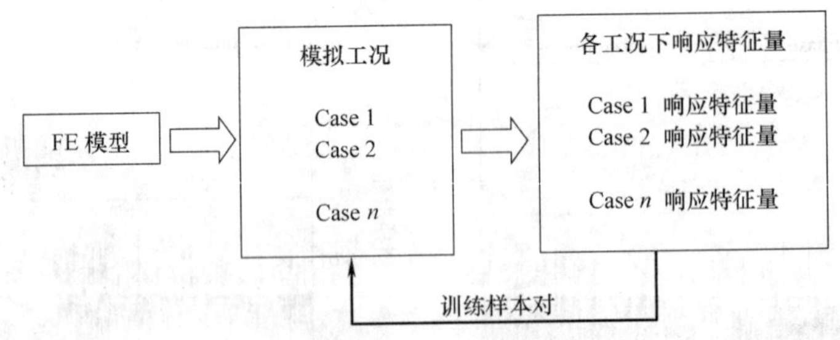

图 11.7　训练样本的产生

图 11.8 为网络训练和测试过程示意图。对于输入向量一般由模态参数或结构静动态响应参数来构造。由于不同类型的参数在量级上常常存在较大差别，所以直接作为输入向量有时会给网络的训练和运行带来困难，因此，应注意根据具体问题做适当处理。

目标向量是代表各种损伤模式的期望输出向量，每一个元素对应一种损伤模式。如可

规定第 i 个模式目标向量的第 i 个元素为 1，其余为 0。因此，训练阶段第 i 个训练对可表达为：

$$\{\text{Input}\} = \{\ t_1\ t_2\ \cdots\ t_i\ \cdots\ t_n\} \tag{11.61}$$

$$\{\text{Target}\} = \{\ 0\ 0\ \cdots\ 1\ \cdots\ 0\ \} \tag{11.62}$$

测试阶段的输出向量是区分各种损伤模式的识别结果。记某损伤模式测试阶段的输入和输出向量分别为：

$$\{\text{Input}\} = \{\ t_1^*\ t_2^*\ \cdots\ t_i^*\ \cdots\ t_n^*\ \} \tag{11.63}$$

$$\{\text{Output}\} = \{c_1\ \ \cdots\ \ c_i\ \ \cdots\ \ c_n\} \tag{11.64}$$

由于训练的精度限制，测试阶段的输出，即式（11.64），不可能和目标精确一致，其期望结果是第 i 个元素 c_i 显著大于其余元素，以此代表发生第 i 种损伤工况，或发生第 i 种损伤工况的可能性。上述过程如图 11.8 所示。

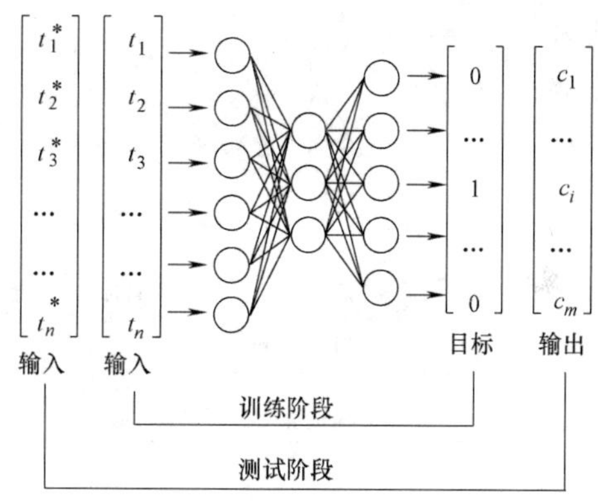

图 11.8 神经网络的训练与测试示意图

11.4.4 损伤构件与程度识别

1. 损伤构件识别

通常，结构的损伤工况一般难以直接针对构件层次，换言之，一个具体的损伤工况中可能对应的是一个子结构区域，包含多个具体构件。在损伤区域确定的基础上，再进行进一步的损伤构件识别。当采用神经网络方法进行损伤构件及其损伤程度识别时[21]，该识别层次的每一种损伤工况对应的是一个具体的损伤构件 M_i 。神经网络的每一个输出结点分别对应一个损伤构件。假设在指定的区域内包含 q 个有待识别的构件，那么，神经网络的输出层可以设计有 q 个结点，其输出就是一个含有 q 个元素的向量。如果仅仅是识别损伤构件，那么，输出向量每一个元素的值表示的是相应构件发生损伤的可能性，训练时它的目标输出定为 1。其原理和损伤工况识别是相同的，只是在识别层次上更进一步。不同的是采用的输入参数将对已识别的局部区域有更大的针对性，可选择对该损伤区域具有更高损伤灵敏度的参数来构造网络输入。

测试阶段输出向量给出的是各个构件发生损伤的可能性，可写为：

$$\{\text{Output}\} = \{m_1\ m_2\ \cdots\ m_i\ \cdots\ m_q\} \tag{11.65}$$

其中 q 为可能发生损伤的构件数目，m_i（$i=1, 2, \cdots, q$）表示第 i 个构件的损伤的可能性。一般地，当 m_i 较大，尤其是接近 1 时，可认为第 i 个构件发生损伤。

2. 损伤程度识别

如果试图在识别损伤构件的同时也识别其损伤程度，那么，输出向量的元素值不再表示相应构件损伤的可能性，而是损伤程度的大小。训练时它的目标输出则是表示损伤程度的值。整个输出向量给出的是各个构件的损伤程度。输入向量的构造与前述原则和方法一致，不再赘述。

训练阶段的目标输出为：

$$\{\text{Target}\} = \{00\cdots E_i\cdots 0\} \tag{11.66}$$

在神经网络的训练阶段，表征具体损伤的输入向量和式（11.66）所表达的目标向量构成训练对。当将损伤程度为 E_i 的第 i 个损伤构件的输入向量输入神经网络时，在输出的目标向量中的第 i 个元素为 E_i，其余元素为 0。其中损伤程度 E_i 的取值范围可设为 [0，1]。

测试阶段输出向量为：

$$\{\text{Output}\} = \{\ E_1\ E_2\ \cdots\ E_i\ \cdots\ E_q\} \tag{11.67}$$

其中 q 为可能发生损伤的构件数目，E_i（$i=1, 2, \dots, q$）表示第 i 个构件的损伤程度。网络训练与测试过程示意图如图 11.9 所示。

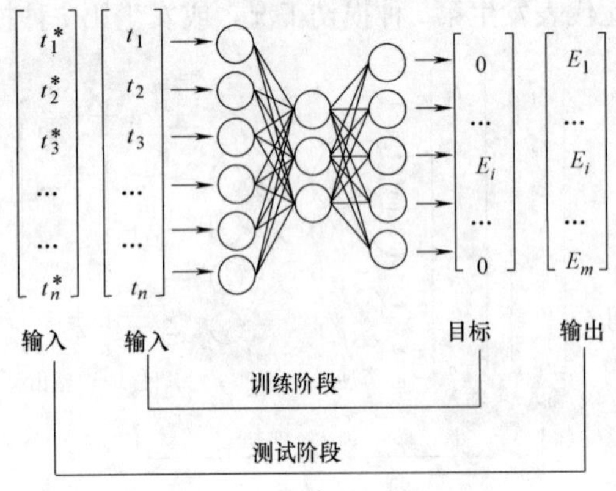

图 11.9　神经网络的训练与测试示意图

11.4.5　基于神经网络的模型修正

在实际工程中，利用 ANN 方法进行模型修正的过程往往与结构参数识别和结构损伤检测等问题紧密相关，其主要步骤均可归纳为：

1. 选择输入参数和输出参数（需要修正的参数），根据这些参数来设计神经网络模型，包括神经网络的类型、层数和拓扑结构、输入层和输出层节点数；

2. 由结构模态分析获得网络的学习样本和测试样本，包括确定它们各自的数目；

3. 用学习样本对网络进行训练，建立输入参数和修正参数间的映射关系；

4. 将测试样本和其他样本输入网络中进行测试和推广；

5. 最后将实际测量的响应数据输入网络得到输出的修正参数或需要识别的损伤信息。

在利用 ANN 进行模型修正的过程中，输入参数和输出参数的选择对于 ANN 的学习效率和网络泛化（Generalization）能力影响巨大。输入、输出参数的个数会影响到网络的复杂性。一般地，输入数据应尽可能地选择那些对修正参数的变化敏感度高的参数，且各输入参数尽量做到相对独立。这样，可以做到以尽量少的样本数包含尽可能多的信息。

11.5　数值模拟：斜拉桥的损伤识别

以下将以汲水门斜拉桥为例，通过模拟分析探讨和阐述上述动力指纹和神经网络等方法在斜拉桥结构损伤识别中的应用。主要包括损伤预警和基于模态曲率指标、模态柔度指标、斜拉索索力指标和神经网络的损伤识别方法，并就不同情况对各种方法进行了比较。需要指出的是，所获得的结果和结论均基于数值模拟手段，在实际应用中还有很多问题需要研究解决。

11.5.1 分析模型与损伤工况

中国香港汲水门大桥[22]为铁路公路两用斜拉桥。是世界第一个采用钢框架混凝土板复合主跨的斜拉桥。大桥立面如图 11.10 所示，大桥的双层索面共有 176 根斜拉索。为准确地模拟大桥的可能损伤工况，建立了一个面向损伤检测的有限元模型。该模型保留了结构的三维构造，独立描述了每一个构件的刚度和质量，并用实测模态参数对模型进行了校正[23]。最终模型计算的前 36 阶整体模态频率和实际测量结果的比较如图 11.11 所示。以下的损伤模拟分析就是基于该高精度有限元模型进行的。

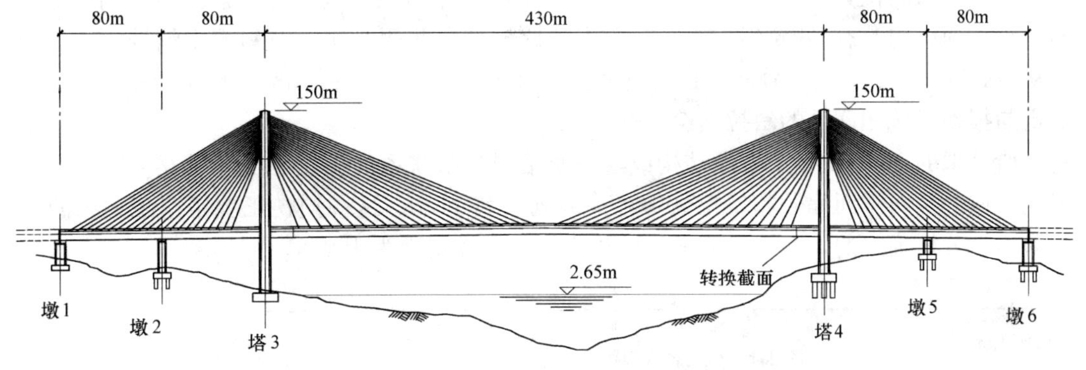

图 11.10 汲水门大桥立面图

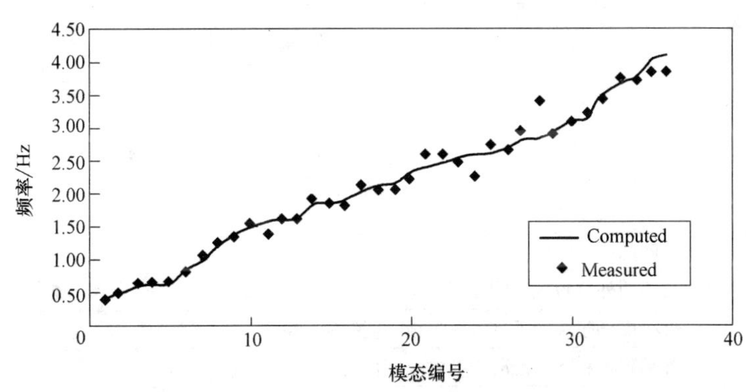

图 11.11 整体模态自振频率计算值与实测值比较

所谓损伤区域是指包含着损伤构件的子结构系统。损伤区域定位就是确定包含具体损伤构件的子结构系统。通常这种子结构的划分是根据结构特点、损伤区域定位方法、以及进一步诊断具体损伤构件的方法等来进行的。这里在用模态曲率指标、模态柔度指标等识别损伤区域时，将根据桥面结构的测试参数进行指标构造。为此，首先将大桥桥面结构按一定条件划分为若干个子结构系统。根据大桥桥面结构自然节段的构成特点，将桥面结构划分为 149 个区段，每个区段包含 20 多个构件。这 149 个区段由 150 个截面分隔，将这 150 个截面从跨中开始分别向两端编号，左侧编号从－1 到－75，右侧编号从＋1 到＋75，如图 11.12 所示。损伤区域定位的目标就是从上述划分的 149 个区段中找出包含损伤构件的区段。区段的位置由该区段左右的两个截面确定，而截面的位置由截面编号定义。因此，损伤区域定位就是确定与损伤区域相联系的截面编号。

另外，在用斜拉索索力指标识别损伤区域时，是根据斜拉索沿桥面分布来划分区域

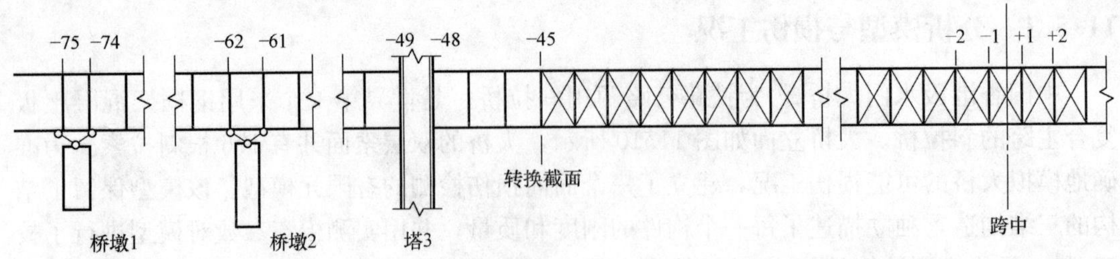

图 11.12　桥面结构（示意图）截面编号

的。桥面区域的位置是由斜拉索的位置来指示的，而斜拉索的位置是由斜拉索的编号定义的。沿桥面纵向共有 88 对斜拉索。从跨中开始分别向两侧对每一对斜拉索编号。左侧编号从−1 到−44，右侧编号从+1 到+44。在用索力指标识别损伤区域的方法中，就是要确定与损伤区域相联系的斜拉索编号。

所模拟的 12 种发生于桥面结构或与桥面结构紧密联系的损伤工况，以及与这些损伤工况对应的桥面截面编号和斜拉索编号一并列入表 11.8。这些损伤工况是基于详细的结构易损性分析确定的，并将可能发生的最大损伤程度定义为 100%。

模拟的损伤工况　　　　**表 11.8**

损伤工况	说　明 （将可能发生的最大损伤定义为 100%）	损伤位置	
		截面编号	索编号
4A	桥墩 1 处一竖向支撑的刚度损失 100%	−75，−74	−44
4B	桥墩 1 处侧向约束能力损失 100%	−75，−74	−44
4C	桥墩 1 上部横梁的刚度损失 90%	−75，−74	−44
5A	桥墩 2 处一竖向支撑的刚度损失 100%	−62，−61	−32
5B	桥墩 2 处侧向约束能力损失 100%	−62，−61	−32
6A	塔 3 对桥面的两侧竖向支撑之一的刚度损失 100%	−49，−48	−22，−23
6B	塔 3 中部横梁的刚度损失 90%	−49，−48	−22，−23
7A	塔 4 与桥面间的联结面积损失 30%	48，49	22，23
8A	转换截面处桥面外侧腹板的刚度损失 100%	44，45	22
8B	转换截面处桥面外腹板和下部混凝土板刚度损失 100%	44，45	22
9A	跨中桥面外部腹板和下部混凝土板的刚度损失 100%	−1，1	−1，1
9B	跨中桥面下部纵梁和下部混凝土板的刚度损失 100%	−1，1	−1，1

11.5.2　基于频率的损伤预警

根据模态分析结果，大桥的振动模态分为五类，即：(1) 桥面竖向弯曲模态；(2) 桥面侧向弯曲和扭转模态；(3) 桥塔主导模态；(4) 斜拉索局部模态；(5) 其他模态。

上述模态分类为结构异常检测（Anomaly Detection）而构造神经网络提供了依据。将斜拉索的局部模态（第四类）与其他模态（第五类）合并为一类，然后对每一类模态建立一个神经网络用来损伤预警。第一个神经网络针对桥面竖向弯曲模态的固有频率；第二个神经网络针对桥面侧向弯曲和扭转模态的固有频率；第三个神经网络针对桥塔主导模态的固有频率；第四个神经网络针对斜拉索的局部模态（第四类）与其他模态（第五类）的固有频率。每个网络的结构和采用的输入频率组合都不相同。各损伤工况下，结构各阶模态频率中最大相对变化率如表 11.9 所列。

损伤引起的固有频率变化 表 11.9

损伤工况	频率最大变化率（%）	损伤工况	频率最大变化率（%）
Case 4A	−10.95406	Case 6B	−2.88942
Case 4B	−2.38839	Case 7A	−2.84974
Case 4C	−0.44459	Case 8A	−1.59890
Case 5A	−9.91563	Case 8B	−5.24952
Case 5B	−10.87474	Case 9A	−8.65506
Case 6A	−7.86763	Case 9B	−0.14579

用所建立的有限元模型对 12 种损伤工况进行模拟计算，然后，将获得的结构自振频率加上均值为零，偏差为 0.005 的正态分布的随机序列来模拟形成测量数据序列。对每一种损伤工况，将四种不同类型模态的固有频率分别应用于四个神经网络。四个神经网络对每种损伤工况产生四个新异指标序列。相应的四个门槛值分别如下：$\delta_{\mathrm{I}}=0.018569$ $\delta_{\mathrm{II}}=0.014700$ $\delta_{\mathrm{III}}=0.013005\delta_{\mathrm{IV}}=0.020314$。四个新异指标对 12 种损伤工况的预警结果总结于表 11.10。工况 5B 的预警结果如图 11.13 所示。

四个新异指标对 12 种损伤工况的预警结果 表 11.10

指标编号	4A	4B	4C	5A	5B	6A	6B	7A	8A	8B	9A	9B
1	√	×	×	√	×	√	×	×	×	√	√	×
2	√	√	×	√	√	√	√	×	√	√	√	×
3	√	×	×	√	×	×	×	√	×	×	√	×
4	√	√	×	√	√	√	√	√	×	√	√	×

注：‘√’：预警；‘×’：未预警。

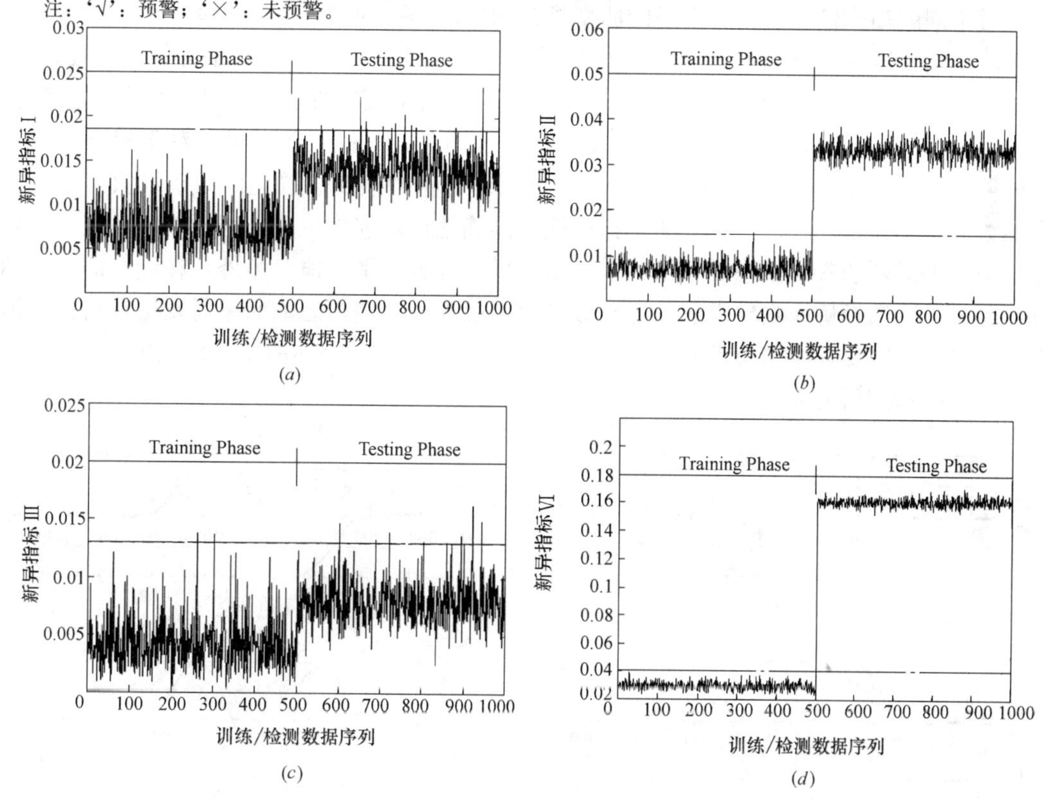

图 11.13 损伤工况 5B 的四个损伤指标

上面对 12 种可能的损伤工况是按最大可能的损伤程度模拟的，实际的损伤程度可能要相对小一些。从表 11.9 和 11.10 的对照，可以看到损伤预警结果与损伤结构的频率变化程度是密切相关的。损伤结构的频率变化程度是结构损伤程度的一个量度。现将 12 种损伤工况的损伤程度减小到原来的 60%，来考察四个神经网络对 12 种损伤工况预警的变化。从表 11.11 所示的结果可见，预警率已相应下降。如果把四个新异指标中有一个对损伤进行了预警就认为是一次正确预警的话，那么，损伤程度降低到原来的 60%时，预警率由原来的 10/12（83%）降低到 9/12（75%）。预警率的降低同损伤程度的降低比较显然是较小的，这应归功于采用四个神经网络来产生四个不同的新异指标这一策略。

损伤程度为原来的 60%时的 12 种损伤工况的预警结果　　**表 11.11**

指标编号	4A	4B	4C	5A	5B	6A	6B	7A	8A	8B	9A	9B
1	√	×	×	√	×	√	×	×	×	√	√	×
2	√	√	×	√	√	√	×	×	×	√	√	×
3	√	×	×	×	×	×	×	√	×	×	×	×
4	√	×	×	√	√	√	√	×	×	×	×	×

注：'√'：预警；'×'：未预警。

11.5.3　基于模态曲率的损伤识别

1. 模态的选取

对不同的损伤位置，各阶模态的曲率指标的性能是不同的，很难选择一个模态来计算模态曲率指标以对所有的可能损伤工况给予较好的指示。图 11.14 所示为第 1、3、6、8 阶模态的桥面竖向振型分量。图 11.15 所示为上述四个模态在损伤工况 9B 中的曲率指标。由于在 9B 中损伤发生在跨中，从图 11.14 和图 11.15 的对照可见，对于拐点接近损伤位置的第 3、第 6 阶振型，其曲率指标不能指示正确的损伤位置。而对于极值点接近损伤位置的第 1 和第 8 阶振型，其曲率指标能够准确地指示损伤位置。为了能够适应各种可能的损伤工况，通常，模态曲率指标取由多个模态计算的平均值。另外，在计算曲率指标时，要尽可能选择桥面主导模态的主导分量，一般来说这些模态的曲率对发生在桥面的损伤比较灵敏。同时，所选模态要尽量使波形具有互补性，如上述的第 1、8 模态在波形上与第 3、6 模态互补。

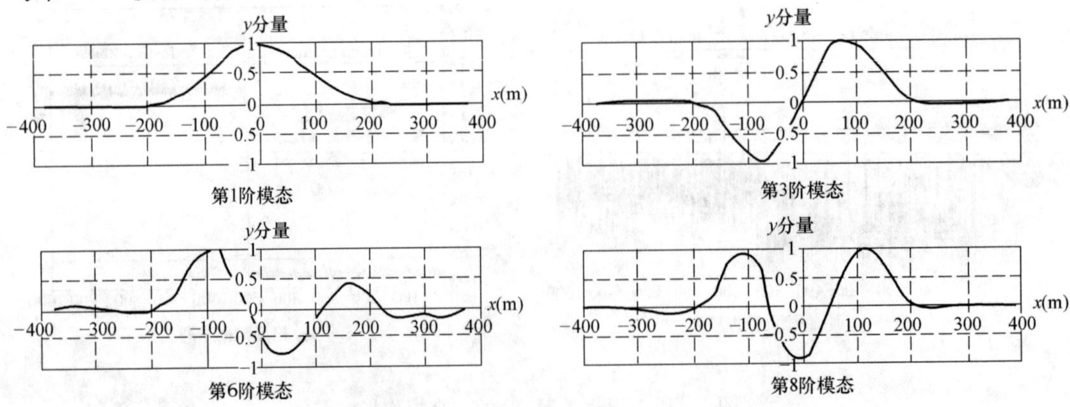

图 11.14　第 1、3、6、8 阶模态在桥面的竖向分量

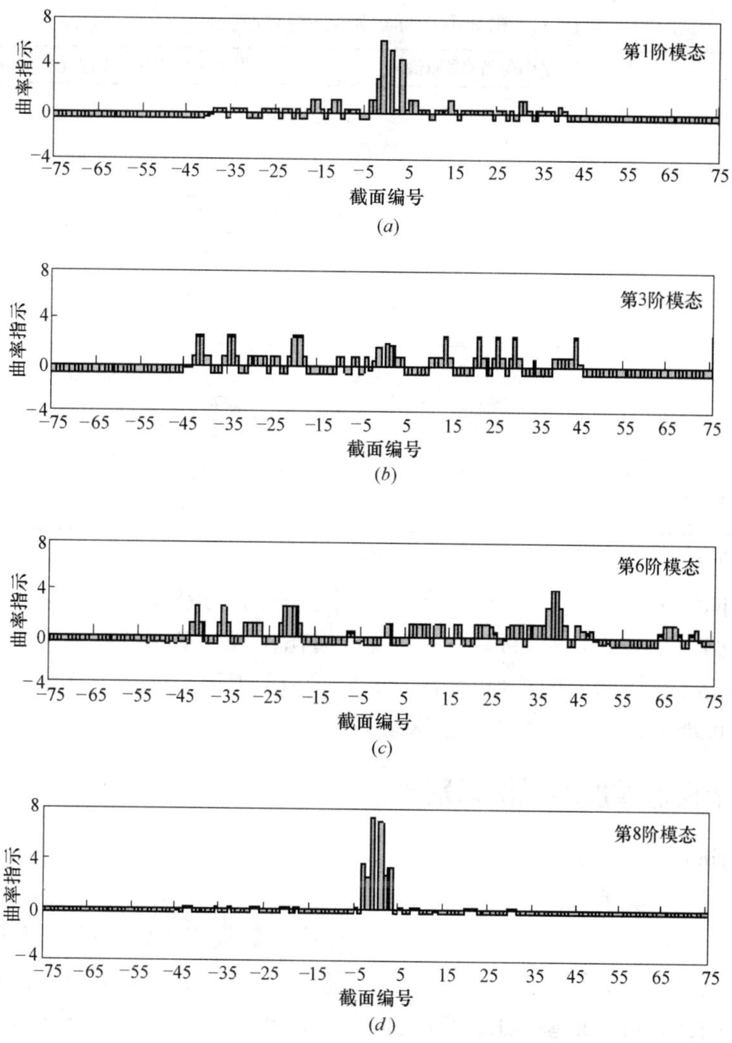

图 11.15 由第 1、3、6、8 阶模态在桥面的竖向分量计算的损伤工况 9B 的曲率指标

当桥面结构发生损伤后，各阶模态都将发生相应的变化，但是以桥面结构为主导的模态通常具有更高的灵敏度和更好的损伤位置指示性能。在以下的研究中，选择了 5 个桥面主导模态，它们分别是第 1、2、3、6、8 阶模态，其中第 1、3、6、8 阶模态为桥面竖向弯曲模态，第 2 阶模态是桥面侧向弯曲模态。以下所提到的模态曲率指标是根据这 5 个模态计算的曲率指标的平均值。

2. 损伤工况识别

根据当截面的 Z-value 最大且大于 3 的标准，将模态曲率指标对上述 12 种损伤工况的损伤区域识别结果总结于表 11.12 中。我们看到就模拟的 12 种损伤工况，模态曲率指标对损伤区域的正确识别率为 7/12。这 12 种损伤工况中，4A～6B 的 7 种损伤都发生在桥面的支承体系（桥面与桥墩或桥塔的连接构件）。对这 7 种损伤工况，正确识别的仅有两种，不能正确识别的 5 种情况全部发生在这 7 种情况中。7A～9B 的 5 种损伤均发生在桥面结构本身，模态曲率指标均给予了正确识别。因此，就本例而言，模态曲率指标对桥面本身的损伤识别比对桥面支承体系的损伤识别效果好得多。

由曲率指标识别的损伤位置　　表 11.12

损伤工况	实际损伤位置(截面编号)	曲率指标识别的损伤位置(截面编号)	
4A	−75,−74	−75,−74	√
4B	−75,−74	—	×
4C	−75,−74	−75,−74	√
5A	−62,−61	—	×
5B	−62,−61	—	×
6A	−49,−48	−44	×
6B	−49,−48	—	×
7A	48,49	48,49	√
8A	44,45	43,44	√
8B	44,45	44,45	√
9A	−1,1	−1,1	√
9B	−1,1	−1,1	√

注：‘—’识别为无损伤；‘×’错误识别；‘√’正确识别，下同。

沿桥面不同的纵向线在一个截面上计算多个模态曲率指标，这样就可以获得曲率指标在整个桥面上的二维分布，它可以更好地指示损伤位置。篇幅所限，仅选择几个损伤工况，给出曲率指标在桥面上的二维分布，如图 11.16 所示。根据损伤指标的桥面平面分布，使我们有可能将损伤定位在更小的区域内。

11.5.4　基于模态柔度的损伤识别

1. 模态的选取

对柔度的精确计算要用到全部的模态参数。然而，在实践中对大型工程结构能够测量到的模态是十分有限的。因此，结构的柔度只能由少数模态参数进行近似计算。由于各阶模态对柔度的贡献和固有频率的平方成反比，随着模态阶数的增加，模态参数对柔度的影响迅速减小。因此，可以期望应用少数的前若干阶模态参数来获得模态柔度较好的近似值。而低阶模态参数也是在实际中最容易测量的，这也是模态柔度计算同模态刚度计算相比的一个主要优点。

那么，对一个具体结构，采用多少模态，以及采用哪些模态来计算模态柔度可以获得足够的精度呢？为此，就下列几种模态组合对模态柔度进行了计算比较，这几种模态组合是：(1) 前 3 阶模态；(2) 前 5 阶模态；(3) 第 1、2、3、6、8 阶模态；(4) 前 7 阶模态；(5) 前 10 阶模态。

在桥面 150 个截面上，分别按上述 5 种模态组合计算了桥面结构的近似模态柔度，模态柔度沿桥面的分布如图 11.17 所示。

我们希望测量前几个模态就能获得可以接受的模态柔度。为此，假设由前 10 阶模态计算的模态柔度已经具有足够的精度。将其余 4 种模态组合的柔度与前 10 阶模态柔度进行比较，希望从中找出模态柔度与前 10 阶模态柔度差别较小、所用模态数尽可能少的模态组合，目的是尽量减小对测量的要求。图 11.18 所示为前 4 种不同模态组合相对前 10 阶模态的桥面柔度相对误差堆积图。可见，用前 3 阶模态和用前 5 阶模态所计算的模态柔度相对前 10 阶模态柔度的误差基本上是一样的。说明增加第 4 和第 5 阶模态，基本上不

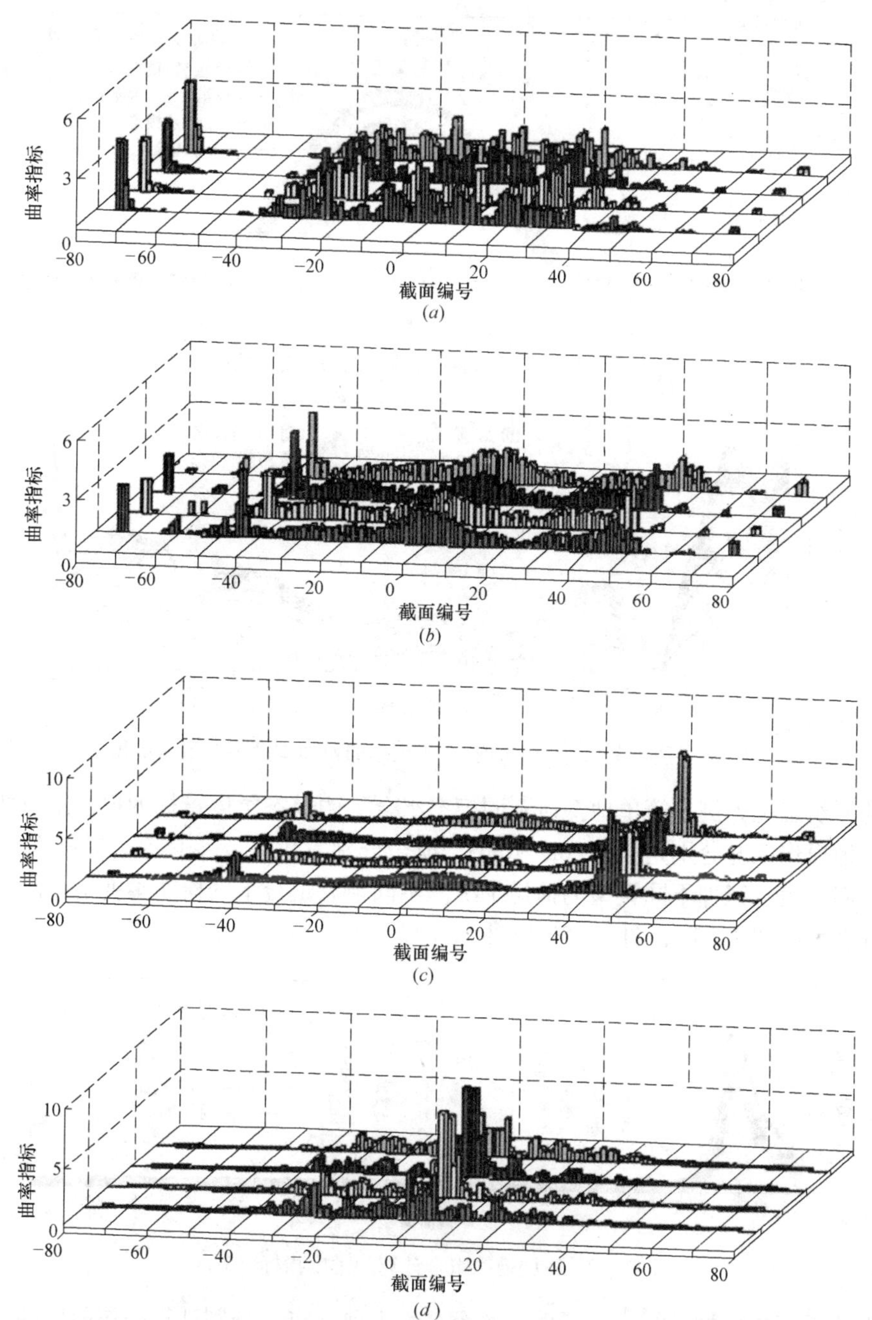

图 11.16 模态曲率指标在桥面上的二维分布
(a) 损伤工况 4C；(b) 损伤工况 5A；(c) 损伤工况 8B；(d) 损伤工况 9B

能提高桥面结构模态柔度的精度。此外，从总体上看，用第 1、2、3、6、8 阶模态和用前 7 阶模态计算的模态柔度相对前 10 阶模态柔度的误差也是基本一样的，说明选用恰当的模态来计算模态柔度可以弥补模态数量的不足。通过比较，选用第 1、2、3、6、8 阶模态来计算模态柔度是比较恰当的。

为了使模态柔度指标对各可能的损伤工况有较好的损伤位置指示效果，下面以三种不

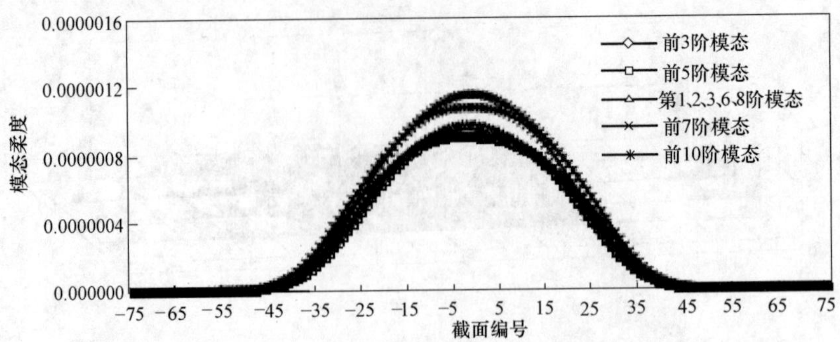

图 11.17 不同数目模态计算的桥面柔度值

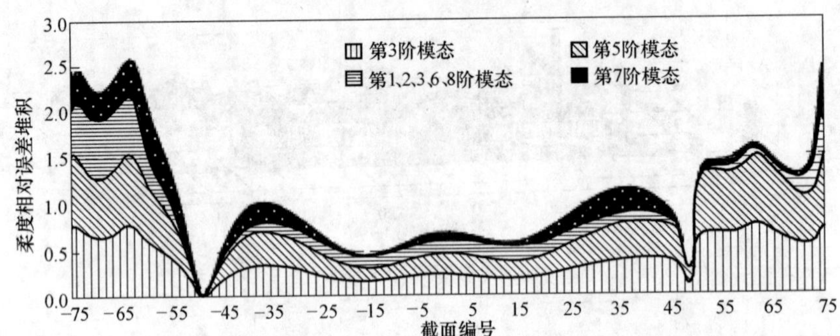

图 11.18 不同模态组合相对前 10 阶模态的桥面柔度相对误差堆积图

同类型的损伤工况为例，简单地探讨不同模态组合下的模态柔度指标的损伤定位效果。所选取的三种损伤工况分别是 5A、8B 和 9B，损伤分别发生在支承体系、转换截面和跨中截面，它们代表了三种不同类型的损伤工况。不同模态组合下的模态柔度指标沿桥面纵向的分布分别示于图 11.19、图 11.20 和图 11.21。

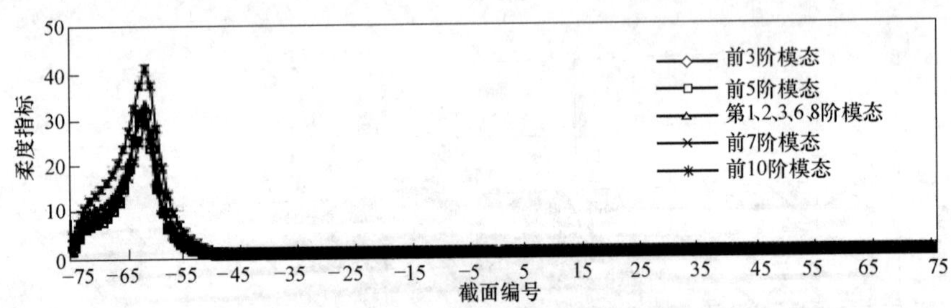

图 11.19 不同模态组合计算的柔度指标（5A）

在上述柔度指标的计算中，桥面的每个截面上取一点，分别计算损伤前后的桥面结构各点的竖向模态柔度分量，然后计算模态柔度指标。之所以选取各点竖向的模态柔度分量，是因为考虑到比较容易测量的桥面前几阶模态多数以桥面结构的竖向弯曲为主导，因此竖向模态对模态柔度的贡献会相对较大。

为更清楚地描述不同模态组合的差异，就上述三种损伤工况，计算了前 4 种模态组合的模态柔度指标相对前 10 阶模态的柔度指标的绝对误差。绝对误差沿桥面的分布分别示于图 11.22、图 11.23 和图 11.24。从上述综合结果可以看到，第 1、2、3、6、8 阶模态的组合仍然是一种较为理想的组合。对损伤工况 5A 和 8B，这种组合与前 7 阶模态的组合

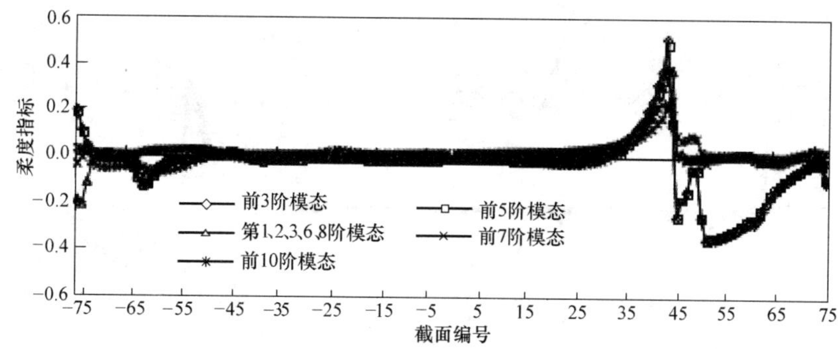

图 11.20 不同模态组合计算的柔度指标（8B）

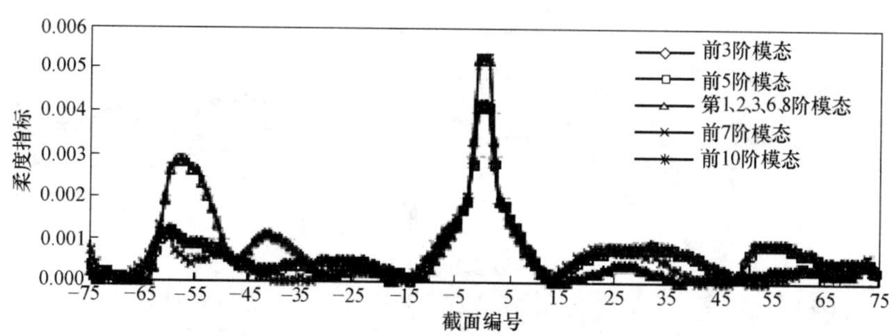

图 11.21 不同模态组合计算的柔度指标（9B）

所产生的误差基本一样。而对于损伤工况 9B，第 1、2、3、6、8 阶模态的组合与前 10 阶模态的组合效果几乎完全一样。这是因为模态柔度指标是采用竖向柔度分量构造的，而第 1、3、6、8 阶模态均为竖向弯曲模态。综合上述分析结果，用第 1、2、3、6、8 阶模态的组合来计算模态柔度是既经济又有效的。

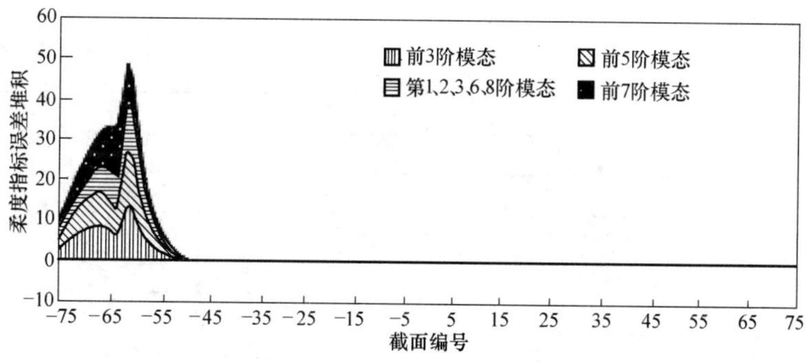

图 11.22 不同模态组合相对前 10 个模态计算的柔度指标绝对误差堆积图（5A）

2. 损伤工况识别

根据前面的分析，下面采用第 1、2、3、6、8 阶模态组合来计算模态柔度指标，对 12 种损伤工况进行损伤定位。仍然是在桥面的每个截面上取一点，分别计算损伤前后的桥面结构各点的竖向模态柔度分量，然后计算模态柔度指标。根据损伤指标的最大值不小于 3 为有效的损伤位置指示的原则，把模态柔度指标对 12 种损伤工况的损伤位置的指示结果总结于表 11.13 中。

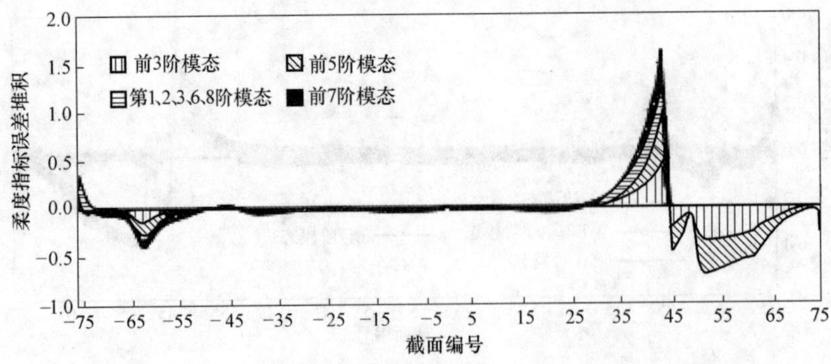

图 11.23　不同模态组合相对前10个模态计算的柔度指标绝对误差堆积图（8B）

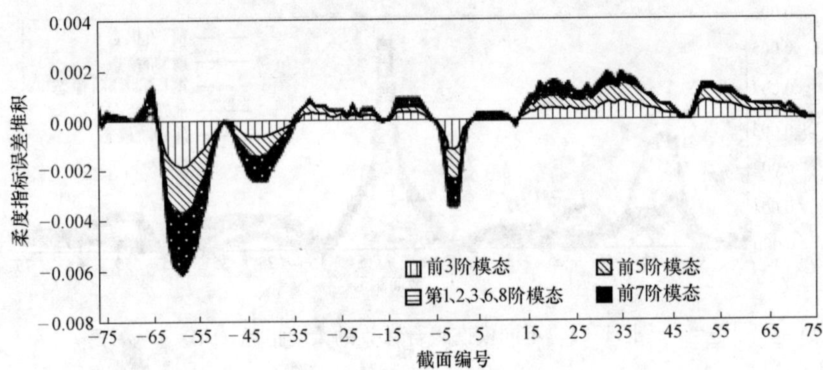

图 11.24　不同模态组合相对前10个模态计算的柔度指标绝对误差堆积图（9B）

柔度指标识别的损伤位置　**表 11.13**

损伤工况	实际损伤位置(截面编号)	柔度指标识别的损伤位置(截面编号)	
4A	−75,−74	−75,−74	√
4B	−75,−74	−75,−74	√
4C	−75,−74	−75,−74	√
5A	−62,−61	−62,−63	√
5B	−62,−61	−61	√
6A	−49,−48	−61,−62,−47,−48	√
6B	−49,−48	−61,−49	√
7A	48,49	48,49	√
8A	44,45	47,48	×
8B	44,45	−75,−74	×
9A	−1,1	—	×
9B	−1,1	−1,1	√

从表11.13可以看到，模态柔度指标对12种损伤工况的损伤位置的正确识别率为9/12。对损伤发生在支承体系的损伤工况下的损伤位置，都给予了正确识别。不能正确识别的损伤工况有三种，它们的损伤均发生在桥面结构本身。这一结果同模态曲率指标的识别结果有明显的不同。

实际上，在上述计算中，柔度指标是在桥面各截面上的4点取的平均值。同模态曲率指标类似，我们在桥面一个截面上的多个点上分别计算模态柔度指标，这样就可以获得柔度指标在整个桥面上的二维分布，它可以更好地指示损伤位置。篇幅所限，仅选择几个损伤工况，给出柔度指标在桥面上的二维分布，如图 11.25 所示。从这些二维分布图可见，对某些损伤工况柔度指标亦可以沿桥面横向清楚地指示损伤位置。

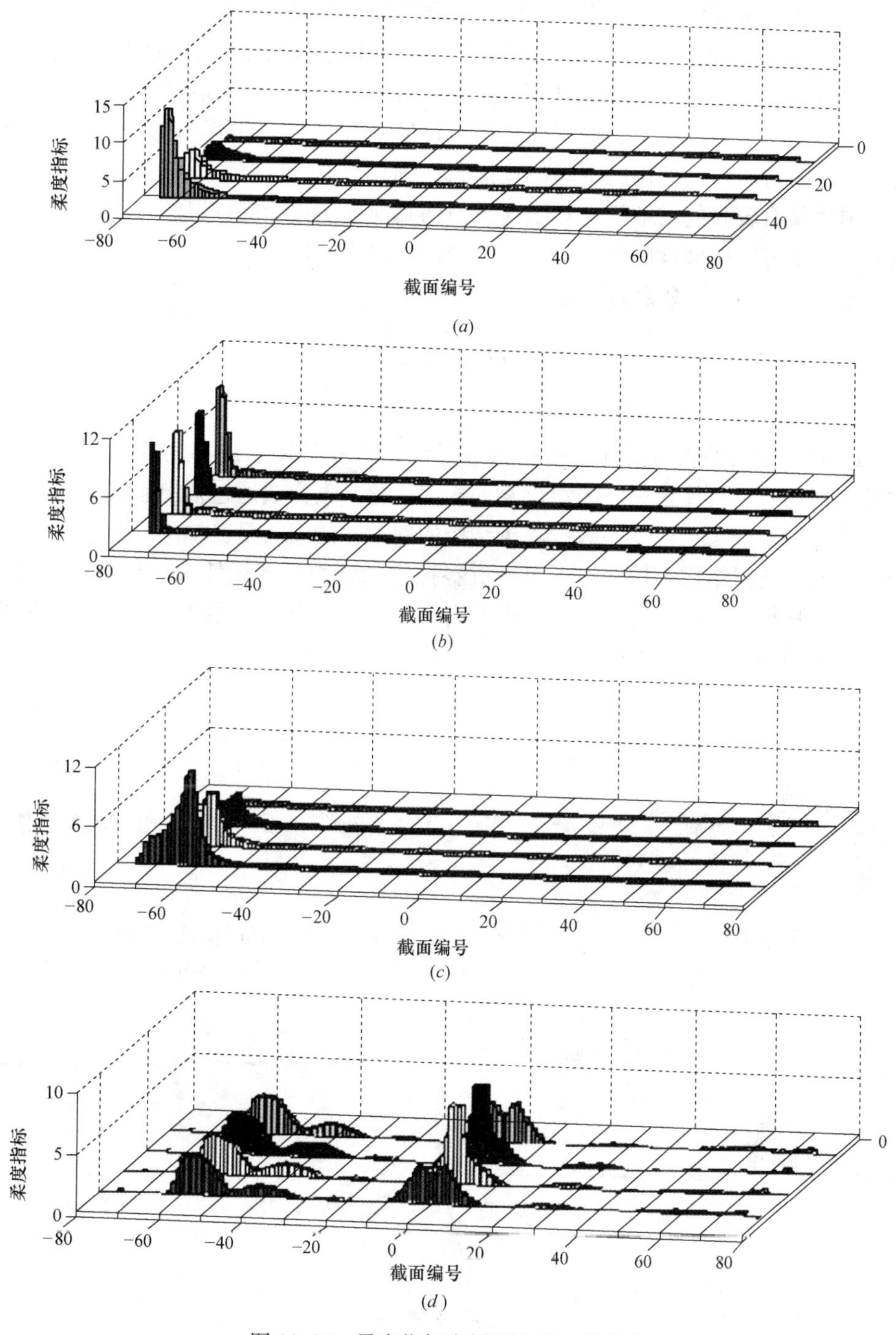

图 11.25 柔度指标在桥面上的二维分布

(a) 损伤工况 4A；(b) 损伤工况 4C；(c) 损伤工况 5A；(d) 损伤工况 9B

11.5.5 基于索力的损伤识别

1. 索力指标及损伤识别

当桥面结构的某部位发生损伤时，通常将导致与该位置相联系的斜拉索的索力变化。由于斜拉索直接与桥面位置相联系，因此，有理由期望根据斜拉索索力变化来确定桥面结构损伤的位置。索力指标（Cable Tension Index）作为损伤定位指标是作者首次提出的[24]，它的优点是（1）斜拉索索力可直接测得或由索的局部振动的基本频率确定，而测量索的频率要比测量桥的频率和振型容易得多且易于获得较高精度；（2）斜拉索是沿桥面分布的，索本身含有桥面结构的空间位置信息；（3）索力指标对发生在索上下锚固装置和索本身的损伤具有较高的灵敏度，对于这类损伤其他损伤指标都难以给予正确地识别。此外，该方法可十分方便地推广应用于悬索桥的桥面损伤定位。

指示损伤位置的第 i 个索力指标定义为：

$$I_{\mathrm{T}}(i)=\frac{T_i^{\mathrm{d}}-T_i^{\mathrm{u}}}{T_i^{\mathrm{u}}} \tag{11.68}$$

其中，T_i^{u} 和 T_i^{d} 分别为发生损伤前后第 i 个索的索力。

式（11.68）定义的索力指标是斜拉索编号的函数。斜拉索沿桥面纵向分布，当桥面某位置发生损伤时，将导致相应的斜拉索的索力变化。索力或通过监测系统获得，或通过后续的测试（如振动法）得到。假设健康结构的斜拉索的索力是已知的，再通过对斜拉索的监测或测量，获得结构未知状态下每一根斜拉索的索力。然后按式（11.68）计算索力指标。对每一种损伤工况，可绘出索力指标沿桥面纵向的分布。限于篇幅，这里仅选择 4 个具有代表性的损伤工况，如图 11.26 所示。将模拟的 12 种实际损伤工况与索力指标的识别结果总结于表 11.14 中。

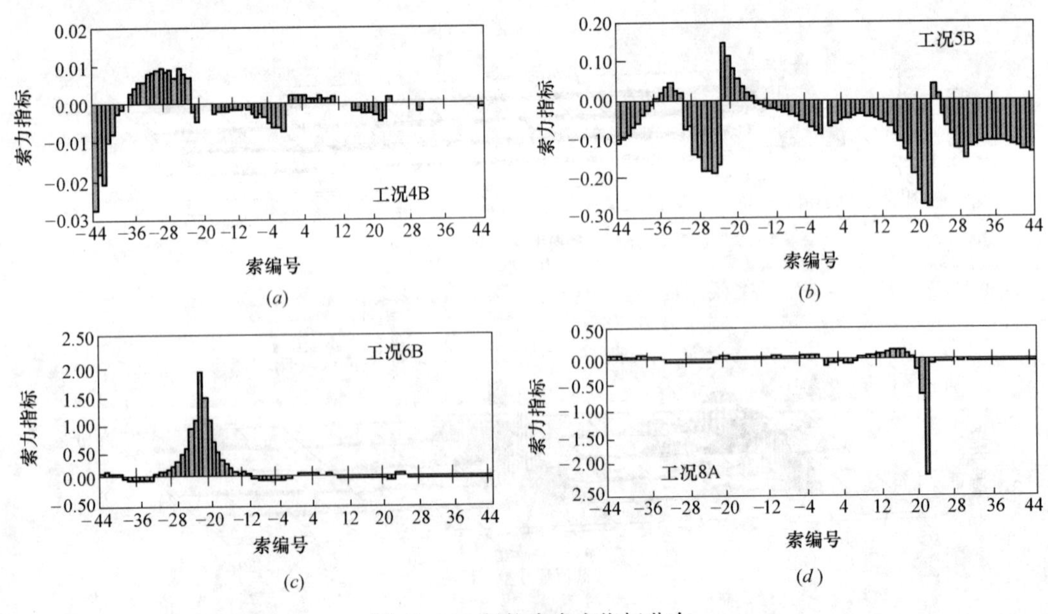

图 11.26　斜拉索索力指标分布

在模拟的 12 种损伤工况中，对损伤工况 4C 的识别稍有些含糊，指示出两处可能的损伤，即－44 号索和－29 号索。这种情况下，可以认为损伤可能发生在－44 号斜拉索处，也可能发生在－29 号索出，或可能同时发生在－44 号索和－29 号索处。这里不妨对 4C 的情况认定为正确识别，因为当识别出两个可能的损伤位置时，不难通过进一步的测量和诊断来确定真实的损伤工况。对 6A、6B、7A、8A、8B 五种损伤工况，斜拉索索力指标能够十分肯定地指出正确的损伤位置。对损伤工况 9B，在此被认定为识别错误，因为斜拉索索力指标的最大值毕竟不在真实的损伤位置上。但是，如果我们放宽一点标准，也可以认为它是正确的，因为指示的损伤位置（－2，＋2）已经将真实的损伤位置（－1，＋1）限定在一个比较小的范围了。

由索力指标识别的损伤位置　　　　**表 11.14**

损伤工况	实际损伤工况		索力指标识别的损伤位置（索号）	
	损伤类型	位置(索号)		
4A	墩 1 处一竖向支撑	－44	－44	√
4B	墩 1 处侧向约束	－44	－44	√
4C	墩 1 上部横梁	－44	－44,－29	√
5A	墩 2 处一竖向支撑	－32	－28	×
5B	墩 2 处侧向约束	－32	22	×
6A	塔 3 两侧竖向支撑	－22,－23	－22	√
6B	塔 3 中部横梁	－22,－23	－22	√
7A	塔 4 与桥面间的联结	22,23	22	√
8A	转换截面处桥面外侧腹板	22	22	√
8B	转换截面外腹板和下部混凝土板	22	22	√
9A	跨中外部腹板和下部混凝土板	－1,1	－1,1	√
9B	跨中下部纵梁和下部混凝土板	－1,1	－2,2	×

2. 索力指标的损伤敏感性

相对原来的损伤，将损伤程度逐步降低来考察斜拉索索力指标对损伤程度的敏感性。将损伤程度分别减小到原来的 90％、75％、60％和 50％，在这些损伤程度下，分别计算 12 种损伤工况的斜拉索索力指标。篇幅所限，现仅将损伤工况 6B、8A 的计算结果示于图 11.27 中，借以观察索力指标随损伤程度的变化情况。全部12 种损伤工况在 90％和

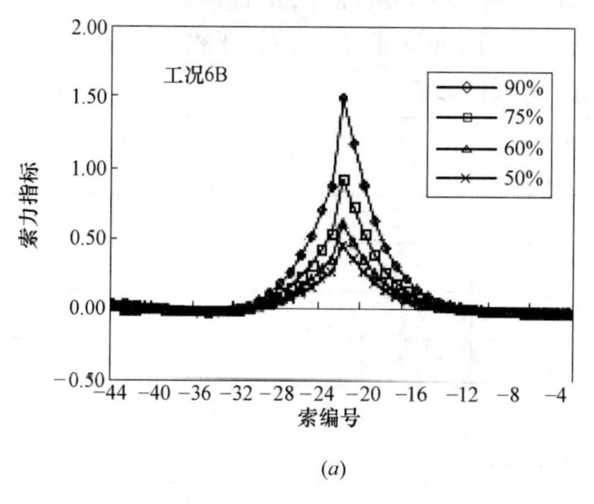

(*a*)

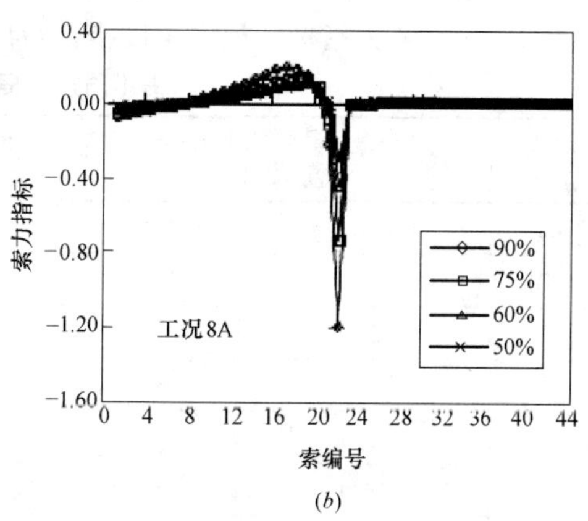

(*b*)

图 11.27　不同损伤程度的索力指标（局部）

60%损伤程度下的损伤位置识别结果列于表 11.15 中。我们发现至少到 60%时，索力指标对原来正确定位的 9 种损伤工况仍然保持正确的位置识别。这些结果表明，索力变化作为损伤位置的指标对不同损伤程度是相对稳定的。

不同损伤程度下索力指标的损伤识别结果　　**表 11.15**

损伤工况	实际损伤位置（索编号）	索力指标识别结果		
		原损伤程度	原损伤程度的 90%	原损伤程度的 60%
4A	−44	√	√	√
4B	−44	√	√	√
4C	−44	√	√	√
5A	−32	×	×	×
5B	−32	×	×	×
6A	−22,−23	√	√	√
6B	−22,−23	√	√	√
7A	22,23	√	√	√
8A	22	√	√	√
8B	22	√	√	√
9A	−1,1	√	√	√
9B	−1,1	×	×	×

斜拉索索力指标概念简明，对不同的损伤工况表现了较好的灵敏性，对模拟的 12 中损伤工况的损伤位置的正确识别率达到 75%。同时该指标对损伤程度呈现较好的稳定性，这有利于实现对结构损伤的早期诊断。斜拉桥的拉索与悬索桥的吊杆在空间分布和力学特性上是十分相似的，因此，该方法可十分方便地推广应用于悬索桥的桥面损伤定位。

11.5.6　三个指标的比较

1. 一般性比较

将上述三指标对模拟的 12 种损伤工况的损伤位置识别结果汇总于表 11.16。可见，模态曲率指标与模态柔度指标对不同的损伤工况在损伤定位上显现一定的互补性。损伤发生在桥面支撑体系时，柔度指标明显好于曲率指标。而损伤发生于主跨结构时，曲率指标好于柔度指标。这意味着对不同类型的损伤工况宜选用不同的损伤指标。就所模拟的 12 种损伤工况，索力指标和模态柔度指标给出了相同的正确识别率，并好于模态曲率指标。

由不同损伤指标识别的损伤位置　　**表 11.16**

损伤工况	曲率指标识别的损伤位置（截面编号）		柔度指标识别的损伤位置（截面编号）		索力指标识别的损伤位置（索编号）	
4A	−75,−74	√	−75,−74	√	−44	√
4B	—	×	−75,−74	√	−44	√
4C	−75,−74	√	−75,−74	√	−44,−29	√
5A	—	×	−62,−63	√	−28	×
5B	—	×	−61	√	22	×
6A	−44	×	−61,−62,−47,−48	√	−22	√
6B	—	×	−61,−49	√	−22	√

续表

损伤工况	曲率指标识别的损伤位置（截面编号）		柔度指标识别的损伤位置（截面编号）		索力指标识别的损伤位置（索编号）	
7A	48,49	√	48,49	√	22	√
8A	43,44	√	47,48	×	22	√
8B	44,45	√	−75,−74	×	22	√
9A	−1,1	√	—	×	−1,1	√
9B	−1,1	√	−1,1	√	−2,2	×

2. 损伤程度的影响

为探讨三指标对损伤程度的敏感性，就 12 种损伤工况，将损伤程度分别减小到原来的 90%和 60%。三指标对两种损伤程度的识别结果列于表 11.17。结果表明，索力指标对不同损伤程度表现最为稳定。当损伤程度降至原来的 60%时，索力指标仍保持原来的正确识别率，而模态曲率指标和模态柔度指标的正确识别率均由所下降。

3. 噪声的影响

为探讨噪声对三指标的影响，将自振频率和振型数据按下式施加噪声：

$$p_i = p_i^{a}(1+\varepsilon R) \tag{11.69}$$

其中 p_i 为被噪声侵蚀的模态参数；p_i^{a} 为数值模拟的原始模态参数；ε 为用百分比表示的噪声水平；R 为 [−1，+1] 上正态分布的随机变量。

损伤程度对不同损伤指标的影响 **表 11.17**

损伤工况	损伤指标识别结果					
	原损伤程度的 90%			原损伤程度的 60%		
	曲率指标	柔度指标	索力指标	曲率指标	柔度指标	索力指标
4A	×	√	√	×	√	√
4B	×	√	√	×	√	√
4C	√	√	√	√	√	√
5A	×	√	×	×	√	×
5B	×	√	×	×	×	×
6A	×	√	√	×	√	√
6B	×	√	√	×	√	√
7A	√	√	√	×	√	√
8A	√	×	√	√	×	√
8B	√	×	√	√	×	√
9A	√	×	√	√	×	√
9B	√	√	×	√	√	×

分别考虑了两种噪声水平，即 $\varepsilon=1\%$ 和 $\varepsilon=5\%$。施加噪声后，三指标对 12 种损伤工况的识别结果列于表 11.18。可见，模态柔度指标的抗噪声能力最好，模态曲率指标的抗噪声能力最差。对 1%的噪声水平，模态曲率指标对所模拟的情况，基本失效。

噪声对损伤指标的影响　　表 11.18

损伤工况	损伤指标识别结果					
	噪声水平 1%			噪声水平 5%		
	曲率指标	柔度指标	索力指标	曲率指标	柔度指标	索力指标
4A	×	√	√	×	√	×
4B	×	√	×	×	√	×
4C	×	√	×	×	√	×
5A	×	√	×	×	√	×
5B	×	√	×	×	√	×
6A	×	√	√	×	×	√
6B	×	√	√	×	×	×
7A	×	√	√	×	√	×
8A	×	×	√	×	×	×
8B	√	×	√	×	×	√
9A	√	×	×	√	×	×
9B	×	×	×	×	×	×

4. 测点数的影响

为探讨测点数对曲率和柔度指标的影响，假设沿桥面模态数据“测量”点由 150 个减少到 76 个。两指标对 12 种损伤工况在 150 和 76 个测点下的识别结果列于表 11.19。可见，随着测点数的减少，曲率指标对损伤发生在支承体系的损伤工况无一能够正确识别。相对来说，柔度指标还是要好于曲率指标。

测点数对曲率和柔度指标的影响　　表 11.19

损伤工况	实际损伤位置		损伤指标识别结果			
	截面编号	索编号	150 测点		76 测点	
			曲率指标	柔度指标	曲率指标	柔度指标
4A	−75,−74	−44	√	√	×	√
4B	−75,−74	−44	×	√	×	√
4C	−75,−74	−44	√	√	×	√
5A	−62,−61	−32	×	√	×	√
5B	−62,−61	−32	×	√	×	√
6A	−49,−48	−22,−23	×	√	×	√
6B	−49,−48	−22,−23	×	√	×	×
7A	48,49	22,23	√	√	√	√
8A	44,45	22	√	×	√	×
8B	44,45	22	√	×	√	×
9A	−1,1	−1,1	√	×	√	×
9B	−1,1	−1,1	√	√	√	√

从上述研究所获得的结果，得到如下结论：(1) 曲率和柔度指标在损伤定位上显现一定的互补性。损伤发生在桥面支撑体系时，柔度指标明显好于曲率指标。而损伤发生于主跨结构时，曲率指标好于柔度指标。这意味着对不同类型的损伤工况宜选用不同的损伤指标；(2) 同曲率和柔度指标比较，索力指标对不同的损伤程度呈现较好的稳定性；(3) 对大多数损伤工况，柔度指标的抗噪性最好，曲率指标最差；(4) 曲率指标比柔度指标对测量数据的数量更敏感。

11.5.7 基于神经网络的损伤工况识别

1. 基于整体模态参数

现在用上述神经网络方法对 12 种损伤工况（模式）进行模拟研究。首先对 12 种损伤工况分别就 5 种不同的损伤程度计算结构的模态参数。将损伤程度为 50%、60%、90%、100%的模拟数据用于网络训练，将损伤程度 75%的模拟数据作为“实测”数据用来检验训练好的网络的模式识别效果。这样网络的训练数据一共有 48 组，分属于 12 种模式。输入向量由大桥的整体模态参数构造。这里是按下述方式构造输入向量的：

$$\{\text{Input}\}=\{F_1\ F_2\cdots\ F_m\ \boldsymbol{\Phi}_1\ \boldsymbol{\Phi}_2\cdots\boldsymbol{\Phi}_n\} \tag{11.70}$$

其中 $F_i(i=1, 2, \cdots, m)$ 为由所选自振频率构造的元素，$\boldsymbol{\Phi}_i$ $(i=1, 2, \cdots, n)$ 为由所选振型参数构造的向量。

F_i 按下列方式定义：

$$F_i=\frac{\tilde{f}_i}{\sum_{j=1}^{m}\tilde{f}_j} \tag{11.71}$$

其中 $\tilde{f}_i(i=1, 2, \cdots, m)$ 为第 i 个被选（非第 i 阶）固有频率损伤前后的变化率：

$$\tilde{f}_i=\frac{f_{\mathrm{d}i}-f_{\mathrm{u}i}}{f_{\mathrm{u}i}} \tag{11.72}$$

$\boldsymbol{\Phi}_i$ 按下列方式定义：

$$\boldsymbol{\Phi}_i(k)=\frac{\tilde{\boldsymbol{\varphi}}_i(k)}{\sum_{j=1}^{n}|\tilde{\boldsymbol{\varphi}}_j(k)|} \tag{11.73}$$

其中 $\tilde{\boldsymbol{\varphi}}_i$ $(i=1, 2, \cdots, n)$ 为所选的第 i 个模态按下式计算的损伤指标：

$$\tilde{\boldsymbol{\varphi}}_i=\frac{\boldsymbol{\varphi}_{\mathrm{d}i}-\boldsymbol{\varphi}_{\mathrm{u}i}}{f_{\mathrm{u}i}^2} \tag{11.74}$$

这里 $f_{\mathrm{u}i}$ 为健康结构所选的第 i 个模态的固有频率；$\boldsymbol{\varphi}_{\mathrm{u}i}$ 和 $\boldsymbol{\varphi}_{\mathrm{d}i}$ 分别为健康结构和损伤结构的第 i 个模态向量，它们可以是不完全的模态分量。当仅在 k 个位置上获得少数模态分量，向量 $\tilde{\boldsymbol{\varphi}}_i$ 包含 k 个分量。在仅获得一个模态值时，$\tilde{\boldsymbol{\varphi}}_i$ 退化为标量。

这里选用 21 个输入参数，它们由大桥的前 15 阶固有频率和 3 个模态上的 6 个振型分量所构造而成。6 个振型分量分别取为第 1、3、8 阶模态在桥面－20 号和＋20 号截面上一点的竖向分量。为了比较训练方法的效果，分别采用了两种不同的网络训练策略。一个是随着网络训练的进行动态地增加神经网络隐含层的神经元，称为“动态网络”。另一个是在神经网络的训练中引入遗传算法，称为“GA 网络”。动态网络的优点是训练速度较快。GA 网络的优点是当训练数据较少时，也能较好地工作。两种网络对 12 种损伤工况

75%损伤程度的输出结果分别列于表 11.20 和表 11.21。

由动态网络识别的损伤工况（输入参数：前 15 阶频率和 6 个振型分量） 表 11.20

实际损伤	由动态网络识别的损伤											
	4A	4B	4C	5A	5B	6A	6B	7A	8A	8B	9A	9B
4A	0.708	0	0.006	0.002	0	0	0.001	0	0.278	0	0.001	0.002
4B	0.003	0.995	0	0	0	0.001	0	0	0	0	0	0
4C	0.052	0	0.946	0	0	0	0	0	0.001	0	0	0
5A	0.004	0.007	0.503	0.364	0.005	0.001	0.01	0.003	0.005	0.009	0.004	0.085
5B	0	0.5	0	0	0.5	0	0	0	0	0	0	0
6A	0	0.001	0.001	0	0	0.997	0	0	0	0	0	0.001
6B	0.226	0	0	0	0	0	0.772	0	0	0	0	0.002
7A	0	0	0.001	0	0.041	0	0	0.479	0	0.479	0	0
8A	0.005	0	0	0	0	0	0	0	0.994	0	0	0
8B	0	0.001	0.001	0.003	0	0.959	0	0	0.001	0.034	0	0.001
9A	0	0	0	0	0	0	0	0	0	0.001	0.999	0
9B	0.002	0.002	0.038	0.069	0	0.222	0.002	0.001	0.004	0.027	0.001	0.632

表 11.20 和表 11.21 中第一行的数据表示，对应损伤工况 4A 的 75%损伤程度的输入，神经网络的输出向量。第一行每一列的值可以理解为，对应 4A 的输入，神经网络识别为各种损伤工况的可能性，其余数据类推。表中每一行的最大值以深色背景标出，它表示神经网络识别的最为可能的损伤工况。如果这个最大值出现在表格的对角线上，则识别正确。动态网络对 12 种损伤工况的正确识别率为 10/12，其中对损伤工况 7A 同时指示为 7A 和 8B。而 GA 网络的正确识别率为 11/12，而且，没有两可性识别结果。

由 GA 网络识别的损伤工况（输入参数：前 15 阶频率和 6 个振型分量） 表 11.21

实际损伤	由 GA 网络识别的损伤											
	4A	4B	4C	5A	5B	6A	6B	7A	8A	8B	9A	9B
4A	0.362	0.056	0.108	0.147	0.001	0.027	0	0	0.17	0.032	0	0.098
4B	0.071	0.584	0.075	0.096	0.004	0.039	0	0	0.02	0.027	0	0.083
4C	0.257	0.048	0.31	0.099	0.001	0.027	0	0	0.112	0.048	0	0.098
5A	0.113	0.063	0.171	0.301	0	0.053	0	0	0.054	0.069	0	0.176
5B	0	0	0	0	1	0	0	0	0	0	0	0
6A	0.005	0.009	0.009	0.011	0.003	0.836	0.001	0	0.066	0.05	0	0.01
6B	0	0	0	0	0	0	1	0	0	0	0	0
7A	0	0	0	0	0	0	0	1	0	0	0	0
8A	0.087	0.014	0.024	0.034	0.001	0.159	0	0	0.593	0.051	0	0.036
8B	0.028	0.016	0.04	0.067	0	0.388	0	0	0.275	0.075	0	0.109
9A	0	0	0	0	0	0	0	0	0	0	1	0
9B	0.077	0.051	0.143	0.172	0	0.04	0	0	0.04	0.047	0	0.43

下面将输入参数减少到 15 个，仅用前 15 阶固有频率，不使用振型分量。这时，神经

网络的输入层由 15 个结点组成，输出层仍然是 12 个结点。其余训练和检验过程与上述 21 个输入参数时完全相同。两种网络对 12 种损伤工况 75%损伤程度的输出结果分别列于表 11.22 和表 11.23。在较少输入参数的情况下，动态网络对 12 种损伤工况的正确识别率仍然为 10/12，并未比 21 个输入参数时差。而 GA 网络的正确识别率为 10/12，同前比较，稍有下降。

由动态网络识别的损伤工况（输入参数：前 15 阶频率） **表 11.22**

实际损伤	由动态网络识别的损伤											
	4A	4B	4C	5A	5B	6A	6B	7A	8A	8B	9A	9B
4A	0.646	0.034	0.024	0.252	0.003	0.002	0.009	0.003	0.017	0.002	0.004	0.005
4B	0.002	0.994	0	0.001	0	0.001	0	0	0	0	0	0
4C	0.011	0.087	0.71	0.007	0.002	0.089	0.006	0.003	0.001	0.012	0.004	0.066
5A	0.425	0.029	0.022	0.459	0.006	0.002	0.007	0.004	0.027	0.002	0.005	0.01
5B	0	0	0	0	0.999	0	0	0	0	0	0	0
6A	0	0	0	0	0	0.995	0	0	0	0	0	0.004
6B	0.01	0	0.001	0	0	0	0.967	0	0	0	0	0.021
7A	0.213	0	0	0.159	0	0.213	0	0.213	0.203	0	0	0
8A	0	0	0	0	0	0	0	0	0.178	0.82	0	0
8B	0	0	0	0	0	0.001	0	0	0.024	0.974	0	0
9A	0	0	0	0	0	0	0	0	0	0	0.999	0
9B	0	0	0	0	0	0.001	0	0	0.001	0	0	0.997

由 GA 网络识别的损伤工况（输入参数：前 15 阶频率） **表 11.23**

实际损伤	由 GA 网络识别的损伤											
	4A	4B	4C	5A	5B	6A	6B	7A	8A	8B	9A	9B
4A	0.224	0.146	0.136	0.179	0.002	0.052	0	0	0.092	0.026	0	0.145
4B	0.16	0.289	0.119	0.126	0.017	0.071	0	0	0.073	0.023	0	0.123
4C	0.155	0.14	0.249	0.14	0.001	0.052	0	0	0.069	0.046	0	0.149
5A	0.227	0.14	0.135	0.187	0.001	0.051	0	0	0.091	0.03	0	0.137
5B	0	0	0	0	1	0	0	0	0	0	0	0
6A	0.036	0.06	0.027	0.028	0.01	0.582	0.001	0	0.195	0.036	0	0.025
6B	0	0	0	0	0	0	1	0	0	0	0	0
7A	0	0	0	0	0	0	0	1	0	0	0	0
8A	0.091	0.059	0.05	0.068	0.001	0.215	0	0	0.387	0.042	0	0.087
8B	0.073	0.043	0.038	0.053	0.001	0.187	0	0	0.494	0.016	0	0.095
9A	0	0	0	0	0	0	0	0	0	0	1	0
9B	0.169	0.127	0.134	0.13	0.001	0.043	0	0	0.086	0.024	0	0.285

从正确识别率上看，GA 网络稍占优势，且一般输出的最大值是唯一的。在输入向量中振型分量的参与似乎并未对识别结果产生大的影响。从输入参数中去掉 6 个振型分量后，仅导致 GA 网络的识别率由 11/12 下降到 10/12，而动态网络结果没变。

2. 基于拉索的基本频率

在索力指标的计算中，设对前排每一根斜拉索进行测量，计算每一根索的索力指标。显然，该方法要求的测量工作量较大。将索的测量与神经网络技术相结合是克服这一不足的一个有效方法。基于少量的测量，利用神经网络分类技术对斜拉桥的损伤区域定位是一个十分实用的方法。

实际上，可以直接采用索的频率作为网络的输入，而不必识别索力，从而避免了索力识别误差。这里，选用索的基本频率。对斜拉索的基频测量，可以获得其他面向损伤检测测量难以获得的测量精度，这对成功地识别损伤极为重要。沿桥面选择了 12 根索，分别为第 −44，−32，−23，−22，−11，−1，1，11，22，23，32，44 号。在此我们认为这 12 根斜拉索的基频变化能够包含 12 种损伤工况的足够信息。提取上述 12 根索在 12 种损伤工况、5 种损伤程度（100%，90%，75%，60%，50%）下的基频变化率作为神经网络的输入，因此，神经网络的输入层结点数为 12。这里所采用的神经网络为动态网络。

以损伤程度 100%、90%、60%、50%的数据训练神经网络，用损伤程度 75%的数据测试训练好的网络，测试结果列于表 11.24。可见，对 75%的损伤程度，正确识别率为 10/12。基于斜拉索基本频率的方法和基于大桥整体模态参数的方法，对 12 种损伤工况的识别具有相同的效果，尽管该方法只采用了 12 个斜拉索的基频作为神经网络的输入参数。可以肯定，如果增加对斜拉索的测量数量，即增加神经网络的输入，该方法的识别结果会得到进一步改善。

测量是结构损伤检测中的关键因素。获得测量量小，测量精度高的损伤检测方法，对于成功地进行损伤检测是至关重要的。基于斜拉索基本频率的方法的突出优点是只用到少量斜拉索的局部模态的基频，就能获得较好的损伤位置识别结果。而对少量斜拉索的局部模态的基频测量比其他以面向损伤检测的测量要容易得多。另外，这一方法不但可以应用于斜拉桥，亦可方便地应用于悬索桥，即通过对吊杆的测量代替斜拉索的测量实现对悬索桥的损伤定位。

对损伤程度 75%的神经网络识别结果　　**表 11.24**

实际损伤		由神经网络识别的损伤											
		4A	4B	4C	5A	5B	6A	6B	7A	8A	8B	9A	9B
损伤程度75%	4A	0.907	0.008	0.031	0.003	0.003	0.02	0.002	0.003	0.001	0.002	0.002	0.018
	4B	0.015	0.599	0.18	0.051	0.033	0.023	0.004	0.008	0.009	0.005	0.007	0.065
	4C	0.014	0.318	0.241	0.014	0.005	0.023	0.004	0.006	0.008	0.004	0.005	0.359
	5A	0.009	0.146	0.012	0.19	0.612	0.016	0.003	0.002	0.003	0.003	0.003	0.001
	5B	0	0.005	0.001	0.038	0.954	0.001	0	0	0	0	0	0
	6A	0.001	0.002	0.001	0.001	0.001	0.992	0	0	0	0	0	0
	6B	0	0	0	0	0	0	1	0	0	0	0	0
	7A	0	0	0.495	0	0	0	0	0.504	0	0	0	0
	8A	0	0	0	0	0	0	0	0	1	0	0	0
	8B	0	0	0	0	0	0	0	0	0	0.999	0	0
	9A	0	0	0	0	0	0	0	0	0	0	0.999	0
	9B	0	0.001	0.001	0	0	0	0	0	0	0	0	0.997

11.5.8 基于神经网络的损伤构件识别

1. 损伤构件识别

设已经识别的包含损伤构件的区段如图 11.28 所示，它是桥面结构第 10 和第 11 号截面之间的一个区段。当损伤识别具体化到该区域后，根据需要可适当补充测量数据。该区段是桥面结构的一个典型区段，包含 20 几个独立构件，它们的分布是左右对称的。这些构件的刚度、质量、几何等在大桥的有限元模型中均被进行了独立描述。我们将该区段作为一个代表来研究具体损伤构件识别的方法。由于构件分布的对称性，取如图 11.28 所示的 10 个构件作为该区段内可能损伤构件的例子。对每一个可能的损伤构件，分别考虑了 5 种不同的损伤程度，即构件的刚度分别下降 50%、60%、80%、90%和 100%。构件刚度的下降是通过减小材料的弹性模量来进行模拟的。

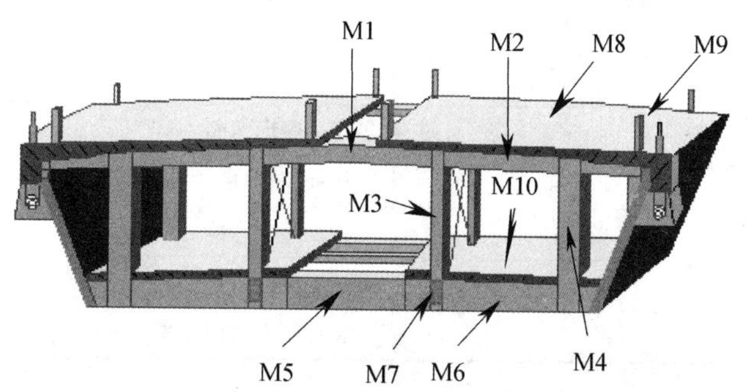

图 11.28 用于损伤构件及损伤程度识别模拟的损伤工况

应用曾建立的面向损伤检测的有限元模型，分别对所选 10 个构件（每个构件 5 种损伤程度）的 50 种损伤工况进行数值模拟，获得各损伤工况下结构的模态参数（固有频率和振型）。结构构件的实际损伤程度在一定范围内具有任意性，在此，不妨假设当损伤程度小于某一百分比时，损伤或是不可识别的，或是不必识别的。在应用神经网络方法识别损伤构件时，选用 50%、80%和 100%三种损伤程度下模拟的模态参数来构造网络训练输入数据。将区段内无构件损伤的情况也作为一种特殊的损伤工况一并考虑在内，这样用于神经网络的训练数据一共可构造 31 组。期望通过这 31 组训练数据的训练，神经网络能够识别损伤程度在 50%到 100% 之间的损伤构件。对损伤程度 60%和 90%所模拟的模态参数将用来构造检验神经网络对损伤构件识别能力的输入数据。

当确定了损伤构件所在的区域后，有关面向进一步诊断的测量将有针对性地对所确定的区域进行。在模拟分析中，根据对模拟的损伤工况的灵敏度分析选取对该区段损伤较为敏感的结构固有频率，并在该区段左右附近选择敏感的振型分量作为构造神经网络的训练和检测输入数据。所选择的基本模态参数为 12 个固有频率和 6 个振型分量。6 个振型分量为第 1，3，8 阶振型分别在桥面结构第 5 和第 15 截面上一点的竖向分量。桥面结构的第 5 和第 15 截面分别位于损伤位置（第 10 和 11 截面）的前后附近。第 1，3，8 阶模态分别为桥面结构的前三个竖向弯曲模态。12 个频率对应的模态特征见表 11.25。

为损伤构件识别选取的 12 个频率 **表 11.25**

频率(Hz)	局部主导模态
0.588	桥面竖向弯曲 (2nd)
0.853	桥面竖向弯曲
1.605	桥面扭转 (2nd)

续表

频率(Hz)	局部主导模态
2.576	塔 4 纵向弯曲等
2.802	塔 3 扭转　(2nd)
3.122	桥面竖向弯曲　(7th)
4.066	塔 3 扭转　(3rd)
2.6569	桥面竖向弯曲
2.7440	桥面扭转,塔 3 扭转,塔 4 侧向弯曲
3.5491	桥面竖向弯曲
3.9125	桥面竖向弯曲
3.9951	桥面竖向弯曲 ,塔 3 侧向弯曲

由上述 12 个自振频率和 6 个振型参数，采用与损伤工况识别中类似的方式构造输入向量，其中 $m=12$，$n=3$，$k=2$，即 12 个频率，3 个振型，每个振型上取 2 个分量。因此，神经网络的输入层为 18 个节点。网络的输出层为 11 个节点，分别对应 11 个可能损伤工况（10 个可能的构件和无损伤工况）。

训练阶段的输入数据是选用 50%、80%和 100%三种损伤程度下模拟的模态参数按上述方式构造的。这样对 11 种损伤工况用于神经网络的训练向量一共为 31 个。通过这 31 个向量的训练，将使神经网络具备一定的对 11 种损伤工况的模式识别能力。

网络训练完成后，该网络便可作为一个识别上述区段内损伤构件的成品网络。在实际应用中，由测量数据仍按式（11.70）构造组合模态参数作为检测输入向量。当把该组合模态参数输入上述已训练好的网络后，其输出向量便为相应区段内损伤构件指示向量。在这里的案例模拟研究中，以构件刚度下降 60%和 90%两种损伤程度的模拟数据作为“测量”数据来构造用于检测损伤的输入向量。

为了比较训练方法的效果，同损伤定位一样，分别采用了两种不同的网络训练策略，即随着网络训练的进行动态地增加神经网络隐含层的神经元的“动态网络”，和在神经网络的训练中引入遗传算法的“GA 网络”。两种网络对 11 种损伤工况的识别结果分别列于表 11.26 和表 11.27。

由动态网络对损伤构件的识别结果　　**表 11.26**

实际损伤工况		神经网络输出值(最大者指示识别的损伤构件)										
构件	程度	无	M1	M2	M3	M4	M5	M6	M7	M8	M9	M10
无	0%	0.995	0.001	0	0	0.001	0.004	0	0	0.001	0	0
M1	90%	0	0.998	0	0	0	0.001	0	0	0	0	0
	60%	0	0.998	0	0	0	0	0	0	0.001	0	0
M2	90%	0.001	0	0.997	0	0	0	0.002	0	0	0	0
	60%	0.001	0	0.997	0	0	0	0.002	0	0	0	0
M3	90%	0	0.004	0	0.989	0	0	0.001	0	0.005	0	0
	60%	0	0	0.001	0.998	0	0	0	0	0	0	0

续表

实际损伤工况		神经网络输出值(最大者指示识别的损伤构件)										
构件	程度	无	M1	M2	M3	M4	M5	M6	M7	M8	M9	M10
M4	90%	0	0.001	0.001	0	0.996	0.001	0.001	0	0	0	0
	60%	0	0	0	0	0.949	0	0	0.05	0	0	0
M5	90%	0	0	0	0	0	0.999	0	0	0	0	0
	60%	0.001	0	0	0.005	0.002	0.98	0	0.011	0	0	0
M6	90%	0	0	0	0.021	0	0	0.976	0.002	0	0	0
	60%	0.051	0	0.357	0.013	0.157	0	0.419	0.001	0	0.001	0
M7	90%	0.042	0	0	0	0.053	0	0	0.905	0	0	0
	60%	0.001	0.001	0	0.001	0.001	0	0	0.995	0	0	0
M8	90%	0	0.23	0	0	0	0	0.003	0	0.766	0	0
	60%	0.006	0	0	0.006	0.53	0	0	0.001	0.457	0	0
M9	90%	0	0.01	0.001	0	0	0.002	0.01	0	0.001	0.974	0.001
	60%	0	0.001	0	0	0.006	0	0.5	0	0	0.493	0
M10	90%	0	0	0	0	0.001	0.107	0.31	0	0	0	0.582
	60%	0	0	0	0	0	0	0	0.072	0	0.001	0.926

由 GA 网络对损伤构件的识别结果 **表 11.27**

实际损伤工况		神经网络输出值(最大者指示识别的损伤构件)										
构件	程度	无	M1	M2	M3	M4	M5	M6	M7	M8	M9	M10
无	0%	0.876	0.037	0.021	0	0.001	0.042	0	0.035	0	0	0
M1	90%	0.02	0.526	0.002	0	0.063	0.336	0	0.052	0	0	0
	60%	0.111	0.464	0.012	0	0.052	0.08	0.001	0.28	0	0	0
M2	90%	0.068	0.007	0.713	0.014	0.066	0	0.117	0.015	0	0	0
	60%	0.068	0.007	0.713	0.014	0.066	0	0.117	0.015	0	0	0
M3	90%	0	0	0	0.816	0	0	0.184	0	0	0	0
	60%	0	0	0.019	0.615	0.014	0	0.35	0	0	0	0
M4	90%	0.002	0.144	0.039	0.017	0.757	0.015	0.019	0.007	0	0	0
	60%	0.012	0.104	0.145	0.009	0.656	0.009	0.029	0.035	0	0	0
M5	90%	0	0.006	0	0	0.001	0.993	0	0	0	0	0
	60%	0.002	0.275	0	0	0.038	0.678	0	0.006	0	0	0
M6	90%	0	0	0.001	0.261	0	0	0.737	0	0	0	0
	60%	0.009	0.001	0.264	0.171	0.038	0	0.515	0.003	0	0	0
M7	90%	0.145	0.138	0.014	0	0.015	0.005	0.001	0.681	0	0	0
	60%	0.241	0.225	0.023	0	0.024	0.008	0.002	0.476	0	0	0
M8	90%	0	0	0	0	0	0	0	0	1	0	0
	60%	0	0	0	0	0	0	0	0	1	0	0

续表

实际损伤工况		神经网络输出值(最大者指示识别的损伤构件)										
构件	程度	无	M1	M2	M3	M4	M5	M6	M7	M8	M9	M10
M9	90%	0	0	0	0	0	0	0	0	0	1	0
	60%	0	0	0	0	0	0	0	0	0	1	0
M10	90%	0	0	0	0	0	0	0	0	0	0	1
	60%	0	0	0	0	0	0	0	0	0	0	1

对于损伤程度为 90% 的情况，两种神经网络识别结果没有明显的差别。对于损伤程度为 60% 的情况，动态网络的识别结果有了明显下降，而 GA 网络的识别结果和损伤程度 90%的识别结果相同。可见，对于不同的损伤程度，GA 网络比动态网络对损伤构件的识别具有更好的稳定性。在 GA 网络中，各输入参数对模式识别的重要性具有较大差异，如图 11.29 所示。

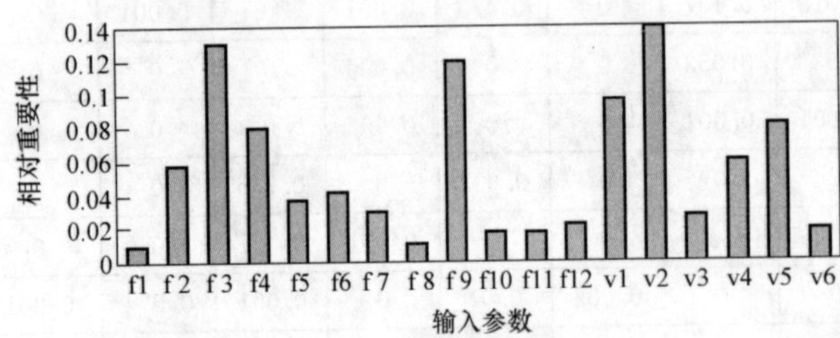

图 11.29　GA 网络输入参数的相对重要性

2. 损伤构件及损伤程度识别

上面只探讨了应用神经网络识别损伤构件，而没有涉及损伤程度的识别问题。这里拟对应用神经网络同时识别损伤构件和损伤程度给予试尝性的初步探讨。与前述相同，训练阶段的输入数据是选用 50%、80%和 100%三种损伤程度下模拟的模态参数按上述方式构造的。这样对 11 种损伤工况用于神经网络的训练向量一共为 31 个。

在实际应用中，由测量数据仍按式 (11.70) 构造组合模态参数作为网络输入向量，而目标向量为式 (11.66)。当把测试的输入向量输入上述已训练好的网络后，其由式 (11.67) 所示的输出向量便为相应区段内构件损伤程度的一个定量描述。在这里的案例模拟研究中，以构件刚度下降 60%和 90%两种损伤程度的模拟数据作为“测量”数据来构造用于检测损伤的输入向量。检测结果如表 11.28 所示。

由神经网络识别的损伤构件和损伤程度　　**表 11.28**

实际损伤工况		经网络输出值(代表损伤程度)										
构件	程度	无	M1	M2	M3	M4	M5	M6	M7	M8	M9	M10
无	0%	0.9827	0.0014	0.0205	0.0000	0.0001	0.0000	0.0498	0.0532	0.0459	0.0320	0.0542
M1	90%	0.0027	0.7146	0.0051	0.0576	0.0246	0.0975	0.0001	0.0244	0.0378	0.0535	0.0004
	60%	0.0102	0.6919	0.0010	0.0750	0.0017	0.0742	0.0001	0.0205	0.0461	0.0649	0.0144
M2	90%	0.0023	0.0510	0.6583	0.0000	0.0070	0.0000	0.0528	0.0035	0.0632	0.0555	0.0543
	60%	0.0044	0.0510	0.6583	0.0000	0.0070	0.0000	0.0528	0.0035	0.0632	0.0555	0.0543
M3	90%	0.0012	0.0010	0.0053	0.9866	0.0059	0.0048	0.0260	0.0551	0.0469	0.0255	0.0030
	60%	0.0216	0.0003	0.0315	0.6407	0.0040	0.0557	0.0639	0.0715	0.0766	0.0151	0.0002

续表

实际损伤工况		经网络输出值(代表损伤程度)										
构件	程度	无	M1	M2	M3	M4	M5	M6	M7	M8	M9	M10
M4	90%	0.0088	0.0324	0.0264	0.0200	0.4498	0.0477	0.0003	0.0216	0.0263	0.0386	0.0007
	60%	0.0112	0.2160	0.0195	0.0021	0.9902	0.0114	0.0002	0.0177	0.0225	0.0428	0.0003
M5	90%	0.0056	0.0354	0.0494	0.0013	0.0008	0.8340	0.0000	0.0601	0.0439	0.0529	0.0000
	60%	0.0025	0.0135	0.0156	0.0002	0.0011	0.9225	0.0000	0.0490	0.0692	0.0422	0.0000
M6	90%	0.0046	0.0000	0.0126	0.0225	0.0649	0.0004	0.9365	0.0561	0.0613	0.0052	0.0153
	60%	0.0536	0.0000	0.0316	0.0450	0.0959	0.0005	0.6709	0.0161	0.0296	0.0067	0.2088
M7	90%	0.0000	0.0000	0.0391	0.9999	0.0000	0.0000	0.0056	0.0479	0.0003	0.3184	0.0007
	60%	0.0001	0.0500	0.0000	0.0000	1.0000	0.0000	0.0501	0.4994	0.0000	0.0505	1.0000
M8	90%	0.0030	0.0003	0.0000	0.0000	0.0000	0.0035	0.0430	0.0413	0.9504	0.0368	0.0000
	60%	0.0042	0.0005	0.0050	0.0000	0.0000	0.0037	0.2274	0.0542	0.9510	0.0211	0.0000
M9	90%	0.0001	0.0000	0.0000	0.0000	0.0000	0.0011	0.0000	0.0012	0.0469	0.9969	0.0000
	60%	0.0001	0.7866	0.0000	0.0000	0.0000	0.0069	0.0000	0.0000	0.4647	1.0000	0.0000
M10	90%	0.0059	0.0090	0.0373	0.0000	0.0001	0.0000	0.0492	0.0394	0.0441	0.0499	0.9560
	60%	0.0011	0.0044	0.0056	0.0000	0.0000	0.0001	0.0402	0.0676	0.0429	0.0453	0.4114

可见，对损伤程度90%的情况，除损伤工况M7外，损伤构件都被正确识别。对于损伤程度的识别，除损伤工况M4外，也都是可以接受的。对于损伤程度60%的情况，除损伤工况M7和M9外，对损伤构件的识别亦给出较好的结果，损伤程度的识别不够准确。上述结论均基于数值模拟结果，在实际应用中还有很多问题需要研究解决。

参考文献

[1] 李辉，丁桦. 结构动力模型修正方法研究进展 [J]. 力学进展，2005，35 (2)：170-180.

[2] 方圣恩. 基于有限元模型修正的结构损伤识别方法研究 [D]. 中南大学博士论文，2010.

[3] Adams, R. D., Cawley, P., Pye, C. J. and Stone, B. J. (1978), "A vibration technique for non-destructively assessing the integrity of structures." Journal of Mechanical Engineering Science, 20, 93-100.

[4] Cawley, P., and Adams, R. D. (1979), "The location of defects in structures from measurements of natural frequencies." Journal of Strain Analysis, 14, 49-57.

[5] Hearn, G., and Testa, R. B. (1991), "Modal analysis for damage detection in structures." Journal of Structural Engineering, ASCE, 117, 3042-3063.

[6] Richardson, M. H., and Mannan, M. A. (1991), "Determination of modal sensitivity functions for location of structural faults." Proceedings of the 9th International Modal Analysis Conference, Las Vegas, Nevada, Vol. I, 670-676.

[7] Eggers, D. W., and Stubbs, N. (1994), "Structural assessment using modal analysis techniques." Proceedings of the 12th International Modal Analysis Conference, Honolulu, Hawaii, Vol. II, 1595-1601.

[8] Hassiotis, S., and Jeong, G. D. (1993), "Assessment of structural damage from natural frequency measurements." Computers & Structures, 49, 679-691.

[9] Messina, A., Jones, I. A., and Williams, E. J. (1996), "Damage detection and localisation using natural frequency changes." Identification in Engineering Systems: Proceedings of the International Conference, Swansea, U. K., 67-76.

[10] Williams, E. J., Messina, A., and Payne, B. S. (1997), "A frequency-change correlation approach to damage detection." Proceedings of the 15th International Modal Analysis Conference, Orlando, Florida, Vol. I, 652-657.

[11] Morassi, A., and Rovere, N. (1997), "Localizing a notch in a steel frame from frequency measurements." Journal of Engineering Mechanics, ASCE, 123, 422-432.

[12] Salawu, O. S. (1997), "Detection of structural damage through changes in frequency: a review." Engineering Structures, 19, 718-723.

[13] Pandey, A. K., Biswas, M. and Samman, M. M. (1991), "Damage detection from changes in curvature mode shapes," Journal of Sound and Vibration, 145, 321-332.

[14] J. D. Gibson, and J. L. Melsa. Introduction to Nonparametric Detection with Applications [M]. IEEE Press, New York, 1996.

[15] Pandey, A. K., and Biswas, M. (1995), "Experimental verification of flexibility difference method for locating damage in structures." Journal of Sound and Vibration, 184, 311-328.

[16] Toksoy, T. and Aktan, A. E. (1994), "Bridge-condition assessment by modal flexibility," Experimental Mechanics, 34, 271-278.

[17] Doebling, S. W., Farrar, C. R., Prime, M. B., Shevitz, D. W. (1996), "Damage identification and health monitoring of structural and mechanical systems from changes in their vibration characteristics: a literature review." Report No. LA-13070-MS, Los Alamos National Laboratory, Los Alamos, USA.

[18] Specht, D. Probabilistic Neural Networks for Classification, Mapping, or Associative Memory [C]. Proceedings of the IEEE International Conference on Neural Networks, 1988, 1, 525-532.

[19] Ko J. M., Sun Z. G., Ni Y. Q., Multi-stage identification scheme for detecting damage in cable-stayed Kap Shui Mun Bridge, Engineering Structures 2002, 24 (7): 857-868.

[20] Worden K. Structural fault detection using a novelty measure [J]. Journal of Sound and Vibration. 1997, 201: 85-101.

[21] 孙宗光、高赞明、倪一清. 基于神经网络的损伤构件及损伤程度识别. 工程力学. 2006, 23 (2): 18-22.

[22] R SAU, T G LOVETT, S HOPF. Design and construction of the Kap Shui Mun Bridge at Hong Kong [C]. Bridges into the 21st Century: Proceedings of the International Conference, The Hong Kong Institution of Engineers, Hong Kong, 1995, 129-136.

[23] KO J M, SUN Z G, NI Y Q. Modal analysis of cable-stayed Kap Shui Mun Bridge taking cable local vibration into consideration [C]. Advances in Structural Dynamics, KO J M and XU Y L (eds.), Elsevier Science Ltd, Oxford, UK, 2000, 1: 529-536.

[24] 孙宗光、高赞明、倪一清等. 斜拉桥桥面结构损伤位置识别的指标比较 [J]. 工程力学 2003, 20 (1): 27-31.

第 12 章　面向健康诊断的模型试验研究

结构的健康诊断与评价所依赖的主要数据来源和方法有三个：实桥的监测与试验检测，数值模拟，模型试验。众所周知，对实际复杂的工程结构，基于数值模拟的健康诊断研究存在较大的局限性。数值模拟最主要的问题是模型精度的制约，包括结构模型、荷载模型、环境因素、噪声模式等，使得数值模拟结果与实测结果存在较大差异。此外，将数值模拟方法推广到实际结构时，还存在测点数量、测量精度等因素的匹配问题。例如很多发展的数值方法对测点数量和测量精度往往有过高的要求，使得在实际应用场合难以实现。在实际结构上进行试验检测，可以在一定程度上实现对结构当前状态的识别诊断和评价，但是，难以在实际结构上开展各种可能损伤状态的研究，因为通常不容许在实际结构上做损伤试验。因此，模型试验研究作为桥梁结构健康诊断研究手段就显得尤为重要。较早的有关结构健康诊断的试验研究多局限于小型的简单结构[1-3]。如由 ASCE 组织的作为结构健康诊断 Benchmark 问题的框架模型试验是一个面向健康诊断的模型试验研究的典型代表[4]。组成模型的各个构件通过特殊设计的栓接结点连接，可以通过拆卸构件和放松栓接结点来方便地模拟结构的损伤。模型的试验数据对外开放，因此，在世界各地进行了大量的基于该模型试验的健康诊断研究。较早的模型试验研究还有 Povich 对一个 20 跨的桁架进行的损伤识别研究[5]。近年来，针对桥梁结构的诊断评价的模型试验进行了越来越多的研究[6,7]。

面向桥梁结构的健康诊断研究，我们设计制作了一个悬索桥试验模型，并进行了相关研究[8-12]。试验模型满足多重试验目的的要求，所有构件采用钢材独立加工制作，便于构件更换和重复试验。通过特殊设计的主要构件连接方式，可方便地模拟悬索桥结构的一些可能的损伤情况、异常状态等。同时为试验模型建立了有限元模型，并通过对试验模型的静动态测试，对有限元模型进行了模型修正。在此基础上进行了损伤识别的初步研究。试验模型和数值模型为今后的有关研究奠定了基础。基于该模型，可进行悬索桥结构静态动态响应对损伤（异常）情况的灵敏度分析，建立评价悬索桥健康状态指标体系，探讨健康监测系统设计（传感器选型与布设）理论与方法，以及对现有健康监测系统功效进行评价等有关悬索桥的健康诊断研究。

12.1　模型设计与制作

12.1.1　模型的设计

本试验模型不针对具体的桥梁结构。因此，参考通常的悬索桥结构（表 12.1），并根据试验目的和试验条件，确定一个虚拟的原型结构，该原型结构是一个实际可行的悬索桥结构。实际的悬索桥结构的几何组成，有较大的变化范围。因此，模型设计在几何上有较大的适用空间。

悬索桥主要几何参数布置实例　　表 12.1

桥名	跨度(m)	矢跨比(约)	截面(宽×高)(m)	加劲梁高跨比
金门桥	343+1280+343	1∶9	27.4×7.62	1∶168
博斯普鲁斯一桥	225+1074+225	1∶11	28×3	1∶358
博斯普鲁斯二桥	210+1090+210	1∶12	34×3	1∶363
青马大桥	455+1377+300	1∶10	41×7.6	1∶176
明石海峡大桥	960+1991+960	1∶10	35.5×14	1∶142
丹麦 Great Belt 桥	535+1624+535	1∶9	31×4.4	1∶369
江阴长江大桥	主跨 1385	1∶10	37.7×3	1∶462
润扬大桥	主跨 1490	1∶10	36.3×3	1∶496

参考上述资料，虚拟原型悬索桥基本几何确定如下：

跨度组成：210+580+210（m），总长度 1000m。

矢 跨 比：1∶8

截面形状：30×3（m^2）

塔　　高：125m

材　　料：钢材

试验模型的设计，首先要考虑模型的几何相似性。悬索桥一般几何特点是细长形状，长度方向和截面尺寸相差悬殊，模型比例就不可能太大，也不宜太小。太大会导致试验模型过长而受到实验室空间的限制，太小又会导致加劲梁截面过小使一些构造细节无法模拟。根据试验目的和现有实验室条件，采用 1∶100 的比例对虚拟原型悬索桥建立缩尺试验模型，即几何相似常数 $S_l=1/100$，模型立面布置如图 12.1 所示。由于模型不针对具体桥梁，因此，对相似关系可不作严格要求[13]。这样，就可以对加劲梁的构造，尤其是截面内构造做较大的简化处理。同时，试验时采用适当配重来模拟恒载。

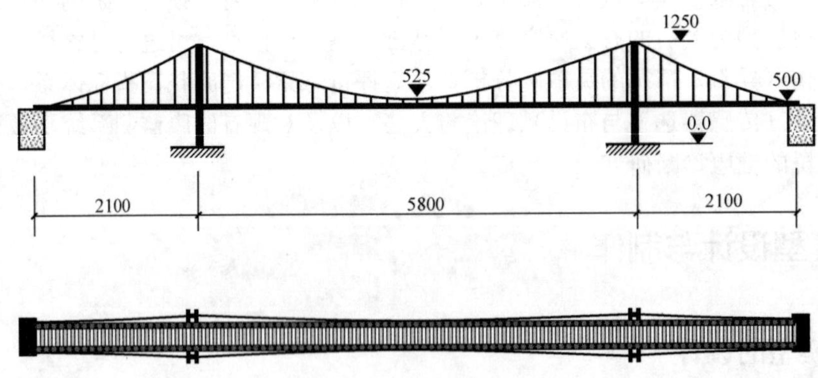

图 12.1　试验模型布置图

根据初步设计，建立了模型的空间有限元模型。对初步设计的模型进行有关的静动力分析。基于模型的相似条件，对模型的力学性能进行了评价。根据设计目标对初步设计进行了适当修改，最终确定满足试验要求的模型基本参数和构造方案（如图 12.2～图 12.4 所示）。

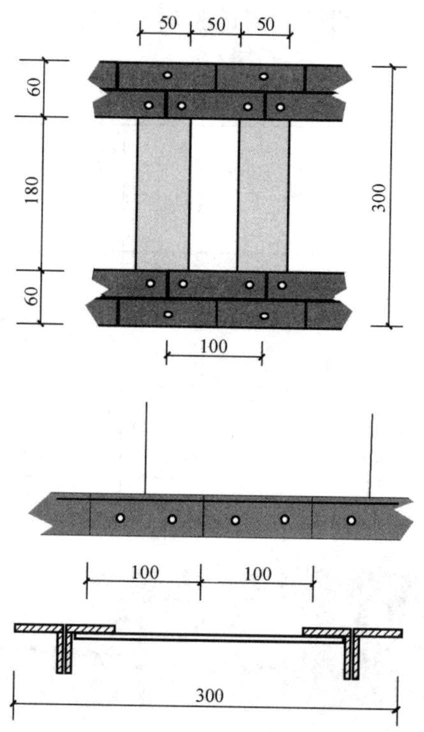

图 12.2 试验模型加劲梁布置示意图

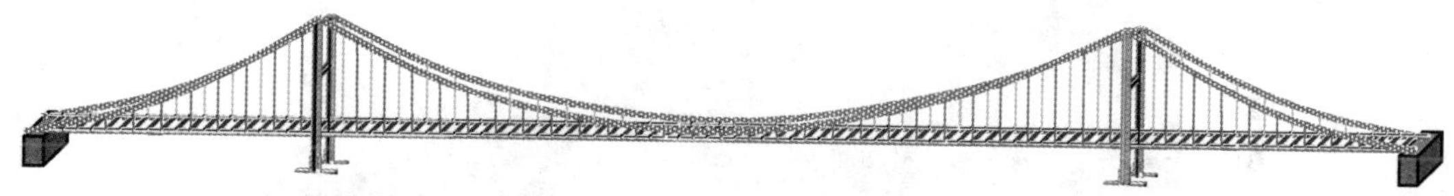

图 12.3 试验模型三维效果图

计算模型的基频大约为 3Hz，为竖向弯曲模态。模型的 1 阶扭转模态出现在竖弯模态之后，频率约为 6Hz。1 阶横向弯曲模态的频率约为 10Hz，说明结构具有较大的横向刚度。扭转振动均和横弯振动有较明显的耦合。其在恒载下的静力计算结果也比较接近预想值，验证了试验模型可行性。

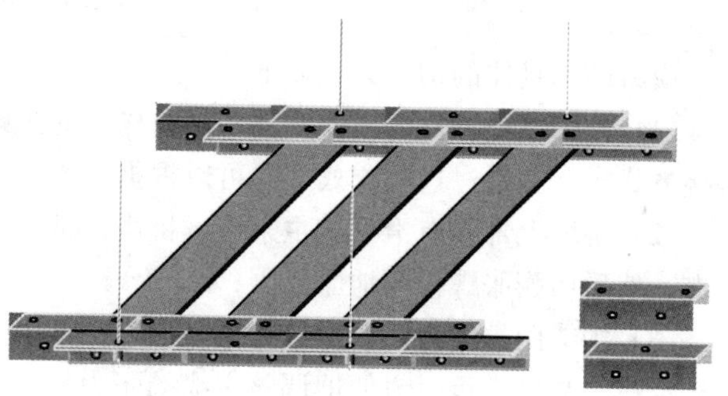

图 12.4 试验模型加劲梁构造示意图

12.1.2 模型的制作

为保证模型对不同健康状态的方便模拟，全部构件独立制作，然后，通过螺栓等连接件进行组装。通过这些措施使每个构件可以方便地进行状态调整、拆除和替换。整个模型由 600 多独立构件和更多的连接件组成，其中螺栓约 1200 个，索夹约 100 个，锚固件 4 个，鞍座 4 个，吊杆下端连接螺栓约 100 个，桥塔下端固定件 4 组，桥塔用螺栓若干。各组成部分的主要数据见表 12.2，组装后的试验模型如图 12.5 所示，局部构造如图 12.6 所示。

试验模型主要构件用量　　表 12.2

构件编号	构件名称	截面面积（m^2）	用料总长度（m）	总体积（m^3）	重量	
					组重量（kg）	百分比（%）
1	吊杆	$0.001^2\times3.14159$	约 0.5×100	0.000157	1.225	0.43
2	悬索	$0.003^2\times3.14159$	约 15×2=30	0.000848	6.616	2.31
3	桥面纵梁	4×0.0004	10	0.016	124.8	43.64
4	桥面横梁	0.00015	0.23×100=23	0.00345	26.91	9.41
5	桥塔立柱	0.00280	1.305×4	0.014616	114	39.86
6	桥塔横梁	0.1×0.005	0.40×8	0.0016	12.48	4.36

图 12.5　悬索桥试验模型

模型结构具体的构造方式如下：

（1）加劲梁由独立的纵向构件和横向构件通过螺栓拼接而成，主纵梁采用双角钢交错搭接方式拼合。通过这种方式，还可以根据需要改变桥梁的跨度，甚至构造形式；

（2）桥塔上部设有滑槽式主索鞍，桥塔下部设有 8mm 厚的钢板，该板预先焊接在塔柱上，然后用膨胀螺栓与地面锚固；

（3）主缆两端配有正反螺纹扣件，通过桥墩上的索鞍（滑轮）后，锚固在地面上。通过正反螺纹扣件，可以方便地调整主缆的张力；

（4）吊索与主缆之间通过索夹连接，吊索与加劲梁之间采用螺栓旋入方式连接，可方便调节吊索长度和松紧；

（5）加劲梁与桥塔横梁相交处加橡胶垫块，允许加劲梁绕桥塔横梁的转动；

（6）在加劲梁与桥墩的铰支点处各焊接一小段 $\phi8$ 的钢棍，使加劲梁可以沿纵向转动。

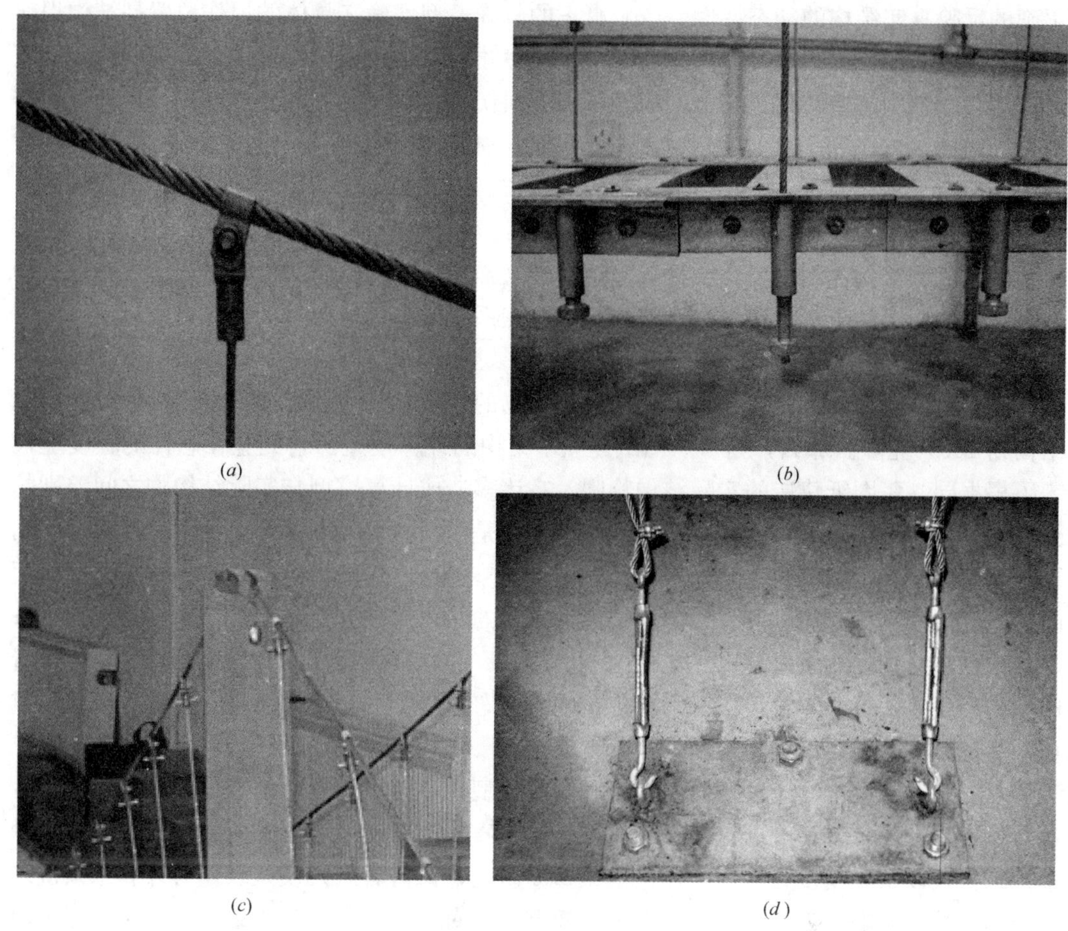

图 12.6 试验模型局部构造
(*a*)吊索上端；(*b*)吊索下端；(*c*)桥塔顶部；(*d*)主缆地锚

12.2 有限元模型误差分析

12.2.1 面向健康诊断的有限元模型

建立高精度的有限元模型，对于大型桥梁结构的健康诊断研究是不可缺少的[14]。有限元模型的作用在于：(1) 借助有限元模型通过对结构的静动力分析，确定结构中可能的损伤情况；(2) 基于神经网络技术的损伤检测方法，需要大量的神经网络训练数据，而在实际应用中这些数据一般都要通过高精度的有限元模型模拟来产生；(3) 通过对模态的分析和可能的损伤情况的模拟，指导结构健康监测系统的设计，或对已有监测系统进行评估和改进。面向健康诊断的测量，也需要数值模拟分析的指导。

而面向健康诊断的有限元模型应具备以下基本特性：(1) 高精度。结构的损伤检测是一个十分复杂的系统识别过程，需要大量的计算分析，实践表明，模型误差对结构损伤检测的影响是至关重要的。基于结构动态测量的损伤检测，尤其要保证有限元模型能够比较正确的反映真实结构的动态特性。(2) 真正的三维模型。确定具体的损伤位置是结构损伤检测的重要目标。严格地讲，只有在三维空间中才能对结构损伤位置进行准确的描述和定义。忽略了结构构造的某些细节，一些可能的损伤情况可能无法描述和模拟。另外，原本对称的结构，损伤后一般不再对称。因此，面向损伤检测的有限元模型通常必须保留结构的空间构形，即必须是一个真正的三维模型。(3) 构件的独立描述。要识别结构中具体的损伤构件及其损伤程度，所建立的有限元模型就要能够模拟和分析每个构件可能损伤情况。因此，每个构件的刚度和质量等应给予独立描述。(4) 模型的恰当描述还要参考结构的可能损伤情况的分析和评估、测量或长期监测系统的有关情况，如传感器的类型、空间布设等。

建立数值模型，首先要尽量反映实际结构物的真实性，另一方面，又不可能按照实际结构物 100%克隆。那么，当参照图纸建立了结构的计算模型，它究竟在怎样的程度上代表了根据同一张图纸建造的实际结构物呢？在诸多造成计算模型与实际结构物之间差别的因素中，哪些是主要的？哪些是次要的？这些都是模型误差分析要解决的问题。对这些问题的认识，有助于我们在建立计算模型时做到详略得当。显然，模型误差分析与模型所面向的问题是密不可分的。有限元建模中产生误差的原因主要包括：(1) 连续系统离散化；(2) 构件和结构的几何以及边界条件的不确定性；(3) 材料特性的变异性等。这些因素造成的模型误差，可能导致损伤识别结果的可信度较低[15]。分析和控制模型误差，对于成功的实现结构的损伤识别与诊断是十分重要的。

对于有实物结构的建模，通常控制和减少模型误差的主要方法是通过实测静动态特性对数值模型进行校正。对于具体结构，这是比较直接的控制模型误差的方法。以下针对悬索桥结构，以试验模型为依据，面向健康诊断研究，探讨有限元模型误差对计算悬索桥结构力学特性的影响。为进一步探讨有限元模型误差对有关悬索桥健康诊断的影响、健康诊断效果对模型误差来源的敏感性等进行一些基础性研究，为面向健康诊断的悬索桥建模提供参考和通过数值模拟指导模型试验研究。

12.2.2　有限元模型的建立

由于试验模型构件多且构造具有一定复杂性，在构件连接和几何构型等方面往往存在较大的模糊性。又由于模型实际尺寸小，尤其是构件尺寸很小，在建模中这些模糊性可能对模型产生较大的影响。因此，在建立试验模型的有限元模型时，对加劲梁构件的几何和连接、塔顶鞍座对主缆的约束以及主缆线型等主要建模因素进行了适当考虑。

1. 加劲梁构件连接

试验模型的加劲梁结构采用梁系模拟。使用梁系模拟加劲梁结构时，构件之间的连接，一般有两种模拟方式，即直接连接和刚域连接。由于梁单元之间为点连接，而实际连接是一个区域连接，杆件进入节点附近时常常和刚性很大的节点块连在一起，节点上所有杆件的轴线也未必交于同一点。直接连接模型忽略了这些因素的影响。刚域连接将连接区域假定成刚性域，以此来模拟连接区域对结构的刚度贡献，即刚臂作用。而实际的加劲梁模型是通过少量的螺钉将各构件栓接起来的。这种节点的连接强度相对不高，因此，是否考虑刚域效应结论并不明确。显然，直接连接和刚域连接两种方式是梁系节点模型的两种极限描述。它们将分别使节点刚度取下限和上限。真实的情况应该是介于二者之间的某种状态。这里，我们将分别按上述上下限情况建立加劲梁的节点模型，考察这一建模因素对悬索桥模型结构力学特性的影响方式和程度。同样，对于塔与横梁的连接处，也考虑了刚臂作用的问题。

2. 加劲梁纵梁截面

试验模型的加劲梁纵梁是由多块角钢相互交错拼接而成的 T 型截面纵梁。单片角钢的厚度为 t，连接后的 T 型梁腹板表观厚度为 $2t$。由于采用螺栓连接而不是焊接，并且连接螺栓数量较少，因此，严格意义上腹板并不能完全像 $2t$ 厚度的单一构件一样工作。为分析这种模糊性的影响，将这一因素通过有效厚度给予简单化考虑，分别按其两个上下限值建立模型，进行对比分析。

3. 塔顶鞍座联结

鞍座是悬索桥的主要传力构件，主缆承接的荷载通过鞍座传至主塔和基础。试验模型在塔顶设置槽型鞍座，对主缆提供支撑和位移约束作用。这种约束在一定程度上容许主缆在塔顶沿纵桥向移动，以消除塔顶主缆不平衡拉力。显然，由于存在摩擦等因素，主缆与鞍座之间的连接方式需要给予合理考虑。将分别按固定铰接（上限）和可动铰接（下限）两种状态建立模型。

4. 主缆线形

在悬索桥结构分析和设计中，如果假设成桥状态下恒载在水平方向均匀分布且全由主缆承担，那么成桥状态下的主缆线形为抛物线，加劲梁不承受或承受较小的弯矩。对于忽略抗弯刚度的空缆，架设后的理论线形为悬链线。在实际悬索桥结构中，成桥的主缆线形严格讲既不是单纯的抛物线也不是单纯的悬链线。作为几何非线性结构，主缆线形对大跨悬索桥结构的静动态特性和性能具有显著影响。对主缆线形的确定直接影响着结构分析与设计结果。这里对主缆初始线型分别采用抛物线和悬链线形式建立有限元模型，考察分析试验模型对主缆线型这一建模因素的敏感性，以及所带来的模型误差幅度。

5. 整桥模型的建立

在悬索桥结构的有限元建模中，通常会用到一系列单元及其组合。这些单元包括空间非线性或线性的杆单元与梁单元、板壳单元以及由这些单元符合而成的薄壁箱梁单元等[16,17]。文献［18］采用超级单元，将吊索间的加劲梁段划分为一个单元，但为了描述内部构件的变形特性，须引入高阶形函数插值。在我们的模型中采用线性梁单元和杆单元的组合模拟纵梁和缆索结构体系。对加劲梁纵梁和横梁以及塔的模拟采用铁木辛哥梁，考虑了剪切变形的影响。

首先建立了初始模型 A，该模型忽略了构件连接的刚臂效应（取下限）和纵梁腹板厚度的折减（取上限），用固定铰模拟鞍座约束（取上限），主缆线型取抛物线。在此初始模型基础上，对上述建模因素分别给予考虑，又建立了四个不同的模型，模型 B 加入了刚臂效应，模型 C 将鞍座约束简化为可动铰，模型 D 将纵梁腹板厚度折减为下限 t，模型 E 将主缆线型改为悬链线。因此，模型 B、C、D、E 单独与 A 的比较，反映的是某单一建模因素取上下极限状态的比较。将五个模型的基本特征列入表 12.3。

五个分析模型的基本特征　　　　**表 12.3**

模型代号	简称	刚臂效应	腹板厚度	鞍座约束	主缆线型
A	初始模型	下限	上限	上限	抛物线
B	刚臂模型	上限	上限	上限	抛物线
C	鞍座模型	下限	上限	下限	抛物线
D	截面模型	下限	下限	上限	抛物线
E	悬链模型	下限	上限	上限	悬链线

12.2.3　有限元模型误差分析

1. 误差分析与修正

静力测试加载方式为满跨均布加载，荷载集度为 886N/m。测试内容包括加劲梁挠度、主缆应力、吊索应力等。动力测试内容为竖向弯曲模态的自振频率。测点布置如图 12.7 所示，兼顾了损伤模拟试验研究。吊索应变测点 28 个，主缆应变测点 26 个，内外侧（上下游）对称布置。在加劲梁中跨的 $L/8$、$L/4$、$L/2$、$3L/4$ 和 $7L/8$ 以及边跨中点截面上布设挠度测点和应变测点，中跨（左起）$L/8$、$L/4$、$3L/8$、$L/2$ 和 $5L/8$ 布设加速度传感器测点。对五个模型分别进行静动力分析，将主缆轴向应力、吊索轴向应力、加劲梁挠度和前四阶竖向弯曲模态频率的模型计算结果与试验模型试验结果示于图 12.8～图 12.11。

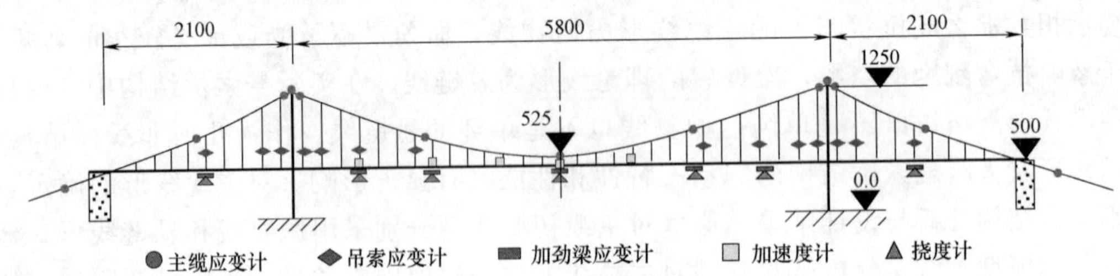

图 12.7　测点传感器布置

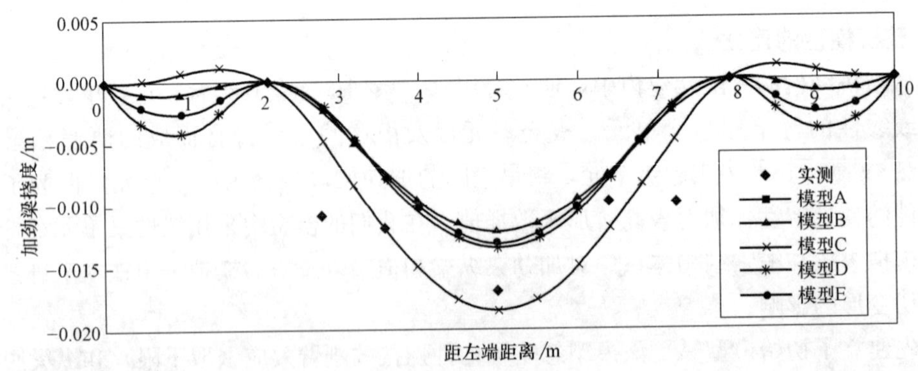

图 12.8　加劲梁挠度比较

由图 12.8 可见，对于加劲梁挠度，模型 A 和 E 几乎没有差别，表明主缆线型无论是抛物线还是悬链线对加劲梁挠度的影响很小。模型 A 和 C 之间的差别最大，表明加劲梁挠度对鞍座约束类型十分敏感。这是由于主缆在中跨和边跨间的调整，直接对加劲梁挠度带来影响。通过与中跨试验结果的比较可知，模型 C 的误差最小，表明采用可动铰连接来模拟鞍座约束在此更为合理。

图 12.9 和图 12.10 所反映的情况十分相似。对于主缆轴向应力和吊索轴向应力，模型 A 和 E 几乎没有差别，表明主缆线型无论是抛物线还是悬链线对主缆和吊索轴向应力的影响很小。其余模型之间的差别主要在边跨，和模型 A 相比，模型 C 对计算结果的调整幅度最明显，模型 B、D 亦有较大变化。模型 C 最接近试验结果，也表明采用可动铰连接来模拟鞍座约束在此更为合理。

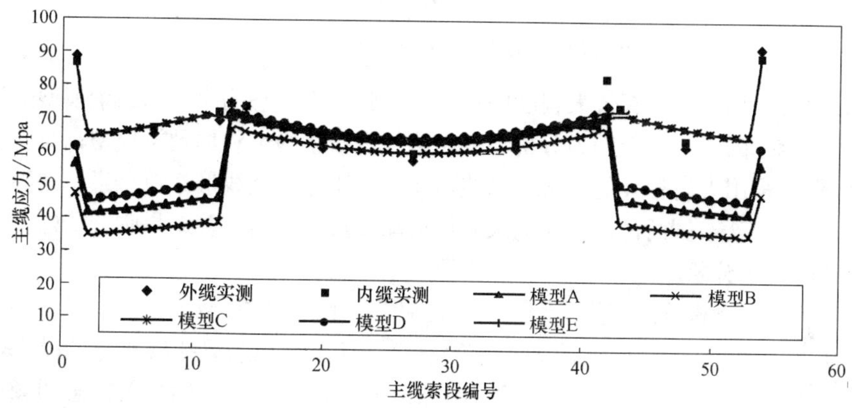

图 12.9　主缆轴向应力比较

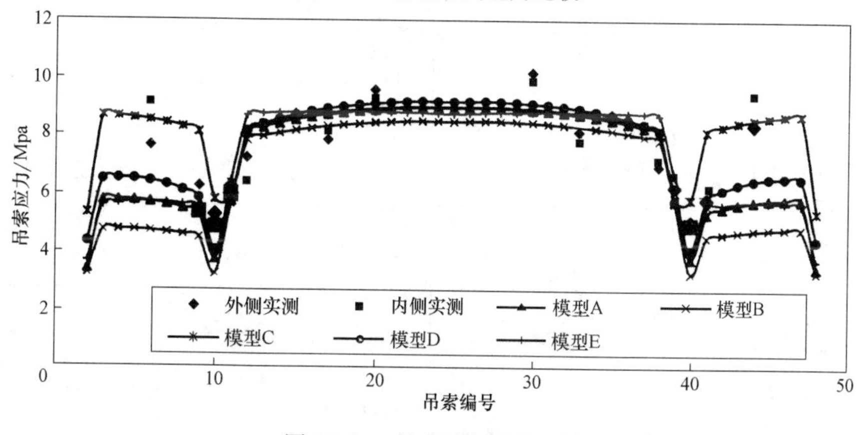

图 12.10　吊索轴向应力比较

由图 12.11 可见，对于前 4 阶竖向弯曲模态频率，只有模型 C 可以计算出实际存在的第 2 阶模态，而且与试验结果吻合很好。其余模型均不能计算出实际存在的第 2 阶模态，这是一个非常重要的差别，表明鞍座约束的模型误差对动态特性影响重大。除此之外，模型 B 和 D 的误差较大，表明对于动态特性，加劲梁模型的误差总是产生较大的影响。

对以上分析结果简要总结如下：

对于主缆和吊索应力，边跨对模型误差的敏感性比中跨大，这是由于中跨主缆大垂度的曲线线形对主梁的控制较大。当主要研究对象为中跨的主缆和吊索时，有限元模型可对加劲梁做适当简化处理，它对计算的影响相对比较小；对于加劲梁挠度，鞍座约束的模型误差对整个跨度影响都很大，在边跨主缆线形控制效应较低的情况下，加劲梁挠度对所有模型误差的敏感性相对变大；鞍座约束的模型误差对动态特性影响重大，处理不当会造成模态丢失。

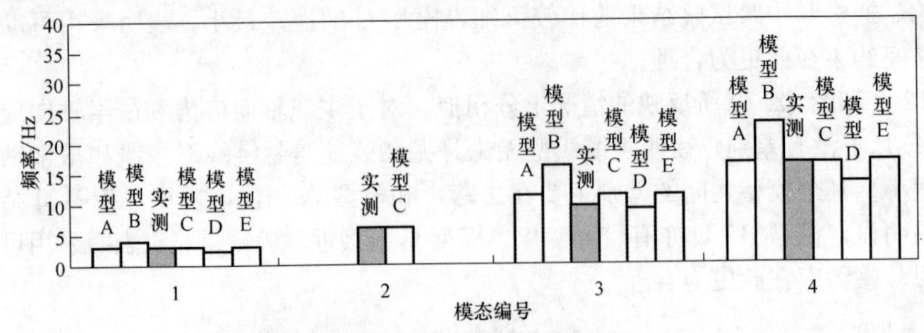

图 12.11　前 4 阶竖向弯曲模态频率比较

对于大多数模态，加劲梁都有较大程度的参与，因此对于动态响应，加劲梁模型的误差总是产生较大的影响。因此，对于动力分析，要谨慎处理鞍座约束和加劲梁模型；对于空缆状态下的主缆线形，采用矢高相等的二次抛物线形还是采用悬链线线形，对悬索桥的静动力行为产生的差异不大；就本例而言，鞍座约束采用可动铰接模型与试验结果吻合最好。

2. 静动态特性分析

采用模型 C 进行模态分析，计算得到的前若干阶模态振型如图 12.12 所示。可见，较早出现的是以加劲梁的竖向弯曲为主导的模态，其次是加劲梁扭转主导的模态，然后为加劲梁侧弯模态。试验模型上仅布置了竖向加速度计，由此获得的相关模态的频率与计算结果列入表 12.4。其中第三阶竖弯模态的频率，计算值与实测值误差较大。

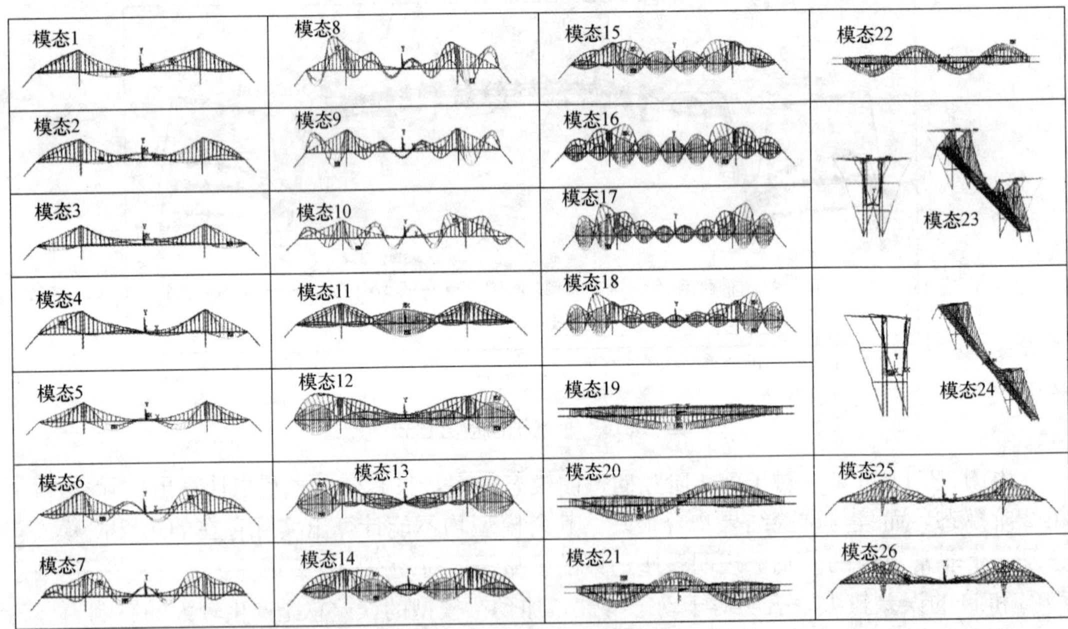

图 12.12　模型 C 计算的部分振型

静力加载的结构响应，计算值和实测结果的对比见图 12.13（a）～（c），其计算结果与实测结果总体上相吻合。尤其是主要承重构件的主缆和吊索的应力，顺桥向变化复杂，但众多测点的实测值与计算值都有较好地吻合。存在一定的模型误差是符合实际情况的，在损伤识别中，一个实用性较高的方法，应该对模型误差具有一定的容许度。

模型C计算频率与实测值比较　　**表 12.4**

固有频率 f(Hz)		振型特征
实测值	计算值	
3.13	2.9797	一阶竖弯
6.27	6.124	二阶竖弯
9.59	11.41	三阶竖弯
16.64	16.523	四阶竖弯

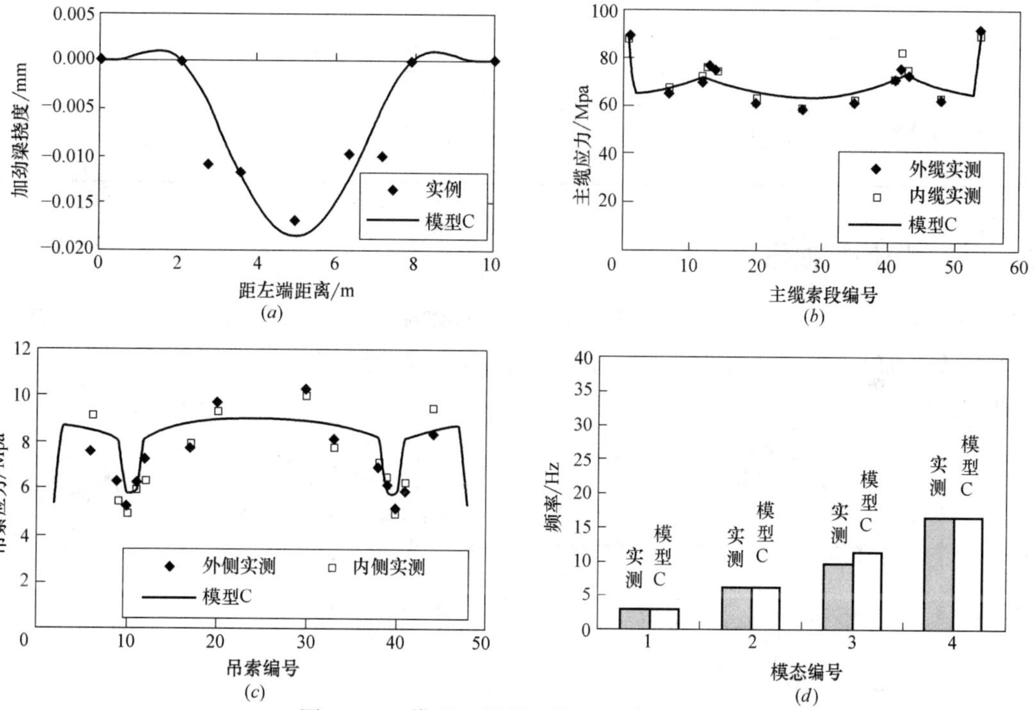

图 12.13　模型C计算结果与试验值比较

(*a*) 加劲梁挠度；(*b*) 主缆应力；(*c*) 吊索应力；(*d*) 自振频率

12.3　损伤状态下静动态响应特性分析

所建立的悬索桥试验模型能够方便地模拟结构的多种可能的损伤情况、异常状态等。在对模型的静动态测试和有限元分析的基础上，确定了试验模型基准状态。基于基准模型，对悬索桥结构的几种可能的损伤情况进行了试验模拟。观测和记录了损伤状态下结构的主要静动态响应，分析探讨了损伤状态下结构的主要静动态响应的变化规律和灵敏度特性。悬索桥结构静态动态响应对损伤（异常）情况的灵敏度分析，是探讨悬索桥结构损伤识别理论与方法的基础，更是建立评价悬索桥健康状态指标体系的重要前提，也是健康监测系统设计（传感器选型与布设）的主要依据。

12.3.1　损伤工况

对沿桥面的单侧 51 根吊索从跨中向两侧进行了编号。跨中为 0 号，左侧从－1 到－25，右侧从 1 到 25。基于悬索桥结构特点和可能损伤情况分析，并结合试验条件，模拟了 9 种损伤工况。所模拟的损伤工况和模拟方法如表 12.5 所列。

损伤工况说明　　**表 12.5**

损伤部位	工况号	说　明
加劲梁	工况 1	距左端 6.3m 处，主梁内侧角钢损伤 100%
主缆右锚	工况 2	内侧右锚松弛 2mm
	工况 3	内侧右锚松弛 4mm
	工况 4	内侧右锚松弛 6mm
	工况 5	内、外侧右锚各松弛 6mm
	工况 6	内、外侧右锚分别松弛 6mm 和 2mm
第-8 号吊索	工况 7	下部松弛 1mm
	工况 8	下部松弛 2mm
	工况 9	下部松弛 3mm

12.3.2　加劲梁损伤

加劲梁损伤（工况 1）的具体损伤位置位于加劲梁上距桥梁左端 6.3m 处。测得的加劲梁挠度、加劲梁应变、主缆应变、吊索应变、前 4 阶竖向弯曲模态频率等变化量分别示于图 12.14。

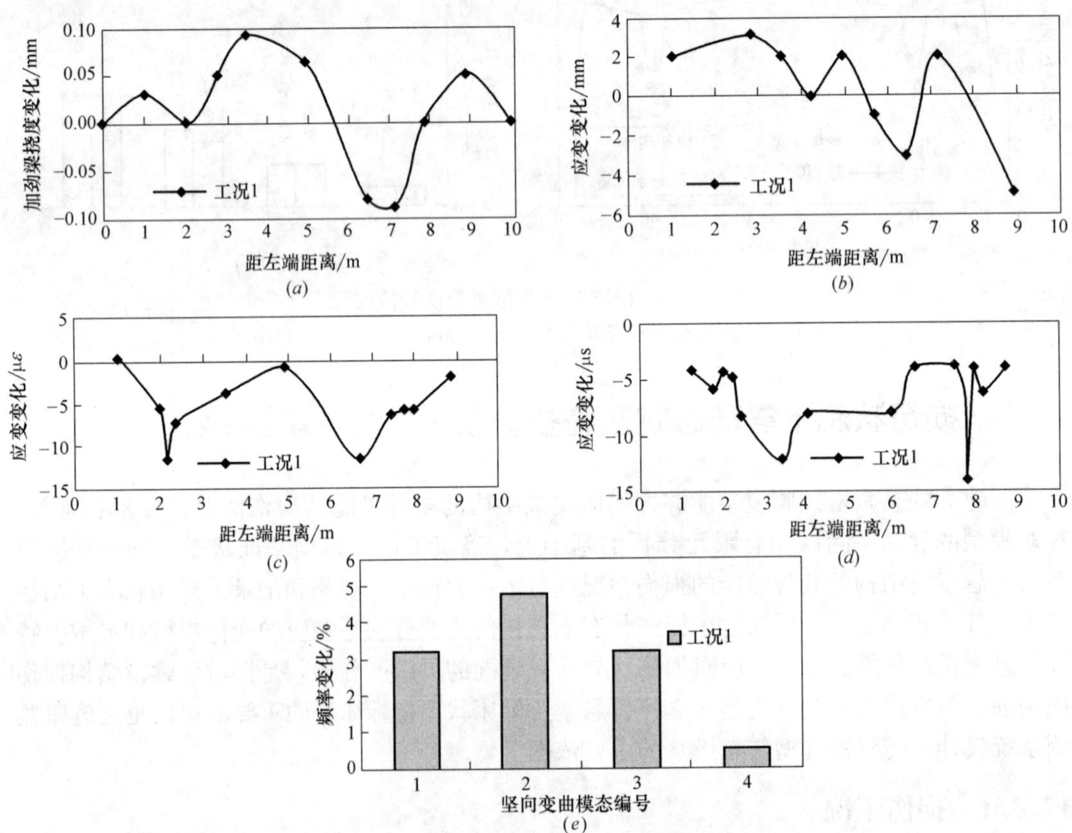

图 12.14　加劲梁损伤时模型静动态特性变化

(*a*) 加劲梁挠度变化；(*b*) 主梁应变变化；(*c*) 主缆应变变化；(*d*) 吊索应变变化；(*e*) 竖向弯曲模态频率变化

加劲梁的损伤，导致加劲梁挠度的变化大致呈关于中点的反对称形式。加劲梁上应变变化很小，并无显著规律。对于内侧加劲梁，大体上是在离损伤较近的位置和左侧桥塔处变化明显。内、外侧加劲梁的应变变化不尽一致，这主要是由于加劲梁发生损伤后，桥面有少许扭转造成的。内、外侧主缆的应变变化曲线基本一致，比损伤位置对应的主缆第23段应变变化稍大。吊索的应变在桥塔处变化相对急剧，但变化量不大。前4阶竖向弯曲模态频率的变化率最大的不超过5%。对于悬索桥结构，通过合理设计，加劲梁基本不承受弯矩。因此，一般程度的加劲的损伤，对结构产生的影响不会太大。

12.3.3 主缆损伤

主缆的易损部位主要在锚固端。这里通过旋松主缆右锚正反螺栓扣件来模拟锚固端的损伤。具体损伤位置在模型的最右端。测得的加劲梁挠度、加劲梁应变、主缆应变、吊索应变、前4阶竖向弯曲模态频率等变化量分别示于图12.15。

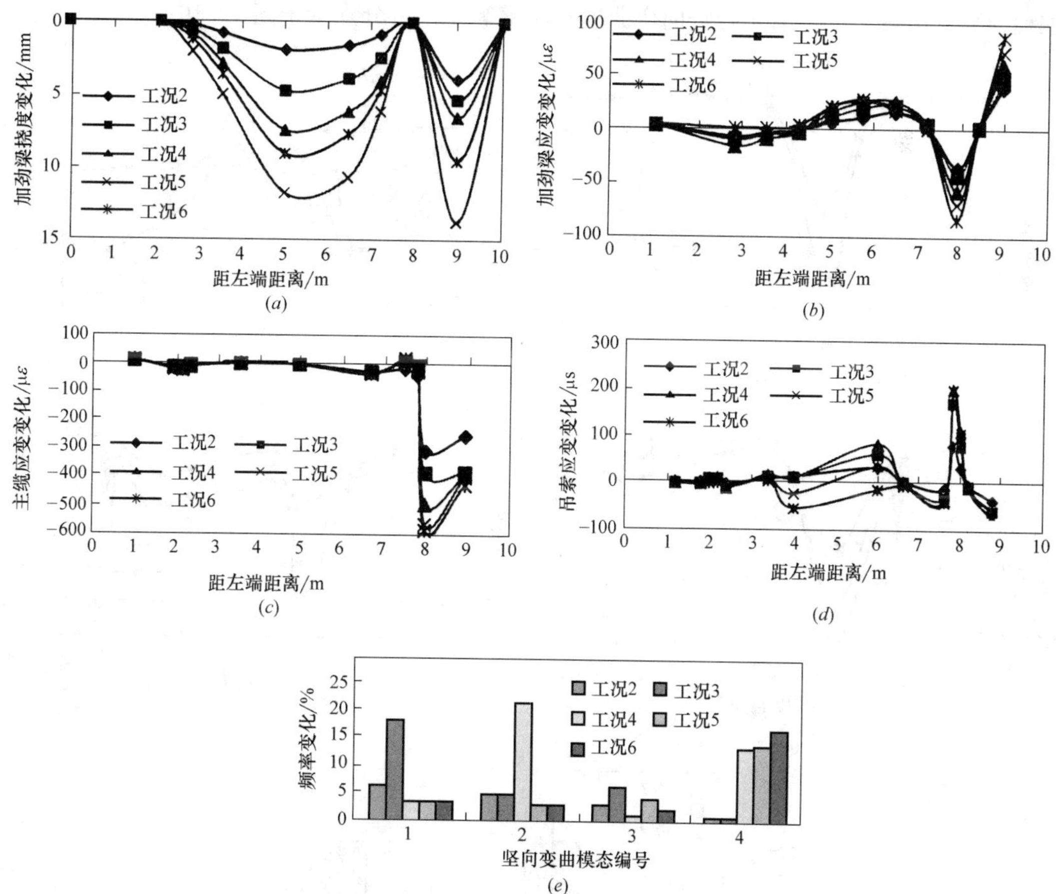

图12.15 主缆右锚损伤时模型静动态特性变化

(*a*) 加劲梁挠度变化；(*b*) 主梁应变变化；(*c*) 主缆应变变化；(*d*) 吊索应变变化；(*e*) 竖向弯曲模态频率变化

在右锚发生损伤时，加劲梁的挠度在右边跨和中跨右侧变化明显，变化幅度与损伤程度呈现良好的相关性。特别是在工况5，即右锚损伤程度最严重时，变化幅度达到10mm以上。而对应的中跨左侧，则对损伤的反应不明显。随着损伤程度的变化，加劲梁应变变化保持了一致的规律。从右向左，应变变化逐渐减小，呈现了对损伤位置较为明显的响应，变化幅度也相对较大，最大达到约±90$\mu\varepsilon$。对于主缆本身，右边跨应变变化显著、突出。右锚测点的应变变化最大（图中未示出），其次是右塔两侧测点和右边跨中点。而中跨和左边跨应变变化明显减小。应变变化的幅度与损伤程度呈现了良好的相关性。试验中，在损伤由单一的内侧主缆松弛向内外主缆均发生松弛的发展过程中，外侧主缆的受力先是逐渐增大而后又逐渐减小，最后与内侧主缆相接近。在试验过程中，可以清楚地发现桥面发生翘曲。在右塔附近的吊索应变反应比较明显，变化幅度最大约 200$\mu\varepsilon$。竖向弯曲模态频率变化显著，最大变化发生在工况 4 的第 2 阶频率，达到 21.85%。

12.3.4　吊索损伤

吊索的易损部位主要在锚固端。这里通过旋松吊索与加劲梁连接的旋入式螺栓来模拟吊索锚固端的损伤。具体损伤位置在距左端 3.3m 处。测得的加劲梁挠度、加劲梁应变、主缆应变、吊索应变、前 4 阶竖向弯曲模态频率等变化量分别示于图 12.16。

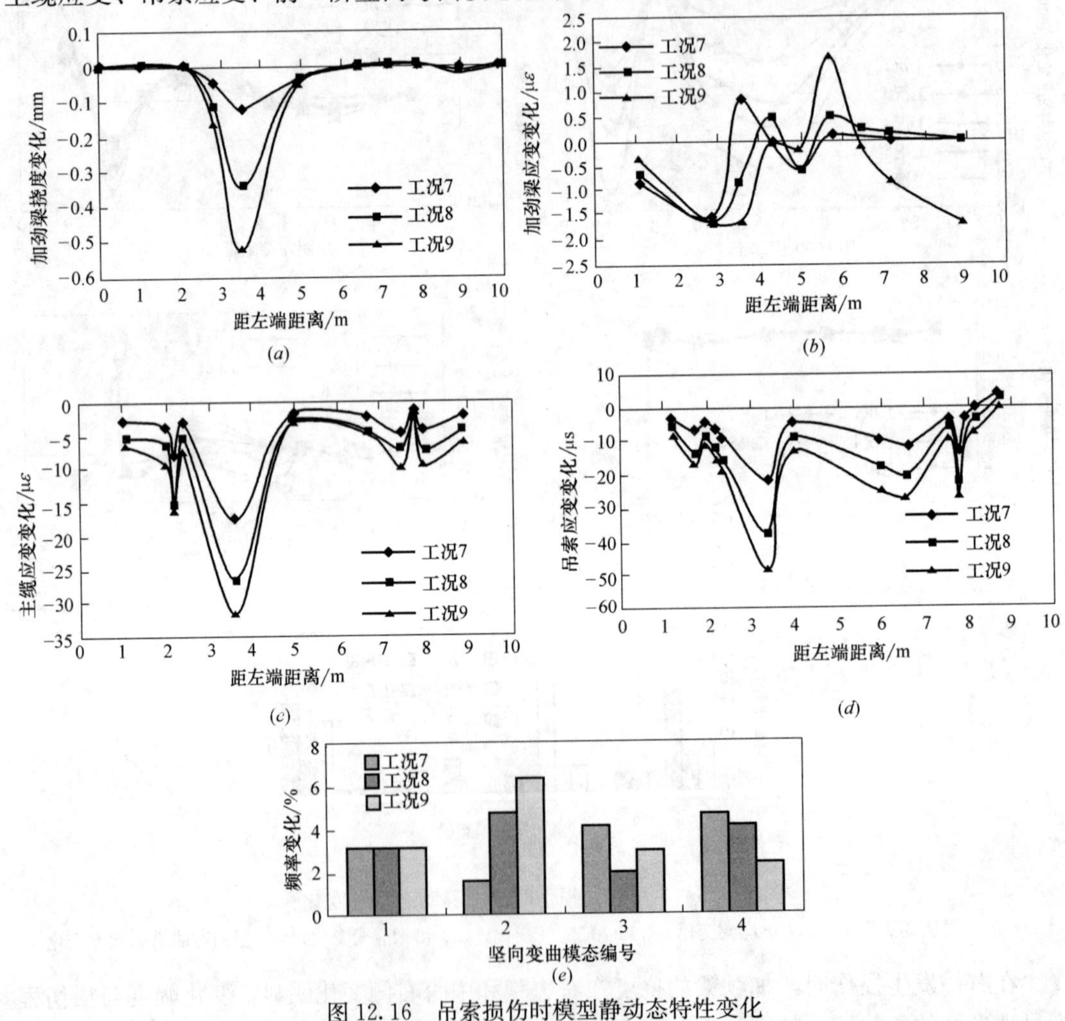

图 12.16　吊索损伤时模型静动态特性变化

(*a*) 加劲梁挠度变化；(*b*) 内侧主梁应变变化；(*c*) 主缆应变变化；
(*d*) 吊索应变变化；(*e*) 竖向弯曲模态频率变化

加劲梁的挠度在离损伤吊索最近的中跨 $L/4$ 测点处变化最大。随着吊索损伤程度的增大，挠度对损伤程度的响应规律比较稳定和明显。虽然加劲梁挠度变化与损伤位置有明确的相关性，但是总体变化幅度较小。加劲梁应变随吊索损伤程度的变化规律尚好，但是变化量甚微。主缆和吊索本身的应变变化相对明显，并且随着损伤程度的增大，呈现很好的规律性。第 2 阶竖向弯曲模态频率对损伤程度的响应规律显著，对应最大损伤，最大变化达到 6.38%。其余频率变化率多在 3%～4%左右。

悬索桥结构各种响应对加劲梁损伤的敏感性很低。这主要是由于在悬索桥结构中加劲梁的内力较小，损伤不会导致明显的内力重分配。由于主缆是悬索桥件的主要受力构件，因此，主缆损伤引起的悬索桥结构静动态响应变化最为明显，并且响应的变化对损伤位置和损伤程度都呈现良好的相关性。主缆的损伤必然导致悬索桥整体结构受力的明显变化，这是由悬索桥自身的结构特点决定的。吊索损伤导致的悬索桥结构响应的变化对损伤位置和损伤程度亦呈现良好的相关性。但是，加劲梁的挠度和应变变化幅度很小。

12.4 基于神经网络的损伤识别

利用神经网络进行损伤识别时，一种实用的方法是由计算模型的模拟数据构造网络的训练样本，然后采用实测数据构造网络的应用测试样本。首先，对每一个实际桥梁都制作满足损伤识别的试验模型来获得训练样本，其成本过高；其次，训练样本要覆盖各种可能的损伤情况和范围宽广的损伤程度，完全通过试验得到模拟并获得所需的大量训练数据也是十分困难的。这里我们将采用如下策略来利用 BP 网络进行试验模型的损伤识别，即利用所建立的有限元模型模拟可能的损伤（损伤工况和不同的损伤程度），基于灵敏度分析选取部分静动态响应构建神经网络的训练样本。将试验模型作为被监测的“实际桥梁”进行试验，在模拟的损伤工况内选定个别工况进行试验模拟，提取相应的实测静动态响应构成网络的测试数据。具体操作过程简述如下。

12.4.1 数值模拟：训练样本的生成

在损伤识别模拟中，对沿桥面的单侧 51 根吊索的编号同前，即从跨中向两侧进行了编号，跨中为 0 号，左侧从−1 到−25，右侧从 1 到 25。为简明同时又不失一般性，选取的损伤部位包括主缆左右锚和主跨左半跨内侧部分吊索，包括无损伤情况共 18 种（表 12.6）。

数值模拟的损伤工况 **表 12.6**

编号	损伤部位	编号	损伤部位
A	无损伤	J	−4 号吊索
B	右锚	K	0 号吊索
C	左锚	L	4 号吊索
D	−18 号吊索	M	7 号吊索
E	−15 号吊索	N	8 号吊索
F	−13 号吊索	O	9 号吊索
G	−9 号吊索	P	13 号吊索
H	−8 号吊索	Q	15 号吊索
I	−7 号吊索	R	18 号吊索

通过主缆锚固段和吊索下端松弛来模拟损伤。根据试验模型情况，主缆和吊索可能的最大松弛分别设定为 10mm 和 5mm，将这种可能的最大损伤程度定义为 100%进行相对量化，每种损伤模拟 10%，30%，50%，70%，90%五个损伤程度。此处采用单隐层 BP 网络，就 $m=18$ 种损伤情况、5 种损伤程度共 90 种情况进行了模拟。

观测和使用哪些结构响应参数，对于损伤识别效果是至关重要的。从实用角度，应选取目前悬索桥健康监测系统和试验检测的主要观测参数；或通过数值模型的损伤灵敏度分析来确定观测参数。这里将直接参考前述的损伤行为的模型试验研究成果来选定观测参数。对于主要损伤情况，加劲梁挠度、竖向弯曲模态频率、吊索和主缆应变都具有较好的灵敏度。因此，对 90 种情况的每种模拟结果，从中提取上述响应的共 $n=16$ 个参数的变化量（测试系统均布置了相应的传感器），组成网络训练样本式（12.1），全部训练样本数据总量为：90×16。

$$\{\text{Input}_i\}=\{y_1\ y_2\ y_3\ f_{v1}\ f_{v2}\ f_{v3}\ \varepsilon_{c1}\ \varepsilon_{c2}\ \varepsilon_{c3}\ \varepsilon_{h1}\ \varepsilon_{h2}\ \varepsilon_{h3}\ \varepsilon_{h4}\ \varepsilon_{h5}\ \varepsilon_{h6}\ \varepsilon_{h7}\}\quad (i=1,\ 2,\ \cdots,\ 90) \tag{12.1}$$

其中：

$y_1 y_2 y_3$：分别为左边跨、中跨、右边跨跨中加劲梁挠度；

$f_{v1} f_{v2} f_{v3}$：分别为前三阶竖向弯曲模态频率；

$\varepsilon_{c1}\varepsilon_{c2}\varepsilon_{c3}$：分别为左边跨、中跨、右边跨跨中外侧主缆应变；

$\varepsilon_{h1}\sim\varepsilon_{h7}$：分别为－18、－13、－8、0、8、13、18 号外侧吊索应变。

训练的目标向量为：

$$\{\text{Target}\}=\{0\ 0\ \cdots\ E_i\cdots\ 0\} \tag{12.2}$$

训练的目标向量式（12.2）具体为 $m=18$ 维（对应表 12.6 的损伤编号 A-R）向量。规定对每种损伤部位的 5 种损伤程度 10%，30%，50%，70%，90%的对应输出目标 E_i 分别为：0.1，0.3，0.5，0.7，0.9。

12.4.2　试验模拟：测试样本的生成

基于之前的损伤模拟试验，这里从中选取了两种部位的 7 种损伤工况，即主缆右锚松弛 4 个损伤程度和第-8 号吊索下锚头松弛 3 个损伤程度。基于上述模拟的损伤编号，对 7 种试验的损伤工况采用统一编号。将可能的最大损伤程度定为 100%，对损伤程度进行相对量化描述。损伤工况的详细说明以及新旧编号对照一并列入表 12.7。

损伤工况说明　　**表 12.7**

损伤部位	编号(原工况号)	说　明	相对量化程度(%)	期望网络输出
B:主缆右锚	B1(工况 2)	内侧右锚松弛 2mm	20	0.2
	B2(工况 3)	内侧右锚松弛 4mm	40	0.4
	B3(工况 4)	内侧右锚松弛 6mm	60	0.6
	B4(工况 6)	内侧右锚松弛 6 mm 外侧右锚松弛 2mm	80	0.8
H:－8 号吊索	H1(工况 7)	下部松弛 1mm	20	0.2
	H2(工况 8)	下部松弛 2mm	40	0.4
	H3(工况 9)	下部松弛 3mm	60	0.6

对上述损伤工况进行模型试验，测得各工况下的结构静动态响应，包括加劲梁挠度、模态频率、主缆应变、吊索应变等。基于这些试验结果构造的测试输入样本，其结构构成与训练输入样本，即式（12.1）相同。

12.4.3 损伤识别结果

用 Matlab 神经网络工具箱创建 BP 网络，网络的输入神经元个数为 16，与输入向量对应，隐层神经元个数根据训练进程动态确定。输出神经元个数为 18，与目标输出向量对应。隐层神经元的传递函数采用 S 型正切函数 tansig，输出层神经元采用 S 型对数函数 logsig，训练函数为 trainlm。

各损伤情况的测试输出向量按行列于表 12.8 和示于图 12.17。可见，对 7 种损伤工况的 6 种给予了明确识别，识别率达到 86%，相应的损伤程度识别结果也在可接受范围内。

损伤识别结果 **表 12.8**

实际损伤情况		神经网络识别的损伤情况								
		A	B	C	D	E	F	G	H	I
B1	20%	0.0127	0.2301	0.0132	0.0671	0.0445	0.0589	0.0320	0.0379	0.0102
B2	40%	0.0100	0.3600	0.0177	0.0799	0.0600	0.0462	0.0212	0.0336	0.0303
B3	60%	0.0143	0.7397	0.0686	0.0714	0.0331	0.1469	0.0132	0.0444	0.0505
B4	80%	0.0601	0.7153	0.1743	0.0789	0.0236	0.0113	0.0196	0.0453	0.0099
H1	20%	0.0532	0.0587	0.0583	0.0494	0.0411	0.0588	0.1079	0.1321	0.0119
H2	40%	0.1042	0.0154	0.0360	0.1340	0.0677	0.0104	0.0435	0.4390	0.0280
H3	60%	0.0839	0.0200	0.0287	0.0517	0.2352	0.0230	0.0539	0.7632	0.0112

实际损伤情况		神经网络识别的损伤情况								
		J	K	L	M	N	O	P	Q	R
B1	20%	0.0110	0.0403	0.0100	0.0541	0.0723	0.0127	0.0301	0.0132	0.0671
B2	40%	0.0684	0.0104	0.1529	0.0605	0.0652	0.0100	0.0600	0.0177	0.0799
B3	60%	0.0963	0.0105	0.0138	0.0245	0.0366	0.0143	0.0397	0.0686	0.0714
B4	80%	0.0100	0.0100	0.0150	0.0531	0.0103	0.0601	0.0753	0.2743	0.0789
H1	20%	0.0012	0.0203	0.0102	0.0259	0.0303	0.0532	0.0587	0.0583	0.0494
H2	40%	0.1148	0.0529	0.0103	0.0294	0.0337	0.1042	0.0154	0.0360	0.1340
H3	60%	0.0107	0.0606	0.0100	0.0641	0.0495	0.0839	0.0200	0.0287	0.0517

在损伤识别中，有限元模型的精度是至关重要的。根据试验数据对不同建模方案进行优选，是获得较好损伤识别精度的重要保证。主缆锚固和吊索是悬索桥结构主要承重体系，也是结构检测和监测的重点对象。悬索桥的静动态响应对主缆和吊索的损伤呈现较好的灵敏性和相关性。采用有限元模拟数据训练网络，采用试验数据进行损伤识别测试，对基于监测系统的悬索桥健康状态识别与评价具有较大参考意义。就试验模拟的单损伤情况而言，对损伤位置的识别效果较好，相应的损伤程度识别结果也在可接受范围内，显示了该方法较好的实用前景。

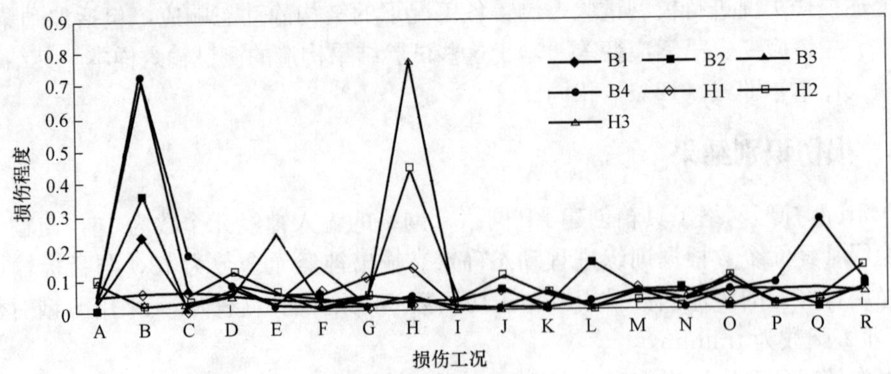

图 12.17 损伤识别结果

参考文献

[1] Eggers, D. W., and Stubbs, N. Structural assessment using modal analysis techniques [C]. Proceedings of the 12th International Modal Analysis Conference, Honolulu, Hawaii, 1994, Vol. II, 1595～1601.

[2] Morassi, A., and Rovere, N. Localizing a notch in a steel frame from frequency measurements [J]. Journal of Engineering Mechanics, ASCE, 1997, 123, 422～432.

[3] Fox, C. H. J. The location of defects in structures: a comparison of the use of natural frequency and mode shape data [C]. Proceedings of the 10th International Modal Analysis Conference, Las Vegas, Nevada, 1992, Vol. I, 522～528.

[4] E. A. Johnson, H. F. Lam, L. S. Katafygiotis et al. A Benchmark Problem for Structural Health Monitoring and Damage Detection [C]. Fourteenth Engineering Mechanics Conference, In: Austin, Texas, U. S. A, May 21～24, 2000.

[5] Povich, C. R., and Lim, T. W.. An artificial neural network approach to structural damage detection using frequency response functions [C]. Proceedings of the 1994 AIAA/ASME Adaptive Structures Forum, 1994, 151～159.

[6] 瞿发宪，斜拉-悬吊组合体系桥梁损伤识别模型试验研究 [D]. 2013 西南交通大学硕士学位论文，2013.

[7] 常全辉，斜拉桥损伤识别的模型试验研究 [D]. 重庆交通大学硕士学位论文，2013.

[8] 栗燕娜. 面向健康诊断的悬索桥有限元模型误差分析 [D]. 大连海事大学硕士学位论文，2006.

[9] 石健. 面向健康诊断的悬索桥损伤灵敏度模型试验研究 [D]. 大连海事大学硕士学位论文，2006.

[10] 孙宗光、石健、栗燕娜. 面向健康诊断的悬索桥试验模型设计与分析. 工程力学，2008，25 (1)：192～195，208.

[11] 孙宗光，栗燕娜，石健，伍雪南，损伤状态下悬索桥静动态响应的模型试验研究 [J]. 公路交通科技，2009，26 (4)：59-63.

[12] 孙宗光，陈一飞，邵元，石健，栗燕娜，基于模型试验的悬索桥结构损伤识别研究. 工程力学，2014，31 (6)：132-137.

[13] 马永新，郑山锁. 结构试验 [M]. 北京：科学出版社，2001.

[14] Ko J. M., Sun Z. G., Ni Y. Q., Modal analysis of cable-stayed Kap Shui Mun Bridge taking cable local vibration into consideration, Advances in Structural Dynamics, J. M. Ko and Y. L. Xu (eds.), Elsevier Science Ltd, Oxford, UK, Vol. 1, 529-536. 2000.

[15] 韩大建，谢峻. 大跨度桥梁健康监测技术的近期研究进展 [J]. 桥梁建设，2002，(6)：69-73.

[16] Arzoumanidis，S. G，Bienie，M. P. Finite element analysis of suspension bridges [J]. Computer and Structures，Vol. 21，No. 6，1237-1253，1985.

[17] 蔡金标，凌道盛，徐兴. 大跨度悬索桥振动分析的组合单元法 [J]. 中国公路学报，2003，16 (3)：59-62.

[18] Law. S. S，Chan. T. H. T，Wu. D. Super-Element with Semi-Rigid Joints in Model Updating [J]. Journal of Sound and Vibration，Vol. 239，No. 1，19-39，2001.